Naples
et la côte amalfitaine

Naples, Pompéi et les environs
p. 36

Les îles
p. 107

La côte amalfitaine
p. 144

Salerne et le Cilento
p. 180

ÉDITION ÉCRITE ET ACTUALISÉE PAR
Cristian Bonetto, Helena Smith

PRÉPARER SON VOYAGE

Bienvenue à Naples et sur la côte amalfitaine . 4

10 façons de voir Naples et la côte amalfitaine ... 8

L'essentiel 14

Pour un premier séjour.. 16

Envie de..... 18

Mois par mois 20

Itinéraires 22

À table ! 25

Activités de plein air ... 27

Voyager avec des enfants 31

La région en un clin d'œil 33

MERCATO DI PORTA NOLANA, NAPLES P. 51

PIZZA P. 247

SUR LA ROUTE

NAPLES, POMPÉI ET ENVIRONS 36
Histoire. 38
À voir et à faire 38
Fêtes et festivals 75
Où se restaurer.......... 76
Où prendre un verre et faire la fête 82
Où sortir. 83
Achats 85
Renseignements........ 88
Depuis/vers Naples 88
Comment circuler 89

Campi Flegrei 89
Pozzuoli (Pouzzoles) et environs 90
Lucrino, Baia et Bacoli. 93
Cumes (Cuma).......... 95

Baie de Naples 95
Herculanum (Ercolano)... 95

Vésuve 99
À voir 99
Depuis/vers le Vésuve... 100

Pompéi 100
À voir 100
Où se restaurer........ 105
Renseignements........ 106
Depuis vers Pompéi..... 106

LES ÎLES 107
Capri................ 110
À voir et à faire 110
Où se restaurer......... 117
Où prendre un verre et faire la fête 120
Achats 121
Renseignements........ 124
Depuis/vers Capri 124
Comment circuler 124

Ischia 125
Ischia Porto et Ischia Ponte 128
Lacco Ameno 133
Forio et la côte ouest.... 135
Sant'Angelo et la côte sud 137

Procida............. 139
Marina Grande 139
Marina Corricella 141
Marina di Chiaiolella 142

CÔTE AMALFITAINE 144
Sorrente (Sorrento) 145
À voir 145
Activités............... 149
Cours 150
Fêtes et festivals 150
Où se restaurer......... 150
Où prendre un verre et faire la fête 153
Où sortir. 154
Achats 154
Renseignements........ 154
Depuis/vers Sorrente ... 155
Comment circuler 155

Ouest de Sorrente 155
Massa Lubrense........ 156
Sant'Agata sui due Golfi 157
Marina del Cantone..... 157

Est de Sorrente....... 158
Vico Equense 158

Villes de la côte amalfitaine 159
Positano............... 159
Praiano................ 164
Furore................. 166
Amalfi................. 166

Sommaire

COMPRENDRE

Naples et
la côte amalfitaine
aujourd'hui 222
Histoire 224
Arts................. 233
La société napolitaine . 238
Saints et superstitions . 242
Cuisine de Campanie.. 246
Architecture 255
La ville souterraine ... 260
La Camorra 264

MARINA CORRICELLA,
PROCIDA P. 141

Ravello 173
Minori................ 177
Cetara................ 178
Vietri sul Mare 178

SALERNE
ET LE CILENTO 180

Salerne............... 182
Paestum............... 187
Parco Nazionale
del Cilento e Vallo
di Diano 188
Agropoli 192
Côte du Cilento........ 194
Palinuro 197

OÙ SE LOGER 199

Naples 200
Centre historique
et Mercato............200
Toledo et les Quartiers
espagnols 202
Santa Lucia et Chiaia ...203
Vomero...............203
Capodimonte
et La Sanità...........204
Mergellina
et le Posillipo..........205

Les îles..............205
Capri.................205
Ischia 207
Procida...............208
La côte amalfitaine ...209
Sorrente...............209
Massa Lubrense........ 211
Sant'Agata sui due Golfi.. 212
Marina del Cantone 212
Positano.............. 212
De Positano à Amalfi.... 214
Amalfi 214
Ravello 215
**Salerne
et le Cilento**.......... 217
Salerne (Salerno)....... 217
Paestum.............. 217
Agropoli et la côte
du Cilento 217
Parco Nazionale
del Cilento............ 219

PRATIQUE

Carnet pratique 268
Transports 276
Langue 283
Glossaire 288
Index................ 292

COUPS DE PROJECTEUR

Trésors de l'Antiquité .. 69
Art baroque 71
Le site de Pompéi
en 3D 102
Saints et superstitions . 242
Cuisine de Campanie... 246

Bienvenue à Naples et sur la côte amalfitaine

Naples et la côte amalfitaine pourraient bien représenter l'Italie de vos rêves. Rues pleines de vie, palais baroques à la splendeur fânée, villages aux teintes pastel et superbes panoramas composent un cocktail d'une rare intensité.

Richesse culturelle

En Europe, peu de régions peuvent se vanter de posséder la richesse culturelle de la Campanie. Difficile de choisir entre la visite des appartements royaux des Bourbons et la découverte de la villa ornée de fresques de la femme d'un empereur romain, de décider quelle toile du Caravage il ne faut pas manquer, entre le chef-d'œuvre exposé dans le Pio Monte della Misericordia et son dernier tableau conservé à l'intérieur du Palazzo Zevallos, de style Belle Époque. L'abondant patrimoine de la Campanie enflammera votre imagination avec ses temples antiques, ses voies romaines et ses magnifiques fresques et sculptures.

Délices culinaires

Le voyage en Campanie a tout d'un festin : pizza cuite au feu de bois à Naples, déjeuners qui s'éternisent dans les *agriturismi* (gîtes ruraux) du Cilento et délicieuses pâtisseries dans les fameuses *pasticcerie* (pâtisseries) de la côte amalfitaine. Et que diriez-vous de déguster du *coniglio all'Ischitana* (lapin à la mode d'Ischia) dans une trattoria rustique de l'île, de goûter la *colatura di alici* (pâte d'anchois) à Cetara ou de vous détendre, un verre de Falanghina à la main, en vous demandant quelle ville (de Caserte ou de Paestum) produit la mozzarella la plus crémeuse ?

Charme méridional

Passionnés, expansifs, les habitants de la Campanie font passer le reste des Italiens pour des personnes guindées. Les gens trouvent toujours du temps pour un expresso dans le café du coin ou pour quelques minutes de bavardage sur une place ensoleillée. Vous achetez des fruits sur le marché et l'instant d'après, vous êtes en pleine discussion sur la météo ou les derniers résultats sportifs. Ici, personne ne passe inaperçu très longtemps et vous pourriez très bien vous retrouver assis à la table, couverte de victuailles, de votre tout nouvel ami après une simple *chiacchiera* (discussion).

Merveilles naturelles

Montagnes escarpées, fumerolles, spectaculaires grottes côtières... Dame Nature s'est montrée généreuse dans le sud de l'Italie. La Grotta di Castelcivita, le bouillonnement des entrailles de la Terre au cratère de la Solfatara ou les grottes sous-marines de Capri, à découvrir au cours d'une plongée, sont impressionnantes. Des activités plus paisibles vous attendent aussi : une balade à cheval sur les pentes du Vésuve, une escapade en voilier le long de la côte amalfitaine, ou un bain de soleil sur une plage d'Ischia. Les possibilités sont multiples avec, pour constante, des paysages variés à la beauté magique.

Pourquoi j'aime Naples et la côte amalfitaine

par Cristian Bonetto, auteur

Ma famille a beau être originaire du nord de l'Italie, mon cœur bat pour Naples et la côte amalfitaine. C'est l'Italie dans son état le plus pur, un lieu caractérisé par des routes côtières aux virages en épingle à cheveux tout autant que par des expressos corsés servis dans des tasses brûlantes. La région s'épanouit dans les drames et les palais luxueux où les scandales se sont succédé à l'ombre du Vésuve. Que la baie de Naples ressemble à un amphithéâtre géant n'est pas étonnant. Détours, exagération et pathos sont monnaie courante, et aucun autre coin de ce *bel paese* ne me fait me sentir plus vivant.

Pour en savoir plus sur les auteurs, lire p. 304

Ci-dessus : Marina Grande, Capri (p. 116)

Naples et la côte amalfitaine

10 façons de voir Naples et la côte amalfitaine

Marchés de Naples

1 Rien de tel que d'être réveillé par la rumeur d'un marché napolitain (p. 86), que ce soit le marché populaire de Porta Nolana ou le plus vieux de la ville, La Pignasecca. Fête des sens, ils tiennent autant du souk nord-africain que du marché européen. Des vendeurs de fruits font l'article en dialecte napolitain, des têtes d'espadon émergent parmi des piles de sardines argentées, tandis que flotte l'odeur irrésistible du pain *casareccio* (fait maison) croustillant et des *sfogliatelle* (pâtisseries à la ricotta) juste sorties du four. Mercato di Porta Nolana, Naples (p. 51)

Pompéi

2 Les ruines de Pompéi (p. 100), jadis une cité romaine prospère, figée dans les affres de la mort en 79, rappellent la force impitoyable de la nature et la fugacité de la vie. Découvrez les rues romaines, le forum herbeux bordé de colonnes, la maison close, le théâtre de 5 000 places et les fresques de la Villa dei Misteri en pensant à la description de la tragédie par Pline le Jeune : "L'obscurité revint. La pluie de cendres recommença plus forte et plus épaisse. Nous nous levions de temps en temps pour secouer cette masse qui nous eût engloutis et étouffés sous son poids".

LONELY PLANET/GETTY IMAGES ©

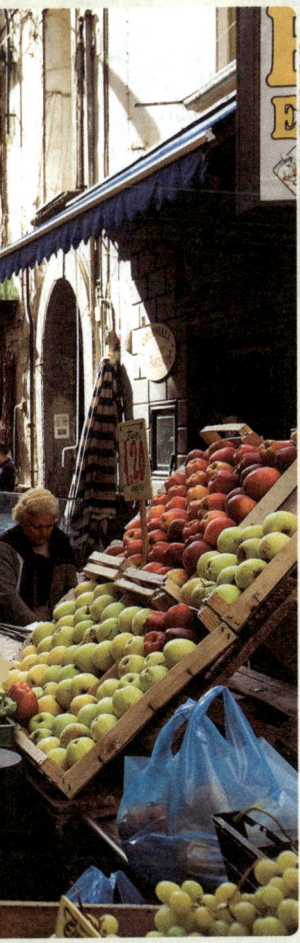

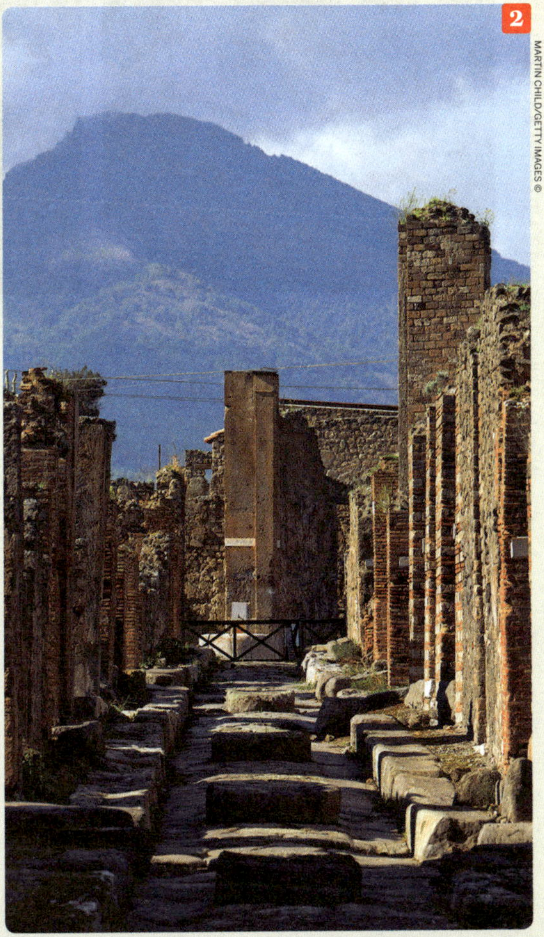

2

MARTIN CHILD/GETTY IMAGES ©

PRÉPARER SON VOYAGE 10 FAÇONS DE VOIR NAPLES ET LA CÔTE AMALFITAINE

Chemins de la côte amalfitaine

3 Les charmes de la côte amalfitaine ne se limitent pas aux attraits clinquants des villes du littoral. Dans les terres serpentent des chemins qui, jusqu'en 1840, constituaient le seul moyen de se déplacer par voie terrestre. Orangeraies, pinèdes, orchidées sauvages et ruines jalonnent ces chemins. Pour un parcours divin, empruntez le Sentiero degli Dei (p. 168), le sentier des Dieux.

Procida

4 Battue par les vents et embaumant le citron, la petite Procida (p. 139) conserve le charme ancien de l'Italie du Sud. Les maisons aux couleurs pastel blotties dans la marina donnent le ton de cette île où le tourisme reste discret ; un office du tourisme n'a ouvert qu'en 2012. Les rues étroites, bordées de linge qui sèche, invitent à flâner, des lieux de baignade secrets sont un bonheur en été, et des sites historiques ajoutent une aura de mystère. De plus, vous y dégusterez un poisson d'une fraîcheur inégalée. En haut à droite : Marina Corricella, Procida

Grotta Azzurra

5 La côte accidentée de Capri est parsemée de plus d'une dizaine de grottes marines, pour la plupart accessibles et spectaculaires, mais aucune n'égale la fameuse Grotta Azzurra (p. 115 : grotte Bleue). Sa lumière magique, d'un bleu iridescent, provient de la réfraction des rayons du soleil dans l'eau, reflétée sur le fond sablonneux blanc. Le résultat est un fabuleux bleu électrique, quasi irréel. Rejoindre la grotte est déjà une aventure : à bord d'un canot en bois, avec un capitaine qui pousse la chansonnette !

PRÉPARER SON VOYAGE 10 FAÇONS DE VOIR NAPLES ET LA CÔTE AMALFITAINE

Ravello

6 Ravello (p. 173) est un concentré de beauté et de luxe. Perchée au-dessus de la côte amalfitaine, la ville possède un somptueux patrimoine d'églises, de palais et de villas. Parmi ces dernières figure la Villa Rufolo, dont le jardin romantique inspira le compositeur allemand Richard Wagner. En commémoration, un festival de musique classique a lieu en été sur la terrasse de la villa, un fabuleux événement pour lequel mieux vaut réserver. Ravello se niche dans un cadre sublime, au cœur d'une campagne luxuriante plantée de citronniers et d'oliviers.

FRANCESCO RICCARDO IACOMINO/GETTY IMAGES ©

Positano

7 Perle de la côte amalfitaine, Positano (p. 159) forme un tableau saisissant avec ses maisons aux couleurs pastel qui dégringolent vers une mer bleu indigo. La beauté s'invite aussi dans ses ruelles piétonnes, bordées d'élégantes boutiques pour fashionistas. Si vous préférez la bonne chère aux beaux tissus, vous pourrez vous régaler de poisson à La Cambusa (p. 163). Ne manquez pas à proximité Praiano (p. 164), un endroit tranquille sur cette côte animée où les habitants, plutôt que les touristes, remplissent les bars et occupent les bancs de la place.

Palazzo Reale di Capodimonte

8 Par chance, Charles IV de Bourbon vit grand quand il fit construire ce palais : sa mère, Elisabeth Farnèse, possédait une somptueuse collection de toiles et de tapisseries, d'élégantes sculptures et des céramiques raffinées. La collection du Palazzo Reale di Capodimonte (p. 65) est l'une des moins célèbres du pays, mais l'une des plus belles, avec des œuvres de Raphaël, de Titien, du Caravage, de Masaccio et du Greco.

Musée archéologique national

9 Le Museo Archeologico Nazionale (p. 51) de Naples est l'un des musées archéologiques les plus importants au monde. Il renferme le remarquable *Toro Farnese* (Taureau Farnèse), le plus grand groupe statuaire légué par l'Antiquité classique, des mosaïques et des verreries finement détaillées, ainsi que des fresques qui ornaient jadis les somptueuses villas de la région. Le Gabinetto Segreto (cabinet secret) est consacré aux œuvres libertines de l'Empire romain.

Vésuve

10 Le Vésuve (p. 99), qui a détruit Pompéi et Herculanum en 79, domine la baie de Naples, tel un monstre superbe et imprévisible. Seul volcan actif d'Europe continentale – sa dernière éruption date de 1944 –, il domine, du haut de ses 1 281 m, 3 millions de Napolitains. Ses versants font partie du Parco Nazionale del Vesuvio, un parc sillonné de paisibles chemins de randonnée. Vous pouvez grimper jusqu'au sommet, plonger le regard dans le cratère et admirer la vue, de la mer Tyrrhénienne aux monts Apennins.

L'essentiel

Pour plus de renseignements, reportez-vous au chapitre *Carnet pratique* **(p. 268)**

Monnaie
Euro (€)

Langue
Italien

Formalités
Carte d'identité en cours de validité pour les ressortissants de l'UE. Les Canadiens séjournant moins de 90 jours n'ont pas besoin de visa.

Argent
Distributeurs automatiques de billets (DAB) à l'aéroport de Naples, dans les grandes gares et les villes. La plupart des hôtels et des restaurants acceptent les cartes bancaires.

Téléphones portables
Les téléphones portables européens fonctionnent, tout comme la plupart des smartphones multibandes. Les appels locaux coûtent moins cher avec une carte SIM italienne.

Heure locale
L'Italie est à l'heure GMT plus 1 heure.

Quand partir

Naples
Meilleure saison
Sept-juill

Sorrente
Meilleures saisons
Avril-juin et sept-oct

Positano
Meilleures saisons
Avril-juin et sept-oct

Salerne
Meilleures saisons
Avril-juin et sept-oct

Capri
Meilleures saisons
Avril-juin et sept-oct

■ Été chaud à très chaud et hiver doux

Haute saison
(juil-août)

➡ Principaux sites touristiques, plages et routes bondés, surtout en août.

➡ À Naples, beaucoup de restaurants et de boutiques ferment en août.

➡ Le calendrier culturel est à son top dans les zones touristiques.

Saison intermédiaire
(avr-juin et sept-oct)

➡ Tarifs intéressants pour l'hébergement.

➡ Festivals, fleurs et produits locaux culminent au printemps.

➡ Températures généralement estivales en juin et en septembre, sans la cohue et la circulation de l'été.

Basse saison
(nov-mars)

➡ Prix au plus bas : jusqu'à 30% inférieurs à ceux de la haute saison.

➡ Nombreux sites, hôtels et restaurants fermés.

➡ La magie de Noël et les couleurs du Carnaval.

Sites Web

➡ **Lonely Planet** (www.lonelyplanet.fr). Fiches pays, forums de voyageurs, etc.

➡ **In Campania** (www.incampania.com). Site de l'office du tourisme de Campanie.

➡ **Napoli Unplugged** (www.napoliunplugged.com). Renseignements sur les monuments, les manifestations et l'actualité à Naples.

➡ **Positano** (www.positano.com). Informations sur les monuments, les activités, les hébergements, les transports, etc. sur la côte amalfitaine.

➡ **Capri** (www.capri.com). Site convivial proposant toutes sortes de renseignements sur Capri.

➡ **Trenitalia** (www.trenitalia.com). Site de la compagnie nationale ferroviaire.

Numéros utiles

Ambulance	☏118
Pompiers	☏115
Police	☏112/113
Indicatif du pays	☏39
Indicatif international	☏00
Appels internationaux en PCV	☏170
Renseignements	☏1254

Taux de change

Canada	1 $C	0,64 €
Suisse	1 FS	0,91 €

Pour connaître les derniers taux de change, consultez le site www.xe.com.

Budget quotidien

Moins de 100 €

➡ Lit en dortoir : 15-30 €

➡ Chambre double dans un petit hôtel : 50-100 €

➡ Repas à base de pizza ou de pâtes : 15 €

➡ Excellents marchés et épiceries pour faire ses courses

100-200 €

➡ Chambre double dans un hôtel de catégorie moyenne : 80-180 €

➡ Repas dans des restaurants de quartier : 25-50 €

➡ Pass Naples Artecard 3 jours : 21 €

Plus de 200 €

➡ Chambre double dans un 4 ou 5-étoiles : 150-450 €

➡ Repas dans un restaurant de catégorie supérieure : 50-120 €

➡ Spa avec soin : 75 €

Heures d'ouverture

Les heures d'ouverture varient en fonction des périodes. Nous avons précisé ici les horaires de haute saison ; ils sont en général plus restreints le reste du temps. Gardez en tête que les heures d'ouverture de certains petits commerces peuvent être changeantes.

Banques 8h30-13h30 et 14h45-15h45 ou 16h15 lun-ven

Restaurants 12h-15h et 19h30-23h ou minuit

Cafés 7h30-20h ou plus tard

Clubs 3h-5h

Commerces 9h-13h et 15h30-19h30 (ou 16h-20h) lun-sam (certains ferment le lun matin et d'autres ouvrent le dim)

Arriver à Naples et sur la côte amalfitaine

Aéroport Capodichino de Naples (NAP)

Navette Alibus (3 €, 4 € à bord) jusqu'à la Stazione Centrale (gare centrale) et au Molo Beverello (gare maritime) toutes les 20 à 30 minutes, de 6h30 à 23h40

Taxi : tarif fixe de 19 € jusqu'à la Piazza Municipio et au Molo Beverello, 20-30 minutes.

Gare centrale

Métro (1 € l'aller avec ticket ANM) jusqu'à Municipio (Piazza Municipio) toutes les 8 à 14 minutes, de 6h15 à 22h30 (à 1h ven et sam) environ

Taxi : tarif fixe de 11 € jusqu'à la Piazza Municipio et au Molo Beverello, 15-20 min

Comment circuler

Les transports sont fiables, dans les principales zones touristiques, et les tarifs raisonnables.

Bus Pratiques pour voyager le long de la côte amalfitaine, ainsi que sur Capri et Ischia. Certains desservent les sites des champs Phlégréens.

Métro La ligne 1 relie la Stazione Centrale (gare centrale) de Naples à la Piazza Municipio (où se trouve la gare maritime), la Via Toledo et Vomero. La ligne 2 rejoint Pozzuoli.

Train Parfait pour aller de Naples à Ercolano (Herculanum), Pompéi, Sorrente, Salerne, Caserta et certaines parties des champs Phlégréens (Campi Flegrei).

Voiture Très utile pour gagner les coins isolés du Cilento. Déconseillée dans Naples toute l'année et le long de la côte amalfitaine en été.

Pour plus de renseignements sur vos déplacements, reportez-vous au chapitre **Transports** p. 276

Pour un premier séjour

N'oubliez pas de…

➡ Vérifier la validité de votre carte d'identité ou de votre passeport

➡ Vérifier les restrictions concernant les bagages de votre compagnie aérienne

➡ Souscrire à une police d'assurance (p. 269)

➡ Réserver votre hébergement, vos circuits et vos spectacles

➡ Vérifier si vous pouvez utiliser votre téléphone portable (p. 275)

➡ Vous renseigner sur les documents nécessaires pour louer une voiture (p. 281)

À emporter

➡ Pièce d'identité (et une photocopie que vous garderez à part)

➡ Carte bancaire et permis de conduire

➡ Guide de conversation

➡ Chargeur de téléphone portable

➡ Crème solaire, chapeau et lunettes de soleil

➡ Imperméable

➡ Chaussures confortables

➡ Carte routière détaillée

Conseils

➡ Allez-y à la fin du printemps, au début de l'été ou de l'automne pour profiter d'un temps magnifique sans les foules de la haute saison.

➡ Apprenez au moins quelques mots d'italien.

➡ Doubler dans les files d'attente est monnaie courante en Italie. Restez poli, mais soyez ferme.

➡ Gardez toujours un œil sur vos affaires, notamment au milieu de la foule et dans les transports en commun.

Quels vêtements porter

L'apparence est importante en Italie. En ville, vous ne ferez pas de faux pas en portant un pantalon ou un jean avec une chemise ou un polo (pour les hommes) et une jupe ou un pantalon (pour les femmes). L'été, shorts, T-shirts et sandales feront l'affaire. En soirée, optez pour une tenue chic et décontractée. Un pull léger ou une veste imperméable peuvent être utiles au printemps et à l'automne, et des chaussures solides sont nécessaires pour visiter les sites archéologiques. Habillez-vous correctement lorsque vous visitez des églises.

Hébergement

Si vous voyagez en haute saison, mieux vaut réserver le plus tôt possible. Pour plus d'informations, reportez-vous à la rubrique *Hébergement* p. 199.

➡ **Hôtels** Tous les tarifs et niveaux de qualité.

➡ **B&B** Souvent d'un excellent rapport qualité/prix, allant de chambres chez l'habitant à des studios tout équipés.

➡ **Séjour à la ferme** Parfaits en famille, les *agriturismi* vont des fermes rustiques aux demeures de luxe avec piscine.

➡ **Pensions** Semblables aux hôtels, mais les *pensioni* ont généralement entre une et trois étoiles et sont gérés en famille.

➡ **Auberges de jeunesse** On trouve à la fois des auberges affiliées à HI et des *ostelli* privés, un grand nombre proposant aussi des chambres privatives.

Naples et la côte amalfitaine en voiture

Une grande partie du centre historique de Naples est interdite aux automobilistes non-résidents. Ailleurs, la circulation anarchique et les "placeurs" illégaux auront tôt fait de vous gâcher la vie. La circulation est interdite aux non-résidents une grande partie de l'année à Capri et déconseillée à Ischia et à Procida. En haute saison, la conduite peut être stressante sur la côte. Le Cilento se prête idéalement à un circuit en voiture pour découvrir ses petites bourgades et ses plages excentrées. La plupart des autoroutes sont payantes. Vous trouverez des infos sur les conditions de circulation, les péages et les distances sur www.autostrade.it.

Négocier

Il est courant de négocier sur les marchés. Ailleurs, il faut payer le prix indiqué.

Pourboire

Donner un pourboire n'a rien d'obligatoire.

➦ **Taxis** Arrondissez à l'euro supérieur.

➦ **Restaurants** La plupart des restaurants incluent le *coperto* (couvert, entre 1 et 3 €) et le *servizio* (service, entre 10% et 15%) à la carte. Si le service n'est pas compris, n'hésitez pas à laisser un petit pourboire.

➦ **Bars** Les Italiens posent souvent une pièce de 10 ou 20 centimes sur le comptoir lorsqu'ils commandent leur café. Si les boissons sont apportées à la table, donnez un pourboire comme si vous étiez au restaurant.

Naples au soleil couchant

Langue

Beaucoup d'Italiens ne parlent pas forcément le français, ni l'anglais. Bien sûr, dans les principales zones touristiques, vous vous en sortirez sans problème, mais à la campagne et en dehors des sentiers battus, vous devrez pouvoir dire quelques phrases basiques. Cela vous facilitera énormément la vie, notamment lorsque vous passerez votre commande au restaurant, où il n'y a parfois pas de carte. Reportez-vous au chapitre Langue (p. 283) de ce guide pour toutes les expressions dont vous aurez besoin durant votre séjour.

Pas d'impair !

L'Italie est une société étonnamment à cheval sur l'étiquette. Les conseils suivants vous éviteront de faire des impairs.

➦ **Salutations** Serrez la main et dites *buongiorno* (bonjour) ou *buona sera* (bonsoir) aux étrangers ; faites une bise sur les deux joues et demandez *come stai ?* (Comment ça va ?) à vos amis. Vouvoyez (*lei*) les personnes que vous ne connaissez pas, mais tutoyez (*tu*) vos amis et les enfants. Si vous êtes invité, appelez vos hôtes par leur prénom.

➦ **Demande d'aide** Dites *mi scusi* (excusez-moi) pour attirez l'attention, mais *permesso* (permission) quand vous voulez passer devant quelqu'un.

➦ **Repas** Si vous êtes invité chez quelqu'un, apportez du vin ou quelques *dolci* (desserts) achetés dans une *pasticceria* (pâtisserie). Laissez votre hôte vous conduire à table et commencer le repas.

Envie de...

Délices gastronomiques

Pizza À savourer dans sa ville natale, Naples, dans une pizzeria légendaire et authentique telle que **Starita** (p. 81).

Marchés Produits alléchants et ambiance effervescente sur les marchés napolitains, notamment celui de la **Porta Nolana** (p. 51) et de **La Pignasecca** (p. 54).

Mozzarella di bufala Goûtez-la dans des lieux dédiés comme le **Muu Muzzarella Lounge** (p. 79) et l'**Inn Bufalito** (p. 153), ou directement chez un producteur à **Tenuta Vannulo** (p. 195).

President Une table étoilée installée à Pompéi, où se mêlent passion et créativité (p. 105).

Donna Rosa Cette institution de la côte amalfitaine (p. 162) n'a pas usurpé sa réputation.

Wine & The City Dégustations de vin et événements culturels à Naples (p. 76).

Trésors archéologiques

Museo Archeologico Nazionale Une collection incomparable de sculptures, mosaïques et fresques au cœur de Naples (p. 51).

Herculanum Le temps s'est arrêté dans cette cité romaine admirablement préservée (p. 95).

Villa Oplontis Cette villa qui aurait appartenu à la seconde femme de l'empereur Néron comporte de belles fresques et une immense piscine (p. 97).

Paestum Au cœur de la campagne, des temples grecs entourés de champs et de fleurs sauvages (p. 187).

Museo Archeologico Provinciale La vedette du musée archéologique de Salerne est une tête d'Apollon en bronze du Ier siècle av. J.-C., découverte dans la mer en 1930 (p. 183).

Il Vallone dei Mulini Les vestiges d'anciens moulins, au creux d'une gorge profonde de Sorrente (p. 149).

Merveilles naturelles

Côte amalfitaine Une mer turquoise et, sur la terre ferme, de superbes sentiers de randonnée (p. 144).

Parco Nazionale del Cilento Un paradis sauvage sillonné de ruisseaux, rivières et chutes à l'eau cristalline (p. 188).

Faraglioni Les célèbres rochers calcaires de Capri jaillissent de la mer telles des nymphes (p. 113).

Grotte de Matermània Des mosaïques aux teintes passées ornent cette immense grotte dont les Romains firent un sanctuaire (p. 116).

Negombo Piscines thermales en plein air, plage privée, et magnifique jardin botanique (p. 134).

Vésuve Une silhouette toujours menaçante, des pentes sillonnées de sentiers et un panorama de rêve (p. 99).

Inspiration artistique

Palazzo Reale di Capodimonte De Botticelli au Caravage en passant par les maîtres américains du pop art, ce palais accueille une collection d'art international (p. 65).

Galleria di Palazzo Zevallos Stigliano Ce palais du XVIIe siècle sert d'écrin à une remarquable collection d'art, dont le dernier chef-d'œuvre du Caravage (p. 53).

Museo del Novecento L'art du XXe siècle dans un imposant château napolitain (p. 64).

Métro de Naples Laissez l'art contemporain vous transporter dans les stations du Metrò dell'Arte (p. 50), toujours plus nombreuses.

Franco Senesi Deux galeries présentant des œuvres d'artistes et sculpteurs italiens contemporaines (p. 163).

Museo Pinacoteca provinciale Art de la Renaissance au XXe siècle dans la remarquable Pinacothèque de Salerne (p. 182).

En haut : Fontaine du jardin botanique de La Mortella, Ischia (p. 135)
En bas : Une margherita, pizza napolitaine classique (p. 247)

Architecture

Reggia di Caserta Le palais royal de Caserte a servi de cadre à de nombreuses scènes de films (p. 74).

Duomo Fresques baroques et mosaïques décorent la splendide cathédrale de Naples (p. 46).

Galleria Umberto I Ce somptueux passage couvert du XIXe siècle est propice au lèche-vitrine (p. 58).

Cattedrale di Sant'Andrea Superbe cathédrale d'Amalfi à la façade en pierres polychromes (p. 167).

Palazzo dello Spagnuolo Un spectaculaire escalier rend hommage à l'architecture napolitaine (p. 73).

Certosa di San Giacomo Une chartreuse du XIVe siècle dans le plus pur style de Capri de l'époque (p. 111).

Jardins romantiques

Ravello Admirez le panorama depuis le belvédère à la **Villa Cimbrone** (p. 175) et laissez-vous bercer par la musique à la **Villa Rufolo** (p. 174).

La Mortella Un paradis tropical à Ischia, inspiré par les jardins de l'Alhambra à Grenade (p. 135).

Reggia di Caserta Les jardins du palais royal de Caserte sont à son image, sublimes (p. 74).

Villa Floridiana Une opulente villa, de magnifiques jardins et une vue enchanteresse sur Naples et sa baie (p. 65).

Giardini di Augusto L'ancien terrain de jeu de l'empereur Auguste à Capri (p. 113).

Orto Medico Un petit cloître secret agrémenté d'un jardin de plantes médicinales et d'une fontaine (p. 51).

Mois par mois

LE TOP 5

Settimana Santa, mars-avril

Maggio dei Monumenti, mai

Wine & The City, mai

Napoli Teatro Festival Italia, juin

Ravello Festival, juin-septembre

Février

Court et maudit, c'est ainsi que les Italiens décrivent le mois de février. Il fait encore un peu froid, mais les amandiers commencent à fleurir et le carnaval apporte de la gaieté.

Carnevale

Durant la période précédant le mercredi des Cendres, de nombreuses villes d'Italie du Sud organisent un carnaval où défilent des *carri* (chars) élaborés. Les enfants se déguisent et lancent des *coriandoli* (confettis) et tout le monde se laisse aller à la gourmandise en prévision du carême. C'est l'époque des délices de carnaval, comme les *chiacchiere* (beignets croustillants saupoudrés de sucre).

Festa di Sant'Antonino

À l'occasion de la fête du saint patron de Sorrente, le 14 février, stands de rues, feux d'artifice et processions en musique animent le centre-ville. Profitez-en pour goûter à la spécialité locale, la fameuse *torta di Sant'Antonino*, une tarte au chocolat et à la crème.

Mars

En mars, le temps est capricieux : soleil, pluie et vent se manifestent ensemble ; les habitants le surnomment *Marzo pazzo* (mars fou). Si le printemps débute officiellement le 21 mars, tout n'ouvre réellement pour la haute saison qu'à Pâques.

Settimana Santa

Des processions émaillent la semaine sainte dans toute la Campanie. Le jeudi et le vendredi saint, des pénitents défilent dans les rues de Sorrente. À Procida, des statues en bois et des représentations de scènes de la Passion sont portés à travers toute l'île.

Mai

Les rosiers en fleur et les premières saveurs de l'été font de mai un mois idéal pour voyager, en particulier pour les randonneurs. Il fait doux et les prix restent raisonnables. Les fêtes de saints patrons s'y succèdent aussi.

Festa di San Gennaro

Lors de la Festa di San Gennaro (saint Janvier) à Naples, on remercie le saint patron de protéger la ville des éruptions volcaniques et d'autres catastrophes. Les fidèles se rassemblent dans la cathédrale pour assister à la liquéfaction du sang du saint. Si le miracle se produit, la ville est sauve. Le saint est également célébré le 19 septembre et le 16 décembre.

Maggio dei Monumenti

Avec les beaux jours, expositions, concerts, spectacles et visites guidées se déroulent à Naples tout le mois. De nombreux monuments habituellement fermés au public sont accessibles gratuitement.

🍷 Wine & the City

Deux semaines à la gloire du vin régional, à Naples (www.wineandthecity.it), avec dégustations gratuites, apéritifs, théâtre, musique et expositions. Le festival investit des lieux tels que musées, châteaux, galeries d'art, restaurants, boutiques ou bateaux.

Juin

Juin donne le coup d'envoi de la saison estivale. Les températures montent rapidement, les établissements balnéaires ouvrent pour de bon et c'est le début des grands festivals de l'été. Le 2 juin, fête de la République, est férié.

☆ Napoli Teatro Festival Italia

Pendant 3 semaines, Naples met à l'honneur les arts de la scène lors du festival italien du théâtre (www.napoliteatrofestival.it, en italien), à la programmation nationale et étrangère de qualité, mêlant spectacles grand public et œuvres d'auteurs. Pièces de théâtre, expositions et autres manifestations artistiques investissent divers lieux de la ville, des théâtres aux stations de métro. `

🚴 Napoli Bike Festival

Début juin, les Napolitains montent tous en selle pour cette toute nouvelle fête du cyclisme (www.napolibikefestival.it). Trois jours de balades à vélo, compétitions, ateliers et plus encore.

☆ Ravello Festival

Surplombant la côte amalfitaine, la ravissante cité de Ravello attire des artistes internationalement reconnus de mi-juin à début septembre (www.ravellofestival.com), notamment dans le cadre enchanteur des jardins de la Villa Rufolo. Au programme : musique, danse, films et expositions.

Juillet

La fin de l'année scolaire marque le début de l'exode annuel des Italiens vers la mer et la montagne pour les vacances d'été. Les prix et les températures grimpent. Les plages font le plein, tout comme les grands festivals musicaux et culturels.

☆ Giffoni Film Festival

Durant 10 jours, la ville de Giffoni Valle Piana, à l'est de Salerne, vit au rythme du plus important festival européen de cinéma pour la jeunesse (www.giffonifilmfestival.it). Des enfants et des adolescents du monde entier viennent y assister à des projections, participer à des ateliers et conférences, et rencontrer des stars comme Mark Ruffalo ou Robert De Niro.

🎉 Sagra del Tonno

La fête du Thon a lieu pendant 4 jours, fin juillet ou début août, dans la petite ville de Cetara. Dégustation de thon, mais aussi des célèbres anchois de Cetara entrant dans la composition de la *colatura di alici* (coulis d'anchois).

🎉 Festa di Sant'Anna

À Ischia, la fête de Sainte-Anne est célébrée en grande pompe le 26 juillet. Au programme : procession d'embarcations, feu d'artifice et embrasement symbolique du Castello Aragonese (Château aragonais) d'Ischia Ponte.

Août

En août, la Campanie est chère, bondée et il y fait très chaud. Tout le monde est en vacances et même si, en ville, tout n'est pas fermé, de nombreux commerces et restaurants baissent le rideau une partie du mois.

🎉 Ferragosto

Après Noël et Pâques, l'Assomption (15 août) est le jour férié le plus important en Italie. Les anciens Romains honoraient déjà leurs dieux païens le jour des Feriae Augusti. Les plages sont noires de monde.

Décembre

Malgré les températures fraîches et les jours qui raccourcissent, l'ambiance se réchauffe à l'approche des fêtes de Noël avec les rues illuminées, les crèches et les douceurs de l'Avent.

🎉 Natale

Les événements religieux sont nombreux les semaines précédant Noël. Des *presepi* (crèches) sont installées dans beaucoup d'églises et l'on vient de toute l'Italie pour acheter les fameux santons napolitains, appelés *pastori*, dans la Via San Gregorio Armeno et alentour.

Itinéraires

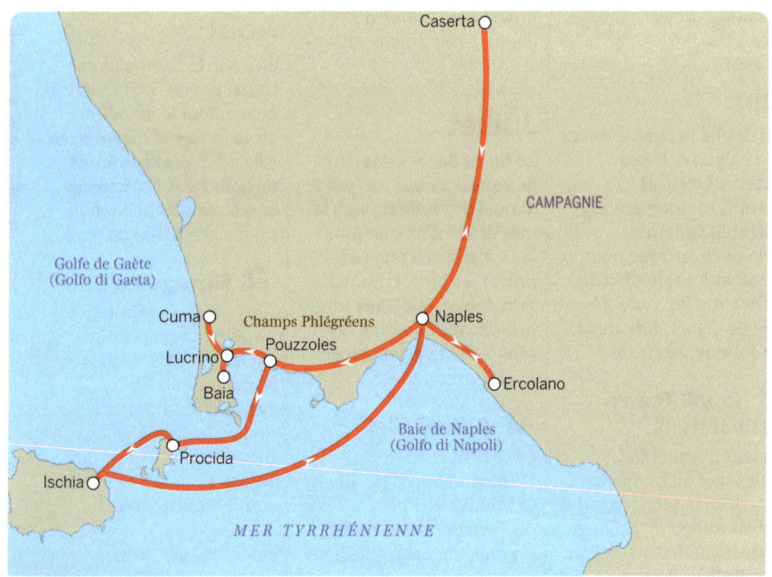

 Palazzi, vestiges et îles

Des édifices parmi les plus anciens d'Italie, des paysages à la beauté sans pareille : la région de Naples allie nature et culture d'exception. Allez de découverte en découverte avec cet itinéraire mêlant archéologie, art et émerveillement.

Passez tout d'abord 3 jours à **Naples**, afin de vous pâmer devant ses églises et *palazzi* et de goûter ses fameuses pizzas. Le 4e jour pourra être consacré à **Caserte**, inscrit au patrimoine de l'Unesco, ou bien à **Ercolano**, au sud-est, pour arpenter les ruines romaines d'Herculanum. Le jour d'après, cap à l'ouest pour une journée aux champs Phlégréens (Campi Flegrei), site de vestiges gréco-romains exceptionnels. À **Pouzzoles (Pozzoli)**, ne manquez pas le troisième plus grand amphithéâtre romain d'Italie et le spectacle géologique du cratère de la Solfatara. Barbotez comme les Romains d'antan à **Lucrino**, visitez les lieux où les empereurs venaient se détendre à **Baies (Baia)** et allez découvrir les vestiges grecs de **Cumes (Cuma)**. Le 6e jour, faites la traversée jusqu'à **Procida** et accordez-vous deux jours de détente dans un villages de pêcheurs, au bord d'une plage secrète. Rejoignez la verdoyante **Ischia** le 8e jour, en dédiant trois jours à son archéologie, ses jardins, ses châteaux et ses domaines viticoles – sans oublier une pause dans l'une des stations thermales de l'île. Revenez en bateau à Naples le 10e jour.

 **Toute la côte**

Source d'inspiration pour les artistes, les romantiques, et les hédonistes, le littoral de la Campanie est l'un des plus beaux au monde. Voici un itinéraire qui vous en révélera tous les joyaux.

Commencez par 3 jours à **Naples** pour profiter de ses richesses artistiques, architecturales et gastronomiques. Au programme : la visite d'au moins deux des grands musées de la ville, de ses marchés et de ses catacombes, une pause devant la sculpture du *Christ voilé* dans la Cappella Sansevero et une soirée au superbe théâtre San Carlo (en saison). Le 4e jour, remontez le temps à **Pompéi**, avant de goûter, à l'heure de l'apéritif, à la *dolce vita* de **Sorrente**. Le lendemain, flânez dans les rues de la ville ; prenez un cours d'artisanat au Museo Correale ou au Museo Bottega della Tarsia Lignea et recueillez-vous dans le cloître de la Chiesa di San Francesco. Le 6e jour, direction **Capri**. Accordez-vous 3 jours pour succomber à cette île de légende. Visitez l'éblouissante grotte Bleue (Grotta Azzurra), gravissez le mont Solaro et semez les foules dans les petites rues de la ville de Capri et d'Anacapri, puis sur les sentiers de randonnée bucoliques de l'île.

Le 9e jour, reprenez le bateau pour Sorrente et suivez la route en lacets qui domine un panorama magnifique sur la côte amalfitaine. Première étape : **Positano**, où poser vos valises pour trois nuits. Égarez-vous dans le labyrinthe de ruelles chics de la ville, dînez de fruits de mer frais, louez un bateau ou partez en randonnée sur le superbe Sentiero degli Dei (sentier des Dieux). Le 12e jour, découvrez la belle cité d'Amalfi, en visitant notamment sa cathédrale et ses cloîtres, avant de gagner les hauteurs de **Ravello**, depuis longtemps lieu de rendez-vous des compositeurs, des écrivains et des stars d'Hollywood. Dormez sur place pour vous imprégner de son élégance discrète et admirer le lendemain ses villas et ses jardins. Poursuivez votre route vers l'est, direction la joyeuse capitale régionale de Salerne. En chemin, goûtez au thon et aux anchois qui ont fait la réputation de **Cetara**, et achetez des céramiques colorées à **Vietri sul Mare**. Consacrez une journée à **Salerne** et à son centre médiéval aux rues pleines d'animation, où vous pourrez déguster produits de la mer et pâtisseries. Le soir, rejoignez les habitants dans la tournée conviviale des bars pour conclure en beauté votre séjour sur la côte.

 **Le Cilento**

Si les sirènes de Naples, de Capri et de la côte amalfitaine sont irrésistibles, d'autres merveilles vous attendent en Campanie. De temples helléniques en grottes cachées dans les montagnes, en passant par l'un des plus grands monastères d'Italie, voici un itinéraire qui vous guidera sur des chemins moins empruntés.

Débutez ce circuit dans la ville de **Salerne**, peu touristique. Sa cathédrale est pourtant considérée comme l'une des plus belles églises médiévales d'Italie, et le passionnant musée de l'École de médecine de Salerne retrace l'histoire de cette école fondée au Moyen Âge, qui fut l'une des plus prestigieuses d'Europe. Montez au Castello di Arechi pour bénéficier d'une vue imprenable, puis arpentez le front de mer pimpant à l'heure de la *passeggiata* (promenade) en fin d'après-midi. Le soir, place à la tournée des bars et à la fête avec les *salernitani* (les habitants de Salerne) dans le centre historique médiéval animé. Le lendemain, quittez Salerne pour passer 3 jours dans l'arrière-pays et profiter de la beauté sauvage du **Parco Nazionale del Cilento e Vallo di Diano**, le deuxième plus grand parc national italien, inscrit au patrimoine mondial. Logez dans l'un des *agriturismi* (gîtes ruraux) du parc et partez explorer les fameuses Grotta di Castelcivita et Grotta di Pertosa. Consacrez quelques heures à la cité médiévale de **Postiglione** et à son château normand du XIe siècle, ainsi qu'une demi-journée à **Padula**, indissociable de la Certosa di San Lorenzo. À proximité de cette chartreuse, dans la vallée des Orchidées (Valle delle Orchidee), l'éclosion de plus de 70 variétés d'orchidées au printemps crée un kaléidoscope de couleurs. Roscigno Vecchia, l'un des sites les plus curieux du parc, est une ville fantôme depuis son abandon au début du siècle dernier.

Le 5e jour, regagnez la côte pour découvrir les temples grecs de **Paestum**, dont le plus ancien date du VIe siècle av. J.-C. Passez la soirée et la matinée suivante dans le centre d'**Agropoli**, avant de descendre vers **Santa Maria di Castellabate** pour un festin de poisson. Le 7e jour, visitez la belle cité de **Castellabate**, puis, l'après-midi, les vestiges de l'antique **Velia**. Terminez par quelques jours de farniente sur la plage à **Palinuro**, qui se targue, comme Capri, de posséder une grotte Bleue (Grotta Azzura) éblouissante.

Préparer son voyage
À table !

Véritable corne d'abondance et terre de fins gourmets, la Campanie s'enorgueillit d'un patrimoine gastronomique unique au monde. Aiguisez votre appétit avec les informations gourmandes qui suivent.

Expériences culinaires

Il y a tant de produits et de grands classiques et si peu de temps pour les découvrir ! Voici quelques incontournables.

Repas inoubliables

➡ **Donna Rosa, Positano** Une table star étoilée qui dépoussière la bonne cuisine maison (p. 162).

➡ **Il Focolare, Ischia** Une pépite Slow Food rustique qui sublime ses propres produits (p. 138).

➡ **President, Pompéi** Autre table étoilée, pour des valeurs sûres de Campanie, souvent revues avec inventivité (p. 105).

➡ **Marina Grande, Amalfi** Une cuisine de la mer fraîche, parfumée et délicieuse – vue sur la plage en prime (p. 172).

Petits plaisirs bon marché

➡ **Pizza** cuite au feu de bois ou *fritta* (frite).

➡ **Fritures** comme les *crocchè* (croquettes de pommes de terre) à acheter dans les *friggitorie* (friteries).

➡ **Taralli** Des biscuits croquants, en forme d'anneau, nature ou aromatisés comme les *taralli mandorlati* (aux amandes).

➡ **Sfogliatella** Pâtisserie à la pâte finement feuilletée (*riccia*) ou brisée (*frolla*) à la ricotta et à la cannelle.

Toute l'année dans l'assiette

Il n'y a pas de mauvaise saison pour se régaler en Campanie. Pour en savoir plus sur les événements culinaires, rendez-vous p. 20.

Printemps (mars-mai)
Asperges, artichauts et spécialités de Pâques. Rendez hommage aux vins de la région en participant au festival Wine & The City de Naples (p. 76).

Été (juin-août)
Aubergines, poivrons, tomates, *albicocche vesuviane* (abricots du Vésuve) et *pere mastantuono* (variété de poires). Sagra del Tonno (Fête du thon) à Cetara (p. 178).

Automne (sept-oct)
Champignons, châtaignes, truffes noires et *mele annurche* (variété de pommes). C'est la fête des pâtes au festival Gustaminori de Minori (p. 177).

Hiver (déc-fév)
Friandises de Noël et de Carnaval, spécialités régionales comme la *zuppa di castagne e fagioli* (soupe aux châtaignes et aux haricots) et saucisses grillées au feu de bois à la Sagra della Salsiccia e Ceppone (p. 150) de Sorrente.

➡ **Glaces** Les meilleurs glaciers utilisent des ingrédients de saison sans colorant.

Spécialités de Campanie

Chaque recoin de la région possède ses propres emblèmes gastronomiques dont voici un florilège :

➡ **Naples** Pizzas à pâte fine, *spaghetti alle vongole* (spaghettis aux palourdes), *pasta cacio e pepe* (pâtes au fromage caciocavallo et au poivre) et *sartù* (timbales de riz au fromage, aux légumes et à la viande). Pour grignoter, *pizza fritta* (pizza frite garnie de charcuterie, de fromage et de tomates) et *supplì di riso* (croquettes de riz). En dessert, citons la *pastiera napoletana* (tarte à la ricotta parfumée au citron).

➡ **Caserte** Réputée dans le monde entier pour sa *mozzarella di bufala* (au lait de bufflonne) exquise.

➡ **Capri** *Insalata caprese* (salade mozzarella-tomates-basilic) légère et *torta caprese* (gâteau au chocolat et aux amandes), à accompagner d'un verre de *limoncello* (liqueur de citron).

➡ **Ischia** *Spaghetti alla puttanesca* (spaghettis à la sauce tomate aux olives, piment et ail), *coniglio all'ischitana* (lapin mijoté au vin blanc avec de l'ail, du piment, des tomates et des herbes) et vins aromatiques produits par les exploitations locales renommées comme Casa D'Ambra.

➡ **Minori** Il faut goûter les pâtes de la ville, surtout les *scialatielli* (sorte de tagliatelles fraîches) et les *'ndunderi*, ancêtres romains des gnocchis.

RÉSERVATION : MODE D'EMPLOI

Généralement, il faut réserver dans tous les restaurants haut de gamme et réputés, surtout pour le vendredi et le samedi soir et le dimanche midi. Dans les villes très touristiques, réservez systématiquement durant la haute saison estivale, à Pâques et à Noël. La réservation s'impose aussi pour les cours de cuisine, notamment de la Sorrento Cooking School (p. 150), de Mamma Agata (p. 175) et de la Gelateria David (p. 150).

➡ **Cetara** Les meilleurs anchois d'Italie. À découvrir avec les *spaghetti con alici e finocchietto selvatico* (spaghettis aux anchois et au fenouil sauvage) ou la *colatura di alici* (coulis d'anchois).

➡ **Salerne et le Cilento** Huile d'olive vierge extra AOP des *Colline Salernitane* et *mozzarella di bufala* de Paestum. Parmi les autres fromages intéressants du Cilento figurent la *cacioricotta di capra* au lait de chèvre et le *caciocavallo podolico* au lait de vache.

L'art et la manière

Après cette mise en bouche, voici comment manger à la napolitaine.

Horaire des repas

➡ **Colazione** Le petit-déjeuner se résume d'ordinaire à un expresso accompagné d'un *cornetto* (croissant) ou d'une *sfogliatella* (pâtisserie à la ricotta).

➡ **Pranzo** Le déjeuner demeure souvent le principal repas de la journée. Les restaurants assurent le service de 12h à 15h, bien que beaucoup d'Italiens n'arrivent pas avant 13h.

➡ **Aperitivo** Les Napolitains aiment se retrouver après le travail dans les nombreux bars de la ville où, pour le prix d'un verre, ils ont accès, entre 18h et 21h, à un buffet apéritif savoureux.

➡ **Cena** Bien qu'important, le dîner est en général plus léger que le déjeuner. Les restaurants ouvrent de 19h30 à 23h environ (plus tard l'été). Beaucoup d'Italiens ne passent pas à table avant 20h30.

Choisir un restaurant

➡ **Ristorante** Service dans les règles de l'art, plats et vins raffinés. Parfait pour les grandes occasions.

➡ **Trattoria** Version moins formelle du restaurant, avec des prix plus bas et de grands classiques régionaux. Évitez les établissements avec "menus touristiques".

➡ **Osteria** À l'origine une taverne axée sur le vin. Aujourd'hui, il s'agit souvent d'une petite trattoria ou d'un bar à vin servant à manger.

➡ **Enoteca** Bar à vin proposant aussi une carte de restauration légère.

➡ **Agriturismo** Gîte rural faisant aussi table d'hôtes. Repas réalisés avec les produits de la ferme.

➡ **Pizzeria** Idéale pour un repas bon marché assorti d'une bière fraîche.

Préparer son voyage
Activités de plein air

La région de Naples et la Campanie se targuent de paysages splendides, parmi les plus spectaculaires d'Italie. Rien de mieux pour en profiter que de s'adonner à des activités de plein air, des randonnées dans les montagnes escarpées du Cilento, couvertes de forêts anciennes, à la plongée au large de la côte amalfitaine.

Balades et randonnées

Des balades sur la plage aux randonnées ardues, les marcheurs seront à la fête en Campanie. Le terrain ici peut être accidenté et extrêmement raide : emportez avec vous chaussures de marche, sac à dos pour la journée, protection solaires, lunettes de soleil et chapeau, bouteilles d'eau.

Environs de Naples

Pour une sortie au cœur d'une nature sauvage, direction Pouzzoles, et son cratère de la Solfatara (p. 92), encerclé par un sentier dominant la bouillonnante activité volcanique. Le soir, la promenade est magique. Plus à l'ouest, le Lago d'Averno (p. 94), ancien cratère transformé en lac, offre un circuit beaucoup plus tranquille.

De l'autre côté de Naples, le Vésuve (p. 99) est plus facile à escalader qu'il n'y paraît : des navettes régulières relient la gare d'Ercolano-Scavi Circumvesuviana au parking du sommet. De là, il ne reste que 860 m à gravir, relativement faciles, pour atteindre le point culminant, où vous serez récompensé par un panorama à 360° sur Naples, sa baie et les Apennins dans le lointain. Le volcan fait partie du **Parco Nazionale del Vesuvio** (www.epnv.it), un parc national sillonné de 9 *sentieri* (sentiers) de différentes longueurs et niveaux de difficulté (www.vesuviopark.it). Le plus exigeant, et le plus beau, est

Le meilleur des activités de plein air

Grottes côtières Pénétrez dans des grottes lumineuses.

Randonnées de la côte amalfitaine Découvrez la côte depuis les sentiers de montagne.

Thermes Décompressez dans des sources chaudes naturelles.

Cratère de la Solfatara Ses furieux jets de vapeur évoquent l'enfer.

Mont Vésuve Gravissez les pentes de ce volcan tristement célèbre.

Réserve marine de Punta Campanella Plongez dans des fonds multicolores.

Grotte di Castelcivita Explorez les plus anciennes grottes d'Europe à avoir été habitées.

Croisière à Positano Naviguez jusqu'à un archipel méconnu pour un Campari au coucher du soleil.

Meilleures saisons

Avril-juin Belles promenades au milieu des fleurs sauvages.

Juillet et septembre Sports nautiques et plongée dans des eaux chaudes – sans les foules d'aoûtiens.

le "Lungo la Strada Matrone" ("Route 6") de 6,7 km, qui part de la Via Cifelli, pour grimper au sommet du volcan par la face sud-est. Le parc lui-même est d'une grande richesse naturelle, peuplé de quelque 140 espèces d'oiseaux, dont des pics épeiche, des aigles et des corbeaux impériaux.

Naples Trips & Tours (p. 99) organise des balades à cheval dans le parc national.

Les îles

Capri et Ischia sont aussi propices à de spectaculaires balades qui permettent d'apprécier ces deux îles loin de la foule. Depuis la ville de Capri, des sentiers agréables bien qu'escarpés mènent à une villa romaine et à une arche rocheuse naturelle. Un itinéraire plus ardu suit une chaîne de forts jusqu'à la côte ouest. Sur Ischia, le mieux pour explorer l'intérieur des terres, qui compte de nombreuses sources thermales, est d'organiser un circuit guidé par un géologue local avec Geo-Ausfluge (p. 137).

Parco Nazionale del Cilento e Vallo di Diano

Au sud-est de la côte amalfitaine, le Parco Nazionale del Cilento e Vallo di Diano se prête à des balades décontractées et à des randonnées difficiles, avec des guides fiables et d'excellentes cartes. Cette magnifique région sauvage abrite environ 3 000 espèces botaniques répertoriées, ainsi que des espèces d'oiseaux rares, dont l'aigle royal et le cormoran.

Toutefois, le parc est avant tout réputé pour ses grottes, parmi lesquelles les Grotte di Castelcivita (p. 189) et la Grotta dell'Angelo, où l'on peut découvrir d'impressionnantes stalagmites et les stalactites lors de circuits spéléologiques quotidiens. Le site www.parks.it fournit des informations utiles sur les parcs nationaux de la région.

Plages et sports aquatiques

Les plages les plus propres sont sans conteste celles des îles de la baie, ou des côtes amalfitaine et du Cilento. La qualité de l'eau s'améliore dans la région, plusieurs plages ayant reçu le label pavillon bleu.

Les plages privées sont légion, surtout dans les hauts lieux estivaux comme Capri, Ischia et la côte amalfitaine ; toutes sont bien équipées et envahies de restaurants et de bars, sans oublier les *ombrelloni* (parasols) et *lettini* (chaises longues) à louer. L'entrée coûte environ 10 €. Si vous ne voulez pas payer votre place sur le sable, cherchez une plage gratuite (*spiaggia libera*). Généralement signalées, elles consistent souvent en une étroite bande de sable bondée, près de la route ou parfois adjacente à une plage privée. Certaines sont équipées de douches et toilettes. Parmi les meilleurs endroits de baignade (et les moins fréquentés), beaucoup sont uniquement accessibles par la mer. C'est notamment le cas des îles Li Galli (au large de la côte amalfitaine), de Fiordo Di Furore (à l'est de Praiano) et de Cavallo Morto (près d'Erchie). Les offices du tourisme donnent des renseignements sur les excursions et les locations de bateaux.

Les possibilités de sports nautiques ne manquent pas dans la région. Kayak Napoli (p. 75) organise des sorties en kayak le long de la côte la journée et le soir, permettant de voir d'anciens *palazzi* (demeures) et des grottes. À la Marina Piccola (p. 117) de Capri, il est possible de louer des canoës pour faire le tour de l'île.

LE TOP DES PLAGES

➜ **Baia di Ieranto** Une plage spectaculaire à l'extrémité de la péninsule de Punta Penna, au sud de Sorrente (p. 157).

➜ **Baia di Sorgeto** Une petite crique de l'île d'Ischia et sa source thermale bouillonnante que l'on atteint en bateau-taxi (p. 138).

➜ **Spiaggia Marmelli** Crique paisible de la côte du Cilento, invitant au farniente (p. 197).

➜ **Spiaggia di Fornillo** Une plage aux eaux cristallines encore secrète, beaucoup plus agréable que la plage principale de Positano (p 159).

➜ **Santa Maria di Castellabate** Sable de velours et mer d'azur dans une petite cité balnéaire du Cilento (p. 195).

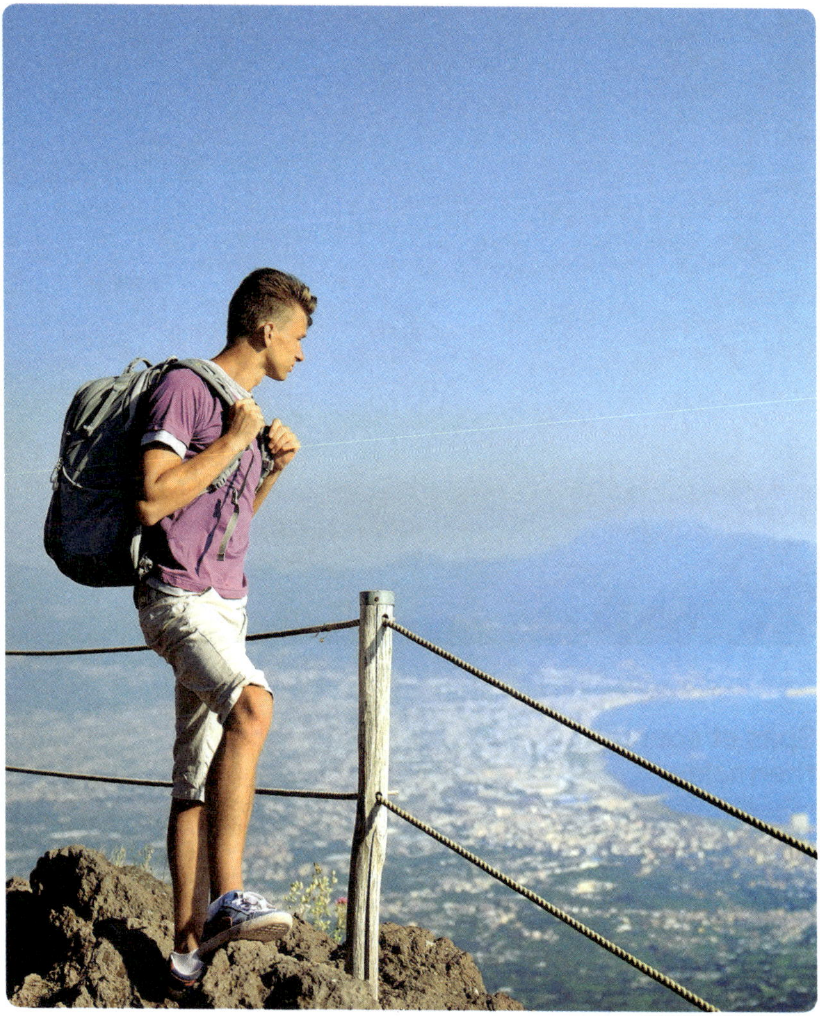

JANOKA82/GETTY IMAGES ©

Ci-dessus : Au sommet du Vésuve (p. 99)

Ci-contre : Les pointes de calcaire des Isole Faraglioni, au large de Capri (p. 113)

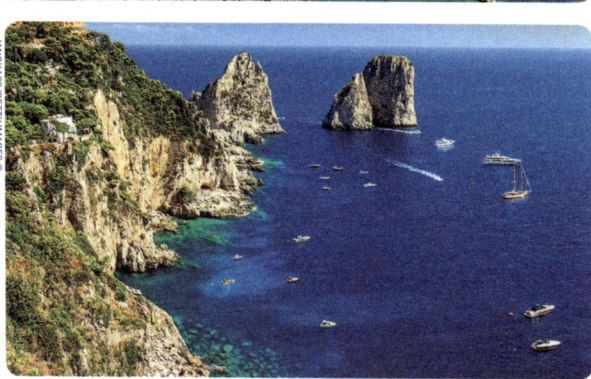

Snorkeling dans la baie de Naples

Spas et sources thermales

D'accès facile depuis Naples par la voie ferrée Cumana, les Terme Stufe di Nerone (p. 95), agrémentés de piscines intérieures et extérieures, de jardins en terrasses et de saunas sculptés dans le tuf, comptent parmi les centres thermaux les plus fameux des champs Phlégréens (Campi Flegrei). L'île d'Ischia est un haut lieu du thermalisme, avec quelque 103 sources de nature variée, 67 fumerolles et 29 bassins souterrains. Le Negombo (p. 134) et les Giardini Poseidón (p.135) associent leurs piscines à des jardins luxuriants, des soins et une plage privée. Moins luxueux, mais plus historiques, les Terme Cavascura (p. 138) sont dotés d'anciens bassins romains.

Bateau et voile

Chacun trouvera son bonheur, du voilier au pédalo, sur la côte principale et les îles de la baie. Les marins expérimentés loueront un voilier pour naviguer d'île en île dans la baie de Naples ou le long de la côte amalfitaine, tandis que les plaisanciers du dimanche exploreront des criques secrètes à bord de petites embarcations à moteur ne nécessitant aucune expérience.

Tous les quatre ans, Amalfi accueille la **Regata delle Antiche Repubbliche Marinare**, une régate entre les anciennes républiques maritimes : Amalfi, Venise, Gênes et Pise. Prochaine édition en 2016.

Plongée

Vous n'aurez aucun mal à trouver un club proposant matériel de location, cours et sorties de plongée pour tous niveaux. La **réserve marine de Punta Campanella**, située à la pointe de la péninsule de Sorrente, est l'un des plus beaux spots de plongée de la région. Parmi les autres spots appréciés, citons les épaves de la Seconde Guerre mondiale à Agropoli (p. 192) et les grottes sous-marines de Marina del Cantone (p. 157).

Plus d'informations auprès des offices du tourisme et sur le site www.diveitaly.com.

Préparer son voyage
Voyager avec des enfants

Avec un peu de préparation et quelques renseignements préalables sur la riche histoire de la région, Naples et la côte amalfitaine piqueront la curiosité des jeunes esprits. Après tout, c'est le pays des arènes, des gladiateurs, des catacombes, des cratères et des plages aux sources thermales bouillonnantes. En route !

Naples et la côte amalfitaine pour les enfants

Les enfants dont chaleureusement accueillis en Campanie. Seuls la frénésie de Naples, les virages de la côte et les rues pavées des sites archéologiques difficilement praticables avec une poussette peuvent être un inconvénient. Mais en s'adaptant un peu et en gardant l'esprit ouvert, les jeunes familles passeront un séjour passionnant et enrichissant.

À ne pas manquer

Renseignez-vous auprès des offices du tourisme sur les activités adaptées aux enfants, et achetez quelques livres d'histoire pour stimuler leur imagination sur les sites archéologiques. La plupart des musées et des sites proposent un tarif enfant. Pour plus d'informations, consultez le guide Lonely Planet *Voyager avec ses enfants,* le site consacré à l'Italie www.italiakids.com (en anglais) ou celui sur Naples www.napoliperbambini.com (en italien). Pour des conseils plus généraux, et pour préparer votre voyage : www.voyagesetenfants.com et http://avec-mes-enfants.fr.

Le meilleur de la région pour les enfants

Naples, Pompéi et alentour
Curiosités épatantes : remontez le temps à Pompéi, à Oplonte (Oplontis) et à Herculanum, explorez d'anciennes citernes, des passages, ainsi que des cimetières et des catacombes sous les rues animées de Naples, faites des expériences dans un musée des sciences et observez de surprenants phénomènes géologiques.

Les îles
Les joies de la plage : dénichez en bateau une petite crique où vous baigner, voguez dans une grotte étincelante à Capri ou barbotez dans les bassins d'un centre thermal à Ischia, la luxuriante île volcanique.

La côte amalfitaine
Entre terre et mer : paisible balade en mer l'été, baignade sur une plage convoitée ou isolée, randonnée sur les hauteurs du littoral et visite d'un curieux musée du Papier à Amlafi.

Salerne et le Cilento
Nature et culture : découvrez les secrets de la médecine ancienne dans un musée multimédia, assistez à un festival de films pour la jeunesse ou échappez-vous en pleine nature en descendant des rivières, en nourrissant les animaux de la ferme et en distinguant les stalactites des stalagmites.

Bain de culture

➡ **Museo Archeologico Virtuale (MAV), Herculanum** Hologrammes et vidéos ressuscitent les ruines de la région (p. 98).

➡ **Museo della Carta, Amalfi** L'histoire de la tradition papetière, à découvrir dans un moulin à papier du XIIIe siècle, à Amalfi (p. 168).

➡ **Città della Scienza, Bagnoli, Naples** Un musée des sciences très ludique, juste à l'ouest de Naples (p. 93).

➡ **Museo Virtuale della Scuola Medica Salernitana, Salerne** Un musée interactif consacré à la médecine médiévale (p. 183).

➡ **Giffoni Film Festival, Giffoni Valle Piana, Salerne** Le plus important festival européen de cinéma pour la jeunesse (p. 21).

Montée d'adrénaline

➡ **Cratère de la Solfatara, Pouzzoles** Dame Nature siffle et mugit dans ce cratère volcanique peu profond (p. 92).

➡ **Negombo, Ischia** Ce parc thermal compte une plage et plusieurs piscines. Massages pour parents exténués en prime (p. 134).

➡ **Grotta Azzurra, Capri** La grotte Bleue de Capri semble sortie d'un autre monde (p. 115).

➡ **Parco Nazionale del Cilento e Vallo di Diano, Cilento** Rafting, grottes colorées et *agriturismo* (séjour à la ferme) (p. 188).

Sites antiques

➡ **Pompéi** Des théâtres, des maisons, des boutiques et même un stade. L'ancienne maison close risque de faire pouffer les ados (p. 100).

➡ **Herculanum** Plus petit mais mieux conservé que Pompéi (p. 95).

➡ **Naples souterraine** Un passage secret mène à un dédale souterrain de passages et de citernes gréco-romains (p. 48).

➡ **Cimitero delle Fontanelle, Naples** C'est Halloween tous les jours dans ce cimetière jonché de crânes et d'ossements (p. 72).

Préparatifs

Quand partir

Les mois de mai, juin et septembre sont chauds et ensoleillés, sans la foule estivale. Le Carnaval (février ou mars), avec ses chars et ses déguisements colorés, est aussi une période tout indiquée, et les célèbres *presepi* (crèches) napolitains font de décembre un mois magique.

Hébergement

Réservez votre hébergement assez tôt. Certains hôtels ne peuvent ajouter un lit enfant dans une chambre double : renseignez-vous. D'autre ne vous factureront aucun supplément si votre enfant partage votre lit.

➡ **Auberges de jeunesse et appartements** L'idéal, avec des chambres à plusieurs lits, tout ce qu'il faut pour cuisiner et des espaces communs.

➡ **Campings** Très animés en haute saison (été), et proposant, pour la plupart, des activités pour les enfants de tous âges.

➡ **Agriturismi** Pour un séjour au grand air. entouré animaux.

Restaurants

➡ Les enfants sont les bienvenus dans les restaurants, surtout les trattorias et les pizzerias.

➡ Au moment de réserver, demandez une *seggiolone* (chaise haute).

➡ Les menus enfant sont rares, mais on peut généralement commander un *mezzo piatto* (demi-portion).

Pratique

➡ Les pharmacies vendent du lait en poudre ou liquide, ainsi que des pastilles de stérilisation pour biberon. Vous trouverez du lait frais en brique au supermarché et dans les bars affichant le logo "Latteria". Le lait UHT est souvent le seul disponible.

Transports

➡ Rues pavées, nids-de-poule et transports bondés compliquent les déplacements avec une poussette. Envisagez un porte-bébé confortable.

➡ Les compagnies de transports en commun ne font pas payer les enfants de moins de six ans accompagnés par un adulte.

➡ Les loueurs de voitures disposent souvent, sur réservation, de sièges auto à moindre coût.

La région en un clin d'œil

Naples, Pompéi et alentour

Gastronomie
Histoire
Musées

Pizza et pâtes
À Naples vous attendent de grands classiques transalpins – café, pizza, pâtes, tomates du Vésuve, *sfogliatelle* (pâtisseries à la ricotta), babas au rhum, et produits de la mer accommodés de mille façons.

Sites antiques
Les Napolitains, qui vivent dans l'ombre du Vésuve, ont pour devise *Carpe diem* (Mets à profit le jour présent). Tout autour, Pompéi, Herculanum, Pouzzoles, Baies (Baia) et Cumes rappellent en effet que la vie est aussi courte qu'imprévisible. Et sous les rues de la ville, urnes grecques antiques et fresques funéraires sont les témoins silencieux de vies depuis longtemps disparues.

Musées
Naples se targue d'une profusion d'art et d'antiquités, des colossales statues romaines du Musée national archéologique aux œuvres du Caravage au Palazzo Reale di Capodimonte, sans compter de petits bijoux moins connus tel le MeMus, le musée du théâtre San Carlo.

p. 36

Les îles

Tourisme thermal
Paysages
Gastronomie

Tourisme thermal
Les sources chaudes d'Ischia soulagent depuis l'Antiquité les corps fatigués. Trouvez le calme sur une plage aux eaux bouillonnantes, plongez dans un ancien bain romain, puis offrez-vous un soin et un massage dans un vaste centre thermal.

Panoramas XXL
Falaises vertigineuses et grotte Bleue à Capri, jardins luxuriants et coteaux couverts de vignes à Ischia, villages aux vieilles maisons couleur pastel à Procida, la beauté est partout dans la baie de Naples. Autant de visions magnifiques à immortaliser.

Délices des îles
Que vous dégustiez une *torta caprese* (gâteau au chocolat et aux amandes) sur une place de Capri, un lapin mijoté dans une trattoria rustique d'Ischia ou du poisson frais sur une plage de Procida, attendez-vous à vous régaler.

p. 107

La côte amalfitaine

**Paysages
Activités
Culture**

Splendeur du littoral

Falaises dans les nuages, vignobles en terrasses, villages de pêcheurs perchés aux couleurs vives, sans oublier les eaux turquoise de la mer Tyrrhénienne : vous ne saurez plus où donner de la tête sur la côte peut-être la plus spectaculaire d'Italie.

Sport et nature

Les amateurs d'activités de plein air s'en donneront à cœur joie : bains de mer ou plongée dans des eaux cristallines, cabotage en voilier de crique en crique ou randonnée sur des sentiers haut perchés en surplomb de la mer.

Art et architecture

Peintures et sculptures contemporaines à Positano, cloîtres médiévaux à Amalfi, charme typique de Ravello, haut lieu de la musique classique : au-delà des yachts, des plages et du bling-bling, la côte amalfitaine recèle quelques trésors culturels.

p. 144

Salerne et le Cilento

**Vestiges
Nature
Gastronomie**

Ruines grecques

Bien avant l'Empire romain, les Grecs s'étaient établis ici. Les temples de Paestum, qui semblent inébranlables, et les ruines bucoliques de l'antique Vélia témoignent de la puissance et de la beauté de la *Magna Graecia* (Grande Grèce).

Merveilles naturelles

Forêts denses et sombres, rapides à couper le souffle et grottes aux airs de cathédrales attestant de la présence précoce d'hommes dans la région : le Parco Nazionale del Cilento e Vallo di Diano est l'une des réserves naturelles les plus vastes et les plus sauvages du pays, et l'endroit rêvé pour un séjour en pleine nature en Campanie.

Trésors gastronomiques

Mozzarella moelleuse et huile d'olive poivrée, artichauts croquants et figues veloutées, fruits de mer et pâtisseries au rhum : Salerne et le Cilento ne manquent pas de succulentes spécialités.

p. 180

Sur la route

Naples, Pompéi et les environs
p. 36

Les îles
p. 107

La côte amalfitaine
p. 144

Salerne et le Cilento
p. 180

Naples, Pompéi et environs

3,1 MILLIONS D'HABITANTS

Dans ce chapitre ➜	
À voir et à faire	38
Fêtes et festivals	75
Où se restaurer	76
Où prendre un verre et faire la fête	82
Où sortir	83
Achats	85
Campi Flegrei	89
Baie de Naples	95
Herculanum	95
Vésuve	99
Pompéi	100

Le top des restaurants

- ➜ L'Ebbrezza di Noè (p. 80)
- ➜ Eccellenze Campane (p. 76)
- ➜ President (p. 106)
- ➜ Pizzeria Starita (p. 81)
- ➜ La Taverna di Santa Chiara (p. 78)

Le top des sites anciens

- ➜ Pompéi (p. 100)
- ➜ Herculanum (p. 95)
- ➜ Catacomba di San Gennaro (p. 67)
- ➜ Complesso Monumentale di San Lorenzo Maggiore (p. 48)

Pourquoi y aller

Troisième ville d'Italie, Naples est l'une des plus anciennes, artistiques et charmantes ville du pays. Son *centro storico* (centre historique) est classé au patrimoine mondial de l'Unesco, ses trésors archéologiques comptent parmi les plus impressionnants au monde et une myriade d'orgueilleux palais, châteaux et églises fait presque paraître Rome provinciale.

À cela s'ajoute la gastronomie. Avec de riches sols volcaniques, une mer généreuse et des siècles de savoir-faire culinaire, la région de Naples est l'un des fleurons de l'épicurisme italien, réputée servir les meilleurs cafés, pizzas et pâtes du pays, ainsi que d'excellents plats de poisson, en-cas et douceurs. Si l'agglomération peut sembler anarchique et délabrée, regardez au-delà de la saleté et des graffitis et vous découvrirez une ville aux fresques, sculptures et panoramas époustouflants, d'une surprenante élégance, et une population volubile et chaleureuse. Bienvenue dans le chef-d'œuvre le plus baroque d'Italie.

Quand partir

- ➜ Mai est sans doute le meilleur mois pour visiter Naples et la région alentour. Les journées sont généralement chaudes et une succession d'événements anime la ville. Parmi ces festivités, citons Wine & The City, qui célèbre durant deux semaines le vin, la cuisine et l'art de vivre, ainsi que Maggio dei Monumenti, un mois de manifestations culturelles, des expositions d'art aux promenades à thème guidées.

- ➜ Juin et septembre sont également plaisants, avec de longues journées estivales, parfaites pour les visites et pour apprécier l'animation particulière des rues napolitaines.

- ➜ La plupart des Napolitains partent en vacances en août, quand la chaleur devient étouffante et que nombre de restaurants et de boutiques ferment pour deux à quatre semaines.

À ne pas manquer

1 La **Cappella Sansevero** (p. 38), merveille de l'ingéniosité humaine

2 Un aperçu de la vie à l'époque romaine à **Pompéi** (p.100)

3 Les intérieurs classiques et les mosaïques érotiques au **Museo Archeologico Nazionale** (p. 51)

4 Une soirée au **Teatro San Carlo** (p. 83), le plus majestueux Opéra d'Italie

5 Le Caravage, Warhol et le faste royal au **Palazzo Reale di Capodimonte** (p. 65)

6 Le monde souterrain des **Catacombe di San Gennaro** (p. 67)

7 Cloîtres, calèches et vues romantiques à la **Certosa e Museo di San Martino** (p. 63)

8 Les demeures millénaires d'**Herculanum** (p. 95)

9 La joyeuse animation de la **Piazza Bellini** (p. 49)

Histoire

Après avoir fondé Cumes à proximité au VIIIe av. J.-C., les Grecs établirent la cité vers 680 av. J.-C., l'appelant Parthénope. Conquise par les Romains, la région devint une villégiature, prisée notamment de Virgile. L'éruption du Vésuve en 79 changea tragiquement le cours de son histoire.

Naples tomba aux mains des Normands en 1139, puis passa un siècle plus tard sous le contrôle des Angevins, qui firent construire l'imposant Castel Nuovo. Sous domination espagnole au XVIe siècle, Naples bénéficia des richesses provenant des colonies du "Nouveau Monde". En 1600, elle était la plus grande ville d'Europe, ornée de splendeurs baroques par des artistes comme Luca Giordano, José de Ribera et le Caravage.

Après une épidémie de peste dévastatrice en 1656, Naples retrouva son faste sous les Bourbons (1734-1860), avec de somptueuses constructions telles que le Teatro San Carlo et le Reggia di Caserta, confortant la réputation artistique de la cité.

Naples se proclama République parthénopéenne en 1799, mais quelques mois plus tard les Bourbons récupérèrent le pouvoir et, à part un bref interlude napoléonien de 1806 à 1815 (quand Murat devint roi de Naples), le conservèrent jusqu'à ce que Giuseppe Garibaldi entre dans la ville en 1861 et l'incite à rejoindre l'État italien unifié.

À voir et à faire

Centro storico et Mercato

Cloîtres secrets, sanctuaires et *pizzaioli* débonnaires, le *centro storico* (centre historique) est un étourdissant brouet urbain. Ses trois *decumani* (rues principales) courent d'est en ouest selon le plan d'origine de l'ancienne Neapolis. La plupart des sites majeurs se regroupent dans les deux artères historiques les plus animées : "Spaccanapoli" (composée de la Via Benedetto Croce, la Via San Biagio dei Librai et la Via Vicaria Vecchia) et la Via dei Tribunali. Au nord de la Via dei Tribunali, la Via della Sapienza, la Via Anticaglia et la Via Santissimi Apostoli constituent le troisième *decumanus*, plus paisible.

Au sud-est du centre historique s'étendent les rues négligées et bruyantes du quartier du Mercato, qui regroupe hôtels borgnes, boutiques d'épices sri-lankaises et marchés populaires, dont l'attrayant Mercato di Porta Nolana.

Cappella Sansevero CHAPELLE
(carte p. 40 ; 081 551 84 70 ; www.museosansevero.it ; Via Francesco de Sanctis 19 ; tarif plein/réduit 7/5 € ; 9h30-18h30 lun et mer-sam, 9h30-14h dim ; MDante). D'inspiration maçonnique, cette chapelle de style baroque renferme le *Christ voilé* de Giuseppe Sanmartino, une fabuleuse sculpture au voile en marbre si réaliste qu'on est tenté de le soulever pour voir le Christ en dessous. Parmi les autres merveilles le *Disinganno* (Désillusion), une sculpture de Francesco Queirolo, la *Pudicizia* (Pudeur) d'Antonio Corradini et des fresques aux couleurs vives de Francesco Maria Russo, non retouchées depuis leur réalisation en 1749.

Construite vers la fin du XVIe siècle pour abriter les tombes de la famille di Sangro, la chapelle acquit ses ornements baroques actuels quand le prince Raimondo di Sangro engagea les meilleurs artistes, entre 1749 et 1766, pour décorer l'intérieur. Dans la sculpture du *Disinganno*, l'homme qui tente de se libérer d'un filet représente le père de Raimondo, Antonio, duc de Torremaggiore. Après la mort prématurée de son épouse, Antonio abandonna le jeune Raimondo pour voyager et s'adonner aux plaisirs hédonistes. Se repentant à la fin de sa vie, il revint à Naples et entra dans les ordres ; le chef-d'œuvre de Queirolo illustre cette tentative de se libérer du péché.

Encore plus émouvante, la *Pudicizia* d'Antonio Corradini, une femme au visage voilé, rend hommage à la mère de Raimondo, Cecilia Gaetani dell'Aquila d'Aragona, décédée alors que Raimondo n'avait que onze mois. Le regard perdu et la plaque brisée symbolisent une vie cruellement courte.

Dessiné par Francesco Celebrano, le sol d'origine en marbre polychrome fut gravement endommagé lors de l'effondrement de la chapelle et du Palazzo di Sangro voisin en 1889. Seuls en subsistent des fragments dans le couloir qui part du côté droit de la chapelle et conduit à un escalier ; au bas de ce dernier on découvre deux écorchés, un homme et une femme, méticuleusement conservés. S'agit-il de vrais corps ou de reproductions ? Le débat perdure. S'ils sont réels, comment peuvent-ils être si bien conservés ? Après plus de deux siècles, le mystère qui entoure le prince alchimiste demeure.

Naples

❤ **Complesso Monumentale di Santa Chiara** BASILIQUE, MONASTÈRE
(carte p. 40 ; ☏ 081 551 66 73 ; www.monasterodisantachiara.eu ; Via Santa Chiara 49c ; basilique entrée libre, Complesso Monumentale tarif plein/réduit 6/4,50 € ; ⊙ basilique 7h30-13h et 16h30-20h, Complesso Monumentale 9h30-17h30 lun-sam, 10h-14h30 dim ; Ⓜ Dante). Vaste et austère édifice gothique, l'imposante **Basilica di Santa Chiara** se dresse au centre de ce paisible ensemble monastique. L'église fut gravement endommagée durant la Seconde Guerre mondiale ; celle que vous voyez est une reproduction du XXᵉ siècle de l'original créé au XIVᵉ siècle par Gagliardo Primario. Jouxtant la basilique, le **cloître** est orné de majoliques et de fresques aux couleurs vives du XVIIᵉ siècle.

Si les portiques angevins datent du XIVᵉ siècle, le cloître doit son aspect actuel à l'architecte paysagiste Domenico Antonio, du XVIIIᵉ siècle. Les allées qui divisent le jardin central, planté de lavande et de citronniers, sont bordées de 72 colonnes octogonales couvertes de carreaux de céramique et reliées par des bancs. Peints par Donato et Giuseppe Massa, ces carreaux représentent diverses scènes rurales, des parties de chasse à la vie paysanne. Les quatre murs intérieurs sont ornés de fresques fantaisistes du XVIIᵉ siècle illustrant la légende de saint François.

Adjacent au cloître, un élégant petit **musée** présente essentiellement des objets ecclésiastiques et renferme les vestiges de thermes du Iᵉʳ siècle, dont un *laconicum* (sauna) remarquablement préservé.

Commandé par Robert d'Anjou pour son épouse Sancia de Majorque, cet ensemble monastique fut construit pour accueillir 200 sœurs clarisses et les tombeaux de la famille royale angevine. Qualifiée d'"étable" par Charles d'Anjou, le fils ingrat de Robert, la basilique fut remaniée dans le style baroque par Domenico Antonio Vaccaro, Gaetano Buonocore et Giovanni Del Gaizo au XVIIIᵉ siècle, avant d'être bombardée

Centre historique et Mercato

NAPLES, POMPÉI ET ENVIRONS — À VOIR ET À FAIRE

TOLEDO

- Museo Archeologico Nazionale 4
- Museo
- Piazza Cavour
- Piazza Cavour / Via Settembrini
- Via Foria
- Via Tommasi
- Via Enrico Pessina
- Via Santa Maria di Costantinopoli
- Via Conte di Ruvo
- Via della Sapienza
- Via del Sole
- Largo Regina Coeli
- Via Anticaglia
- Via dei Gerolomini
- Vico Giganti
- Via Cinquesanti
- Via San Paolo
- Via Atri
- Piazza Luigi Miraglia
- Vico Giuseppe Maffei
- Piazza San Gaetano
- Via San Armenno
- Via San Gregorio
- Duomo
- Vicolo Sedil Capuano
- Via dei
- Pio Monte della Misericordia
- Basilica di San Giorgio Maggiore
- Cappella Sansevero
- Via San Biagio dei Librai
- Vico S Severino
- Via d'Alagno
- Via B Capasso
- Piazza Nicola Amore
- Dante
- Piazza Dante
- Via San Sebastiano
- Piazza del Gesù Nuovo
- Via Benedetto Croce
- Via Santa Chiara
- Via Giovanni Paladino
- Via Mezzocannone
- Via Scialoia
- Via D Capitelli
- Complesso Monumentale di Santa Chiara
- Università
- Piazetta Orefici
- Via S Anna dei Lombardi
- Via Toledo
- Via D Lioy
- Via Monteoliveto
- Via Donnalbina
- Via Sedile di Porto
- Corso Umberto I
- Via S Liborio
- Piazza Carità
- Via Guglielmo Oberdan
- Piazza Matteotti
- Via A Diaz
- Via Medina
- Via A Depretis
- Via G C Cortese
- Università
- Calata Porta di Massa
- Via S Tommaso d'Aquino
- Via S Bartolomeo
- Via Alside De Gasperi
- Via Cristoforo Colombo
- Terminal des ferries de la Calata Porta di Massa
- Via Toledo
- Via PE Imbriani
- Piazza Francese
- Via Santa
- Via G Verdi
- Via G Brigida
- Municipio
- Funicolare Centrale
- Via San Carlo
- Castel Nuovo (Maschio Angioino) 8
- Via A F Acton
- Molo Angioino

Centre historique et Mercato

Les incontournables
1 Cappella Sansevero C3
2 Complesso Monumentale
   di Santa Chiara B4
3 Duomo D2
4 Museo Archeologico Nazionale A1
5 Pio Monte della Misericordia D2

À voir
6 Basilica di San Paolo Maggiore C2
7 Cappella del Monte di Pietà C3
8 Castel Nuovo B7
9 Chiesa del Gesù Nuovo B4
10 Chiesa di San Domenico
   Maggiore C3
11 Chiesa di San Pietro a Maiella B3
12 Chiesa di Santa Maria
   del Carmine F4
13 Chiesa di Sant'Angelo a Nilo C3
14 Chiesa e Chiostro di San
   Gregorio Armeno C3
15 Complesso Monumentale
   dei Girolamini D2
16 Complesso Monumentale
   di San Lorenzo Maggiore D2
17 Complesso Museale di Santa
   Maria delle Anime
   del Purgatorio ad Arco C2
18 Guglia dell'Immacolata B4
   Guglia di San Domenico ....(voir 33)
19 Guglia di San Gennaro D2
   Lello Esposito ....(voir 29)
20 Autel dédié à Maradona C3
21 Mercato di Porta Nolana F3
22 Museo del Tesoro di San
   Gennaro D2
   Museo delle Arti Sanitarie ....(voir 28)
23 Museo di Filangieri D3
24 Museo Diocesano di Napoli D1
25 Museo Nitsch A2
26 Napoli Sotterranea C2
27 Officina D'Arti Grafiche
   di Carmine Cervone C2
28 Ospedale degli Incurabili C1
29 Palazzo dei Di Sangro C3
30 Piazza Bellini B3
31 Piazza Dante A3
32 Piazza del Mercato F4
33 Piazza San Domenico
   Maggiore C3
34 Piazzetta Nilo C3
35 Port'Alba B3
36 Santissima Annunziata F2
37 T293 ....D2
38 Via San Gregorio Armeno D3
39 Zhao C2

Où se loger
40 Bella Capri Hostel & Hotel C6
41 Belle Arti Resort B2
42 Caravaggio Hotel D2
43 Casa Latina C2
44 Costantinopoli 104 ....B2
45 Decumani Hotel de Charme C4
46 DiLetto a Napoli D1
47 Dimora dei Giganti C2
48 Hostel of the Sun C6
49 Hotel Piazza Bellini B2
50 Hotel Pignatelli Napoli C4
51 Hotel Zara G1
52 Il Golfo F2
53 Mancini Hostel F2
54 Port Alba Relais B3

Où se restaurer
55 Angelo Carbone C2
56 Attanasio G1
57 Di Matteo C2
58 Gay-odin B3
59 Jamón C3
60 La Campagnola C2
61 La Masardona H3
62 La Taverna di Santa Chiara B4
63 Pizzeria Gino Sorbillo C2
64 Pizzeria Vesi B3
65 Salumeria B4
66 Scaturchio C3
67 Tandem C3

Où prendre un verre
68 Bar dell'Epoca B3
69 Galleria 19 ....B3
70 Intra Moenia B3
71 Libri e Caffè B6
72 Mexico B3
73 Spazio Nea B2

Où sortir
74 Lanificio 25 ....E1

Achats
   Ars Neapolitana ....(voir 57)
75 Charcuterie Esposito B3
76 Cilento B6
77 Colonnese B3
78 Kiphy C3
79 La Scarabattola C2
80 Limonè C2
81 Scriptura B3
82 SerenDPT C4

Transports
83 Bus Alibus (arrêt
   Stazione Centrale) G2
84 Alilauro C7
85 Caremar B7
86 Caremar C6
87 Medmar D5
88 Siremar D6
89 SNAV D6
90 Terminus des bus Metropark H2
   Tirrenia ....(voir 87)

lors d'un raid aérien allié le 4 août 1943. Sa reconstruction fut achevée en 1953. Parmi les éléments qui survécurent à l'incendie figurent une partie d'une fresque du XIVe siècle, à gauche du portail principal, et une chapelle qui contient les tombes des rois bourbons, de Ferdinand Ier à François II.

Chiesa del Gesù Nuovo ÉGLISE
(carte p. 40 ; 081 551 86 13 ; Piazza del Gesù Nuovo ; 7h15-12h45 et 16h-20h lun-sam, 7h-14h et 16h-21h dim ; M Dante). L'extraordinaire Chiesa del Gesù Nuovo réserve des surprises architecturales. Derrière la sobre façade en *piperno* du Palazzo Sanseverino, conçu par Giuseppe Valeriani au XVe siècle, se cache une église du XVIe siècle, dont l'extravagance baroque et les œuvres de grands maîtres, tels que Francesco Solimena, Luca Giordano et Cosimo Fanzago, peuvent rivaliser avec le Vatican.

L'église est le lieu de sépulture du saint local Giuseppe Moscati (1880-1927), un médecin qui consacra sa vie aux pauvres de la ville. À côté du transept droit, les Sale di San Giuseppe Moscati (salles de saint Joseph Moscati) comprennent une reconstitution du bureau du docteur, avec le fauteuil dans lequel il mourut. Remarquez les murs couverts d'ex-voto, offerts en remerciement des miracles qu'il aurait accomplis.

L'église se tient du côté nord de la superbe **Piazza del Gesù Nuovo**, un rendez-vous prisé des étudiants et contestataires tard en soirée. Au centre de la place se dresse la **Guglia dell'Immacolata** de Giuseppe Genuino, un somptueux obélisque édifié entre 1747 et 1750. Le 8 décembre, fête de l'Immaculée Conception, des pompiers grimpent au sommet pour déposer une gerbe de fleurs aux pieds de la Vierge.

Piazza San Domenico Maggiore PLACE
(carte p. 40 ; Piazza San Domenico Maggiore ; M Dante). Star de cette place théâtrale, la **Guglia di San Domenico** date du XVIIIe siècle. Cette colonne, œuvre de Cosimo Fanzago, Francesco Antonio Picchiatti et Domenico Antonio Vaccaro, rend hommage à saint Dominique, qui mit fin à l'épidémie de peste de 1656. Sur la place, le **Palazzo Di Sangro** fut le théâtre d'un crime passionnel : en 1590, Carlo Gesualdo, un musicien napolitain, assassina son épouse infidèle, Maria d'Avalos, et son amant, Don Fabrizio.

De style gothique, la Chiesa di San Domenico Maggiore possède une nef curieuse qui borde le côté nord de la place. Le visage sur le mur extérieur fut ajouté pour agrémenter l'arrière de l'église après l'aménagement de la place.

Chiesa di San Domenico Maggiore ÉGLISE
(carte p. 40 ; 081 45 91 88 ; Piazza San Domenico Maggiore 8a ; 8h30-12h et 16h-19h lun-sam, 9h-13h et 16h30-19h15 dim ; M Dante). Achevée en 1324 sur ordre de Charles Ier d'Anjou, ce fut l'église royale des Angevins. Les superbes fresques de Pietro Cavallini dans la chapelle Brancaccio comptent parmi les quelques rares éléments d'origine qui ont survécu aux innombrables restaurations. La sacristie est également remarquable, avec une fresque splendide de Francesco Solimena sur le plafond et les cercueils de 45 princes d'Aragon et autres nobles.

Dans le Cappellone del Crocifisso, le *Crocifisso tra La Vergine e San Giovanni*, un crucifix du XIIIe siècle, aurait parlé à saint Thomas d'Aquin, lui demandant : "*Bene scripsisti di me, Thoma ; quam recipies a me pro tu labore mercedem ?*" (Tu as écrit de bonnes choses à mon sujet, Thomas ; que veux-tu en retour ?) – "*Domine, non aliam nisi te*" (Rien d'autre que toi, Seigneur), aurait répondu Thomas. Le premier évêque de New York, Richard Luke Concanen (1747-1810) repose également ici.

Chiesa di Sant'Angelo a Nilo ÉGLISE
(carte p. 40 ; 081 420 12 22 ; Vico Donnaromita 15 ; 8h30-13h et 16h30-18h30 lun-sam, 8h30-13h dim ; M Dante). Cette modeste église du XIVe siècle renferme l'une des premières grandes œuvres Renaissance napolitaine, le majestueux tombeau du cardinal Brancaccio, le fondateur de l'église. Bien que considéré comme partie du patrimoine artistique napolitain, le tombeau fut sculpté à Pise par Donatello, Michelozzo et Pagno di Lapo Portigiani. Il leur fallut un an pour réaliser cette merveille, acheminée à Naples par bateau en 1427.

Piazzetta Nilo PLACE
(carte p. 40 ; Via Nilo ; M Dante). Vous découvrirez deux divinités sur cette petite place poussiéreuse. Tout d'abord Nilo, l'ancien dieu du fleuve égyptien : la **Statua del Nilo**, en marbre, fut érigée par des marchands d'Alexandrie qui vivaient dans la région à l'époque romaine. Elle disparut mystérieusement lorsque les Égyptiens partirent, puis réapparut, décapitée, au XVe siècle. Son visage barbu récemment restauré fut ajoutée au XVIIIe siècle.

En face de la statue, le Bar Nilo abrite un **sanctuaire** (Via San Biagio Dei Librai 129 ; 7h30-20h lun-sam, 7h30-16h30 dim) dédié au footballeur argentin Diego Maradona, ancienne divinité de Naples.

Collé sur un poème épique écrit en son honneur, un cheveu brun frisé est étiqueté en anglais "Kapel Original of Maradona", traduction libre de l'italien *Capello originale di Maradona*. Un petit récipient est rempli de larmes "authentiques" du footballeur. Vous devez commander un café ou un verre pour contempler ces merveilles.

Cappella del Monte di Pietà   CHAPELLE
(carte p. 40 ; 081 580 71 11 ; Via San Biagio dei Librai 114 ; C55 jusqu'à Via Duomo, M Duomo). Fermé pour restauration lors de notre dernier passage, cet imposant complexe du XVIe siècle abritait à l'origine le Monte di Pietà (mont-de-piété), une institution qui accordait aux pauvres des prêts sans intérêts. Son principal mérite : la chapelle maniériste parfaitement préservée et ses quatre salles latérales richement décorées. Deux sculptures du Bernin encadrent l'entrée, surmontée d'une *Pietà* de Michelangelo Naccherino. À l'intérieur, des fresques splendides de Belisario Corenzio datent du XVIIe siècle. Appelez pour la date de réouverture.

Via San Gregorio Armeno   RUE
(carte p. 40 ; C55 jusqu'à Via Duomo). Boudée des collectionneurs avertis, cette rue étroite est connue dans tout le pays pour ses *pastori* (santons). Reliant Spaccanapoli et la Via dei Tribunali, le *decumanus major* (artère principale) de l'ancienne Neapolis, elle est bordée de boutiques et d'ateliers qui vendent toutes sorte de figurines, des santons classiques aux caricatures kitsch de célébrités. Au n°8 se tient l'atelier de **Giuseppe Ferrigno**, dont les personnanges en terre cuite sont les plus renommés.

Chiesa e Chiostro
di San Gregorio Armeno   ÉGLISE, CLOÎTRE
(carte p. 40 ; 081 420 63 85 ; Via San Gregorio Armeno 44 ; 9h30-12h lun-ven, 9h30-13h sam-dim ; C55 jusqu'à Via Duomo). L'exubérance n'a pas de limites dans ce complexe monastique du XVIe siècle richement décoré. L'église laisse pantois avec ses magnifiques stalles en bois et papier mâché, un somptueux autel réalisé par Dionisio Lazzari, et la fresque *Arrivo al lido di Napoli delle monache armene, Traslazione del corpo di San Gregorio e Accoglienza dei napoletani alle suore*, un chef-d'œuvre de Luca Giordano.

La fameuse fresque de Giordano illustre l'exil de nonnes fuyant les persécutions à Constantinople au XIIIe siècle. À Naples, elles fondèrent ce couvent et lui donnèrent le nom de saint Grégoire, évêque d'Arménie, dont elles avaient emporté les reliques. Les nonnes sont plus connues pour avoir conservé les restes et le sang séché de sainte Patricia qui, après avoir fui Constantinople, mourut à Naples entre le IVe et le VIIIe siècle. Le sang solidifié de la sainte se liquéfierait chaque mardi, à la différence de celui du saint patron de la ville, San Gennaro, qui ne redevient liquide que trois fois par an.

Le beau cloître, empreint de sérénité, est accessible par un portail dans le Vico Giuseppe Maffei. Il s'agrémente d'une curieuse fontaine baroque, décorée de masques, de dauphins et d'hippocampes, ainsi que de deux ravissantes statues de Matteo Bottigliero représentant Jésus et le Samaritain. À l'extrémité sud, l'ancien fournil du couvent comporte toujours des ustensiles accrochés aux murs. À proximité, la Cappella della Madonna dell'Idria, ornée de peintures baroques de Paolo De Matteis, constitue le seul vestige du couvent médiéval d'origine.

Le cloître donne accès au chœur des nonnes superbement décoré qui surplombe la nef et l'autel de l'église. Avec un peu de chance, vous apercevrez la crèche en bois vieille de 612 ans dans le chœur, habituellement cachée dans une vitrine sur le mur sud. Remarquez les fenêtres discrètes qui bordent la coupole ovale au-dessus des stalles ; elles faisaient partie d'un autre ensemble de stalles cachées, d'où les religieuses souffrantes pouvaient assister à la messe.

Museo di Filangieri   MUSÉE
(carte p. 40 ; 081 20 31 75 ; www.salviamoilmuseofilangieri.org ; Via Duomo 288 ; 5 € ; 9h-18h mar-sam ; C55 jusqu'à Via Duomo, M Duomo). L'atypique musée Filangieri renferme une collection éclectique, des armures asiatiques et européennes aux poteries anciennes et à des splendides peintures du XVe au XIXe siècle. Elle appartenait en grande partie au prince Gaetano Filangieri (XIXe siècle), qui pouvait admirer la *Sala Agata* (salle Agathe), récemment rénovée, depuis sa bibliothèque lambrissée de noyer.

NAPLES EN TROIS JOURS

1er jour : Cloîtres, archéologie et Campari

Commencez par une explosion de couleurs dans le cloître de la **Basilica di Santa Chiara** (p. 39), admirez le fabuleux *Cristo velato* (Christ voilé) de Giuseppe Sanmartino dans la **Cappella Sansevero** (p. 38), puis flânez parmi les ruines romaines sous une merveille gothique au **Complesso Monumentale di San Lorenzo Maggiore** (p. 48). Après une pause au **Di Matteo** (p. 78) pour une pizza ou des en-cas frits, découvrez un chef-d'œuvre du Caravage au **Pio Monte della Misericordia** (p. 45) et la fresque de Lanfranco qui orne le dôme du **Duomo** (p. 46). Remontez le temps plus avant au **Museo Archeologico Nazionale** (p. 51). Terminez la journée en vous régalant de spécialités régionales à **La Taverna di Santa Chiara** (p. 78), puis sirotez un ou deux verres sur la **Piazza Bellini** (p. 49).

2e jour : Gastronomie, chefs-d'œuvre et dolce vita

Après une promenade matinale à travers **La Pignasecca** (p. 54), extasiez-vous devant les œuvres d'art et les intérieurs du **Palazzo Reale di Capodimonte** (p. 65) ou de la **Certosa e Museo di San Martino** (p. 63). Rejoignez ensuite le rivage pour un déjeuner en bord de mer à la **Trattoria Castel dell'Ovo** (p. 80) et profitez de la vue depuis le toit du **Castel dell'Ovo** (p. 62) voisin. De là, vous pouvez facilement rejoindre à pied les boutiques sophistiquées de Chiaia. Après le shopping, prenez un verre de Falanghina à l'**Enoteca Belledonne** (p. 82) avant de dîner à **L'Ebbrezza di Noè** (p. 82), à **L'Altro Loco** (p. 80) ou au **Muu Muzzarella Lounge** (p. 79), plus détendu.

3e jour : Panoramas volcaniques et ruines

Sortez de la ville et grimpez au sommet du **Vésuve** (p. 99) pour une vue époustouflante et découvrir son cratère apparemment paisible. Au bas du volcan, arpentez les rues désertes de l'ancienne **Pompéi** (p. 100) ou d'**Herculanum** (p. 95), puis revenez en ville pour assister à un spectacle (sur réservation) au **Teatro San Carlo** (p. 83).

La salle contient la plupart de la collection, tandis que le rez-de-chaussée accueille des événements culturels, dont des concerts de musique classique.

Parmi les pièces maîtresses figurent la délicate sculpture *Testa di fanciullo imberbe* (Tête de garçon imberbe) de Luca Della Robbia, une peinture humoristique d'Adriaen Van Ostade, *Interno di taverna* (Intérieur d'une taverne), et une toile de José de Ribera, *Santa Maria Egiziaca* (sainte Marie l'Égyptienne).

Le palais date de la fin du XVe siècle et trahit de fortes influences de l'architecture Renaissance florentine. Il fut démoli et reconstruit 20 m plus loin lors de l'élargissement de la Via Duomo dans les années 1880.

♥ Pio Monte della Misericordia
ÉGLISE, MUSÉE

(carte p. 40 ; 081 44 69 44 ; www.piomontedellamisericordia.it ; Via dei Tribunali 253 ; tarif plein/réduit 7/5 € ; 9h-14h jeu-mar ; C55 jusqu'à Via Duomo). Le 1er étage de cette église octogonale du XVIIe siècle renferme une petite collection intéressante d'art Renaissance et baroque, dont des œuvres de Francesco de Mura, de José de Ribera, d'Andrea Vaccaro et de Paul van Somer. Elle comprend aussi des œuvres d'art contemporain d'artistes italiens et étrangers, toutes inspirées du chef-d'œuvre du Caravage, *Le Sette Opere di Misericordia* (Les Sept Œuvres de Miséricorde). Considéré par beaucoup comme le tableau le plus prestigieux de Naples, vous pourrez l'admirer au-dessus du maître-autel dans la chapelle du rez-de-chaussée.

Témoignant d'une maîtrise magistrale du clair-obscur, technique qui révolutionna la peinture napolitaine, ce tableau est considéré comme unique parce qu'il parvient à illustrer diverses actions dans une scène harmonieusement chorégraphiée. Présentée dans la galerie à l'étage, la *Declaratoria del 14 ottobre 1607* atteste du paiement par l'Église de 400 ducats au Caravage pour ce chef-d'œuvre.

De l'autre côté de la rue se dresse la **Guglia di San Gennaro** (Piazza Riario Sforza). Cet obélisque, réalisé par Cosimo Fanzago et coiffé d'un bronze de Tommaso Montani, fut érigé en 1636 afin de remercier le saint patron de la ville d'avoir protégé Naples lors de l'éruption du Vésuve en 1631.

♥ **Duomo** CATHÉDRALE
(carte p. 40 ; ☎081 44 90 65 ; Via Duomo 149 ; baptistère 1,50 € ; ⊘cathédrale 8h30-13h30 et 14h30-20h lun-sam, 8h30-13h30 et 16h30-19h30 dim, baptistère 8h30-13h lun-sam, 8h30-12h30 et 17h-18h30 dim ; 🚌C55 jusqu'à Via Duomo). Que ce soit pour la fresque de Giovanni Lanfranco dans la **Cappella di San Gennaro** (chapelle de saint Janvier), les mosaïques du IVe siècle dans le baptistère ou les trois miracles annuels de San Gennaro, ne manquez pas la cathédrale de Naples. Commandée en 1272 par Charles Ier d'Anjou et consacrée en 1315, elle fut largement détruite par un séisme en 1456, puis amplement remaniée au cours des siècles suivants.

L'étincelante façade néogothique date de la fin du XIXe siècle. À l'intérieur, le plafond doré à caissons de la nef centrale, émaillé d'art maniériste tardif, attire le regard. La décoration baroque des parties supérieures de la nef et du transept est l'œuvre du prolifique Luca Giordano.

Près de l'aile droite, la **Cappella di San Gennaro** (ou chapelle du Trésor) fut dessinée par Giovanni Cola di Franco et achevée en 1637. Les plus grands artistes de l'époque y déployèrent leurs talents et en firent l'un des plus beaux édifices baroques de la ville. Parmi ses trésors figurent un émouvant tableau de José de Ribera, *Saint Janvier sortant de la fournaise*, et le dôme céleste peint par Giovanni Lanfranco. Cachée dans un coffre derrière l'autel, une châsse en argent du XIVe siècle renferme le crâne de San Gennaro et les deux fioles qui contiennent son sang.

La chapelle suivante du côté est abrite reliquaire où reposent les os du saint, ainsi qu'un placard plein de fémurs, tibias, etc. Après le maître-autel, la **Cappella Carafa**, de style Renaissance, fut construite pour conserver d'autres restes du saint.

Près de l'aile de gauche, la **Basilica di Santa Restituta** (IVe siècle) fut presque entièrement reconstruite après le séisme de 1688. De là, vous pouvez rejoindre le **Battistero di San Giovanni in Fonte**, le plus ancien baptistère d'Europe occidentale, incrusté de fragments de mosaïques du IVe siècle. La **zone archéologique** souterraine du Duomo, avec des vestiges de bâtiments et voies grecs et romains, est malheureusement fermée.

Museo del Tesoro di San Gennaro MUSÉE
(carte p. 40 ; ☎081 29 49 80 ; www.museosangennaro.it ; Via Duomo 149 ; 5 € ; ⊘9h-18h Pâques à mi-jan, horaires réduits reste de l'année ; 🚌C55 jusqu'à Via Duomo). Si le culte de San Gennaro vous intrigue, jetez un coup d'œil aux trésors chatoyants de ce musée, qui jouxte le Duomo. Parmi les cadeaux offerts au saint patron de Naples figurent des bustes en bronze, des fioles en argent et même une chaise à porteurs dorée du XVIIIe siècle, utilisée pour transporter la châsse lors des processions pluvieuses. La pièce maîtresse est l'extraordinaire mitre de Matteo Treglia, du XVIIIe siècle, ornée de 3 694 pierres précieuses : 3 328 diamants, 198 émeraudes et 168 rubis.

À l'étage, la Sacrestia dell'Immacolata (sacristie de l'Immaculée Conception) est ornée de fresques du XVIIe siècle de Luca Giordano et de Giacomo Farelli. Celles de l'Antesacrestia adjacente sont l'œuvre de Francesco Maria Russo ; leurs tons vifs rappellent son œuvre plus célèbre dans la Cappella Sansevero, à Naples. La fresque qui orne le plafond de la Sacrestia Nuova (Nouvelle Sacristie) voisine est l'une des rares œuvres que Luca Giordano a commencées et achevées seul.

Complesso Monumentale dei Girolamini ÉGLISE, GALERIE
(carte p. 40 ; ☎333 4338049 ; Via Duomo 142 ; tarif plein/réduit 5/2,50 € ; ⊘8h30-19h lun-mar et jeu-ven, 8h30-14h sam-dim ; 🚌C55 jusqu'à Via Duomo). La **Chiesa dei Girolamini** possède deux façades ; la plus imposante, du XVIIIe siècle, fait face à la Piazza dei Girolamini dans la Via dei Tribunali. À l'intérieur, l'état de délabrement est compensé par des merveilles baroques, dont des fresques de Francesco Solimena et deux monumentaux anges en marbre du sculpteur Giuseppe Sanmartino (XVIIIe siècle), considérés comme ses plus belles œuvres après son *Cristo velato* (Christ voilé). Le couvent adjacent du XVIIe siècle comprend deux superbes **cloîtres** et une petite **galerie** d'œuvres de maîtres napolitains du XVIe au XVIIIe siècle. Ce vaste complexe du XVIe siècle abrite également la **Biblioteca dei Girolamini** de 1586, la plus vieille bibliothèque de Naples et la seconde plus ancienne du pays. En 2013,

BOUCHE-À-OREILLE

BANKSY, ART URBAIN ET NAPLES

Si le principal attrait de la Piazza dei Girolamini, dans la Via dei Tribunali, est l'église baroque du même nom (p. 46), vous découvrirez sur le mur du bâtiment à droite une curiosité plus contemporaine : une peinture au pochoir de la Madone sous un pistolet. Typiquement napolitaine dans son mélange de sacré et de profane, cette œuvre que l'on peut facilement louper est due à Banksy. La seconde œuvre napolitaine du célèbre artiste de rue britannique – une interprétation de la *Sainte Thérèse* du Bernin tenant un McDo et un CocaCola – a été détruite par un graffeur moins talentueux en 2010.

La Madone de Banksy est l'une des nombreuses créations fantaisistes et provocatrices d'art urbain dans la ville, dont les talents locaux comprennent le duo cyop&kaf (www.cyopekaf.org), Diego Miedo (www.diegomiedo.org) et Felice Pignataro (www.felicepignataro.org). Pour découvrir l'art urbain napolitain, participez à la promenade de 3 heures organisée par **Napoli Paint Stories** (333 1589423 ; napolipaintstories@gmail.com ; 8 €/pers ; variables, généralement sam-dim), qui a lieu habituellement le week-end. Pour plus d'informations, consultez la page Facebook de Napoli Paint Stories.

---

la bibliothèque a fait la une des journaux du monde entier après que son directeur, Marino Massimo De Caro, fut accusé d'avoir volé des livres rares et précieux. Elle est actuellement fermée au public.

Museo Diocesano di Napoli MUSÉE
(carte p. 40 ; 081 557 13 65 ; www.museodiocesanonapoli.it ; Chiesa di Santa Maria Donnaregina Nuova, Largo Donnaregina ; tarif plein/réduit 6/4 € ; 9h30-16h30 lun et mer-sam, 9h30-14h dim ; Piazza Cavour). Cette ancienne église baroque renferme aujourd'hui des peintures, sculptures et triptyques religieux, provenant pour la plupart d'églises désaffectées. Parmi les œuvres remarquables figurent les dernières toiles de Luca Giordano (de part et d'autre du maître-autel), *San Sebastiano curato da Sant'Irene* (saint Sébastien soigné par Sainte Irène) de Paolo De Matteis, et une fresque de jeunesse de Francesco Solimena, *Il Miracolo delle Rose di San Francesco* (Le miracle des roses de saint François), dans le Coro delle Monache (Chœur des Nonnes). Accessible du musée, la **Chiesa di Donnaregina Vecchia**, de style gothique, abrite le plus grand ensemble de fresques du XIVe siècle de Naples.

Attribuées à divers artistes, dont Pietro Cavallini et Filippo Rusuti, des fresques ornent les murs du chœur des nonnes de l'église Donnaregina Vecchia. Celles qui décrivent le martyre de sainte Ursule, sur le mur du fond, sont particulièrement saisissantes. Ne manquez pas de lever le regard pour admirer le plafond à caissons (début du XVIe siècle) de Pietro Belverte. Au rez-de-chaussée, un petit cloître en marbre offre la vue sur la façade gothique d'origine de l'église. Dans cette dernière, l'austère nef gothique contient le tombeau couvert de mosaïques de Marie de Hongrie (vers 1257-1323), un chef-d'œuvre du XIVe siècle attribué à Tino di Camaino et Gagliardo Primario. En face du tombeau, la Cappella Loffredo conserve des fragments de fresques aux couleurs vives du début du XIVe siècle, dont une scène effrayante qui représente saint Jean plongé dans l'huile bouillante.

Donnaregina Nuova accueille parfois des concerts de musique classique. Consultez le site Internet du musée ou la presse locale pour les événements à venir. Les billets des concerts s'achètent sur place.

MADRE MUSÉE
(Museo d'Arte Contemporanea Donnaregina ; carte p. 66 ; 081 1931 3016 ; www.madrenapoli.it ; Via Settembrini 79 ; tarif plein/réduit 7/3,50 €, gratuit lun ; 10h-19h30 lun et mer-sam, 10h-20h dim ; Piazza Cavour). Pour changer des peintures religieuses, rendez-vous dans ce musée d'Art moderne et contemporain. Commencez par le 2e étage, réservé aux expositions temporaires, avant de découvrir au 1er étage la collection permanente de peintures, sculptures et installations d'artistes des XXe et XXIe siècles. Parmi ceux-ci figurent Olafur Eliasson, Shirin Neshat et Julian Beck, ainsi que les Italiens Mario Merz et Michelangelo Pistoletto. Le rez-de-chaussée présente des installations réalisées sur commande, notamment de Francesco Clemente, Anish Kapoor et Rebecca Horn.

Le MADRE accueille divers événements, dont des soirées et des sessions DJ. Consultez la page Facebook du musée (en italien) pour des informations actualisées.

T293 — GALERIE D'ART

(carte p. 40 ; 081 29 58 82 ; www.t293.it ; Via dei Tribunali 293 ; 12h-19h lun-ven ; C55 jusqu'à Via Duomo). Cette galerie, cachée au bout d'un escalier anonyme, constitue une belle surprise pour les amateurs d'art contemporain. Par le passé, elle a organisé des expositions d'artistes internationaux talentueux, dont Henrik Olai Kaarstein, Helen Marten et Martin Soto Climent. Consultez le site Internet pour des informations sur les expositions.

Complesso Monumentale di San Lorenzo Maggiore — SITE ARCHÉOLOGIQUE

(carte p. 40 ; 081 211 08 60 ; www.sanlorenzomaggiorenapoli.it ; Via dei Tribunali 316 ; église entrée libre, fouilles et musée tarif plein/réduit 9/7 € ; 9h30-17h30 ; C55 jusqu'à Via Duomo). Les amateurs d'histoire et d'architecture ne manqueront pas ce complexe religieux, dont la basilique est considérée comme l'un des plus beaux édifices médiévaux de Naples. Hormis la délicate façade de Ferdinando Sanfelice, la Cappella al Rosario et le Cappellone di Sant'Antonio, les ajouts baroques ont été ôtés au siècle dernier pour révéler son austère élégance gothique. Sous la basilique, un dédale de ruines extraordinaires vous ramènera 2 000 ans en arrière.

Vous pouvez imaginer la cité gréco-romaine en longeant les anciennes boulangeries, caves à vin et les laveries communes. Au bout du *cardo* (rue), sept salles voûtées faisaient autrefois partie d'un marché couvert.

La construction de la basilique fut commencée en 1270 par des architectes français, qui bâtirent l'abside. Des architectes italiens prirent le relais au siècle suivant, recyclant d'anciennes colonnes dans la nef. Catherine de Habsbourg, morte en 1323, est inhumée ici dans un magnifique tombeau couvert de mosaïques. Selon la légende, c'est ici que Boccace serait tombé amoureux de Marie d'Anjou, qui lui inspira le personnage de Fiammetta ; le poète Pétrarque aurait vécu dans le couvent adjacent en 1345. Le complexe abrite également le **Museo dell'Opera di San Lorenzo Maggiore** et ses curieuses trouvailles archéologiques locales, dont des sarcophages, des céramiques et des poteries de l'époque gréco-romaine. Le musée présente d'autres trésors, dont des céramiques du IXe siècle aux couleurs vives, des fresques angevines, des peintures de Giuseppe Marullo et de Luigi Velpi, et de beaux exemples de vêtements ecclésiastiques des XVIIe et XVIIIe siècles.

Basilica di San Paolo Maggiore — ÉGLISE

(carte p. 40 ; 081 45 40 48 ; Piazza San Gaetano 76 ; 9h-17h45 lun-sam ; C55 jusqu'à Via Duomo). Édifiée au VIIIe siècle, cette majestueuse basilique fut presque entièrement reconstruite à la fin du XVIe siècle. Le vaste intérieur orné de stucs dorés abrite des peintures de Massimo Stanzione et de Paolo De Matteis, et possède un sol aux superbes motifs géométriques, réalisé par Nicola Tammaro. Particulièrement somptueuse, la sacristie est décorée de fresques lumineuses du maître baroque Francesco Solimena. Œuvre de Francesco Grimaldi, l'escalier à double révolution qui orne la façade de la basilique date de 1603. Bien plus anciennes, les deux colonnes qui encadrant l'entrée proviennent du temple romain de Castor et Pollux qui se tenait sur le site.

Napoli Sotterranea — SITE ARCHÉOLOGIQUE

(Naples souterraine ; carte p. 40 ; 081 29 69 44 ; www.napolisotterranea.org ; Piazza San

---

ⓘ CARTE DE RÉDUCTION

Si vous prévoyez de visiter un maximum de sites, la **Campania artecard** (800 60 06 01 ; www.campaniartecard.it) constitue un excellent investissement. Couvrant les musées et les transports publics, elle se décline sous plusieurs formes. La carte 3 jours à Naples (tarif plein/réduit 21/12 €) offre l'accès à 3 sites partenaires, une réduction de 50% pour les autres sites et la gratuité des transports publics dans la ville. Parmi les autres options pratiques, la carte de 7 jours "Tutta la Regione" (34 €) comprend l'accès libre à 5 sites et un tarif réduit pour les autres sites de la région jusqu'à Caserta, Ravello (côte amalfitaine) et Paestum, mais n'inclut pas les transports. Les cartes peuvent s'acheter en ligne, au comptoir artecard dans l'office du tourisme de la Stazione Centrale et dans les musées et sites partenaires.

Gaetano 68 ; tarif plein/réduit 10/8 € ; ⊙ visites en anglais 10h, 12h, 14h, 16h et 18h ; 🚌 C55 jusqu'à Via Duomo). Ces visites guidées font découvrir l'ancien labyrinthe napolitain d'aqueducs, de couloirs et de citernes à 40 m sous terre.

Les passages furent creusés par les Grecs afin d'extraire le tuf utilisé pour la construction et d'acheminer l'eau depuis le Vésuve. Agrandi par les Romains, le réseau de conduits et de citernes servit d'abri durant la Seconde Guerre mondiale. Une partie de la visite s'effectue à la lueur des bougies à travers de très étroits passages.

Complesso Museale di Santa Maria delle Anime del Purgatorio ad Arco ÉGLISE
(carte p. 40 ; ☎ 081 21 19 29 ; www.purgatorioadarco.it ; Via dei Tribunali 39 ; visites guidées tarif plein/réduit 4/3 € ; ⊙ visites toutes les 30 min 10h30-13h lun-ven, 10h-17h sam ; Ⓜ Dante). Consacrée en 1638, la *Chiesa delle cape di morte* (église des têtes de mort) comprend deux niveaux. Si l'église supérieure contient de belles peintures – *La Morte de Sant'Alessio* de Luca Giordano et *La Madonna delle Anime del Purgatorio* de Massimo Stanzione –, l'église inférieure (accessible uniquement en visite guidée) est plus connue comme lieu de culte des *anime pezzentelle* (âmes du purgatoire).

Du XVIIe au début du XIXe siècle, la grande tombe sans nom au centre de l'église inférieure accueillait les dépouilles des nombreux habitants qui n'avaient pas les moyens d'être inhumés dans l'église. Rempli d'ossements anonymes, l'hypogée devint un centre du culte des *anime pezzentelle*, dont les pratiquants adoptaient des crânes et priaient pour les âmes ; ils espéraient qu'une fois au paradis, les âmes leur offriraient grâces et bénédictions en signe de gratitude. Jusqu'à 60 messes avaient lieu chaque jour et, lors de la Toussaint, la file d'attente s'étirait jusqu'au Duomo à 450 m. Si les inhumations sur le site cessèrent après la promulgation de l'édit de Saint-Cloud (ordre de Napoléon interdisant les enterrements à l'intérieur des villes), les sanctuaires sont restés. Le plus célèbre est dédié à "Lucia", un crâne coiffé d'un diadème qui doit son nom à une lumière (*luce*) laissée sur le sanctuaire. Selon la légende, il s'agirait du crâne d'une jeune épouse de 18 ans, morte de la tuberculose et devenue la protectrice officieuse des jeunes mariées. Des fidèles déposent toujours des bijoux et des bouquets de mariage devant son sanctuaire.

La visite guidée fait aussi découvrir la sacristie de l'église supérieure, qui contient une petite et superbe collection d'art sacré et de costumes ecclésiastiques. L'église accueille parfois des événements culturels en soirée ; consultez le site Internet.

Chiesa di San Pietro a Maiella ÉGLISE
(carte p. 40 ; ☎ 081 45 90 08 ; Piazza Luigi Miraglia 25 ; ⊙ 8h45-13h lun-sam, 10h30-12h dim ; Ⓜ Dante). Dédiée à l'ermite Pietro del Morrone qui devint le pape Célestin V en 1294, cette église est un mélange d'austérité gothique et d'exubérance baroque. La chapelle à gauche du presbytère comporte des fresques du XIVe siècle de Giovanni Barrile, tandis que le plafond de la nef s'orne de dix peintures flamboyantes de l'artiste baroque Mattia Preti.

Parmi d'autres éléments baroques figurent l'autel en marbre, la balustrade polychrome et le sol du transept dus à Cosimo Fanzago, ainsi que la *Madonna che appare a San Pietro Celestino* (Madone apparaissant à Célestin V) de Massimo Stanzione, dans une des chapelles latérales sur la droite. Le Conservatorio di Musica San Pietro a Majella di Napoli, l'un des plus prestigieux conservatoires d'Italie, occupe le couvent adjacent.

Port'Alba PORTE
(carte p. 40 ; Via Port'Alba ; Ⓜ Dante). Port'Alba est un coin pittoresque du centre historique, à découvrir de préférence l'après-midi en semaine. Rempli de librairies et de stands de bouquinistes, l'endroit est idéal pour dénicher des classiques reliés, un Manzoni corné ou de vieux magazines et cartes postales. La porte, qui donne sur la Piazza Dante, fut percée en 1625 par Antonio Alvárez, le vice-roi espagnol de Naples.

À l'extrémité est de la Via Port'Alba, la Via San Sebastiano, qui court vers le sud, est réputée pour ses magasins d'instruments de musique.

Piazza Bellini PLACE
(carte p. 40 ; Ⓜ Dante). Cette place bordée de bars est idéale pour se détendre en sirotant un *spritz*. Abritant les ruines excavées des murs de la cité grecque du IVe siècle, elle constitue en soirée le rendez-vous classique des étudiants et des artistes. En règle générale, les habitants se regroupent dans les bars à l'extrémité ouest de la place et les touristes, dans ceux du côté est.

Ospedale degli Incurabili BÂTIMENT HISTORIQUE (carte p. 40 ; ☎ 081 44 06 47, 339 5446243 ; info@ilfarodippocrate.it ; Via Maria Longo 50 ; visite pharmacie 10 € ; ⊘ visite pharmacie sam matin sur rdv uniquement, Orto Medico et Chiostro Santa Maria delle Grazie 9h-17h ; Ⓜ Piazza Cavour, Museo). Cet hôpital du XVIe siècle doublé d'un couvent abrite le **Museo delle Arti Sanitarie** (musée de l'Histoire de la médecine et de la santé ; entrée libre, don apprécié ; ⊘ 9h30-13h30 lun-ven), un petit musée rempli de rares instruments chirurgicaux anciens, dont un défibrillateur du XVIIIe siècle, une trousse de pharmacie ornée de paysages romains et un *flagello della peste*, un masque en bois en forme de bec porté lors des épidémies de peste.

À côté du musée, la Farmacia Storica degli Incurabili, une pharmacie du XVIIIe siècle, se découvre au cours d'une visite guidée le samedi matin (à réserver en ligne ou au musée). Composée d'une splendide salle de réception et d'une officine, la pharmacie comporte de belles étagères

---

L'ART DANS LE MÉTRO

De nombreuses stations du métro napolitain ont été conçues ou décorées par des artistes de renom, italiens et étrangers : chiffres bleus lumineux de Mario Merz à Vanvitelli, facétieuses FIAT 500 de Perino & Vele à Salvator Rosa, installation multicolore de Sol LeWitt à Materdei, sans oublier les clichés d'illustres photographes italiens à la station Museo et la curieuse installation de chaussures de Jannis Kounelli à Dante.

La plupart des "stations artistiques" se situent sur la ligne n°1, récemment prolongée. Parmi les plus impressionnantes figure Università, création du designer industriel égyptien Karim Rashid. Fidèle au style de Rashid, la station est une ode joyeuse et colorée au numérique. Des carrelages blancs tapissent l'entrée, chacun imprimé d'un mot provenant du siècle dernier. Dans la station, des hologrammes changent de perspective et de couleur, une sculpture représente les connexions et les synapses du cerveau, et des portraits abstraits de Dante et de Béatrice ornent les escaliers, et de lumineuses œuvres d'art "animées" (fixez-les longuement) décorent les murs des quais.

Encore plus saisissante, la station Toledo a été classée plus belle station de métro d'Europe sur la liste CNN de 2014. L'entrée comporte les ruines d'un fort aragonais et un spectaculaire mur en mosaïque de l'artiste William Kentridge, qui représente diverses icônes napolitaines, de San Gennaro et d'un *pizzaiolo* au fameux *Atlante Farnèse* du Museo Archeologico Nazionale. Une autre mosaïque de Kentridge surplombe les escalators (le chat représenterait l'artiste lui-même). La station Toledo se situe à 50 m sous le niveau de la mer, un fait qui influence le choix des couleurs, de l'ocre (qui symbilise le *tufo* napolitain) du bleu éblouissant au pied des escalators. À ce niveau, un extraordinaire hublot en mosaïque laisse passer la lumière du ciel au-dessus. Cette installation est l'œuvre de Robert Wilson, dont le hall "Light Panels" semble onduler au passage des usagers pressés.

Conçue par les architectes Alvaro Siza et Eduardo Souto De Mura, la station Municipio (ouverte en 2015) possède son propre musée, qui renferme quelque 3 000 artefacts mis au jour durant la construction de la station. Parmi les fantastiques trouvailles, citons les vestiges des anciens ports grec et romain de la ville, ainsi que des navires romains. La base d'une tour angevine du XIVe siècle, la Torre dell'Incoronata, est présentée dans le hall de la station, à côté d'une installation de l'artiste israélien Michal Rovner. L'ancien et le moderne se côtoient également à la station Duomo, où une bulle de verre et d'acier, dessinée par l'éminent architecte italien Massimiliano Fuksas au niveau de la rue, éclaire un temple romain qui servait pour les jeux isolympiques d'Auguste, une version locale des anciens Jeux olympiques grecs.

Pour plus d'informations sur les "stations artistiques", téléchargez le fichier PDF gratuit sur le site de l'ANM (www.anm.it) ; cliquez sur le lien Metro Art/Le Stazioni dell'Arte. Mieux encore, achetez un ticket de métro et explorez ces merveilles souterraines.

en noyer sur lesquelles s'alignent des pots décoratifs en majolique ; au plafond, une peinture de Pietro Bardellino illustre un épisode de l'*Iliade* d'Homère, Machaon soignant Ménélas blessé.

Certains des meilleurs architectes et artistes baroques contribuèrent à la réalisation de la pharmacie : Domenico Antonio Vaccaro décora la façade, Bartolomeo Vecchione dessina l'intérieur et Gennaro di Fiore sculpta les étagères. Ce dernier collabora également avec Carlo Vanvitelli à la Reggia di Caserta (p. 71). Les vases en majolique furent peints par Lorenzo Salandra et Donato Massa (plus connu pour les mosaïques du cloître de la Basilica di Santa Chiara ; p. 39). Il n'est pas étonnant que la pharmacie soit considérée comme l'un des plus beaux exemples du savoir-faire artistique du début du XVIIIe siècle.

Le musée et la pharmacie donnent sur le Cortile degli Incurabili (cour des Incurables), d'où un escalier mène au bâtiment principal de l'hôpital. Entrez pour rejoindre le ravissant **Orto Medico** (jardin médical), où des plantes et des herbes médicinales entourent une fontaine et un magnifique camphrier vieux de 400 ans. Un peu plus loin, vous découvrez le **Chiostro Santa Maria delle Grazie**, un petit cloître aux arcades décorées de fresques qui encadrent une luxuriante végétation tropicale.

Mercato di Porta Nolana MARCHÉ
(carte p. 40 ; Porta Nolana ; 8h-18h lun-sam, 8h-14h dim ; Garibaldi). Sur ce marché, le plus affairé et bruyant de la ville, vous trouverez de tout, du poisson aux fruits et légumes, de l'épicerie fine aux stands d'en-cas, des bagages bon marché et des CD piratés aux cigarettes de contrebande. Il doit son nom à la **Porta Nolana**, la porte médiévale de la cité qui se dresse au début de la Via Sopramuro ; ses deux tours rondes, appelées Foi et Espoir, soutiennent une arche décorée d'un bas-relief de Ferdinand Ier d'Aragon à cheval.

Chiesa di Santa Maria del Carmine ÉGLISE
(carte p. 40 ; 081 20 11 96 ; Piazza del Carmine ; 6h30-12h lun-mar et jeu-sam, 6h30-13h30 mer, 6h30-14h dim ; 151, 154, 1, 4 jusqu'à Via Nuova Marina). Cette église emblématique possède le plus haut campanile (XVIIe siècle) de Naples et un crucifix "agile". Conservé dans un tabernacle sous l'arche principale de l'église, le crucifix aurait esquivé un boulet de canon tiré sur l'église en 1439 durant la guerre entre Alphonse d'Aragon et Robert d'Anjou. Également miraculée, la *Madonna della Bruna*, une icône byzantine du XIIIe siècle, placée derrière le maître-autel, est célébrée par des feux d'artifice le 16 juillet.

Aimée des Napolitains, la Chiesa di Santa Maria del Carmine est nimbée de légendes. Selon le folklore local, quand Conradin de Souabe fut accusé d'avoir tenté de renverser Charles Ier d'Anjou en 1268, sa mère, Élisabeth de Bavière, essaya désespérément de réunir l'argent demandé pour le libérer. Hélas, les fonds arrivèrent trop tard, Conradin fut décapité et sa mère éplorée donna l'argent aux frères carmes à la condition qu'ils construisent une église et prient chaque jour pour son fils. Ils acceptèrent, l'église fut édifiée et contient toujours un monument à la mémoire de Corandin dans le transept.

Au nord-ouest de l'église et la Piazza del Carmine, la **Piazza del Mercato** possède un passé encore plus macabre. Foyer de l'épidémie de peste de 1656, c'est aussi sur cette place que plus de 200 partisans de la République parthénopéenne de 1799 furent exécutés.

◉ Via Toledo et Quartieri Spagnoli

Construit par le vice-roi d'Espagne Don Pedro de Toledo au XVIe siècle, la Via Toledo (ou Via Roma), flanquée de palais, est la véritable grande rue de Naples, prisée pour la *passeggiata* (promenade) en soirée. Débouchant au sud sur la Piazza Trento e Trieste, toujours animée, elle devient la Via Enrico Pessina plus au nord, et longe la Piazza Dante et le Museo Archeologico Nazionale en se dirigeant vers Capodimonte.

Directement à l'ouest de la Via Toledo courent les rues étroites des Quartiers espagnols (Quartieri Spagnoli), construits pour loger les troupes ibériques de Don Pedro. Pauvres en sites, ces rues, où du linge pend entre les fenêtres, recèlent quelques trésors cachés, des bistrots populaires à l'incontournable marché Pignasecca. Les explorer est une plongée dans la *Napoli popolara* (Naples populaire).

♥ **Museo Archeologico Nazionale** MUSÉE
(carte p. 40 ; 081 442 21 49 ; cir.campania.beniculturali.it/museoarcheologiconazionale ; Piazza Museo Nazionale 19 ; tarif plein/réduit 8/4 € ; 9h-19h30 mer-lun ; Museo, Piazza Cavour.

Via Toledo et les Quartiers espagnols

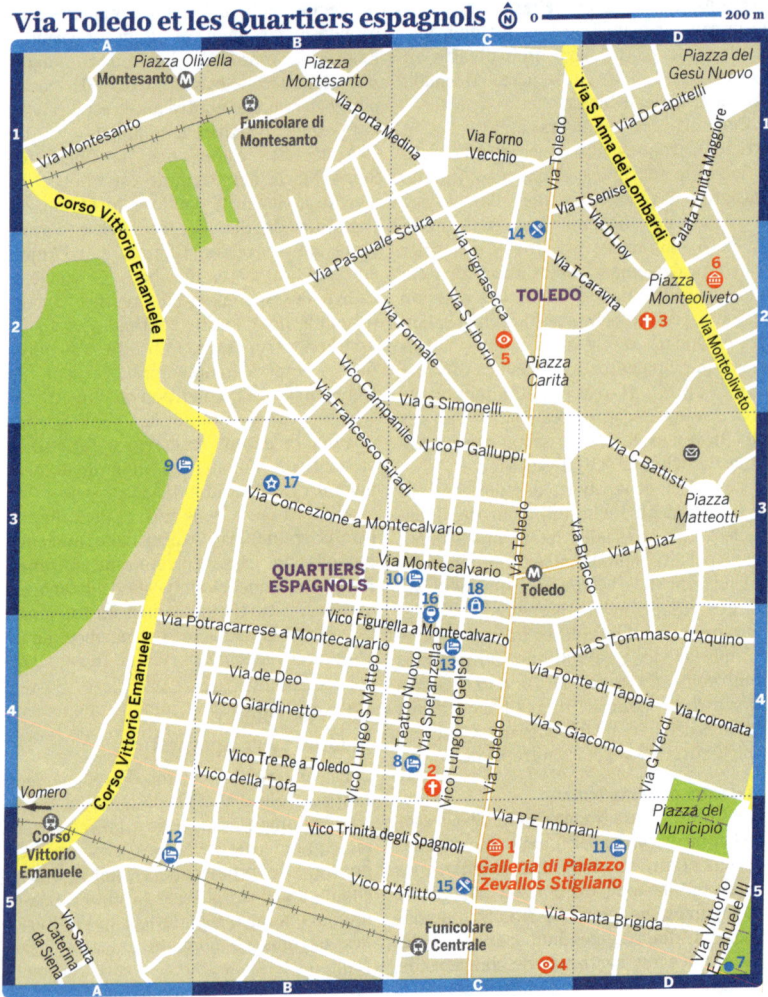

Le musée archéologique national de Naples possède l'une des plus belles collections au monde d'objets gréco-romains. À l'origine caserne de la cavalerie, puis siège de l'université de la ville, le bâtiment transformé en musée par le roi Charles VII de Bourbon à la fin du XVIIIe siècle pour abriter les antiquités léguées par sa mère, Élisabeth Farnèse, et les trésors pillés à Pompéi et Herculanum. Parmi les pièces maîtresses figurent le fameux *Toro Farnese* (Taureau Farnèse) et de splendides mosaïques provenant de la Casa del Fauno, à Pompéi.

Pour une visite plus complète, vous pouvez louer un audioguide (en français ; 5 €) qui décrit les œuvres principales. Appelez avant de venir pour vous assurer de l'ouverture des sections que vous souhaitez découvrir, car des salles ferment souvent une partie de la journée en raison de la pénurie de personnel.

Le sous-sol renferme la collection Borgia de reliques et épigraphes égyptiennes (il était fermé pour une durée indéterminée lors de notre visite). Au rez-de-chaussée, la **collection Farnèse** d'imposantes sculptures grecques et romaines comprend le *Taureau Farnèse* et un *Ercole* (Hercule) puissamment musclé. Sculpté au début du IIIe siècle et cité dans les écrits de Pline

Via Toledo et les Quartiers espagnols

◉ Les incontournables
1 Galleria di Palazzo Zevallos Stigliano C5

◉ À voir
2 Casa e Chiesa di Santa Maria Francesca delle Cinque Piaghe C4
3 Chiesa di Sant'Anna dei Lombardi D2
4 Galleria Umberto I C5
5 La Pignasecca C2
6 Palazzo Gravina D2

◉ Activités
7 City Sightseeing Napoli D5

◉ Où se loger
8 Hotel Il Convento C4
9 Hotel San Francesco al Monte A3
10 Hotel Toledo C3
11 La Ciliegina Lifestyle Hotel D5
12 La Concordia B&B A5
13 Sui Tetti di Napoli C4

◉ Où se restaurer
14 Fantasia Gelati C2
15 Pintauro C5

◉ Où prendre un verre
16 Cammarota Spritz C4

◉ Où sortir
17 Galleria Toledo B3

◉ Achats
18 Talarico C3

l'Ancien, le *Taureau Farnèse*, probablement une copie romaine d'un original grec, représente la mort de Dircé, reine de Thèbes. Taillée dans un seul bloc de marbre, la sculpture fut découverte en 1545 près les thermes de Caracalla, à Rome, restaurée par Michel-Ange, puis transportée par bateau à Naples en 1787. L'*Hercule* fut mis au jour dans les mêmes fouilles romaines, sans ses jambes. Elles furent trouvées lors de fouilles ultérieures et fixées sur la statue sur ordre des Bourbons.

Si vous disposez de peu de temps, découvrez ces deux chefs-d'œuvre et rejoignez directement l'entresol, qui renferme la ravissante collection de **mosaïques**, pour la plupart issues de Pompéi. Parmi la série prise dans la Casa del Fauno, *La Battaglia di Alessandro Contro Dario* (La Bataille d'Alexandre contre Darius) est incontestablement la plus belle. Portrait le plus connu d'Alexandre le Grand, cette mosaïque de 20 m² fut probablement réalisée par des artisans d'Alexandrie, travaillant en Italie vers la fin du IIe siècle av. J.-C.

Après les mosaïques, le **Gabinetto Segreto** (*Cabinet secret*) contient une petite collection d'érotisme antique, très prisée. La pièce la plus connue représente Pan en pleine action avec une chèvre, une petite statue d'une étonnante finesse trouvée dans la Villa dei Papiri (villa des Papyrus) à Herculanum. Une série de 9 peintures décrit des postures érotiques, sorte de menu pour les clients d'un lupanar. Au 1er étage, l'immense **Sala Meridiana** (grand salon du Cadran solaire), l'ancienne bibliothèque royale, renferme l'*Atlante Farnese*, une statue d'Atlas portant un globe sur les épaules, ainsi que diverses peintures de la collection Farnèse. Levez le regard pour découvrir une fresque très colorée peinte en 1781 par Pietro Bardellino, qui décrit le triomphe (éphémère) de Ferdinand IV de Bourbon et de Marie-Caroline d'Autriche à Rome.

Le reste du 1er étage est largement consacré aux trésors exhumés à Pompéi, Herculanum, Boscoreale, Stabies (Stabiae) et Cumes (Cuma) : **fresques murales** provenant de la villa d'Agrippa Postumus et de la Casa di Meleagro, bronzes fabuleux de la Villa dei Papiri, ainsi que des céramiques, verreries, cuivres gravés et urnes funéraires grecques.

♥ Galleria di Palazzo Zevallos Stigliano GALERIE
(carte p. 52 ; ☏ 081 42 50 11 ; www.palazzozevallos.com ; Via Toledo 185 ; tarif plein/réduit 5/3 € ; ⊙10h-18h mar-ven, 10h-20h sam-dim ; Ⓜ Municipio). Construit pour un marchand espagnol au XVIIe siècle et remanié dans le style Belle Époque par l'architecte Luigi Platania au début du XXe siècle, ce palais abrite une petite collection d'art napolitain et italien du XVIIe au début du XXe siècle. *Le Martyre de sainte Ursule* (1610) du Caravage en est la pièce maîtresse. Achevée quelques semaines avant la mort solitaire de l'artiste, la peinture décrit le roi des Huns, vengeur, transperçant le cœur de la vierge Ursule,

qui refuse de l'épouser. Derrière la martyre mourante se tient un Caravage hagard, funeste prémonition de son sort. L'histoire tumultueuse de l'artiste et du tableau est expliquée sur la tablette audioguide gratuite, très instructive.

Le chef-d'œuvre du Caravage est l'une des quelque 120 œuvres exposées dans les salles somptueuses du palais. Parmi les plus remarquables figurent le *Ratto di Elena* (Enlèvement d'Hélène) de Luca Giordano, *Giuditta decapita Oloferne* (Judith décapitant Holopherne) attribué à Louis Finson, *Agar e Ismaele nel deserto confortati dall'angelo* (Agar et Ismaël dans le désert face à l'ange Gabriel) de Francesco Solimena et une série de bronzes et de sculptures en terre cuite de Vincenzo Gemito. La belle collection de paysages comprend *Veduta di Napoli con Largo di Palazzo* (Vue de Naples avec le Largo di Palazzo) de Gasper van Wittel, une fascinante description de l'actuelle Piazza del Plebiscito au début du XVIIIe siècle. La fontaine à triple arche dans le coin en bas à droite du tableau est la Fontana dell'Immacolatella. Conçue par Michelangelo Naccherini et Pietro Bernini en 1601, la fontaine se trouve désormais à l'angle de la Via Partenope et de la Via Nazario Sauro, à côté du Borgo Marinaro. Gaspar van Wittel est le père du célèbre architecte napolitain Luigi Vanvitelli.

Piazza Dante   PLACE
(carte p. 40 ; Ⓜ Dante). Lors des chaudes soirées d'été, la Piazza Dante se remplit de familles venues flâner, manger, fumer, jouer aux cartes ou au ballon, et bavarder.

L'énorme façade du **Convitto Nazionale** domine le côté est de cette place spectaculaire, conçue au XVIIIe siècle par Luigi Vanvitelli. Au centre de cette place dédiée au roi Charles VII de Bourbon, une statue en marbre de Dante regarde vers la Via Toledo. Sous terre, la **station de métro Dante** se double d'un espace d'art contemporain, avec des installations d'artistes renommés. En descendant par l'escalator, levez les yeux pour voir *Queste cose visibili* (Ces choses visibles) de Joseph Kosuth, d'immenses néons aveuglants qui reproduisent une citation du *Banquet* de Dante. Le long du mur, au pied de l'escalier mécanique, des rails de chemin de fer rebelles enjambent des chaussures abandonnées, œuvre de Jannis Kounellis. Derrière vous, au-dessus de la deuxième rampe d'escalator, l'*Intermediterraneo* de Michelangelo Pistoletto est une gigantesque carte en miroir de la Méditerranée.

Museo Nitsch   MUSÉE
(carte p. 40 ; 081 564 16 55 ; www.museonitsch.org ; Vico Lungo Pontecorvo 29d ; tarif plein/réduit 10/5 € ; 10h-19h lun-ven, 10h-14h sam ; Ⓜ Dante). Invité en 1974 à réaliser à Naples l'une de ses performances artistiques composées de rituels et d'hémoglobine, l'artiste actionniste autrichien Hermann Nitsch fut immédiatement arrêté et expulsé d'Italie. Déconseillé aux âmes sensibles, ce musée-centre culturel présente sous forme de photos, vidéos, peintures et accessoires les œuvres provocantes de cet artiste aujourd'hui reconnu.

Aménagé dans une ancienne centrale électrique avec une vue superbe sur Naples et le Vésuve depuis le toit, le centre accueille aussi des événements culturels plus classiques.

La Pignasecca   MARCHÉ
(carte p. 52 ; Via Pignasecca ; 8h-13h ; Ⓜ Toledo). Le plus ancien marché de Naples, prisé des *casalinghe* (ménagères) exigeantes, enchante les sens avec ses multiples étals de produits frais, des poissons à l'épicerie fine. À côté des denrées, des stands proposent toutes sortes d'articles à petits prix, des parfums et du linge de maison aux CD de hip-hop napolitain et aux chaussons douillets.

Chiesa di Sant'Anna dei Lombardi   ÉGLISE
(carte p. 52 ; 081 551 33 33 ; Piazza Monteoliveto ; 10h-13h30 et 14h-16h lun-jeu, jusqu'à 18h ven-sam mai-sept, jusqu'à 16h lun-sam reste de l'année ; Ⓜ Toledo). Cette église magnifique témoigne des liens étroits qui existaient jadis entre les Aragonais de Naples et la dynastie florentine des Médicis. Entre autres œuvres majeures, elle renferme le spectaculaire *Compianto sul Christo morto* de Guido Mazzoni. Datant de 1492, cet ensemble en terre cuite se compose de huit personnages grandeur nature entourant le corps sans vie du Christ. Polychrome à l'origine, l'œuvre décolorée reste impressionnante.

La **sacristie** est une œuvre d'art en elle-même, avec ses murs décorés de somptueux panneaux en marqueterie de Giovanni da Verona, et le plafond orné de fresques du XVIe siècle de Giorgio Vasari, représentant les allégories et symboles de la foi. De l'autre côté de la Via Monteoliveto, le **Palazzo Gravina** (Via Monteoliveto 3), du XVIe siècle, est le siège de la faculté d'architecture.

Casa e Chiesa di Santa Maria Francesca delle Cinque Piaghe ÉGLISE, SITE HISTORIQUE (carte p. 52 ; ☏081 42 50 11 ; Vico Tre Re a Toledo 13 ; ⊙ église 9h30-12h30, app 9h30-12h15, plus 16h30-19h30 le 6 de chaque mois ; Ⓜ Toledo). Lieu majeur du catholicisme napolitain, ce sanctuaire fut jadis fréquenté par Santa Maria Francesca delle Cinque Piaghe, la seule Napolitaine canonisée. Il abrite son **appartement** du XVIIIe siècle méticuleusement préservé et sa chaise en bois prétendue miraculeuse ; des femmes stériles viennent s'y asseoir dans l'espoir de parvenir à enfanter.

LES CRÈCHES NAPOLITAINES

Si Naples ne possède pas le monopole des crèches de Noël, aucune n'égale la qualité artistique du *presepe napoletano* (crèche napolitaine). Sa particularité tient à son incroyable souci du détail, des *prosciutti* (jambons) plus vrais que nature dans les tavernes aux *pastori* (santons) superbement vêtus autour de Jésus nouveau-né.

Si l'origine des crèches de Noël remonte aux premiers siècles de la Chrétienté, les *presepi* existent depuis 1535. Cette année-là, un prêtre local très aimé, Gaetano da Thiene, abandonna la tradition et habilla ses personnages de costumes napolitains au lieu de robes bibliques.

Ce changement provoqua un engouement qui atteignit son apogée au XVIIIe siècle avec le *presepe del Settecento*, une crèche souvent spectaculaire, bien différente de l'humble *presepe popolare* (crèche populaire). Si le cadre de la crèche populaire était généralement sombre et morne, la nativité étant le seul élément éclairé (symbolisant la lumière du salut), la crèche baroque se situait dans un paysage bucolique et ensoleillé, et ses tons reflétaient la palette des grands artistes de l'époque.

Malgré leurs différences d'échelle et de composition, les deux versions partagent la même richesse symbolique, de la taverne qui représente le péché au ruisseau ou à la fontaine, symboles de purification. Dans le *presepe del Settecento*, la nativité était souvent installée parmi les ruines d'un temple païen, reflétant le triomphe du christianisme sur le paganisme et la fascination pour les découvertes archéologiques du siècle, telle Pompéi.

Pour la noblesse et la bourgeoisie napolitaines du XVIIIe siècle, le *presepe* permettait d'afficher la foi et le statut social. La crèche devint un symbole de richesse et de bon goût, ainsi qu'une méditation sur le miracle de Noël. Les meilleurs sculpteurs furent engagés et les plus beaux tissus, utilisés. Même les rois s'y intéressèrent : Charles III de Bourbon consulta le moine dominicain Padre Rocco, un expert en la matière, pour la création de sa crèche de 5 000 *pastore*, exposée au Palazzo Reale (p. 65). Elle semble cependant dérisoire comparée à celle de la Certosa e Museo di San Martino (p. 63), considérée la plus grande au monde.

Des siècles plus tard, la tradition continue, avec des marchands de crèches et de santons dans toute la ville. Malheureusement, beaucoup vendent des reproductions produites en masse et seuls quelques ateliers réalisent leurs *pastori* entièrement à la main, comme autrefois. Parmi ces derniers figurent Ars Neapolitana (p. 87), La Scarabattola (p. 86), Sorelle Corcione, Fratelli Sinno, et dans la banlieue Torre del Greco, le maître-artisan Salvatore Giordano.

Ces artisans travaillent comme à l'âge d'or des *presepi*. Chaque *pastore* en argile fine prend forme dans un moule en bois humide appelé *il morto* (littéralement "le mort"), d'abord la poitrine, puis le cou et la tête. Après avoir laissé sécher une heure ce buste grossier commence la sculpture des détails, des muscles du cou, au nez et aux rides. Selon la tradition, le santon doit conserver ses caractéristiques d'antan, d'où un florilège de dents manquantes, de verrues et de goitres. Encore aujourd'hui, des Napolitains emploient ironiquement l'expression *"curiuso comm'a nu'pastore"* (laid comme un santon) pour qualifier un physique ingrat.

Une fois achevé, le buste est cuit 8 heures dans un four. Il ne reste plus qu'à lui ajouter des yeux en verre, le peindre avec une peinture acrylique ou à l'huile, le fixer au reste du corps (un fil de chanvre enroulé sur un squelette en métal) et l'habiller d'un costume élaboré, fait main.

Promenade dans le centre historique, joyau du Patrimoine mondial

DÉPART PORTA NOLANA
ARRIVÉE PIAZZA BELLINI
DISTANCE 3 KM
DURÉE 4 HEURES

Riche de plus de 2 000 ans d'histoire, le centre historique (*centro storico*) de Naples est une masse bourdonnante de contradictions. Des rues effervescentes couvrent des ruines silencieuses, des façades délabrées cachent de majestueux intérieurs baroques et des sanctuaires côtoient des bars hédonistes. Aucun autre quartier de la ville ne se révèle aussi intrigant et passionnant ou n'offre une telle concentration de trésors artistiques et architecturaux.

Débutez cette promenade à la ❶ **Porta Nolana** (p. 51), porte de la ville du XVᵉ siècle. Sur son mur extérieur, un relief en marbre représente Ferdinand Iᵉʳ, fils illégitime d'Alphonse V d'Aragon (qui fut aussi roi de Naples de 1458 à 1494). De l'autre côté de la porte, se tient un buste du XVIIᵉ siècle de San Gaetano. Aujourd'hui, la Porta Nolana est plus connue en tant qu'accès au marché éponyme.

Après avoir exploré le marché, suivez la Via Nolana vers l'ouest. Traversez le Corso Umberto I, puis prenez à droite la Via Egiziaca a Forcella et encore à droite la Via dell'Annunziata. Un peu plus bas sur la droite, vous apercevrez la ❷ **Santissima Annunziata**, connue pour son orphelinat et sa *ruota*, la roue en bois sur laquelle des bébés étaient jadis abandonnés. Revenez dans la Via Egiziaca a Forcella et suivez-la vers la droite. Après la Via Pietro Colletta, elle tourne vers la gauche et débouche dans la Via Vicaria Vecchia. Au croisement de celle-ci avec la Via Duomo se tient l'une des plus anciennes églises de Naples, la ❸ **Basilica di San Giorgio Maggiore**. Édifiée par saint Sévère au IVᵉ siècle, elle fut entièrement remaniée par Cosimo Fanzago au milieu du XVIIᵉ siècle ; l'abside paléochrétienne d'origine fait désormais partie de l'entrée principale. À deux rues au nord-ouest en remontant la Via Duomo se dresse le ④ **Duomo** (p. 46), l'imposante cathédrale de Naples.

Redescendez la Via Duomo jusqu'à la Via dei Tribunali, appelée *decumanus maior* (rue principale) à l'époque romaine, et parallèle à la Via San Biagio dei Librai, ou Spaccanapoli, l'ancien *decumanus inferior*. Avant de partir à droite vers le cœur du centre historique, faites un petit détour sur la gauche pour admirer le chef-d'œuvre du Caravage, *Le Sette Opere di Misericordia (Les Sept Œuvres de miséricorde)*, au ⑤ **Pio Monte della Misericordia** (p. 45). Sur la petite place en face se dresse la ⑥ **Guglia di San Gennaro** (p. 46).

Traversez la Via Duomo et rejoignez la Piazza San Gaetano, à environ 150 m sur la droite. Cette petite place, l'ancien site du forum romain, est dominée par l'imposante ⑦ **Basilica di San Paolo Maggiore** (p. 48), dont la somptueuse sacristie baroque est l'un des joyaux méconnus de la ville. En face de la place, le ⑧ **Complesso Monumentale di San Lorenzo Maggiore** (p. 48) comprend une austère église gothique, qui surplombe des vestiges romains. Jetez un coup d'œil avant de descendre la ⑨ **Via San Gregorio Armeno** (p. 44) – en décembre, les Italiens viennent de tout le pays pour visiter les boutiques de *presepi* (crèches) qui bordent la rue. La ⑩ **Chiesa e Chiostro di San Gregorio Armeno** (p. 44), de style rococo, se trouve aussi dans cette rue.

Au bout de cette dernière, tournez à droite dans la Via San Biagio dei Librai. Parcourez environ 250 m jusqu'à la ⑪ **Piazzetta Nilo** (p. 43), qui abrite l'ancienne Statua del Nilo et, dans le Bar Nilo, un autel dédié au footballeur Maradona ! Plus loin sur la gauche, la ⑫ **Chiesa di Sant'Angelo a Nilo** (p. 43) contient un superbe tombeau.

De là, quelques pas conduisent à la belle ⑬ **Piazza San Domenico Maggiore** (p. 43) site de l'imposante ⑭ **Chiesa di San Domenico Maggiore** (p. 43). Au n°9 se tient le célèbre ⑮ **Palazzo dei Di Sangro** (p. 43), où le compositeur Carlo Gesualdo assassina son épouse et son amant. À deux pas du palais, dans la Via Francesco de Sanctis, ne manquez pas la ⑯ **Cappella Sansevero** (p. 71) qui abrite le fascinant *Cristo velato* (Christ voilé).

Suivez vers l'ouest la Via San Biagio dei Librai, qui devient la Via Benedetto Croce. Sur la gauche, au n°45, le ⑰ **Palazzo Carafa della Spina**, conçu par Domenico Fontana à la fin du XVIe siècle, a été remanié dans la première moitié du XVIIIe siècle. Son portail baroque est l'un des plus beaux de Naples. Plus loin à l'ouest, la ⑱ **Basilica di Santa Chiara** (p. 39), bombardée pendant la Seconde Guerre mondiale, a été méticuleusement reconstruite. Non loin, la ⑲ **Piazza del Gesù Nuovo**, très animée en soirée, abrite au n°14 la ⑳ **Libreria Dante & Descartes**, spécialisée dans les livres savants. La ㉑ **Chiesa del Gesù Nuovo** (p. 43), richement décorée, domine le nord de la place, tandis qu'au centre s'élève la ㉒ **Guglia dell'Immacolata** (p. 43), édifiée entre 1747 et 1750 ; la statue en cuivre doré de la Vierge a été ajoutée en 1753.

Au n°33, les cinéphiles reconnaîtront le balcon central du ㉓ **Palazzo Pandola**, qui apparaît dans la dernière scène de *Mariage à l'italienne* de Vittorio De Sica, avec Sophia Loren et Marcello Mastroianni. Revenez sur vos pas et tournez à gauche dans la Via San Sebastiano. Au croisement suivant, la Via Port'Alba sur la gauche, bordée de librairies, mène à la ㉔ **Port'Alba** (p. 49), une porte de la ville datant de 1625, qui conduit à la Piazza Dante.

Faites à nouveau demi-tour, reprenez à gauche la Via San Sebastiano et, à un pâté de maisons sur la droite, vous trouverez la ㉕ **Piazza Bellini** (p. 49) et ses cafés.

Les murs de l'appartement sont couverts d'ex-voto – peintures des XVIIIᵉ et XIXᵉ siècles décrivant des guérisons miraculeuses et babioles modernes pour bébé –, offerts en remerciement. Parmi les autres objets figurent les vêtements tachés de sang en raison des stigmates de la religieuse, son lit et son oreiller, ses cordes de flagellation et une rare *spinetta (épinette)* peinte à la main de 1682.

L'appartement se tient au-dessus d'une petite **chapelle** réputée pour ses œuvres d'art sacré du XVIIIᵉ siècle, dont des statues aux yeux de verre. La *Divina Pastora* (Divine Bergère), du côté gauche de la nef, est la seule statue de ce genre à Naples. Sa représentation inhabituelle de la Vierge – allongée et portant une coiffe de bergère – s'inspire de l'Espagne du XVIIIᵉ siècle. À gauche de la nef, une statue de Santa Maria Francesca renferme ses ossements.

Galleria Umberto I ARCHITECTURE
(carte p. 52 ; Via San Carlo ; R2 jusqu'à Via San Carlo, MMunicipio). Pendant de la galerie Vittorio Emanuele II de Milan, ce fameux passage couvert du XIXᵉ siècle est une immense structure en verre et acier agrémentée de façades néo-Renaissance et d'une majestueuse coupole haute de 56 m. Dotée d'un somptueux sol en marbre, la galerie est particulièrement belle en soirée, quand elle sert de cadre à des parties de football impromptues.

◉ Santa Lucia et Chiaia

À son extrémité sud, la Via Toledo rejoint l'opulent quartier Santa Lucia, qui comprend la vaste Piazza del Plebiscito, le fastueux Palazzo Reale, le Teatro San Carlo et, plus à l'est, le Castel Nuovo (Maschio Angioino), ancien bastion angevin. Au sud du Castel Nuovo, des hydroglisseurs partent du Molo Beverello pour Capri, Ischia, Procida et Sorrente, tandis que plus loin au sud-ouest vous pouvez dîner aux chandelles dans les restaurants de poisson qui bordent le port de Borgo Marinaro.

Au-dessus de la Via Santa Lucia s'élèvent le mont Echia et le quartier de Pizzofalcone habité depuis le VIIᵉ siècle av. J.-C., un dédale peu connu de rues sombres, de macabres sanctuaires votifs et de vues exceptionnelles.

Plus à l'ouest, Chiaia est l'épicentre de la mode avec la Via Calabritto et ses boutiques tendance, la Villa Pignatelli, ancienne propriété des Rothschild, et les bars les plus branchés de la ville.

Castel Nuovo CHÂTEAU, MUSÉE
(carte p. 40 ; 081 795 77 22 ; Piazza Municipio ; 6 € ; 9h-19h lun-sam, dernière entrée 18h ; MMunicipio). Ce château du XIIIᵉ siècle, localement appelé le Maschio Angioino (donjon angevin), et sa Cappella Palatina (chapelle Palatine) renferment des fragments de fresques de Giotto, maître du Trecento, sur les embrasures des fenêtres gothiques. Le sol vitré de la Sala dell'Armeria (salle d'armes) laisse voir des ruines romaines et une collection de peintures essentiellement napolitaines du XVIIᵉ au début du XXᵉ siècle occupe les étages supérieurs. Le dernier étage contient les œuvres les plus intéressantes, dont des paysages de Luigi Crisconio et une aquarelle de l'architecte Carlo Vanvitelli.

L'histoire du château remonte à Charles Iᵉʳ d'Anjou. Lorsqu'il s'empara de Naples et du royaume de Sicile jusque-là aux mains des Souabes, il dut contrôler ces nouvelles acquisitions, mais aussi ses possessions en Toscane, en Italie du Nord et en Provence. Il était donc logique d'installer la nouvelle dynastie à Naples plutôt qu'à Palerme, en Sicile. Le monarque lança un ambitieux programme de construction pour agrandir le port et la cité ; le projet comprenait la transformation d'un couvent franciscain en château, celui qui se dresse toujours sur la Piazza del Municipio.

Baptisé Castrum Novum (Château neuf) pour le distinguer du Castel dell'Ovo, plus ancien, et du Castel Capuano, il fut achevé en 1282 et devint une résidence prisée des intellectuels et artistes renommés ; Giotto remercia ses hôtes royaux en peignant la majeure partie des fresques intérieures. Du bâtiment d'origine seule subiste la Cappella Palatina ; le reste est le résultat des rénovations effectuées par les Aragonais deux siècles plus tard, puis d'un méticuleux effort de restauration avant la Seconde Guerre mondiale.

La **Torre della Guardia**, l'arc de triomphe Renaissance à deux étages à l'entrée, commémore l'arrivée triomphale d'Alphonse Iᵉʳ d'Aragon à Naples en 1443. L'austère **Sala dei Baroni** (salle des Barons) en pierre doit son nom aux barons qui y furent exécutés en 1486 pour avoir comploté contre le roi Ferdinand Iᵉʳ d'Aragon. Ses voûtes nervurées mêlent des influences romaine et gothique espagnol tardif.

Palazzo Reale
PALAIS, MUSÉE

(Palais royal ; carte p. 60 ; ☎081 40 05 47 ; www.sbapsae.na.it/cms ; Piazza del Plebiscito 1 ; tarif plein/réduit 4/ 3 € ; ◉9h-20h jeu-mar ; ◻R2 jusqu'à Via San Carlo, Ⓜ Municipio). Monument du XVIᵉ siècle conçu à la gloire de l'Espagne (Naples était alors sous domination espagnole), le magnifique Palais royal abrite le **Museo del Palazzo Reale**, une riche collection hétéroclite de meubles, porcelaines, tapisseries, sculptures et peintures baroques et néoclassiques, répartie dans les appartements royaux.

Parmi les nombreuses merveilles figurent le somptueux Teatrino di Corte, un théâtre privé construit en 1768 par Ferdinando Fuga pour le mariage de Ferdinand IV et de Marie-Caroline d'Autriche. Les statues d'Apollon et des Muses, le long des murs, furent réalisées en papier mâché par Angelo Viva.

Dans la salle XII, la toile du XVIᵉ siècle *Gli Esattori delle Imposte* (Les Collecteurs d'impôt), de l'artiste flamand Marinus Claesz Van Reymerswaele, confirme que l'attitude envers les agents du Trésor n'a guère changé en 500 ans. La salle XIII, le bureau de Joachim Murat lorsqu'il était roi de Naples au XIXᵉ siècle, servit de cantine aux troupes alliées durant la Seconde Guerre mondiale. Dans la salle XXIII, le bureau à support tournant fut fabriqué pour la reine Marie-Caroline par Giovanni Uldrich au XVIIIᵉ siècle.

La Cappella Reale (chapelle royale) contient un *presepe napoletano* (crèche napolitaine) du XVIIIᵉ siècle. Extrêmement détaillés, les *pastori* (santons) sont l'œuvre d'artistes napolitains de renom, dont Giuseppe Sanmartino, l'auteur du fameux *Cristo velato* (Christ voilé) de la Cappella Sansevero.

Le palais abrite également la **Biblioteca Nazionale** (Bibliothèque nationale ; ☎081 781 91 11 ; www.bnnonline.it ; ◉8h30-19h lun-ven, 8h30-14h sam, exposition de papyrus fermée à 14h lun-sam) et ses inestimables trésors, dont plus de 2 000 papyrus découverts à Herculanum et des fragments d'une bible copte du Vᵉ siècle. Construite par certains des artisans les plus talentueux du XIXᵉ siècle, la magnifique **Biblioteca Lucchesi Palli** (fermée sam), dans la Bibliothèque nationale, renferme de précieux documents dont des lettres du compositeur Giuseppe Verdi. Vous devrez présenter une pièce d'identité pour entrer dans la bibliothèque nationale.

MeMus
MUSÉE

(Musée et archives historiques du Teatro San Carlo ; carte p. 60 ; memus.squarespace.com ; Palazzo Reale, Piazza del Plebiscito ; tarif plein/réduit 6/5 €, avec Palazzo Reale 10/5 € ; ◉9h30-17h lun-mar et jeu-sam, 9h30-14h dim ; ◻R2 jusqu'à Via San Carlo, Ⓜ Municipio). Installé dans le Palazzo Reale (achat des billets à la billetterie du palais), ce musée moderne retrace l'histoire du plus ancien Opéra d'Italie, le Teatro San Carlo (p. 83). La collection comprend des costumes, croquis, instruments et souvenirs, présentés dans le cadre d'expositions à thème, différentes chaque année. Une exposition interactive permet de profiter de la musique de compositeurs réputés avec les décors d'artistes qui ont travaillé pour l'opéra, tel le Sud-Africain William Kentridge.

À l'étage, des ordinateurs offrent l'accès aux archives du Teatro San Carlo ; ils étaient en panne lors de notre visite.

Piazza del Plebiscito
PLACE

(carte p. 60 ; ◻R2 jusqu'à Via San Carlo, Ⓜ Municipio). Cette place grandiose offre une vue impressionnante, quel que soit l'angle. Au nord-ouest, des coteaux couverts de vignes grimpent jusqu'au Castel Sant'Elmo et à la Certosa di San Martino ; à l'est, le Palazzo Reale aux tons roses montre sa plus ancienne façade. À l'ouest se tient la **Chiesa di San Francesco di Paola** (☎346 2702576 ; Piazza del Plebiscito ; ◉8h30-12h et 16h30-19h ; ◻R2 jusqu'à Piazza Trieste et Trento, Ⓜ Municipio), copie néoclassique du Panthéon de Rome, conçue par Pietro Banchini.

Ajoutée plus tard sur la place à colonnades dessinée par Joachim Murat en 1809, l'église fut commandée par Ferdinand Iᵉʳ en 1817 pour célébrer la restauration de son royaume après l'interlude napoléonien. Devant l'église, une statue équestre de Charles VII de Bourbon, d'Antonio Canova, et une autre de son fils, Ferdinand Iᵉʳ, d'Antonio Calí, montent la garde.

À son extrémité nord, la Piazza Plebiscito donne sur la **Piazza Trieste e Trento**, le cœur animé de la ville avec son café le plus chic, le Caffè Gambrinu (p. 82).

♥Tunnel Borbonico
SITE HISTORIQUE

(carte p. 60 ; ☎081 764 58 08, 366 2484151 ; www.tunnelborbonico.info ; Vico del Grottone 4 ; circuit standard 1 heure 15 tarif plein/réduit 10/5 € ; ◉circuit standard 10h, 12h,

Santa Lucia, Chiaia et Mergellina

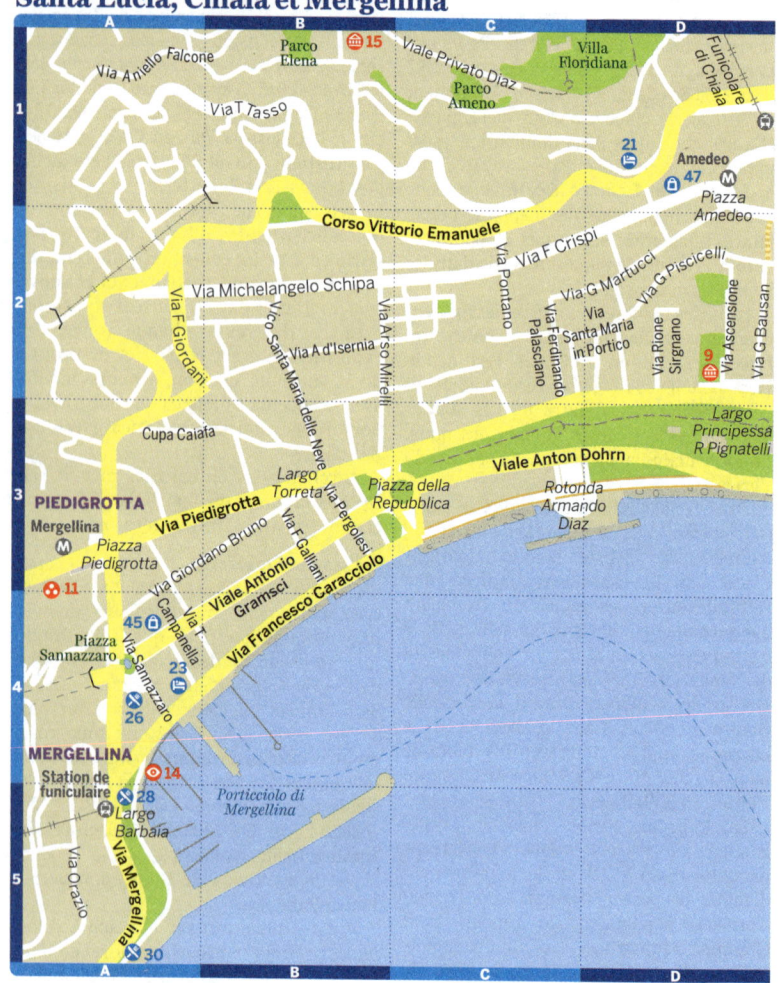

15h30 et 17h30 ven-dim ; R2 jusqu'à Via San Carlo). Traversez cinq siècles le long du fascinant tunnel des Bourbon. Conçue par Ferdinand II en 1853 pour relier le palais royal aux casernes et à la mer, cette voie d'échappée ne fut jamais achevée et fait partie de l'aqueduc Carmignano du XVIIe siècle, qui incorpore des citernes du XVIe siècle. Abri anti-aérien et hôpital militaire durant la Seconde Guerre mondiale, ce labyrinthe souterrain évoque le passé avec des objets datant de la guerre. Le circuit standard ne nécessite pas de réservation, contrairement au circuit Aventure (1 heure 20, tarif plein/réduit 15/10 €) et au circuit Spéléo (adultes seulement ; 2 heures 30, 30 €).

Les circuits partent également de la seconde entrée du Tunnel Borbonico, accessible du Parcheggio Morelli (Via Domenico Morelli 40), un parking à Chiaia.

Via Chiaia
RUE

(carte p. 60 ; R2 jusqu'à Via San Carlo, M Municipio). Cette rue commerçante piétonne, qui relie la Piazza Trieste e Trento et la Piazza dei Martiri, est très fréquentée,

surtout pour la promenade du soir. Au n°149, le **Palazzo Cellamare** fut construit au XVIe siècle pour servir de résidence d'été à Giovanni Francesco Carafa. Il accueillit nombre d'hôtes des Bourbons, dont Goethe et Casanova.

Vers l'extrémité ouest de la rue, ce qui ressemble à un arc de triomphe est un pont bâti en 1636 pour relier les collines de Pizzofalcone et de Mortella. Après le pont, tournez à droite dans la prestigieuse Via Gaetano Filangieri et continuez le long de la Via dei Mille, bordées d'élégantes boutiques et d'architecture Art nouveau.

Piazza dei Martiri PLACE
(carte p. 60 ; C24 jusqu'à Piazza dei Martiri). Si Chiaia est le salon de Naples, la Piazza dei Martiri en est la chaise longue. Les quatre lions du monument aux martyrs napolitains d'Enrico Alvino (XIXe siècle), au centre de la place, représentent les soulèvements contre les Bourbons en 1799, 1820, 1848 et 1860. Au n°30, le **Palazzo Calabritto** est l'œuvre de Luigi Vanvitelli, plus connu pour le Palazzo Reale de Caserta.

De grands noms de la mode ont investi la proche Via Calabritto, dont le légendaire tailleur Finamore (p. 84). Sur la place

Santa Lucia, Chiaia et Mergellina

◉ Les incontournables
1 Tunnel Borbonico G2

◉ À voir
2 Biblioteca Nazionale H1
3 Borgo Marinaro H4
4 Castel dell'Ovo G4
5 Chiesa di San Francesco de Paola G2
6 Lungomare F3
7 MeMus H2
8 Museo del Tessile e
   dell'Abbigliamento Elena
   Aldobrandini F1
9 Museo Pignatelli D2
10 Palazzo Reale H2
11 Parco Vergiliano A3
12 Piazza dei Martiri F2
13 Piazza del Plebiscito H2
14 Porticciolo A4
15 Riccardo Dalisi Studio B1
16 Stazione Zoologica E3
17 Via Chiaia F2
18 Villa Comunale E3

◉ Où se loger
19 B&B Cappella Vecchia F2
20 Chiaja Hotel de Charme G2
21 Grand Hotel Parker's D1
22 Grand Hotel Vesuvio H4
23 Hotel Ausonia A4
24 Hotel Excelsior H4
25 Nardones 48 .... G2

◉ Où se restaurer
26 50 Kalò A4
27 Antica Osteria Da Tonino E2
28 Chalet Ciro Mergellina A5
29 Da Ettore G2
30 Don Salvatore A5
31 L'Altro Loco F2
32 L'Ebbrezza di Noè E1
33 Moccia E2
34 Muu Muzzarella Lounge F2
35 Ristorantino dell'Avvocato H3
36 Trattoria Castel dell'Ovo H4
37 Trattoria San Ferdinando G1

◉ Où prendre un verre
38 Ba-Bar F2
39 Caffè Gambrinus H2
40 Enoteca Belledonne F2
41 Scaturchio H1

◉ Où sortir
42 Associazione Scarlatti F2
   Azzurro Service .... (voir 49)
43 Box Office H1
44 Teatro San Carlo H1

◉ Achats
45 Anna Matuozzo A4
46 Bowinkel H3
47 Contemporastudio D1
48 E. Marinella F3
49 Feltrinelli F2
50 Fiera Antiquaria
   Napoletana E3
51 Finamore F2
52 Livio De Simone F2
53 Mariano Rubinacci F2
54 Mercatino dell'Umberto E2
55 Tramontano F2

se tient la librairie-disquaire Feltrinelli (p. 82), où les habitants viennent feuilleter des livres ou boire un expresso dans le café au sous-sol.

Castel dell'Ovo
CHÂTEAU

(carte p. 60 ; ☎081 795 45 93 ; Borgo Marinaro ; ⊙8h-18h45 lun-sam, 8h-13h45 dim ; 🚌128 jusqu'à Via Santa Lucia). GRATUIT Édifié par les Normands au XIIe siècle, le plus ancien château de Naples devrait son nom (château de l'Œuf) à Virgile. Le poète romain aurait enterré un œuf sur place prophétisant que le château (et Naples) s'effondrerait quand l'œuf casserait. Les deux sont encore debout et une promenade sur les remparts fait découvrir une vue splendide.

Utilisé par les Souabes, les Angevins et Alphonse d'Aragon, qui le modifia à des fins militaires, le château se dresse sur l'îlot rocheux de **Borgo Marinaro**, bordé de restaurants. Selon la légende, la sirène Parthénope s'y serait échouée, le cœur brisé, après avoir échoué à séduire Ulysse par son chant. Les Grecs fondèrent la ville sur cette île, qu'ils appelèrent Megaris, au VIIe siècle avant J.-C. Sa position stratégique séduisit également le général romain Lucullus, qui y fit construire sa villa. Le château accueille régulièrement des expositions d'art temporaires, des événements et sert de cadre pour les photos de jeunes mariés.

Lungomare
RUE, PARC

(Front de mer ; carte p. 60 ; Via Francesco Caracciolo ; 🚌128 jusqu'à Piazza Vittoria). Pour échapper à l'effervescence de la ville, venez respirer l'air du large sur la promenade piétonne en front de mer. Elle s'étend sur 2,5 km le long de la Via Partenope et de la Via Francesco Carrociolo et offre la vue sur la baie, le Vésuve, deux châteaux et les villas Art nouveau du Vomero. Elle est particulièrement romantique au coucher du soleil, quand Capri et le Vésuve prennent des tons orangés.

Séparant le Lungomare de la Riviera di Chiaia, la **Villa Comunale** (Piazza Vittoria ; ☉ 7h-minuit ; 🚌 C25 jusqu'à Riviera di Chiaia) est un long parc verdoyant, conçu par Luigi Vanvitelli pour les Bourbons. Parmi ses nombreuses fontaines, la Fontana delle Paperelle (fontaine des Canards) a remplacé le *Taureau Farnèse* après son transfert au Museo Archeologico Nazionale en 1825.

Le parc abrite également la **Stazione Zoologica** (Aquario ; ☎ 081 583 32 18, 081 583 31 11 ; www.szn.it ; Viale Aquario 1 ; adulte/enfant 1,50/1 € ; ☉ 9h30-18h30 mar-dim ; 🚌 C25 jusqu'à Riviera di Chiaia), le plus vieil **aquarium** d'Europe. Établi par le darwiniste allemand Anton Dohrn, il est installé dans un imposant bâtiment néoclassique d'Adolf von Hildebrand. Aujourd'hui, les bassins un peu vieillots contiennent quelque 200 espèces de la faune et de la flore marines de la baie de Naples. La salle de lecture à l'étage, joliment restaurée et décorée de fresques du XIXe siècle évoquant la vie méditerranéenne par le peintre allemand Hans von Marées et Hildebrand lui-même, est plus intéressante. La visite de la bibliothèque nécessite une réservation par téléphone.

Museo Pignatelli MUSÉE
(carte p. 60 ; ☎ 081 761 23 56 ; www.polomusealecampania.beniculturali.it ; Riviera di Chiaia 200 ; tarif plein/réduit 2/1 € ; ☉ 8h30-14h mer-lun ; 🚌 128 jusqu'à Riviera di Chiaia). Lorsque Ferdinand Acton, ministre à la cour du roi Ferdinand IV (1759-1825), demanda à Pietro Valente de concevoir la Villa Pignatelli en 1826, l'architecte imagina cette reproduction d'une maison de Pompéi. Transformée en musée, cette élégante demeure contient des meubles et objets décoratifs somptueux, ainsi qu'une belle collection de calèches des XIXe et XXe siècles dans le **Museo delle Carrozze** adjacent.

Achetée et agrandie par les Rothschild en 1841, la Villa Pignatelli devint la propriété du duc de Monteleone, Diego Aragona Pignatelli Cortes, en 1867, avant que sa petite-fille Rosina Pignatelli ne la donne (avec ses trésors) à l'État. Parmi les plus belles pièces de la collection permanente figurent une petite et superbe collection de porcelaines dans le Salotto Verde (Salon vert) et un fumoir tapissé de cuir (appelé la bibliothèque). Le 1er étage accueille quelques expositions temporaires chaque année.

◉ Vomero

Trois funiculaires montent jusqu'à Vomero, un quartier perché sur une colline où l'effervescence cède la place au calme, aux villas Art nouveau et à la somptueuse Certosa di San Martino. Les vues panoramiques sur la baie et la ville et l'un des parcs publics préférés des Napolitains font de ce quartier un havre de paix facilement accessible, à l'écart du tohu-bohu du centre.

♥ Certosa e Museo di San Martino MONASTÈRE, MUSÉE
(carte p. 64 ; ☎ 081 229 45 68 ; www.polomusealenapoli.beniculturali.it ; Largo San Martino 5 ; tarif plein/réduit 6/3 € ; ☉ 8h30-19h30 jeu-mar ; Ⓜ Vanvitelli, 🚠 Montesanto jusqu'à Morghen). Point d'orgue du baroque napolitain, cette chartreuse transformée en musée fut fondée au XIVe siècle. Dotée de l'un des plus beaux cloîtres d'Italie, elle a été décorée et remaniée au fil des siècles par des artistes italiens talentueux, notamment Giovanni Antonio Dosio au XVIe siècle et le maître baroque Cosimo Fanzago un siècle plus tard. C'est aujourd'hui un superbe musée d'art napolitain.

L'**église** du monastère et les salles qui la jouxtent renferment d'innombrables fresques et tableaux de grands peintres napolitains du XVIIe siècle, dont Francesco Solimena, Massimo Stanzione, José de Ribera et Battista Caracciolo. Dans la nef, les marbres incrustés de Cosimo Fanzago sont extraordinaires.

Attenant à l'église, le **Chiostro dei Procuratori** (cloître des Procurateurs) est le plus petit des deux cloîtres du monastère. Un grand corridor sur la gauche mène au **Chiostro Grande** (Grand Cloître) ; dessiné par Giovanni Antonio Dosio à la fin du XVIe siècle, puis enrichi par Fanzago, il constitue une splendide composition de portiques toscano-doriques, de statues en marbre et de camélias aux couleurs vives. Les crânes qui ornent la balustrade rappelaient aux moines la fugacité de la vie.

Près du Chiostro dei Procuratori, la **Sezione Navale** retrace l'histoire de la marine des Bourbons de 1734 à 1860 et comprend une petite collection de somptueuses barges royales. La **Sezione Presepiale** présente une collection de rares *presepi* (crèches) napolitains des XVIIIe et XIXe siècles, dont l'immense création de Cuciniello (XVIIIe siècle), qui couvre un mur de l'ancienne cuisine du monastère.

Vomero

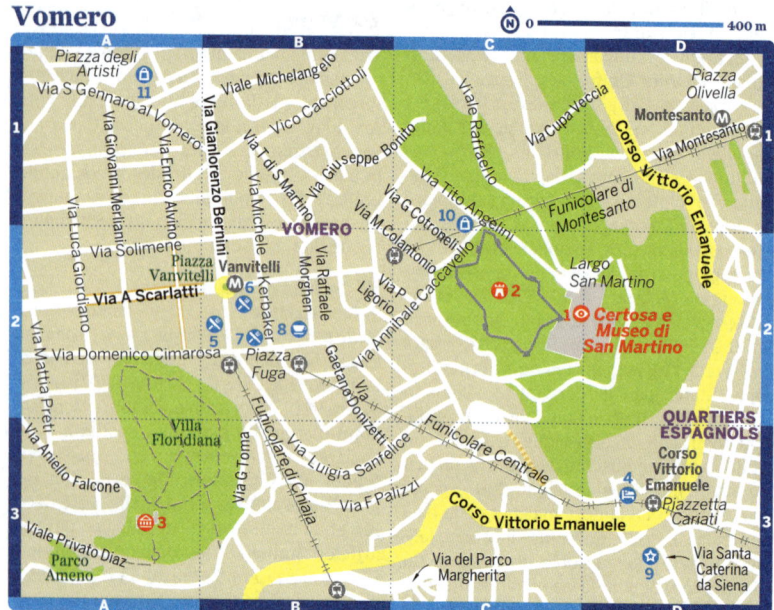

Le **Quarto del Priore** (quartier du Prieur), dans l'aile sud, renferme la majeure partie de la collection de peintures, ainsi qu'une des pièces les plus fameuses du musée, la *Madonna col Bambino e San Giovannino* (Madone avec l'Enfant et saint Jean-Baptiste enfant), une sculpture du Bernin.

La section **Immagini e Memorie di Napoli** (Images et mémoire de Naples) raconte en images l'histoire de Naples. Elle contient des portraits de personnages historiques, des cartes anciennes, dont une carte en cuivre à 35 panneaux du XVIIIe siècle (salle n°45), et des salles dédiées à des événements majeurs, comme la révolte de Masaniello (salle n°36) et la peste (salle n°37). La salle n°32 renferme la remarquable Tavola Strozzi, une vue maritime de Naples au XVe siècle et l'un des plus importants témoignages historiques de la cité.

Vous devez réserver pour accéder à l'imposant **Sotterranei Gotici** (sous-sol gothique) de la chartreuse, ouvert au public les samedi et dimanche à 11h30 (avec visite guidée en italien) et à 16h30 (sans guide). Cette austère salle voûtée renferme quelque 150 sculptures et épigraphes en marbre, dont une statue de saint François d'Assise du maître sculpteur Giuseppe Sanmartino (XVIIIe siècle). Pour réserver, envoyez un courriel au moins 2 semaines à l'avance à accoglienza.sanmartino@beniculturali.it.

Castel Sant'Elmo CHÂTEAU, MUSÉE
(carte p. 64 ; ☎ 081 558 77 08 ; www.coopculture.it ; Via Tito Angelini 22 ; tarif plein/réduit 5/2,50 € ; ⏲ château 8h30-19h30 mer-lun, musée 9h-19h mer-lun ; Ⓜ Vanvitelli, 🚌 Montesanto jusqu'à Morghen). Ce château en forme d'étoile était à l'origine une église dédiée à saint Érasme. Quatre siècles plus tard, en 1349, Robert d'Anjou la transforma en château, que le vice-roi d'Espagne Don Pedro de Toledo fortifia en 1538. Prison militaire jusque dans les années 1970, il est aujourd'hui réputé pour sa vue époustouflante et pour son **Museo del Novecento**, consacré à l'art napolitain du XXe siècle.

La collection de peintures, sculptures et installations illustre les courants majeurs de l'art italien, dont le futurisme et le mouvement Arte nucleare (Art nucléaire). Parmi les œuvres les plus éminentes figurent *La schiena* (Le Dos) d'Eugenio Viti (salle n°7), *Le quattro giornate di Napoli* (Les Quatre Journées de Naples) de Raffaele Lippi (salle n°9) et *Monumento*, une photo magnétique de Giuseppe Desiato (salle n°18). Dans la salle n°17, la statue sans nom de Salvatore Cotugno, un

Vomero

🔴 Les incontournables
1 Certosa e Museo
  di San Martino C2

🔴 À voir
2 Castel Sant'Elmo C2
3 Museo Nazionale della
  Ceramica Duca di Martina A3

🟢 Où se loger
4 Casa Tolentino D3

🟢 Où se restaurer
5 Antica Cantina di Sica B2
6 Fantasia Gelati B2
7 Friggitoria Vomero B2

🟢 Où prendre un verre
8 Fonoteca B2

🟢 Où sortir
9 Centro di Musica Antica Pietà
  de' Turchini D3

🔴 Achats
10 De Paola Cameos C1
11 Mercatino di Antignano A1

---

personnage attaché et emmailloté, rappelle étrangement le *Cristo velato* (Christ voilé) de Giuseppe Sanmartino, dans la Cappella Sansevero (p. 71).

Museo Nazionale della Ceramica Duca di Martina   MUSÉE, JARDINS
(carte p. 64 ; 081 578 84 18 ; www.polomusealenapoli.beniculturali.it ; Via Domenico Cimarosa 77 ; tarif plein/réduit 2/1 € ; musée 8h30-14h mer-lun, dernière entrée 13h15, jardins 8h30-1 heure avant crépuscule ; MVanvitelli, Chiaia jusqu'à Cimarosa, Centrale jusqu'à Piazza Fuga). Le musée national de la Céramique possède une superbe collection de 6 000 pièces (tristement présentées), dont d'inestimables porcelaines chinoises Ming (1368-1644) et vases japonais Edo (1615-1867) à l'étage inférieur, des majoliques Renaissance à l'étage intermédiaire et d'autres céramiques européennes (y compris de somptueuses porcelaines de Saxe) au dernier étage. Il compte aussi quelques toiles de maîtres, notamment de Francesco Solimena, Francesco De Mura et Vincenzo Camuccini. Le musée occupe l'opulente **Villa Floridiana**, un cadeau du roi Ferdinand Ier à sa seconde épouse, la duchesse de Floridia. Ses jardins luxuriants, parfaitement entretenus, justifient à eux seuls le détour. Agrémentés d'une jolie fontaine peuplée de tortues, ils offrent une vue enchanteresse sur Naples et sa baie.

Museo del Tessile e dell'Abbigliamento Elena Aldobrandini   MUSÉE
(carte p. 60 ; 081 497 61 04 ; www.fondazionemondragone.it ; Fondazione Mondragone Napoli, Piazzetta Mondragone 18 ; 5 € ; 9h30-15h30 lun-ven ; Centrale jusqu'à Corso Vittorio Emanuele). Ce petit musée du Textile et de la Mode constitue un bon choix pour découvrir un endroit moins couru. Il renferme une belle sélection de robes du milieu du XXe siècle, dont des créations de feu Emilio Schuberth, le "couturier des stars" et mentor de Valentino. Des œuvres d'autres couturiers de Campanie tout aussi célèbres, Livio De Simone et Fausto Sarli, sont également présentées, ainsi que des chapeaux, des gants et des vêtements ecclésiastiques du XVIIIe siècle. Le musée se niche dans la Fondazione Mondragone, une "retraite pour les nobles matrones et vierges" fondée au milieu du XVIIe siècle. Pour le rejoindre, franchissez les grilles qui ouvrent sur la cour du palais, entrez dans le bâtiment par la porte en verre sur votre droite et prenez l'ascenseur jusqu'au 1er étage.

🔴 Capodimonte et La Sanità

S'élevant au nord du centre-ville, Capodimonte est l'ancienne chasse royale. Ce quartier abrite le verdoyant Parco di Capodimonte et le Palazzo di Reale Capodimonte, un immense musée riche d'innombrables chefs-d'œuvre.

Juste au sud de Capodimonte, le quartier de La Sanità est un autre monde. Coincé entre la Via Foria et la Via Santa Teresa degli Scalzi, il offre un mélange unique et confus de *bassi* (habitations de plain-pied et d'une seule pièce), d'escaliers baroques et d'anciennes catacombes. Souvent considéré comme le quartier le plus populaire et authentique de Naples, il séduit un nombre croissant d'artistes. L'acteur immensément populaire en Italie, Totò, est né dans ce quartier, Via Santa Maria Antesaecula 109, en 1898.

💜 Palazzo Reale di Capodimonte   MUSÉE
(carte p. 66 ; 081 749 91 11 ; www.polomusealenapoli.beniculturali.it ; Via Miano 2 ; tarif plein/réduit 7,50/3,75 € ; 8h30-19h30 jeu-mar ; R4, 178 jusqu'à Via Capodimonte). La construction de cet immense palais, conçu à l'origine comme pavillon de chasse pour Charles VII de Bourbon, débuta en 1738 et dura plus d'un siècle.

La Sanità et Capodimonte

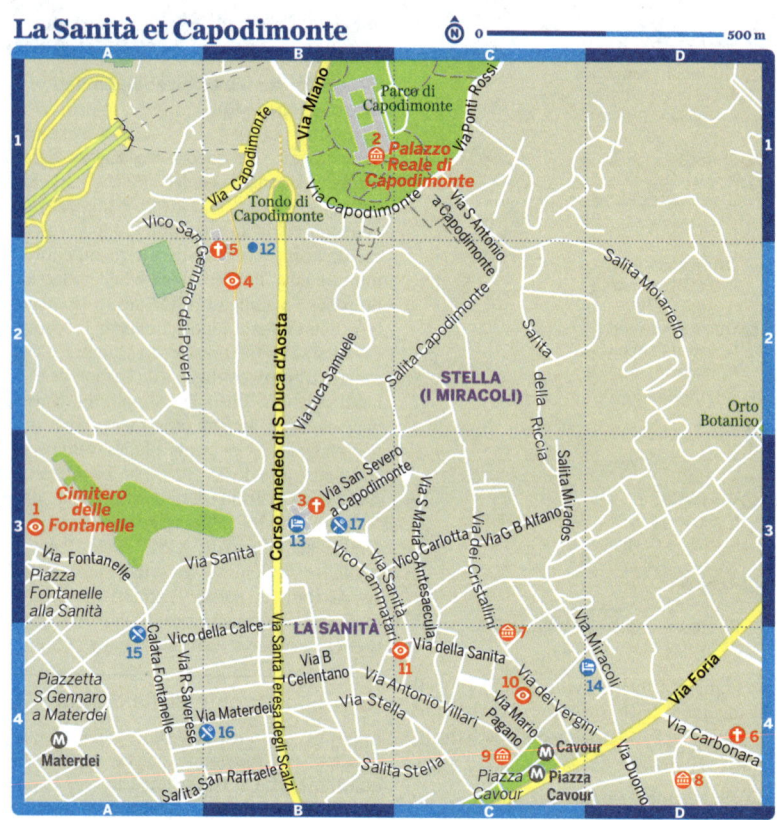

La Sanità et Capodimonte

Les incontournables
1. Cimitero delle Fontanelle.....................A3
2. Palazzo Reale di Capodimonte.............B1

À voir
3. Basilica Santa Maria della Sanità et Catacomba di San Gaudioso.....................B3
4. Catacombe di San Gennaro.....................B2
5. Chiesa di Madre di Buon Consiglio.....................B2
6. Chiesa San Giovanni a Carbonara.....................D4
7. Laboratorio Oste.....................C4
8. MADRE.....................D4
9. Museo del Sottosuolo.....................C4
10. Palazzo dello Spagnuolo.....................C4
11. Palazzo Sanfelice.....................C4

Activités
12. Cooperativa Sociale Onlus "La Paranza".....................B2

Où se loger
    Casa D'Anna.....................(voir 7)
13. Casa del Monacone.....................B3
14. Cerasiello B&B.....................D4

Où se restaurer
15. Cantina del Gallo.....................A4
16. Pizzeria Starita.....................B4
17. Tarallificio Esposito.....................B3

Il abrite aujourd'hui le **Museo Nazionale di Capodimonte** (musée national de Capodimonte), le musée d'art le plus grand et le plus riche du sud de l'Italie. Sa vaste collection – provenant en grande partie de l'héritage de la mère de Charles, Élisabeth Farnèse – fut transférée ici en 1759. Il contient de ravissants retables du XIIe siècle, des œuvres de Botticelli, du Caravage, de Titien et d'Andy Warhol.

LA MALÉDICTION DU CAPITAINE

Des nombreuses légendes macabres qui entourent le Cimitero delle Fontanelle (p. 72), aucune n'est aussi curieuse que celle d'*Il Capitano* (Le Capitaine), le crâne qui se tient au pied du calvaire à trois croix du cimetière.

Selon la légende, une jeune fille pieuse de La Sanità adopta le crâne, une pratique courante à Naples jusqu'à la fin des années 1960. Aussi incongru que cela puisse paraître, le cimetière était aussi un lieu de rencontre pour les amoureux qui n'avaient pas d'autre endroit où aller. Le petit ami de la jeune fille, bien moins pieux, la convainquit de perdre sa virginité dans le cimetière.

Indécise et nerveuse, la jeune fille demanda au crâne du Capitaine de bénir leur union et de leur accorder un mariage heureux. Absolument pas superstitieux, le jeune homme se moqua d'elle et du Capitaine, enfonça ses doigts dans une orbite du crâne et le défia d'assister à leurs noces. Ajoutant l'insulte aux blessures, il prit la virginité de sa promise.

Plus tard, lors du banquet de noces du couple, un inconnu portant un bandeau sur un œil et vêtu d'un vieil uniforme d'officier fit son apparition. Aussi effronté qu'au cimetière, le jeune marié arrêta l'étranger sur le départ et lui demanda qui l'avait invité. L'officier se retourna, sourit et répondit "Vous-même... aux Fontanelle" avant d'ouvrir son manteau pour révéler un squelette qui s'effondra sur le sol.

Le choc tua les jeunes mariés, dont le lieu de sépulture demeure un mystère. Pour certains, ils reposeraient au Cimitero delle Fontanelle. D'autres croient qu'une fresque funéraire d'un couple dans la Catacomba di San Gaudioso (p. 72) indiquerait le lieu de leurs regrets éternels.

Le musée s'étend sur trois niveaux et 160 salles ; la plupart des visiteurs se contentent de voir les œuvres principales en une demi-journée. Le 1er étage présente des œuvres de grands maîtres, tels Michel-Ange, Raphaël et Titien, et des chefs-d'œuvre comme la *Crocifissione* (Crucifixion ; salle n°3) de Masaccio, la *Madonna col Bambino e due angeli* (la Madonne avec l'Enfant et deux anges ; salle n°6) de Botticelli, la *Trasfigurazione* (Transfiguration ; salle n°8) de Bellini et l'*Antea* (salle n°12) du Parmesan. Cet étage abrite également les appartements royaux, richement décorés. Le **Salottino di Porcellana** (salon de Porcelaine ; salle n°52), avec les murs et le plafond couverts de porcelaine, témoigne de l'engouement pour les chinoiseries au XVIIIe siècle. Créé entre 1757 et 1759 pour le Palazzo Reale de Portici, il fut transféré à Capodimonte en 1867. Au 2e étage, les salles contiennent des œuvres d'artistes napolitains du XIIIe au XIXe siècle, dont de Ribera, Giordano, Solimena et Stanzione. Elles renferment aussi de spectaculaires tapisseries belges du XVIe siècle. Présentée seule dans la salle n°78, la *Flagellazione* (La Flagellation ; 1607-1610), du Caravage, attire le plus grand nombre de visiteurs.

Ne manquez pas la petite galerie d'art moderne au 3e étage, ne serait-ce que pour le *Mt Vesuvius* version pop art d'Andy Warhol. Le **Parco di Capodimonte**, domaine de 130 ha du palais, offre un bouffée d'air frais.

Catacomba di San Gennaro CATACOMBES (carte p. 66 ; ☏081 744 37 14 ; www.catacombedinapoli.it ; Via Capodimonte 13 ; tarif plein/réduit 8/5 € ; ⊙visite guidée 1 heure toutes les heures 10h-17h lun-sam, 10h-13h dim ; ☐R4, 178 jusqu'à Via Capodimonte). Les catacombes les plus anciennes et sacrées de Naples devinrent un site de pèlerinage chrétien lorsque la dépouille de San Gennaro y fut enterrée au Ve siècle. Le site soigneusement restauré permet de découvrir un monde souterrain de tombes, de couloirs et de larges vestibules, orné de fresques chrétiennes du IIe siècle, de mosaïques du Ve siècle et le plus ancien portrait connu de San Gennaro.

Les catacombes abritent trois types de tombes, chacun correspondant à une classe sociale distincte. Les plus riches optaient pour le *cubiculum,* une salle ouverte dotée à l'origine de portes et aux murs ornée de fresques colorées. À gauche de l'entrée, un *cubiculum* comporte une fresque funéraire particulièrement belle, représentant une mère, un père et un enfant ; elle est composée de trois couches, chacune commandée à chaque décès. Les niches murales rectangulaires plus petites, appelées *loculum*, étaient réservées à la classe moyenne, et les *forme* (tombes sur le sol), aux pauvres.

(Suite à la page 72)

LONELY PLANET/GETTY IMAGES ©

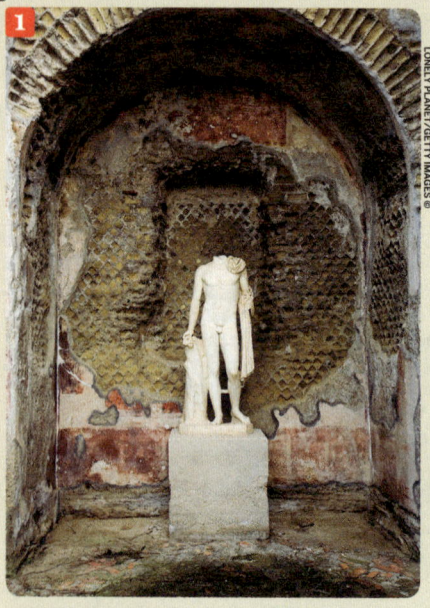

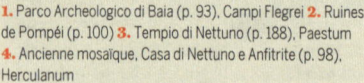

1. Parco Archeologico di Baia (p. 93), Campi Flegrei 2. Ruines de Pompéi (p. 100) 3. Tempio di Nettuno (p. 188), Paestum 4. Ancienne mosaïque, Casa di Nettuno e Anfitrite (p. 98), Herculanum

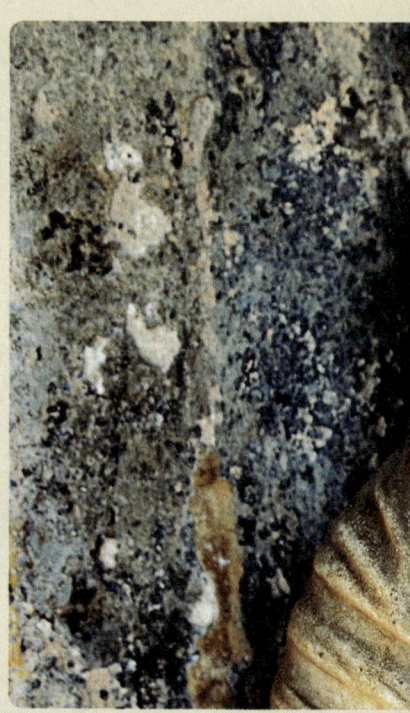

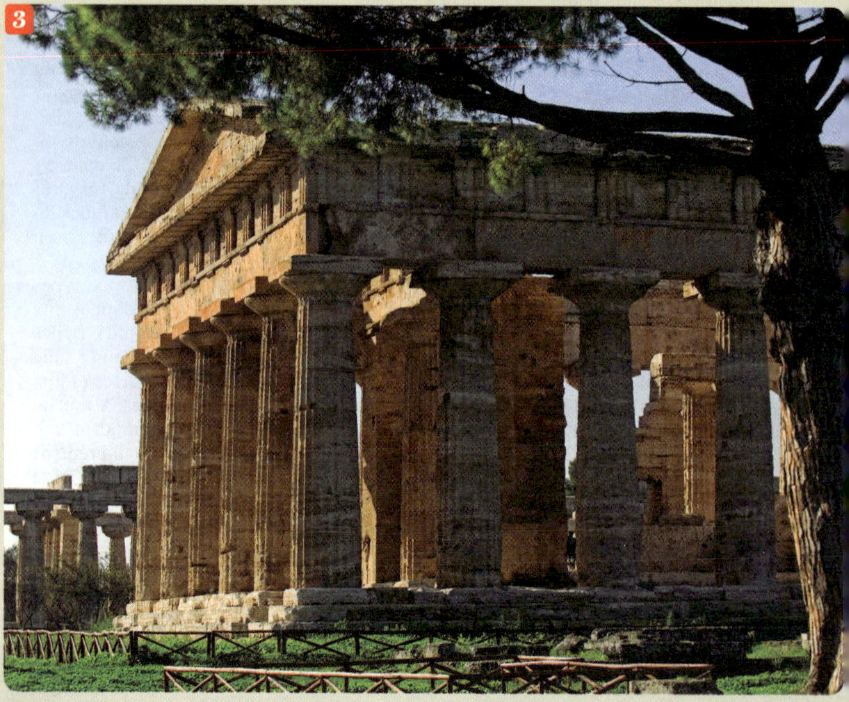

Trésors de l'Antiquité

Peu de régions d'Italie peuvent rivaliser avec le patrimoine historique de la Campanie. Colonisé par les Grecs et aimé des Romains, ce territoire est un concentré d'antiquités baignées de soleil. Des merveilles classées au patrimoine mondial de l'Unesco aux joyaux archéologiques moins connus.

Paestum

Les temples grecs de Paestum (p. 187) comptent parmi les plus beaux en dehors de la Grèce ; les plus anciens datent du VIe siècle av. J.-C.

Herculanum

Plus petite mais mieux préservée que Pompéi, Herculanum (p. 95) vous permettra de découvrir nombre de détails d'époque : des "publicités" des échoppes, des meubles, de curieuses mosaïques et même un ancien dispositif de sécurité.

Pompéi

Visiter Pompéi (p. 100) équivaut à faire un voyage dans le temps. Enfouies sous les cendres volcaniques durant des siècles, ses rues excavées offrent une plongée dans la vie quotidienne des anciens habitants.

Naples souterraine

Aqueducs surréalistes, cryptes mystérieuses et voies antiques : sous les rues effervescentes de Naples se cache un monde merveilleux de ruines gréco-romaines. Pour un aperçu, descendez sous le Complesso Monumentale di San Lorenzo Maggiore (p. 48) ou effectuez la visite guidée Napoli Sotterranea (p. 48).

Campi Flegrei

Les champs Phlégréens regorgent d'énigmes anciennes. Flânez dans les thermes des empereurs au Parco Archeologico di Baia (p. 93), admirez la merveille d'ingénierie romaine de la Piscina Mirabilis, ou imaginez les fauves lâchés dans l'Anfiteatro Flavio.

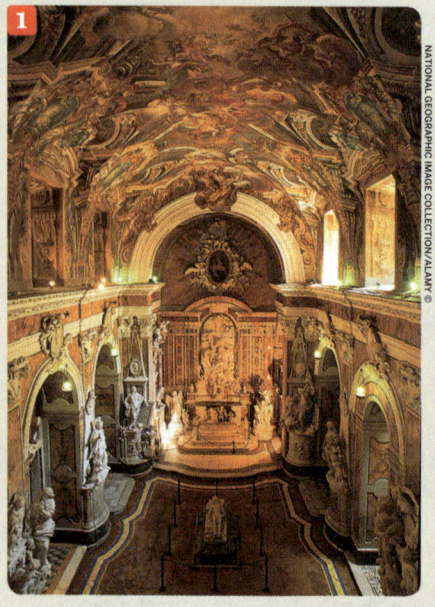

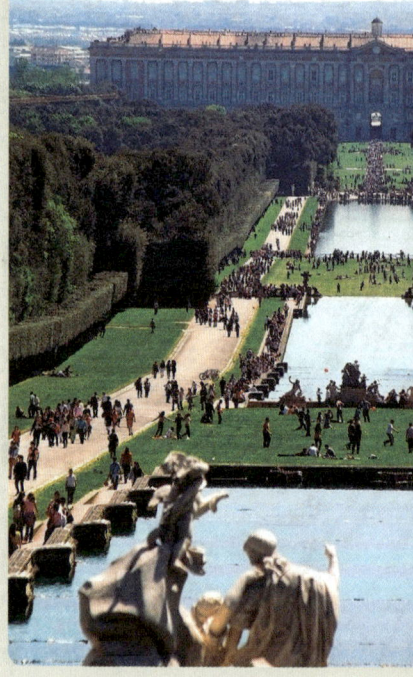

1. Cappella Sansevero (p. 38) 2. Reggia di Caserta (p. 74) 3. Cappella di San Gennaro (p. 46) 4. Certosa di San Martino (p. 63)

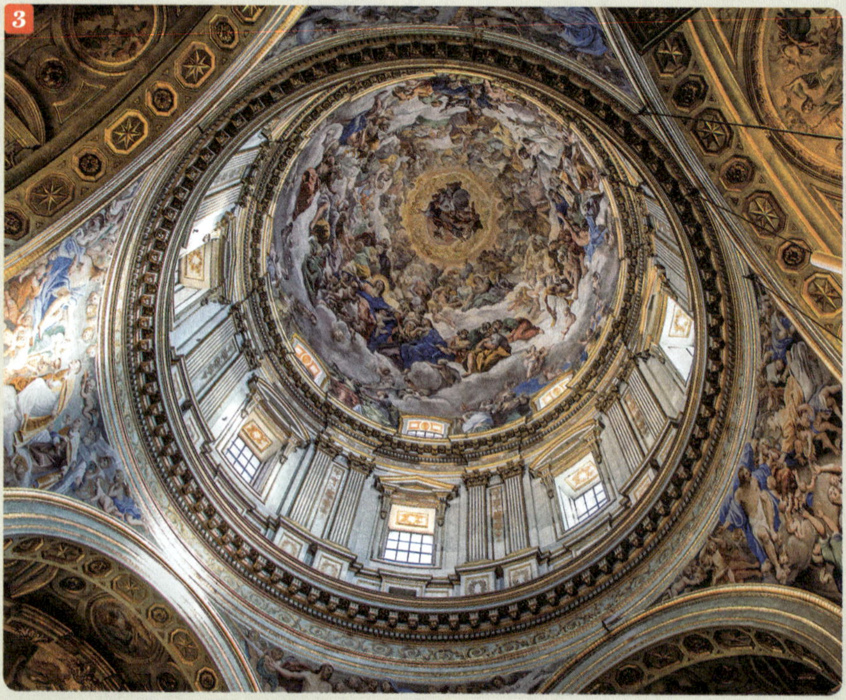

NATIONAL GEOGRAPHIC IMAGE COLLECTION/ALAMY ©

Art baroque

Extravagante, extravertie et bruyante, Naples trouva dans le baroque la démesure, l'audace et la grandiloquence auxquelles aspirait cette métropole alors en pleine expansion.

Cappella Sansevero
La chapelle de la famille di Sangro (p. 38) renferme des splendeurs, tel le *Cristo velato*, une sculpture de Giuseppe Sanmartino. Sur la voûte, la fresque aux couleurs vives de Francesco Maria Russo est restée intacte depuis sa réalisation en 1749.

Reggia di Caserta
Quatre cours, plus de 1 000 pièces, une vingtaine d'appartements d'apparat, une bibliothèque, un théâtre et l'un des plus beaux jardins paysagers d'Europe : le Palais royal de Caserta (p. 74), inscrit au patrimoine mondial de l'Unesco, est un festival d'art baroque.

Cappella di San Gennaro
Le saint patron de Naples, San Gennaro, est vénéré dans la chapelle (p. 46) qui abrite une ampoule contenant son sang. Des sculptures de Cosimo Fanzago à la fresque *Paradis* de Giovanni Lanfranco, la chapelle renferme un trésor d'art sacré.

Certosa di San Martino
Les moines de cette chartreuse (p. 63) demandèrent à des maîtres du baroque de décorer leur église, d'où ses somptueuses sculptures, peintures et marqueteries en pierre et en bois.

Farmacia Storica dell'Ospedale degli Incurabili
Diva des officines italiennes, la pharmacie historique de l'hôpital des Incurables (p. 50) est la pharmacie du XVIIIe siècle la mieux préservée du pays. Ses splendides vitrines en noyer, pots en majolique et peintures laissent pantois.

(Suite de la page 67)

Plus loin, la *basilica minore* (basilique mineure) renferme les tombes de San Gennaro et de Giovanni Ier, archevêque de Naples au Ve siècle. Entre 413 et 431, ce dernier transféra les restes du martyr de Pouzzoles pour les enterrer dans les catacombes, avant que le prince lombard Sicard de Bénévent ne s'en empare au IXe siècle. La basilique contient aussi des fragments d'une fresque représentant le premier évêque de Naples, Sant'Aspreno. Les évêques de la ville furent inhumés dans ces catacombes jusqu'au XIe siècle.

Près de la basilique mineure, une sépulture du IIIe siècle aux couleurs de Pompéi associe des éléments chrétiens et païens. Elle représente trois femmes, allégories des trois vertus, qui construisent un château, symbole de l'Église.

Le niveau inférieur des catacombes, plus ancien, date du IIe siècle et comporte des motifs typiquement païens, comme des fruits et des animaux. La peinture sur le côté de la tombe de San Gennaro – qui représente le saint avec le Vésuve et le mont Somma en arrière-plan – est le plus ancien portrait connu du protecteur de Naples. À ce niveau, la Basilica di Agrippino doit son nom à Sant'Agrippino, le sixième évêque de Naples et le premier chrétien inhumé dans les catacombes, au IIIe siècle. La **Cooperativa Sociale Onlus "La Paranza"** (carte p. 66 ; 081 744 37 14 ; www.catacombedinapoli.it ; Via Capodimonte 13 ; 10h-17h lun-sam, 10h-13h dim ; R4 jusqu'à Via Capodimonte) organise les visites guidées ; sa billetterie se tient à gauche de la **Chiesa di Madre di Buon Consiglio** (081 741 00 06 ; 8h-12h30 et 15h-19h lun-sam, 9h-13h et 17h-19h dim), une modeste réplique (1960) de la basilique Saint-Pierre de Rome. La coopérative propose aussi une promenade guidée, appelée Il Miglio Sacro (Le Mille sacré), dans le quartier voisin de La Sanità ; réservation indispensable.

♥ **Cimitero delle Fontanelle** CIMETIÈRE
(carte p. 66 ; 081 1970 3197 ; www.cimiterofontanelle.com ; Via Fontanelle 80 ; 9h-16h ; C51 jusqu'à Via Fontanelle). GRATUIT Contenant quelque 8 millions d'ossements humains, ce cimetière fut d'abord utilisé lors de la peste de 1656, puis fut le principal site d'inhumation durant l'épidémie de choléra de 1837. À la fin du XIXe siècle, il devint un lieu de culte des *anime pezzentelle* (âmes du purgatoire), dont les adeptes adoptaient des crânes et priaient pour leurs âmes. Le manque d'informations sur place incite à choisir une visite guidée ; parmi les prestataires fiables, citons la Cooperativa Sociale Onlus "La Paranza" (ci-contre). Évitez les guides qui proposent leurs services à l'entrée.

Basilica Santa Maria della Sanità et Catacomba di San Gaudioso ÉGLISE, CATACOMBES
(carte p. 66 ; 081 744 37 14 ; www.catacombedinapoli.it ; Piazza Sanità 14 ; église entrée libre, catacombes tarif plein/réduit 8/5 € ; église 9h-13h, visite guidée catacombes 50 min 10h, 11h, 12h, 13h ; C51 jusqu'à Piazza Sanità, M Piazza Cavour, Museo). Si les peintures baroques d'Andrea Vaccaro et de Luca Giordano et les deux sculptures contemporaines de Riccardo Dalisi justifient la visite, ce sont les catacombes, sous cette basilique du XVIIe siècle, qui rendent l'endroit inoubliable. Accessibles par la **cripta** (crypte) du Ve siècle, derrière le maître-autel, leurs murs humides cache un mode d'inhumation médiévale assez macabre.

Le corps était d'abord placé dans une niche des murs voûtés pour le vider de son sang et des fluides corporels (le *schiattamorti* ; littéralement l'écrasement des cadavres). Une fois sec, le corps était enterré et le crâne fixé sur le mur, au-dessus d'une fresque représentant le défunt. Le crâne au-dessus de la représentation d'un corps tenant des pinceaux et une règle est celui du peintre maniériste Giovanni Balducci ; cet artiste florentin du XVIe siècle conclut un accord avec les Dominicains : en échange de la décoration gratuite des catacombes, il serait enterré ici ; un privilège à l'époque. Les fresques sont plus visibles depuis les récents travaux de restauration.

Un élément captivant, la mosaïque du *Trionfo della croce* (Triomphe de la croix). Réalisée au Ve ou au VIe siècle, ses tons ocre et ses agneaux inhabituellement grands suggèrent que l'artiste venait d'Afrique. La relation africaine se renforce avec le nom des catacombes, San Gaudioso, un évêque nord-africain mort à Naples en 452 et enterré ici.

Dans la crypte même, remarquez sur le mur la fresque aux couleurs vives du IXe siècle représentant la Madonne et l'Enfant, flanqués de deux personnages qui seraient saint Grégoire et saint Marcien. Elle a été découverte dans les années 1990 sous une fresque du XIXe siècle.

RICCARDO DALISI, ARTISTE BIENVEILLANT

De ses sculptures *Sette angeli di Paul Klee* (Sept Anges de Paul Klee) dans la station de métro Salvator Rosa à ses curieuses lampes sculptées à La Stanza del Gusto, Riccardo Dalisi (né en 1931) est devenu un artiste emblématique de Naples. Se surnommant lui-même *Il designer dell'opera buffa* ("le designer de l'opéra-bouffe"), Dalisi transforme des bouts de ferraille en sculptures vivantes et originales qui dégagent une sensibilité fantasque et enfantine, comme ses boîtes de conserve "dansantes" surmontées d'un chapeau aux cafetières "amoureuses". La cafetière napolitaine, une version allongée du modèle italien standard, est l'une des œuvres caractéristiques de Dalisi, une obsession qui débuta après que la société italienne de design Alessi lui en ait commandé une pour son catalogue de 1979.

Malgré une série d'autres commandes par des sociétés comme Zanotta, Fiat et Bisazza, Dalisi a toujours fui les commandes prestigieuses, au profit de l'humilité et de la conscience sociale. Diplômé d'architecture en 1957, il a acquis la notoriété en tant que pionnier du mouvement anti-design dans les années 1960, qui rejetait l'approche consumériste et privilégiait l'individualité, la spontanéité et la reconnaissance du potentiel créatif de chacun. Dans les années 1970, l'artiste organisait des ateliers de *design povero* (design pauvre) pour les jeunes Napolitains défavorisés, leur apprenant comment faire d'un bout de métal une œuvre d'art. Ses collaborations plus récentes avec des habitants du quartier populaire de La Sanità ont abouti à la création des **Iron Angels** (www.ironangels.it), une coopérative artisanale installée dans une église désaffectée du quartier. Leur travail, composé de matériaux recyclés, ornent divers endroits, dont la Catacomba di San Gennaro (p. 67).

La visite du **studio** (carte p. 60 ; ☏081 68 14 05 ; studiodalisi@libero.it ; Calata San Francesco 59 ; ⓢ9h-13h lun-ven, téléphoner au préalable ; 🚌128 jusqu'à Via Aniello Falcone) GRATUIT de Dalisi offre de merveilleuses découvertes. Les nombreuses pièces sont remplies de prototypes, de réalisations en cours et d'innombrables rouleaux de peintures et d'illustrations de l'artiste (fidèle à ses principes, Dalisi n'utilise que du papier déjà utilisé, provenant essentiellement des écoles). Le gentil *maestro* propose également des ateliers gratuits de 3, 4 ou 5 jours (réservez une semaine à l'avance). Tous les visiteurs sont les bienvenus, mais n'oubliez pas d'appeler au préalable et de fixer une heure avec son assistante, Carla Rabuffetti.

Laboratorio Oste   MUSÉE
(carte p. 66 ; ☏081 44 44 45 ; www.facebook.com/LaboratorioOste ; Via dei Cristallini 138 ; ⓢnormalement 9h-18h lun-ven ; Ⓜ Piazza Cavour, Museo). L'atelier du célèbre sculpteur et designer napolitain Annibale Oste (1942-2010), a été transformé en un petit musée qui présente certaines de ses œuvres, dont des sculptures étonnamment légères, des vases et des meubles conçus entre 2001 et 2010. L'endroit, charmant, est géré par les enfants de l'artiste, Mariasole et Vincenzo. Ce dernier expose aussi (et vend) ses bijoux contemporains.

Considéré comme un visionnaire par ses pairs, Annibale Oste insufflait dynamisme et fantaisie à des matériaux aussi divers que le bronze, l'acier, le bois, l'albâtre et le verre. Pionnier dans l'utilisation de la fibre de verre dans les années 1970, il mêlait admirablement les textures, les formes et les couleurs dans ses créations, comme en témoigne un meuble de rangement évoquant une tablette de chocolat géante. Auparavnt, la cour du bâtiment fut utilisée pour des pièces de théâtre, l'atelier servant de loges aux acteurs dont un jeune Totò, devenu plus tard l'un des plus grands acteurs comiques de la péninsule.

Avant de vous déplacer, assurez-vous par mail ou par téléphone de l'ouverture du musée.

Palazzo dello Spagnuolo   ARCHITECTURE
(carte p. 66 ; Via dei Vergini 19 ; Ⓜ Piazza Cavour, Museo). Dans cette ville baroque, le moindre escalier peut se révéler chef-d'œuvre et celui qui agrémente la cour de ce palais compte parmi les plus impressionnants. Conçu par Ferdinando Sanfelice en 1738, cet escalier double, à cinq volées de marches à

VAUT LE DÉTOUR

REGGIA DI CASERTA, LE VERSAILLES ITALIEN

La seule raison d'une halte dans la ville sans grâce de Caserta, à 30 km au nord de Naples, est la découverte de la gigantesque **Reggia di Caserta** (Palazzo Reale ; ☎0823 27 71 11 ; www.reggiadicaserta.beniculturali.it ; Viale Douhet 22 ; tarif plein/réduit 12/6 € ; ⊙palais 8h30-19h30 mer-lun, parc 8h30-1 heure avant crépuscule mer-lun, Giardino Inglese 8h30-2 heures avant crépuscule mer-lun juin-août, horaires réduits reste de l'année ; ®Caserta), classée au Patrimoine mondial. Ayant servi de décor à de nombreux films, dont *Mission: Impossible 3*, *Star Wars : Épisode 1 – La Menace fantôme* et *Star Wars : Épisode 2 – L'Attaque des clones* (pour l'intérieur du palais de reine Amidala), cette ancienne résidence royale est le monumental chant du cygne du baroque italien.

La construction débuta en 1752 après que Charles VII eut commandé un palais digne de rivaliser avec Versailles. Le projet fut confié au Napolitain Luigi Vanvitelli qui édifia un palais bien plus vaste que son homologue français. Avec 1 200 pièces, 1 790 fenêtres, 34 escaliers et une façade longue de 250 m de long, c'était le plus grand édifice d'Europe au XVIIIe siècle.

L'immense escalier de Vanvitelli mène aux appartements royaux, somptueusement décorés de fresques, d'œuvres d'art, de tapisseries, de meubles d'époque et de cristaux. Les salles restaurées derrière la Sala di Astrea (salle d'Astrée) contiennent une extraordinaire collection d'anciennes maquettes en bois de la Reggia, ainsi que des plans d'architecte et des premiers croquis de l'édifice de Luigi Vanvitelli et de son fils Carlo.

Les appartements renferment aussi la Mostra Terrea Motus, une collection sous-estimée d'œuvres d'art internationales, commandées après le séisme dévastateur de 1980. Parmi les contributeurs figurent les Américains Cy Twombly et Robert Mapplethorpe, l'Italien Mimmo Paladino et le Grec Jannis Kounellis.

Explorez ensuite l'élégant parc paysagé, qui s'étend sur 3 km jusqu'à une cascade et une fontaine de Diane. Dans le parc, le fameux **Giardino Inglese** (jardin anglais) est une oasis romantique de chemins, de flore exotique, de bassins et de cascades. Vous pouvez louer un vélo (4 €) à l'arrière du palais, ou faire une promenade en calèche (50 € les 30 minutes, jusqu'à 5 personnes).

Évitez la cafétéria touristique du palais. À 250 m à l'est de la Reggia, le café **Martucci** (☎0823 32 08 03 ; Via Roma 9 ; pâtisseries à partir de 1,50 €, sandwichs à partir de 3,50 €, salades 7,50 € ; ⊙5h-22h30 dim-jeu, 5h-minuit ven-sam) sert un excellent café, ainsi que des paninis, salades, plats de légumes et pâtisseries fraîchement préparés, et des repas copieux concoctés sur commande.

Des trains réguliers relient Naples et Caserta (3,90 €, 35-50 min) du lundi au samedi. Le dimanche, les services réduits en font un jour peu pratique pour la visite. La gare ferroviaire de Caserta se situe en face du palais. Si vous conduisez, suivez les panneaux indiquant la Reggia.

---

arcades, apparaît dans des films classiques comme *Les Coupables* de Luigi Zampa et *Le Jugement dernier* de Vittorio de Sica. Des chevaux les ont jadis grimpés.

Si la démesure architecturale de Sanfelice vous a séduit, vous pourrez admirer un autre escalier conçu au début de sa carrière au **Palazzo Sanfelice** (Via della Sanità 6 ; ⓂCavour), à courte distance au nord. Lors de son achèvement en 1726, cet autre escalier à double révolution fit sensation en ville et lança la carrière de Sanfelice qui perfectionna sa technique dans divers palais napolitains.

Chiesa San Giovanni a Carbonara ÉGLISE
(carte p. 66 ; ☎081 29 58 73 ; Via Carbonara 5 ; ⊙9h-17h30 lun-sam ; ⓂPiazza Cavour, Museo). Cette église gothique mérite le détour pour ses somptueuses sculptures. Andrea da Firenze, des sculpteurs toscans et des artistes d'Italie du Nord collaborèrent à la réalisation du mausolée gothico-Renaissance du roi Ladislas, qui s'élève sur 18 m derrière le maître-autel. La Cappella Caracciole del Sole, derrière le mausolée, comporte des fresques colorées du XVe siècle. Cette chapelle circulaire abrite le tombeau signé Leonardo da Besozzo de

Giovanni Caracciolo, l'ambitieux amant de la reine Jeanne II de Naples, sœur du roi Ladislas. L'influence politique croissante de Caracciolo poussa la reine à organiser son assassinat et il fut poignardé en 1432 dans le proche Castel Capuano.

Parmi d'autres éléments notables figurent la Cappella Caracciolo di Vico (réputée pour son style roman du début du XVIe siècle), le Monumento Miroballo de Tommaso Malvito et Jacopo della Pila, et la Cappella Somma (XIVe siècle), ornée de fresques maniéristes et d'un ravissant autel du XVIe siècle, œuvre d'Annibale Caccarello et de Giovan Domenico d'Auria. L'escalier à double révolution (XVIIIe siècle) qui conduit à l'église est dû au maître baroque Ferdinando Sanfelice. L'église doit son nom à son emplacement, l'ancien *carbonarius* (site d'incinération des déchets) angevin.

⊙ Mergellina et Posillipo

À l'extrémité ouest du Lungomare (front de mer) piétonnier, Mergellina conserve de sa splendeur passée des palais Art nouveau et un front de mer désormais un peu négligé. Dans la marina, des chalets kitsch vendent des glaces aux couples d'adolescents amoureux, tandis qu'à proximité des hydroglisseurs partent pour les îles.

Plus à l'ouest, sur le promontoire qui sépare la baie de Naples de celle de Pozzuoli (Pouzzoles), Posillipo (Pausilippe) est un quartier verdoyant de villas cossues et de criques secrètes, qui abrite le Parco Virgiliano, une oasis urbaine.

Porticciolo   PORT
(carte p. 60 ; Via Francesco Caracciolo ; Ⓜ Mergellina). Jadis remplie de bateaux de pêche, la marina de Mergellina est aujourd'hui encombrée de yachts, de glaciers et de bars éclairés au néon. Achetez une brioche glacée au Chalet Ciro Mergellina (p. 81) et profitez de la vue parfaite sur le château et le volcan.

Flânez ensuite vers l'est le long du Lungomare (p. 62), ou suivez au sudouest la Via Mergellina, qui devient la Via Posillipo, pour une vue enchanteresse sur la baie, la ville et les belles villas.

Parco Vergiliano   SITE ARCHÉOLOGIQUE, PARC
(carte p. 60 ; 081 66 93 90 ; Salita della Grotta 20 ; 9h-18h ; Ⓜ Mergellina). Grimpez les marches raides dans ce parc méconnu pour découvrir le plus long tunnel romain au monde. Conçu par l'architecte Lucius Cocceius Auctus, ce chef-d'œuvre d'ingénierie, long de 700 m, reliait jadis Naples et Pozzuoli. Au sommet des marches se tient le tombeau de Virgile, mort à Brindisi en 19 av. J.-C. Selon la légende, la dépouille du poète romain aurait été transportée à Naples et enterrée dans ce caveau de l'époque d'Auguste. Le poète du XIXe siècle Giacomo Leopardi est également inhumé dans le parc.

Parco Virgiliano   PARC
(carte p. 90 ; Viale Virgilio ; 7h-minuit mai-sept, 7h-21h reste de l'année ; 140 jusqu'à Via Posillipo). Haut perché au-dessus de la mer à la pointe ouest de la colline huppée du Posillipo, ce parc est l'endroit où se détendre sur une terrasse et profiter de la vue : Capri au sud, Nisida, Procida et Ischia au sud-ouest, la baie de Pouzzoles et Bagnoli. Tendance, le **marché** de Posillipo s'installe devant les grilles principales le jeudi de 9h à 14h. Les passionnés d'histoire savent sans doute que Brutus aurait ourdi le complot contre Jules César sur la petite île de Nisida.

Kayak Napoli   KAYAK
(carte p. 90 ; 331 9874271 ; www.kayaknapoli.com ; circuits 20-30 € ; 140 jusqu'à Via Posillipo). Des circuits en kayak appréciés longent le littoral napolitain, passent devant des ruines souvent inaccessibles, des villas néoclassiques et leurs jardins luxuriants, et entrent dans des grottes marines secrètes. Ils s'adressent aux pagayeurs novices ou expérimentés et sont organisés dans la journée et en soirée. Le point de rendez-vous se situe au Via Posillipo 68 (Baia delle Rocce Verdi) dans le quartier de Posillipo. Les circuits dépendent des conditions météorologiques et doivent faire l'objet de réservation.

🎉 Fêtes et festivals

Fête de San Gennaro   FÊTE RELIGIEUSE
Les fidèles affluent au Duomo pour assister à la miraculeuse liquéfaction du sang de San Gennaro la veille du premier dimanche de mai. Le miracle se répète le 19 septembre et le 16 décembre.

Maggio dei Monumenti   CULTURE
(mai). Un mois de concerts, spectacles, expositions, circuits guidés et autres événements culturels dans tout Naples.

Wine & The City — ŒNOLOGIE
(www.wineandthecity.it ; ⊘mai). Célébration du vin régional pendant 2 semaines, avec dégustations gratuites et animations dans les palais, les musées, les boutiques et les restaurants de la ville.

Napoli Teatro Festival — THÉÂTRE
(www.napoliteatrofestival.it ; ⊘juin). Trois semaines de théâtre italien et international et de performances artistiques dans des salles de spectacles ou des lieux improvisés.

Madonna del Carmine — FÊTE RELIGIEUSE
(⊘16 juil). Pèlerins et feux d'artifice sur la Piazza del Mercato en l'honneur de la Madone miraculeuse de la Chiesa di Santa Maria del Carmine.

Napoli Film Festival — CINÉMA
(www.napolifilmfestival.com ; ⊘sept-oct). Dix jours de projections de films nationaux et internationaux et de débats.

Où se restaurer

Réputée pour sa cuisine, Naples bénéficie de surcroît d'un cadre idéal pour un repas mémorable le long de la baie. S'il existe des restaurants élégants avec nappes blanches, éclairage aux chandelles et une note qui grimpe à 50 €, les meilleures tables sont souvent des *trattorie* de quartier, où un menu de 2 plats avec vin maison peut coûter moins de 20 €. Innombrables, les excellentes pizzerias et *friggitorie* (kiosques de fritures) sont encore moins chères. Nombre de restaurants ferment deux semaines en août ; téléphonez avant de vous déplacer.

Centro storico et Mercato

♥ Pizzeria Gino Sorbillo — PIZZERIA €
(carte p. 40 ; ☎081 44 66 43 ; www.accademiadellapizza.it ; Via dei Tribunali 32 ; pizzas à partir de 3,30 € ; ⊘12h-15h30 et 19h-1h lun-sam ; Ⓜ Dante). Chaque jour, cette pizzeria légendaire est prise d'assaut par des clients affamés. Considérées par beaucoup comme les meilleures de la ville, ses immenses pizzas, préparées avec de la farine et des tomates bio et cuites au feu de bois, sont succulentes. Arrivez tôt ou préparez-vous à faire la queue.

♥ Salumeria — BISTROT €
(carte p. 40 ; ☎081 1936 4649 ; www.salumeriaupnea.it ; Via San Giovanni Maggiore Pignatelli 34/35 ; sandwichs à partir de 3,70 €, assiette de charcuterie à partir de 5,90 € ; ⊘10h-minuit, fermé mer sept-mai ; ☎ Ⓜ Dante). Dernier né d'UpNea, un collectif dynamique connu pour ses événements artistiques tendance, ce bistrot peut satisfaire toutes les envies, du café et des *muffins* maison le matin aux soupes, salades, assiettes de charcuterie et excellents paninis et hamburgers. La carte privilégie les produits locaux de qualité : même le ketchup est fait maison, avec des tomates Piennolo DOP du Vésuve. Accompagnez votre repas d'une bière artisanale Petragnola.

♥ Eccellenze Campane — NAPOLITAIN €
(☎081 20 36 57 ; www.eccellenzecampane.it ; Via Benedetto Brin 49 ; pizzas à partir de 6 €, repas 30 € ; ⊘7h-23h dim-ven, 7h-minuit sam ; 🚌116, 192, 460, 472, 475). Pendant napolitain d'Eataly à Turin, Eccellenze Campana constitue une impressionnante vitrine des meilleurs produits alimentaires de Campanie. Ce vaste espace contemporain est divisée en plusieurs sections de restauration et de boutiques, et offre un choix complet, des pizzas croustillantes et des *fritture* légères aux plats de poissons et fruits de mer plus raffinés, aux

---

> **VAUT LE DÉTOUR**
>
> ### DA GIONA, UN REPAS EN BORD DE PLAGE
>
> Au bord d'une plage de sable avec vue sur Procida et Ischia, **Da Giona** (carte p. 90 ; ☎081 523 46 59 ; www.dagiona.it ; Via Dragonara 6, Miseno ; repas 35 € ; ⊘13h-16h lun-dim, plus 8h-23h juin à mi-sept ; 🚆Cumana jusqu'à Torregavata, puis bus EAV jusqu'à Miseno), un restaurant à l'ancienne, est une adresse très prisée des Napolitains (réservez le week-end). Les plats de poisson sont simples, frais et savoureux, de l'*antipasto misto* (courgettes frites et crevettes, carpaccio mariné, salade de poulpe) aux succulents spaghettis *alle vongole* (aux palourdes). Par beau temps, demandez une table sur la terrasse branlante ou sur le sable et attardez-vous avec un verre de Falanghina.
> De Naples, prenez un train Cumana jusqu'à Fusaro, puis un bus EAV jusqu'à Miseno. Vous pouvez aussi prendre un taxi à la gare Cumana ou la station de métro de Pozzuoli.

alléchantes pâtisseries Sal De Riso, aux bières artisanales et aux nombreux délices à emporter. Une adresse incontournable pour les gourmets.

Tandem
NAPOLITAIN €

(carte p. 40 ; 081 1900 2468 ; Via G Paladino 51 ; repas 19 € ; 12h-15h30 et 19h-23h30 jeu-mar ; ; MDuomo). Si le *ragù* est un classique du déjeuner dominical à Naples, le Tandem le propose toute la semaine. Que vous choisissiez les *rigatoni al ragù* ou une fondue de *ragù*, vous savourerez un plat riche et parfumé. La carte comprend aussi des plats végétariens. Ce petit restaurant à l'ambiance détendue séduit une clientèle fidèle ; arrivez tôt ou réservez (le week-end).

La Campagnola
NAPOLITAIN €

(carte p. 40 ; 081 45 90 34 ; Via dei Tribunali 47 ; repas 18 € ; 12h30-16h et 19h-23h30 ; ; MDante). Bruyante et accueillante, cette institution napolitaine sert des plats classiques, préparés à la perfection. Parmi les plats du jour figure un fabuleux *genovese* (pâtes avec *ragù* d'agneau, tomates et oignons) le jeudi ; le roboratif *salsiccia con friarielli* (saucisse et légumes verts amers) fait partie des classiques offerts tous les jours de la semaine. S'il vous reste un peu de place, terminez par un baba au rhum.

Jamón
TRAITEUR €

(carte p. 40 ; 335 7226405 ; Piazza San Domenico Maggiore 9 ; sandwichs 5 € ; assiette dégustation fromage et charcuterie 5 € ; 10h-minuit ; MDante). Au début de la vaste Piazza San Domenico Maggiore, ce traiteur-bar à vin offre charcuteries et fromages difficiles à trouver, comme la mortadelle toscane bio parfumée à la cannelle ou le jambon San Daniele DOC affiné. Savourez-les sur une assiette dégustation ou dans un *panino* croustillant, avec un ou deux verres de vin français ou italien.

♥ Gay-odin
CONFISEUR, GLACIER

(carte p. 40 ; 081 551 07 94 ; www.gay-odin.it ; Via Benedetto Croce 61 ; glace à partir de 1,70 € ; 9h30-20h15 dim-mar, 9h-23h30 ven-sam ; MDante). Institution napolitaine, ce chocolatier concocte de délicieuses créations en cacao, telles les *cozze* (moules) en chocolat. Pour plus de piquant, goûtez les grains de café enrobés de cacao ou le mélange épicé *peperoncino-cioccolato* (piment-chocolat). Cette succursale vend aussi les sublimes glaces Gay-odin.

La Masardona
NAPOLITAIN €

(carte p. 40 ; Via Capaccio Giulio Cesare 27 ; pizza fritta 4-5 € ; 7h-15h30 mar-ven, 7h-15h30 et 18h30-23h sam, 7h-14h dim ; ; MGaribaldi). Remarquablement légère, la *pizza fritta* – une pâte à pizza frite et farcie de *ciccioli* (dés de lard séché), salami, jambon, fromage *provola* (provolone) fumé, ricotta et tomate – se déguste de préférence dans cet établissement légendaire. Les habitués la commandent souvent *senza ricotta* (sans ricotta) et l'accompagnent d'un verre de marsala. Il existe une variante avec *provola*, olives et scarole, ainsi qu'une *pizza fritta* de la taille d'un en-cas (2-3 €). Le mardi, Enzo, le propriétaire, sert son fameux *tortaniello* (3 €), une tourte alléchante au pecorino, salami, *cicoli* (lard) et œuf dur.

UNE ADRESSE SCANDALEUSE

Peu d'édifices ont autant alimenté les ragots que le **Palazzo Donn'Anna** (Largo Donn'Anna 9 ; 140 jusqu'à Via Posillipo) du Posillipo. Inachevé, à moitié abandonné et splendide, il doit son nom à Anna Carafa, pour qui il fut construit. Un cadeau de noces de son époux Ramiro Guzman, le vice-roi espagnol de Naples. Quand Guzman décida subitement de rentrer en Espagne en 1644, il laissa son épouse à Naples. Le cœur brisé, elle mourut peu après et le grand architecte Cosimo Fanzago abandonna le projet.

Cet imposant palais déserté se dresse sur le site d'une villa antérieure, La Sirena, qui aurait été le théâtre d'orgies et de crimes passionnels perpétrés par la reine Jeanne. Selon la rumeur, la souveraine précipitait ses amants dans la mer. De quelle reine Jeanne s'agissait-il ? Le débat reste ouvert. Des historiens pensent que cette reine assassine était Jeanne Ire (1326-1382), fille de Charles, duc de Calabre, dont la liste de méfaits supposés comprend le meurtre de son époux. D'autres penchent pour Jeanne II (1373-1435), la sœur du roi Ladislas, réputée avoir un grand appétit pour les hommes. Le palais n'est pas ouvert au public.

Di Matteo
PIZZAS, EN-CAS €

(carte p. 40 ; ☎081 45 52 62 ; www.pizzeriadimatteo.com ; Via dei Tribunali 94 ; en-cas à partir de 0,50 €, pizzas à partir de 3 € ; ◎9h-minuit lun-sam, 9h-15h30 dim ; ⓠC55 jusqu'à Via Duomo, ⓂDuomo). Cette pizzeria sans prétention possède en façade un stand populaire pour ses en-cas frits, de la *pizza fritta* aux *arancini* (boulettes de riz). À l'intérieur, vous dégusterez de succulentes pizzas, apportées par des serveurs bourrus sous un éclairage blafard.

Scaturchio
PÂTISSERIE €

(carte p. 40 ; ☎081 551 70 31 ; Piazza San Domenico Maggiore 19 ; pâtisseries à partir de 1,50 € ; ◎7h20-20h30 ; ⓂDante). Dans une ville réputée pour ses douceurs, cette pâtisserie renommée offre tous les classiques locaux, dont un somptueux baba au rhum ; le *ministeriale*, un médaillon au chocolat noir inventé au XIXe siècle, est la star incontestée de ce temple de la gourmandise. Les ingrédients de sa ganache à la liqueur sont gardés secrets.

Angelo Carbone
PÂTISSERIES €

(carte p. 40 ; ☎081 45 78 21 ; Largo Regina Coeli 4-8 ; pâtisseries à partir de 1 €, sandwichs à partir de 2,50 € ; ◎7h20-20h lun-ven, 7h-17h sam-dim ; 🕿 ⓂPiazza Cavour, Museo). En dehors des itinéraires touristiques, ce bar-pâtisserie-rôtisserie confectionne des *sfogliatelle* (chaussons à la ricotta) riches en beurre et de divins *pasticcini crema e amarena* (choux à la crème et aux griottes). Côté salé, vous pourrez vous régaler de paninis ou de *primi* (entrées) roboratifs à seulement 3 ou 4 €. Ne manquez pas les arcades ornées de fresques de la Chiesa Santa Maria Regina Coeli, en face.

Pizzeria Vesi
PIZZAS €

(carte p. 40 ; ☎081 29 99 95 ; Via dei Tribunali 388 ; pizzas à partir de 3 € ; ◎12h-17h et 19h-minuit dim-jeu, jusqu'à 1h ven-sam ; ⓂDante). Si Gino Sorbillo est fermé, cette pizzeria populaire constitue une bonne alternative, avec des pizzas plus que correctes et une agréable terrasse en bord de rue.

Attanasio
BOULANGERIE-PÂTISSERIE €

(carte p. 40 ; ☎081 28 56 75 ; Vico Ferrovia 1-4 ; sfogliatella 1,20 € ; ◎6h30-20h mar-dim ; ⓂGaribaldi). Si vous pensiez qu'une *sfogliatella* de Pintauro atteignait la perfection, goûtez celle garnie de ricotta chaude dans cette pâtisserie rétro. Pourquoi s'arrêter là alors que tant de délices garnissent les plateaux, des *cannolli* siciliens crémeux aux babas imprégnés de rhum ? Si vous préférez le salé, ne manquez pas le *pasticcino rustico*, garni de *provola*, ricotta et salami.

♥ La Taverna di Santa Chiara
NAPOLITAIN €€

(carte p. 40 ; ☎339 8150346 ; Via Santa Chiara 6 ; repas 25 € ; ◎12h30-15h et 19h-23h mer-lun ; 🕿 ; ⓂDante). Pâtes de Gragnano, porc d'Agerola, lait de Benevento : ce restaurant intime, installé sur 2 niveaux, privilégie les petits producteurs locaux et les produits estampillés Slow Food. Le résultat est un superbe voyage saisonnier à travers la Campanie. Pour un aperçu des saveurs, commandez l'*antipasto misto* (assortiment d'entrées), puis un classique moins connu comme la *zuppa di soffritto* (ragoût de viande épicé), avec un verre de vin maison.

✘ Via Toledo et Quartieri spagnoli

♥ Pintauro
PÂTISSERIE €

(carte p. 52 ; ☎348 7781645 ; Via Toledo 275 ; sfogliatella 2 € ; ◎9h-20h lun-sam, 9h30-14h dim, fermé mi-juil à début sept ; ⓠR2 jusqu'à Via San Carlo, ⓂMunicipio). De toutes les douceurs napolitaines, la star reste la *sfogliatella*, un chausson de pâte feuilletée rempli de ricotta crémeuse et parfumée. Cette institution locale vend des *sfogliatelle* depuis le début des années 1800, quand son fondateur en aurait rapporté de la côte amalfitaine.

Fantasia Gelati
GLACIER €

(carte p. 52 ; ☎081 551 12 12 ; Via Toledo 381 ; glace à partir de 2,50 € ; ◎7h-1h dim-ven, 7h-2h sam ; ⓂToledo). Nombre de gourmands affirment qu'en matière de parfums, personne n'égale ce glacier, l'une des succursales Fantasia de la ville. Jugez-en par vous-même en savourant la sublime *cassata siciliana*, confectionnée avec de la ricotta au lait de chèvre. Le *gelato caldo* (glace chaude) n'est pas chaud, juste plus crémeux.

Trattoria San Ferdinando
NAPOLITAIN €€

(carte p. 60 ; ☎081 42 19 64 ; Via Nardones 117 ; repas 27 € ; ◎12h-15h lun-sam, 19h30-23h mar-ven ; ⓠR2 jusqu'à Via San Carlo, ⓂMunicipio). Décorée d'affiches de théâtre, cette trattoria cosy est prisée du milieu du spectacle et des intellectuels. Faites votre choix parmi les entrées du jour pour composer un *antipasto misto* (assortiment). Continuez avec de délicates *seppie ripiene* (seiches farcies), puis terminez par un bon dessert maison.

Santa Lucia et Chiaia

Muu Muzzarella Lounge NAPOLITAIN €
(carte p. 60 ; Vico II Alabardieri 7 ; plats 7-14 € ; 12h30-1h30 mar-sam, 6h30-1h30 dim ; 📞 ; 🚌 C24 jusqu'à Riviera di Chiaia). Décoré de coussins à motif peau de vache et de seaux à traire transformés en lampes, ce restaurant gai et contemporain utilise la mozzarella super-fraîche de Campanie dans toutes ses préparations, des assiettes de charcuterie et fromage aux plats créatifs, comme les *bocconcini* de buffle avec pesto crémeux et pomme croquante. Gardez de la place pour la recette secrète du chef, un *cheese-cake* au chocolat blanc, parfait avec un verre de Guappa (liqueur de lait de bufflonne).

Antica Osteria Da Tonino ITALIEN €
(carte p. 60 ; 📞 081 42 15 33 ; Via Santa Teresa a Chiaia 47 ; repas 18 € ; 13h-16h tlj, plus 20h-minuit ven-sam ; Ⓜ Piazza Amedeo). Octogénaire fringant, Tonino (surnommé JR par son épouse) affiche une forme superbe, à l'instar de son *osteria*. En façade, des dames pressées viennent chercher des plats à emporter, tandis qu'aux quelques tables des vieux messieurs en costume savourent des repas simples, comme les *rigatoni ragù e ricotta* (pâtes avec viande et ricotta). Dario Fo, Prix Nobel de littérature, est venu manger ici.

Moccia PÂTISSERIE, GLACIER €
(carte p. 60 ; 📞 081 41 13 48 ; Via San Pasquale a Chiaia 21-22 ; pâtisseries à partir de 0,70 € ; 7h-20h30 mer-lun ; 🚌 C24 jusqu'à Riviera di Chiaia). Que ce soit les délicates tartelettes aux fraises, les babas au rhum ou les glaces crémeuses (goûtez le mélange pastèque-pêche), personne ne résiste aux douceurs alléchantes de cette pâtisserie sophistiquée. La *torta caprese* (gâteau au chocolat et aux amandes), la meilleure de la ville, accompagne parfaitement un expresso serré.

ATELIERS D'ARTISAN SECRETS

Au bout de sombres ruelles, derrière des portes anonymes ou dans des cours se dissimulent de nombreux ateliers d'artisans du centre-ville. Dans ces endroits secrets, des artistes napolitains célèbrent, réinterprètent et parfois détournent des traditions locales – des figurines de crèche soigneusement réalisées aux portraits pop de la Sainte Famille sur un scooter. Découvrez la diversité de la création artisanale napolitaine dans les lieux suivants :

Lello Esposito (carte p. 40 ; 📞 335 5874189, 081 551 41 71 ; www.lelloesposito.com ; Piazza San Domenico Maggiore 9 ; Ⓜ Dante). Partageant son temps entre Naples et New York, le charmant Lello Esposito est passionné par l'identité culturelle napolitaine, le symbolisme et la métamorphose. Cette fascination nourrit son inspiration pour des sculptures et installations à grande échelle qui explorent et transforment le folklore de la ville, des œufs géants avec la tête de San Gennaro aux Pulcinellas ligotées. Selon Lello, la Naples moderne est tout aussi baroque qu'au XVIIIe siècle, une assertion qui se vérifie dans ses peintures très colorées. Si vous pouvez tenter une visite sans prévenir – l'atelier se situe après la porte sur la droite en pénétrant dans le palais par l'entrée principale –, mieux vaut appeler ou envoyer un courriel (les assistants de Lello parlent italien et anglais).

Officina D'Arti Grafiche di Carmine Cervone (carte p. 40 ; 📞 081 29 54 83 ; carmine.cervone@libero.it ; Via Anticaglia 12 ; 9h-19h30 lun-sam ; Ⓜ Cavour, Museo). Les amateurs d'imprimerie et de typographie ne manqueront pas l'unique atelier d'imprimerie de Carmine, rempli de vieilles machines rares, dont une linotype de la fin du XIXe siècle. Ce jeune artisan adore faire partager sa passion et collabore souvent avec des artistes, imprimant des lithographies ou des livres en éditions limitées. Il peut également concevoir et imprimer des cartes de visite ou des cartons d'invitation, que vous pourrez rapporter en souvenir (comptez 2 jours de délai).

Zhao (carte p. 40 ; 📞 329 3469011 ; Via Atri 31 ; Ⓜ Dante). Dans un petit studio qu'il ouvre avec une grosse clé du XVIIIe siècle, le peintre et sculpteur Salvatore Vitagliano utilise des fragments d'anciennes figurines en terre cuite pour créer des œuvres qui mêlent l'ancien et le moderne. L'artiste a étendu ce concept de "collision temporelle" à ses cartes à jouer napolitaines, peintes à la main sur des tickets de métro. Téléphonez deux jours avant votre visite.

♥ L'Ebbrezza di Noè   NAPOLITAIN €€
(carte p. 60 ; ☎ 081 40 01 04 ; www.lebbrezzadinoe.com ; Vico Vetriera 9 ; repas 37 € ; ⊙ 20h30-minuit mar-dim ; M Piazza Amedeo). Cave à vins dans la journée, "l'Ébriété de Noé" se transforme le soir en restaurant intime. Entrez pour un verre de vin et une discussion au bar, ou installez-vous dans l'une des salles tapissées de bouteilles pour des plats appétissants, comme les *paccheri fritti* (pâte frite farcie d'aubergines, servie avec du basilic et une sauce tomate), la spécialité maison.

À cela s'ajoutent plus de 2 000 vins, soigneusement sélectionnés par le propriétaire-sommelier Luca Di Leva. Réservation indispensable.

♥ Ristorantino dell'Avvocato   NAPOLITAIN €€
(carte p. 60 ; ☎ 081 032 00 47 ; www.ilristorantinodellavvocato.it ; Via Santa Lucia 115-117 ; repas 40 € ; ⊙ 12h-15h et 19h30-23h, déj seulement dim-lun ; ☏ ; ☐ 128 jusqu'à Via Santa Lucia). Ce restaurant, élégant et accueillant, a rapidement gagné l'estime des gastronomes napolitains grâce à Raffaele Cardillo, un affable juriste devenu chef. Passionné par le patrimoine gastronomique de la Campanie, Cardillo le revisite avec fraîcheur et subtilité, comme en témoignent les gnocchis avec moules fraîches, palourdes, éclats de pistache, citron, gingembre et ail. Les menus dégustation (40-45 €) offrent un bon rapport qualité/prix, tout comme le menu déjeuner "3 plats sur une assiette" (12 €), en semaine. Réservez du jeudi au samedi.

Trattoria Castel dell'Ovo   POISSON €€
(carte p. 60 ; ☎ 081 764 63 52 ; Via Luculliana 28 ; repas 25 € ; ⊙ 13h-15h30 et 20h-23h30 ven-mer, fermé dîner dim nov-avr ; ☐ 128 jusqu'à Via Santa Lucia). Aux grands restaurants touristiques du Borgo Marinaro, nombre d'habitants préfèrent cette trattoria accueillante et plus abordable. Installez-vous près des bateaux qui dansent sur l'eau pour vous régaler d'une *zuppa di pesce* (soupe de poisson) et d'une l'*insalata di polipo* (salade de poulpe et tomates). Même s'ils ne figurent pas sur la carte, n'hésitez pas à demander les spaghettis avec crevettes, moules, courgettes et parmesan. Paiement en espèces.

Da Ettore   NAPOLITAIN €€
(carte p. 60 ; ☎ 081 764 35 78 ; Via Gennaro Serra 39 ; repas 25 € ; ⊙ 12h30-15h tlj, 19h45-22h15 mar-sam ; ☐ R2 jusqu'à Via San Carlo). Cette chaleureuse trattoria de 8 tables jouit d'une solide réputation. Regardez sur les murs les photos de ses illustres clients, tel le fameux acteur Totò, et l'extrait encadré d'un roman noir de l'écrivain Massimo Siviero qui mentionne Ettore... Sur la carte prédominent les copieux plats régionaux, comme la *pasta patata e provola* (pâtes, pommes de terre et provolone), la spécialité maison. Réservez deux jours à l'avance pour le déjeuner du dimanche.

L'Altro Loco   ITALIEN €€€
(carte p. 60 ; ☎ 081 764 17 22 ; www.ristorantelaltroloco.com ; Vicoletto Cappella Vecchia 4/5 ; repas 55 € ; ⊙ 13h-15h30 sam-dim, 20h-23h30 lun-sam ; ☐ C24 jusqu'à Piazza dei Martiri). Si les prix sont un peu trop élevés, peu de restaurants peuvent rivaliser avec l'ambiance sophistiquée et le service de cet établissement joliment éclairé à la clientèle élégante. Fraîcheur, légèreté et subtilité qualifient la cuisine, de la somptueuse *insalatina di astici e gamberi* (salade de homard et de crevettes) au *millefoglie* (millefeuille), accompagné de fraises et de crème Chantilly.

La carte des vins est tout aussi attrayante avec quelque 600 crus, dont certains du Nouveau Monde. Réservation conseillée, en particulier le week-end.

✘ Vomero

Friggitoria Vomero   FAST FOOD €
(carte p. 64 ; ☎ 081 578 31 30 ; Via Domenico Cimarosa 44 ; en-cas à partir de 0,20 € ; ⊙ 9h30-14h30 et 17h-21h30 lun-ven, jusqu'à 23h sam ; ☐ Centrale jusqu'à Piazza Fuga). Un modeste snack-bar réputé pour ses excellentes fritures : beignets d'aubergines et épinards, *zeppole* (pets-de-nonne), *frittatine di maccheroni* (omelettes aux macaronis) et *supplì di riso* (boulettes de riz). En face du funiculaire, une halte pratique avant de grimper à la Certosa di San Martino.

Fantasia Gelati   GLACIER €
(carte p. 64 ; ☎ 081 578 83 83 ; Piazza Vanvitelli 22 ; glace à partir de 2,50 € ; ⊙ 7h-1h lun-ven, 7h-3h sam, 7h-1h30 dim ; M Vanvitelli). Cette succursale du roi des glaciers napolitains propose des glaces superbes, fraîchement confectionnées, dont les parfums changent selon la saison.

Antica Cantina di Sica   NAPOLITAIN €€
(carte p. 64 ; ☎ 081 556 75 20 ; Via Gianlorenzo Bernini 17 ; repas 30 € ; ⊙ 12h-15h30 mar-dim, 19h-23h30 mar-sam ; M Vanvitelli, ☐ Chiaia jusqu'à Cimarosa, Centrale jusqu'à Piazza Fuga). Cet élégant restaurant gastronomique sert

une cuisine régionale classique, soigneusement préparée. Après un antipasto copieux (tripes à la sauce tomate ou crémeuse *parmigiana di melanzana*), savourez une *frittura mista* (friture de poisson), croquante jusqu'à la dernière bouchée. Les desserts maison, telle la *cassata napoletana*, sont tout aussi réussis.

Capodimonte et La Sanità

Pizzeria Starita PIZZAS €
(carte p. 66 ; 081 557 36 82 ; Via Materdei 28 ; pizzas à partir de 3,50 € ; 12h-16h et 19h-minuit lun-sam, 19h-minuit dim ; M Materdei). La fourchette et la louche géantes accrochées au mur de cette pizzeria historique furent utilisées par Sophia Loren dans le film à sketches L'Oro di Napoli (*L'Or de Naples)* et les *pizze fritte* sont celles que l'actrice vendait dans le film. La carte comprend plus de 60 variétés de pizza, dont la savoureuse *fiorilli e zucchine* (courgettes, fleurs de courgette et *provola*) ; notre préférée reste la *marinara* classique.

Cantina del Gallo NAPOLITAIN €
(carte p. 66 ; 081 544 15 21 ; www.cantinadelgallo.com ; Via Alessandro Telesino 21 ; pizzas à partir de 4 €, repas 15 € ; 11h-16h et 19h-minuit lun-sam, 12h-16h dim ; ; C51 jusqu'à Via Fontanelle). Des images pieuses entourées de néons et un seau de braises sous la table pour garder vos pieds au chaud composent le cadre kitsch de cette cantine, l'une des adresses les plus populaires de La Sanità. Régalez de *calzoncini* (petites pizzas calzone comme un chausson cuites au feu de bois) ou de la spécialité *A'Cafona,* une pizza à l'ail garnie de tomates, d'origan, de *peperoncino* (piment) et d'un mélange de *pecorino*, de Grana Padano et de parmesan. Les serveurs sont charmants.

Tarallificio Esposito BOULANGERIE €
(carte p. 66 ; 081 45 49 06 ; Via Sanità 129 ; taralli à partir de 0,50 € ; 8h-20h30 lun-sam, 8h-14h30 dim ; M Piazza Cavour, Museo). Difficile de résister aux *taralli mandorlati*, des biscuits salés aux amandes, poivre et saindoux et cuits au four, de cette boulangerie traditionnelle de La Sanità. Ne vous cantonnez pas aux classiques, essayez les variantes comme les *taralli* aux *friarielli* (brocolis-raves napolitains), huile d'olive et glaçage de citron. Pour une nourriture plus substantielle, choisissez la délicieuse *focaccia*.

Mergellina et Posillipo

50 Kalò PIZZAS €
(carte p. 60 ; 081 192 04 66 ; www.50kalò.it ; Piazza Sannazaro 201b ; pizza à partir de 5 € ; 12h30-16h et 19h30-0h30 ; ; M Mergellina). Le nom de cette pizzeria branchée peut se traduire par "bonne pâte" en napolitain et ce n'est pas un hasard. À la barre se tient Ciro Salvo, le troisième d'une génération de *pizzaioli*, dont la passion pour la spécialité napolitaine la plus connue se traduit par des pizzas parfaitement cuites au feu de bois et merveilleusement légères. La qualité est la clé de ce succès : de l'huile d'olive au salami rustique, les ingrédients proviennent de producteurs artisanaux locaux.

Chalet Ciro Mergellina GLACIER €
(carte p. 60 ; 081 66 99 28 ; www.chaletciro.it ; Via Mergellina 31 ; pâtisseries à partir de 2 €, brioche glacée 4 € ; 6h45-2h30 lun, mar, jeu et dim, 6h45-3h ven, 6h45-4h sam ; M Mergellina). Ce chalet emblématique du front de mer vend de tout, du café aux pâtisseries et aux crêpes, mais il est surtout connu pour sa *brioche con gelato*, un biscuit rempli de glace et nappé de *panna* (crème fleurette). Payez à l'intérieur, choisissez votre parfum au comptoir face à la rue et dégustez votre glace en flânant le long de la baie.

Da Cicciotto POISSON €€
(carte p. 90 ; 081 575 11 65 ; Calata Ponticello a Marechiaro 32 ; repas 40 € ; 13h-16h et 19h-minuit ; 140 jusqu'à Via Posillipo). Perché sur une falaise dans le village de pêcheurs de Marechiaro, l'élégant et discret Da Cicciotto ne manque pas d'attraits. Parmi ses délices figurent un sublime carpaccio antipasto, d'excellentes fleurs de courgette farcies de ricotta et des pâtes *pacchetti*, servies avec du crabe et des tomates cerises.

Les desserts, comme la *crostata* avec crème de citron, fraises des bois et chantilly, sont délicieux. Réservation indispensable.

Don Salvatore NAPOLITAIN €€
(carte p. 60 ; 081 68 18 17 ; www.donsalvatore.it ; Via Mergellina 4a ; repas 40 € ; 12h-16h et 19h30-23h30 jeu-mar ; 140 jusqu'à Via Mergellina). Établi de longue date, ce restaurant élégant comprend une belle terrasse, balayée par la brise marine, et une salle plaisante, joliment éclairée. Les standards culinaires cèdent la place à des merveilles, telles que les *cecinielle* (feuilletés de

poisson), la *minestra in brodo* (épais bouillon de nouilles) et les *seppie con uva passa* (seiches avec pignons et raisins).

Où prendre un verre et faire la fête

Les Napolitains ne sont pas de grands buveurs ; dans le centre historique, beaucoup achètent une bière au bar le plus proche et la boivent ensuite dans la rue. Les bars les plus courus se concentrent Piazza Bellini et Calata Trinità Maggiore, près de la Piazza del Gesù Nuovo, où la forte densité d'étudiants et d'artistes crée une atmosphère joyeuse et détendue. Pour siroter un verre de *prosecco* dans un cadre branché, préférez les bars chics de Chiaia, réputés pour leur *aperitivo* (en-cas gourmets pour le prix d'un cocktail, tous les soirs de 18h30 à 21h30 environ) ; explorez la Via Ferrigni, la Via Bisignano et le Vico Belledonne à Chiaia.

Sans rivaliser avec Londres, Paris ou Milan en matière de spectacles, Naples offre néanmoins d'excellentes soirées, de l'opéra et du ballet au théâtre avant-gardiste et aux manifestations classiques. Pour vous renseigner sur l'actualité culturelle, consultez des quotidiens comme le *Corriere del Mezzogiorno* ou *La Repubblica* (édition napolitaine), le site www.napoliunplugged.com (en anglais) ou adressez-vous à l'office du tourisme. Dans les petites salles, on achète généralement son billet à l'entrée ; pour des événements plus importants, essayez la billetterie installée dans **La Feltrinelli** (carte p. 60 ; 081 032 23 62 ; www.azzurroservice.net ; librairie Feltrinelli, Piazza dei Martiri 23 ; 11h-14h et 15h-20h lun-sam ; C24 jusqu'à Piazza dei Martiri), ou le **Box Office** (carte p. 60 ; 081 551 91 88 ; www.boxofficenapoli.it ; Galleria Umberto I 17 ; 9h30-20h lun-ven, 9h30-13h30 et 16h30-20h sam ; R2 jusqu'à Piazza Trieste e Trento).

Spazio Nea CAFÉ
(carte p. 40 ; 081 45 13 58 ; www.spazionea.it ; Via Constantinopoli 53 ; 9h-2h ; ; Dante). Bordant la bohème Piazza Bellini, cette galerie aux murs chaulés possède son propre café-bar, rempli de livres et de fleurs, avec une terrasse au pied d'un escalier baroque. Jetez un coup d'œil aux expositions d'artistes contemporains italiens et étrangers, puis savourez un café, un *spritz* ou une belle salade. Consultez la page Facebook du Nea pour les événements à venir : lectures, concerts, soirées DJ.

Intra Moenia CAFÉ
(carte p. 40 ; 081 29 07 20 ; Piazza Bellini 70 ; 10h-2h ; ; Dante). Malgré le service indolent, ce café littéraire, couvert de lierre, est un bon endroit où s'attarder. Feuilletez des ouvrages à tirage limité sur la culture napolitaine, choisissez une vieille carte postale ou sirotez simplement un *prosecco* en observant l'animation de la place. Verre de vin à partir de 4 € et choix de *bruschette*, salades et en-cas.

Caffè Gambrinus CAFÉ
(carte p. 60 ; 081 41 75 82 ; www.grancaffegambrinus.com ; Via Chiaia 12 ; 7h-1h dim-jeu, 7h-2h ven, 7h-3h sam ; R2 jusqu'à Via San Carlo, Municipio). Plus ancien et plus vénérable café de Naples, le Gambrinus a accueilli Gabriele D'Annunzio, Oscar Wilde ou encore Jean-Paul Sartre. Mussolini fit fermer plusieurs de ses salles pour chasser les intellectuels de gauche. Si les prix sont élevés, les snacks de l'*aperitivo* sont corrects, et boire un *spritz* ou une *cioccolata calda* (chocolat chaud) dans ses salles Belle Époque est un réel plaisir.

Enoteca Belledonne BAR
(carte p. 60 ; 081 40 31 62 ; www.enotecabelledonne.com ; Vico Belledonne a Chiaia 18 ; 10h-14h et 16h30-2h mar-sam, 18h30-1h dim-lun ; ; C24 jusqu'à Riviera di Chiaia). Des murs en briques apparentes, un éclairage tamisé et des étagères couvertes de bouteilles composent le cadre cosy du bar à vin favori de Chiaia ; le soir, la clientèle déborde dans la rue. La carte propose des vins bien choisis, principalement italiens, dont une trentaine au verre. Le menu comprend charcuterie et fromage (16 €), *crostini* (à partir de 6 €) et *bruschetta* (7 €).

Cammarota Spritz BAR
(carte p. 52 ; 320 2775687 ; Vico Lungo Teatro Nuovo 31 ; 16h30-minuit lun, 11h-minuit mar-sam ; Toledo). Rendez-vous dans ce bar sans prétention des Quartiers espagnols, le moins cher de Naples : 1 € le *spritz* Aperol, le verre de vin ou la bière. Il attire artistes, étudiants et habitants, qui boivent et discutent sous des grappes de raisin en plastique ou juchés sur des caisses dans la rue. Si vous commandez du vin, demandez le Fiano ou l'Aglianico afin d'éviter que l'on vous en serve un de moindre qualité.

Ba-Bar BAR, CAFÉ
(carte p. 60 ; 081 764 35 25 ; www.ba-bar.it ; Via Bisignano 20 ; 17h-2h dim-ven, 11h-tard sam ;

⚌ ; ⌂C24 jusqu'à Piazza dei Martiri). Dans une petite rue jalonnée de bars, le Ba-Bar, au cadre rétro et éclairé aux bougies, est parfait à toute heure, que ce soit pour un apéritif avant dîner, une longue soirée dans l'arrière-salle confortable ou une partie de baby-foot au sous-sol. Il offre une liste changeante de bons vins italiens, des bières locales et étrangères et une ambiance joyeuse et détendue.

Mexico CAFÉ
(carte p. 40 ; ✆081 551 52 99 ; Via Benedetto Croce 16 ; ⏱7h30-21h lun-ven, 7h30-1h sam, 7h30-23h dim ; ⓂDante). La dernière succursale du Mexico, un café établi de longue date, a abandonné le traditionnel cadre rétro pour un décor industriel avec bois recyclé et jeunes baristas. Que vous choisissiez un expresso à boire debout au bar, ou un cappuccino à savourer à une table, vous obtiendrez une boisson veloutée à l'arôme parfait. Parmi les douceurs figurent des *cornetti* (croissants), des *brownies* et des *muffins*.

Scaturchio CAFÉ
(carte p. 60 ; Teatro San Carlo, Piazza Trieste e Trento ; ⏱8h-21h ; ⌂R2 jusqu'à Via San Carlo, ⓂMunicipio). À l'intérieur du Teatro San Carlo, ce vaste café kitsch est parfait pour déguster un capuccino, confortablement installé dans un fauteuil Chesterfield en écoutant une aria de Verdi ; vous pouvez aussi vous asseoir sur la place et profiter du cadre. Si le café sert des plats salés comme les *arancini*, préférez les desserts de la marque Scaturchio, dont le fameux *ministeriale*, un succulent médaillon au chocolat noir.

Bar dell'Epoca BAR
(carte p. 40 ; Via Santa Maria di Costantinopoli ; ⏱7h-2h lun-sam, 7h-14h dim ; ⚌ ; ⓂDante). Qu'importe les murs verts et l'éclairage cru, les prix sont les plus doux de la Piazza Bellini : 1,50 € la bouteille de Peroni et 2 € le *spritz*. Ils attirent les étudiants et le personnel de l'école de musique et d'art, qui envahissent le trottoir en soirée. Peppe, le propriétaire enjoué, vous autorise même apporter votre pizza et à la manger sur ses tables.

Libri e Caffè CAFÉ
(carte p. 40 ; ✆081 1899 0753 ; www.facebook.com/LibriCaffeTeatroMercadante ; Piazza Municipio 79 ; ⏱9h-fin représentation lun-sam, 16h-fin représentation dim ; ⚌ ; ⓂMunicipio). ⌘ Du comptoir aux tables, fauteuils et étagères, la plupart des éléments de ce café-librairie sont fabriqués en carton recyclé. Installé dans le Teatro Mercadante, il a été conçu par deux éditeurs locaux, dont le souci de la qualité englobe le café et les vins italiens. La carte comprend des *cornetti* bio et des plats napolitains labellisés Slow Food servis dans des pots en verre (4 € ; réservez par courriel). Consultez la page Facebook pour les événements à venir : *aperitivo* avec DJ, concerts, lectures en italien, etc.

Galleria 19 NIGHT-CLUB
(carte p. 40 ; www.galleria19.it ; Via San Sebastiano 19 ; ⏱23h-5h mar-sam ; ⓂDante). Dans une longue cave voûtée, meublée de fauteuils Chesterfield et de lampes industrielles, ce night-club populaire du centre historique attire des étudiants en semaine et des jeunes de 20 et 30 ans les vendredi et samedi. Electro, musique commerciale et house prédominent. Consultez le programme sur le site Internet.

Fonoteca CAFÉ, BAR
(carte p. 64 ; ✆081 556 03 38 ; www.fonoteca.net ; Via Raffaele Morghen 31, C/F ; ⏱12h-1h lun-jeu, 12h-2h ven-sam, 18h30-1h30 dim ; ⚌ ; ⓂVanvitelli, ⌂Centrale jusqu'à Piazza Fuga). À la fois magasin de musique, café et bar, la Fonoteca fait partie des adresses favorites de Vomero. Venez pour dénicher des vinyles et des CD neufs ou d'occasion en tous genres (électro, rock, jazz, blues, musiques du monde, etc.), des livres sur l'art et la musique, ou rejoignez directement le bar élégant pour un café, un cocktail et/ou un en-cas, comme une *bruschetta* ou une salade.

☆ Où sortir

Teatro San Carlo OPÉRA, BALLET
(carte p. 60 ; ✆081 797 23 31 ; www.teatrosancarlo.it ; Via San Carlo 98 ; ⏱billetterie 10h-17h30 lun-sam, 10h-14h dim ; ⌂R2 jusqu'à Via San Carlo). L'un des principaux Opéras d'Italie, le San Carlo programme opéras, ballets et concerts. Comptez 50 € pour une place au 6e balcon, 100 € dans l'orchestre ou 30 € dans une loge latérale pour les moins de 30 ans. Pour la danse, les billets varient de 35 à 80 € (20 € pour les moins de 30 ans).

Sachez que les spectacles ne sont pas tous présentés sur la scène principale ; parmi les autres salles figurent le Teatrino di Corte, dans le Palazzo Reale voisin.

Associazione Scarlatti MUSIQUE CLASSIQUE (carte p. 60 ; ☎081 40 60 11 ; www.associazionescarlatti.it ; Piazza dei Martiri 58 ; 🚌C24 jusqu'à Piazza dei Martiri). La première association de musique classique napolitaine organise chaque année des concerts de musique de chambre dans diverses salles, dont le Castel Sant'Elmo et le Palazzo Zevallos. Outre des

---

LES TAILLEURS NAPOLITAINS

Si Milan est la vitrine internationale du style italien, Naples en est le cœur et l'âme. Ses tailleurs légendaires ont jadis habillé les pairs du roi Emmanuel III au début du XXᵉ siècle.

Le secret de ce succès est la combinaison d'une fabrication artisanale, de tissus d'excellente qualité et d'une attention minutieuse aux détails et aux formes. S'agissant des costumes, la mode est plutôt à la décontraction qu'à la rigueur, avec une coupe souple et élancée, des épaules naturelles et non retouchées (qui facilent le mouvement, voire la gesticulation...), des emmanchures hautes et la poche de poitrine en *barchetta* (petit bateau). Une chemise napolitaine classique est souvent en beau coton italien, suisse ou irlandais, avec un col, un empiècement, des manches et des boutonnières cousus main et des plis réunis à l'épaule.

Si la plupart des boutiques proposent des vêtements et des accessoires en prêt-à-porter (dont des costumes), sachez que la confection d'une chemise ou d'un costume sur mesure nécessite deux ou trois essayages et un délai de 3 à 8 semaines. Les pièces achevées peuvent être expédiées à l'étranger.

Quelques tailleurs napolitains réputés :

Anna Matuozzo (carte p. 60 ; ☎081 66 38 74 ; www.annamatuozzo.it ; Viale Antonio Gramsci 26 ; Ⓜ Mergellina). Femme à la voix douce, la Signora Matuozzo est une couturière respectée dans le monde des chemises sur mesure. Avec des prix qui commencent à 400 €, ses créations sont réputées pour leurs tissus exceptionnels, leur style unique et leur couture à la main dans la plus pure tradition. Les cravates en soie parfont leur élégance. Essayage sur rendez-vous.

Cilento (carte p. 40 ; ☎081 551 33 63 ; www.cilento1780.com ; Via Medina 61-63 ; Ⓜ Municipio). Fondée en 1780, Cilento est tout autant un conservatoire du patrimoine qu'un atelier de gentlemen, avec des vêtements des XVIIIᵉ et XIXᵉ siècles en vitrine et un charmant petit musée du textile ajacent (ouvert sur demande). Outre les costumes sur mesure, les cravates en soie à 7 plis sont également très prisées. Parmi les autres articles irrésistibles, citons les belles chaussures artisanales, les polos Cilento, les sacs pour homme et femme, des parfums rares et des écharpes.

Finamore (carte p. 60 ; ☎081 246 18 27 ; www.finamore.it ; Via Calabritto 16 ; ⓗ10h-13h30 et 16h-20h lun-sam ; 🚌C24 jusqu'à Piazza dei Martiri, C25 jusqu'à Riviera di Chiaia). Établi depuis 1925, Finamore est spécialisé dans les chemises pour homme en prêt-à-porter ou sur mesure et cousues main, que l'on peut assortir avec d'élégants pulls et cardigans, ou des vestes et pantalons chics. Écharpes, mouchoirs et parfums rares font partie des superbes accessoires. Il propose aussi une petite sélection de chemisiers pour femme.

Mariano Rubinacci (carte p. 60 ; ☎081 40 39 08 ; www.marianorubinacci.net ; Via Chiaia 149E ; ⓗ10h-13h30 et 16h30-20h lun-sam ; 🚌C24 jusqu'à Piazza dei Martiri). Des costumes superbes, légers et parfaitement ajustés par le doyen des tailleurs napolitains, ce que reflètent les prix. Le réalisateur napolitain Vittorio de Sica faisait partie de ses fidèles clients.

E. Marinella (carte p. 60 ; ☎081 764 42 14 ; www.marinellanapoli.it ; Via Riviera di Chiaia 287 ; ⓗ8h-20h lun-sam, 9h-13h dim ; 🚌C25 jusqu'à Riviera di Chiaia, C24 jusqu'à Piazza dei Martiri). Ancien fournisseur attitré de Luchino Visconti et d'Aristote Onassis, cette petite boutique à l'ancienne est l'endroit où acheter une cravate en soie en prêt-à-porter ou sur mesure, aux tons et motifs surprenants. Pour compléter sa garde-robe, une sélection d'irrésistibles et luxueux accessoires, dont des chaussures, des eaux de Cologne vintage et des écharpes.

artistes italiens, elle invite des musiciens étrangers, tels l'orchestre baroque d'Amsterdam, l'orchestre du théâtre Mariinsky de Saint-Pétersbourg et le compositeur belge Philippe Herreweghe. Les billets sont normalement disponibles sur place 1 heure avant le début du concert ; comptez entre 15 et 25 € pour un concert au Castel Sant'Elmo.

Centro di Musica Antica Pietà de' Turchini MUSIQUE CLASSIQUE
(carte p. 64 ; 081 40 23 95 ; www.turchini.it ; Via Santa Caterina da Siena 38 ; Centrale jusqu'à Corso Vittorio Emanuele). Les amateurs de musique classique viennent dans cette superbe église sécularisée pour des concerts d'œuvres principalement napolitaines du XVIIe au XIXe siècle. Les billets coûtent habituellement 10 € (tarif réduit 7 €). Consultez le programme sur le site Internet.

Lanificio 25 MUSIQUE LIVE
(carte p. 40 ; www.lanificio25.it ; Piazza Enrico De Nicola 46 ; 5-10 € ; 21h-tard ven-sam ; Garibaldi). Cette fabrique de laine de l'époque des Bourbons et son cloître du XVe siècle sont devenus un centre culturel et festif, orné de lampes colorées et projetant de nombreuses vidéos. La musique live (habituellement à partir de 22h) prédomine, avec des groupes essentiellement italiens d'indé, rock, musique du monde, électro, etc., qui attirent une foule cosmopolite et bohème. Consultez le programme sur le site Internet ou la page Facebook.

Galleria Toledo THÉÂTRE
(carte p. 52 ; 081 42 50 37 ; www.galleriatoledo.org ; Via Concezione a Montecalvario 34 ; billetterie 18h-19h30 mar-sam ; Toledo). Les pièces avant-gardistes, indépendantes ou expérimentales sont souvent jouées dans ce théâtre culte, niché au cœur des Quartiers espagnols. Outre du théâtre national et international, il accueille des concerts et projette des films d'art et d'essai. Vous pouvez réserver par téléphone (week-end compris) et retirer les billets à la billetterie 30 minutes avant la représentation.

♥ Stadio San Paolo FOOTBALL
(carte p. 90 ; Piazzale Vincenzo Tecchio ; Napoli Campi Flegrei). Plus important club de football du pays en nombre de supporters derrière la Juventus et le Milan AC, le SSC Naples joue dans le troisième plus grand stade d'Italie, où chaque match enflamme les tribunes. La saison dure de fin août à fin mai. Les billets, de 20 à 100 €, sont disponibles chez certains buralistes, à la billetterie dans la librairie La Feltrinelli (p. 82) et au Box Office (p. 82) ; apportez une pièce d'identité avec photo.

Les jours de match, les billets sont aussi vendus au stade.

Teatro Palapartenope MUSIQUE LIVE
(carte p. 90 ; 081 570 00 08 ; www.palapartenope.it ; Via Barbagallo 115 ; billetterie 9h-13h et 14h-17h30 lun-ven, 9h-12h45 sam ; Cumana jusqu'à Edenlandia). Dans le faubourg de Fuorigrotta, à l'ouest du centre-ville, la plus grande salle de concerts de Naples est un bâtiment disgracieux de plus de 6 000 places. Elle accueille de grands noms italiens et internationaux dont, par le passé, le très regretté chanteur napolitain Pino Daniele, Lou Reed et le Spandau Ballet.

Achats

Le shopping à Naples est une expérience aussi pittoresque que la ville elle-même, avec une prédominance de commerces familiaux spécialisés. Tailleurs napolitains et marques luxueuses se regroupent dans la Via Calabritto, la Via dei Mille et la Via Gaetano Filangierià à Chiaia. Pour des antiquités, explorez la Via Domenico Morelli à Chiaia, et la Via Costantinopoli dans le centre historique. Également dans le centre historique, arpentez le Vico San Domenico Maggiore pour découvrir des petites boutiques intéressantes qui vendent toutes sortes d'objets, des articles de maison design aux savons bio. Toutefois, rien ne vaut les marchés, qui proposent de tout à moindre coût, des sous-vêtements, robes et chaussures aux pots et casseroles. Nombre de magasins ferment deux semaines en août.

Centro storico et Mercato

Kiphy PRODUITS DE BEAUTÉ
(carte p. 40 ; 340 2849691 ; www.kiphy.it ; Vico San Domenico Maggiore 3 ; 10h30-14h et 16h19h30 lun-ven juin-sept, 10h30-14h et 16h-18h30 mar-sam reste de l'année ; Dante). Dans son atelier agréablement parfumé, Pina Malinconico fabrique des pains de savon naturels aussi beaux que parfumés, tel le mélange rafraîchissant orange-cannelle. Les shampoings, crèmes et huiles fabriqués à partir d'ingrédients bio, issus du commerce équitable, peuvent être personnalisés. Les produits sont joliment emballés et à des prix raisonnables.

Les heures d'ouverture peuvent changer ; téléphonez avant de venir.

Scriptura ACCESSOIRES
(carte p. 40 ; 081 29 92 26 ; Via San Sebastiano 22 ; 15h-20h lun, 10h30-20h mar-sam ; Dante). Cette boutique familiale propose de superbes articles artisanaux en cuir souple de Toscane – sacs à main, sacoches, portefeuilles, ceintures et carnets reliés en cuir – aux styles et couleurs classiques ou dabables, à partir de 38 € pour un sac et 35 € pour un portefeuille.

La Scarabattola ARTISANAT
(carte p. 40 ; 081 29 17 35 ; www.lascarabattola.it ; Via dei Tribunali 50 ; 10h30-14h et 15h30-19h30 lun-ven, 10h-18h sam ; C55 jusqu'à Via Duomo). Non seulement les figurines artisanales de *magi* (mages), diables et personnages du folklore napolitain de La Scarabattola sont utilisées pour la crèche de Noël officielle de Jérusalem, mais l'atelier compte parmi ses fans le designer de mode Stefano Gabbana et la famille royale d'Espagne. Outre les santons, de jolies créations en céramique (tel un porte-cartes inspiré de Pulcinella) insufflent un style contemporain rafraîchissant au folklore napolitain.

Colonnese ARTS, LIVRES
(carte p. 40 ; 081 45 98 58 ; www.colonnese.it ; Via San Pietro a Maiella 32-33 ; 9h-13h30 et 16h-19h lun-sam ; Dante). À côté de l'un des plus prestigieux conservatoires de musique d'Italie, cette librairie érudite est bercée du son des musiciens qui s'excercent. Si la plupart des ouvrages neufs et anciens sont en italien, elle propose aussi de belles estampes napolitaines (originales ou reproductions) des XVIIIe et XIXe siècles. Regardez les cartes postales de collection de

LES MARCHÉS DE NAPLES

Porta Nolana et La Pignasecca ne sont que deux des bruyants et légendaires marchés napolitains. Vous pourrez acheter des chaussures, des ustensiles de cuisine et des trésors vintage à petits prix sur les marchés suivants :

Mercatino dell'Umberto (carte p. 60 ; Via Imbriani ; 7h-15h lun-sam, fermé août ; C25 jusqu'à Riviera di Chiaia). Explorez les étals le long de la Via Imbriani pour des sacs, des bijoux, des chaussures et des vêtements tendance et même des sarongs. En hiver, belle sélection d'écharpes. Pas de marchandage, vous êtes à Chiaia !

Fiera Antiquaria Napoletana (carte p. 60 ; Villa Comunale ; habituellement 8h-14h 3e dim du mois, fermé août ; C25 jusqu'à Riviera di Chiaia). Fermé temporairement lors de notre passage, ce marché d'antiquités, en front de mer, offre habituellement argenterie, bijoux, peintures, gravures et meubles anciens, ainsi que de superbes choses trop chères. L'endroit est idéal pour flâner et chiner un dimanche. Renseignez-vous à l'office du tourisme.

Mercatino di Antignano (carte p. 64 ; Piazza degli Artisti ; 8h-14h lun-ven ; Medaglie D'Oro). Dans les hauteurs de Vomero, ce marché est réputé pour les sacs, bijoux, linge de maison, ustensiles de cuisine, chaussures et vêtements neufs de fin de saison. Les chineurs avertis font souvent de bonnes affaires.

Mercatino di Posillipo (carte p. 90 ; Parco Virgiliano ; 9h-14h jeu ; 140 jusqu'à Via Posillipo). Devant les portes principales du Parco Virgiliano, ce marché n'est pas le moins cher, mais le meilleur pour des articles de qualité : authentiques vêtements de designers, maillots de bain pour femmes, sous-vêtements, bottes, linge de maison, bijoux et cosmétiques à prix cassés. Seuls les vendeurs africains acceptent de marchander.

Mercato Caramanico a Poggioreale (Via Marino di Caramanico ; 7h-13h ven-lun, fermé août ; 1 ou 2 jusqu'à Via Nuova Poggioreale). Également appelé Mercatino delle Scarpe (marché aux chaussures), le plus grand marché en plein air de Naples est réputé pour ses vêtements, du surplus des designers aux marques standards ; les sacs à main, le tissu au mètre et les ustensiles de cuisine constituent également de bons achats. À 2,5 km au nord-est de la Stazione Centrale (prenez un tramway à destination du marché sur le côté ouest de la Piazza Garibaldi), le marché compte plus de 550 stands.

la fin du XIXᵉ et du début du XXᵉ siècle. La boutique ouvre parfois le dimanche de 10h à 14h.

Ars Neapolitana ART ET ARTISANAT
(carte p. 40 ; ☏ 392 537 71 16 ; Via dei Tribunali 303 ; ⏱10h-18h30 lun-ven, 10h-15h sam, plus 10h-18h30 sam-dim fin oct-début jan ; 🚌C55 jusqu'à Via Duomo). Guglielmo Muoio a vendu son premier *pastore* (santon) à l'âge de 13 ans. Dix ans plus tard, cet artiste talentueux a exposé au Parlement européen à Strasbourg. Entrez dans son petit atelier-boutique et vous le verrez probablement sculpter ou peindre l'un de ses santons en terre cuite remarquablement détaillés, représentant des saints, des anges ou des personnages folkloriques du XVIIIᵉ siècle.

SerenDPT VINTAGE
(carte p. 40 ; ☏ 081 1899 5400 ; Via Santa Chiara 36/37 ; ⏱10h30-20h lun-sam ; Ⓜ Università). Si vous cherchez une minijupe des années 1960, une robe de cocktail des années 1920 ou des bottes dorées en lamé, vous avez de fortes chances de les trouver dans ce dépôt-vente vintage. La boutique contient aussi des créations uniques de créateurs napolitains, telles les propriétaires Amalia et Oriana, connues pour transformer n'importe quoi, des jeans aux rideaux, en vêtements et accessoires portables, agrémentés de jolis détails.

La boutique organise également un intéressant système de troc : apportez les vêtements dont vous ne voulez plus (en bon état et de saison) et recevez un avoir pouvant aller jusqu'à 80% du prix d'un article de la boutique. SerenDPT effectue aussi de petites réparations.

Charcuterie Esposito GASTRONOMIE
(carte p. 40 ; ☏ 081 551 69 81 ; Via Benedetto Croce 43 ; ⏱9h-20h lun-sam, 9h-14h30 dim ; Ⓜ Dante). Même les portes de ce petit traiteur ploient sous les produits gourmands. Faites provision de toutes sortes de délices, des pâtes, des macarons et de la *grappa* (eau-de-vie) à l'huile d'olive parfumée au citron et aux figues enrobées de chocolat.

Limonè GASTRONOMIE
(carte p. 40 ; ☏ 081 29 94 29 ; www.limoncellodinapoli.it ; Piazza San Gaetano 72 ; ⏱10h40-20h15 ; 🚌C55 jusqu'à Via Duomo). Pour rapporter un peu de Naples dans vos valises, achetez quelques bouteilles de *limoncello* (liqueur de citron) maison, fait avec des citrons bio des champs Phlégréens (Campi Flegrei), qu'on vous fera peut-être goûter gratuitement sur demande. Laissez-vous aussi tenter par les pâtes ou le risotto au citron, la *grappa* ou le *torrone* (nougat) parfumés au citron, ou la rafraîchissante *crema di melone* (liqueur de melon).

🔒 Toledo et Quartieri spagnoli

Talarico ACCESSOIRES
(carte p. 52 ; ☏ 081 40 77 23 ; www.mariotalarico.it ; Vico Due Porte a Toledo 4b ; ⏱8h-20h lun-sam ; Ⓜ Toledo). Mario Talarico et ses neveux ont fait de l'humble parapluie une œuvre d'art. Appréciés des chefs d'État, ces parapluies sont chacun unique, avec boutons en nacre, embout en corne et manche taillé dans une seule branche d'arbre. Les plus beaux peuvent atteindre 300 €, mais il existe des modèles plus abordables.

🔒 Santa Lucia et Chiaia

Bowinkel ANTIQUITÉS
(carte p. 60 ; ☏ 081 764 07 39 ; www.bowinkel.it ; Via Santa Lucia 25 ; ⏱10h-13h30 et 16h-19h30 lun-ven, 10h-13h30 sam ; 🚌128 jusqu'à Via Santa Lucia). Les plus beaux cadres, estampes, photos et peintures anciennes de la ville. Si vous ne trouvez pas votre bonheur, essayez la **succursale** (☏ 081 764 43 44 ; Piazza dei Martiri), où vous pourrez dénicher des objets insolites, tels un éventail Liberty ou une maquette d'un vieux tramway. Les employés peuvent s'occuper de l'expédition.

Tramontano ACCESSOIRES
(carte p. 60 ; ☏ 081 41 48 37 ; www.tramontano.it ; Via Chiaia 143-144 ; ⏱10h-13h30 et 16h-20h lun-sam ; 🚌C24 jusqu'à Piazza dei Martiri). Réputé pour ses superbes articles en cuir : sacs à main, sacoches, cartables, etc. Tous les ans, un nouveau sac est ajouté à la collection Rock Ladies, inspiré d'une chanson comme *Kimberley* de Patti Smith ou *Proud Mary* de Creedence Clearwater Revival.

Contemporastudio BIJOUX
(carte p. 60 ; ☏ 081 247 99 37 ; www.asadventrella.it ; Via Francesco Crispi 50 ; ⏱10h-13h30 et 16h-19h30 lun-ven, 10h-13h30 sam ; Ⓜ Piazza Amedeo). Dans un cadre en béton, le Contemporastudio présente les bijoux originaux du designer napolitain Asad Ventrella. Des colliers en argent en forme de pâtes aux bagues double face inspirées des sirènes, les créations de Ventrella sont pleines d'audace et de fantaisie.

Livio De Simone — MODE
(carte p. 60 ; ☏081 764 38 27 ; www.lds-fabrics.com ; Via Domenico Morelli 17 ; ◷10h-13h30 et 16h30-20h lun-sam ; 🚌C24 jusqu'à Piazza dei Martiri). Feu Livio De Simone a mis Capri sur le devant de la scène, habillant Audrey Hepburn et Jackie Onassis de ses vêtements aux couleurs audacieuses. Inspirée par l'île, l'été et la mer, sa fille Benedetta perpétue l'esprit de la marque avec des tissus imprimés au bloc, déclinés en robes chemisiers, robes, costumes et manteaux, avec sacs, porte-monnaie, étiquettes de valise, coussins et bols assortis.

Les prix baissent fortement lors des soldes en janvier et février.

La Feltrinelli — LIVRES, MUSIQUE
(carte p. 60 ; ☏199 151173 ; www.lafeltrinelli.it ; Piazza dei Martiri 23 ; ◷10h-21h lun-ven, 10h-22h sam, 10h-14h et 16h-22h dim ; 🚌C24 jusqu'à Piazza dei Martiri). Cette grande librairie-disquaire sur 3 niveaux vend livres, CD et DVD, et comprend un café et une billetterie.

🛡 Vomero, Capodimonte et La Sanità

De Paola Cameos — BIJOUX
(carte p. 64 ; ☏081 19 16 82 84 ; Via Annibale Caccavello 69 ; ◷ 9h30-20h lun-sam, 9h30-13h30 dim, horaires réduits hiver ; 🚌Centrale jusqu'à Piazza Fuga). De Paola propose une superbe choix de camées finement ciselés fabriqués sur place, ainsi que de classiques colliers, boucles d'oreille, pendentifs et bracelets en corail. L'atelier vend aussi la porcelaine renommée de Capodimonte.

ℹ Renseignements

Offices du tourisme

Office du tourisme (carte p. 40 ; ☏081 551 27 01 ; Piazza del Gesù Nuovo 7 ; ◷9h-17h lun-sam, 9h-13h dim ; Ⓜ Dante). Dans le centre historique.

Office du tourisme (carte p. 40 ; ☏081 26 87 79 ; Stazione Centrale ; ◷8h30-19h30 ; Ⓜ Garibaldi). Dans la Stazione Centrale (gare centrale).

Office du tourisme (carte p. 60 ; ☏081 40 23 94 ; Via San Carlo 9 ; ◷9h-17h lun-sam, 9h-13h dim ; 🚌R2 jusqu'à Via San Carlo, Ⓜ Municipio). Dans la Galleria Umberto I, en face du Teatro San Carlo.

Poste de police (Questura ; ☏081 794 11 11 ; Via Medina 75 ; Ⓜ Università). Possède un bureau pour les étrangers. Pour signaler un vol de voiture, appelez le ☏081 79 41 43.

Urgences
Pour une ambulance, appelez le ☏118.
Hôpital Loreto-Mare (Ospedale Loreto-Mare ; ☏081 254 27 01, urgences 081 254 27 43 ; Via A Vespucci 26 ; 🚌154, 🚌1, 2, 4). Hôpital du centre-ville avec un service d'urgences.

ℹ Depuis/vers Naples

Avion
Capodichino (p. 276), à 7 km au nord-est du centre-ville, est le principal aéroport du sud de l'Italie. Il relie Naples à nombre de villes italiennes et européennes, ainsi qu'à New York. La compagnie à bas coût easyJet offre plusieurs vols depuis/vers Capodichino pour Paris.

Bateau
Des ferries rapides et des hydroglisseurs partent du Molo Beverello, en face du Castel Nuovo, pour Capri, Ischia, Procida et Sorrente. Des hydroglisseurs à destination de Capri, Ischia et Procida partent également de Mergellina.

Les ferries qui rallient la Sicile, les îles Éoliennes et la Sardaigne partent du Molo Angioino (à côté du Molo Beverello) et de la proche Calata Porta di Massa.

Bus
La plupart des bus nationaux et internationaux partent maintenant du **Terminal Bus MetroPark** (carte p. 40 ; ☏800 650006 ; Corso Arnaldo Lucci ; Ⓜ Garibaldi), du côté sud de la Stazione Centrale. La gare routière abrite la **Biglietteria Vecchione** (☏081 563 03 20 ; ◷6h30-19h30 lun-sam), une billetterie qui vend des billets pour les bus nationaux et internationaux.

Le Terminal Bus MetroPark dessert de nombreuses compagnies de bus qui offrent des services régionaux. SITA (☏089 40 51 45 ; www.sitasudtrasporti.it), la plus utile, propose, entre autres, des liaisons pour Amalfi, Positano et Salerne.

Lors de nos recherches, les bus CLP et CTP partaient devant la Stazione Centrale sur Piazza Garibaldi. Cela pourrait changer avec l'achèvement des travaux sur la place ; vérifiez toujours le point de départ auprès de la compagnie car le quartier est en cours de réaménagement.

Train
Située sur la ligne Milan-Palerme et bien reliée aux autres villes du pays, Naples est le principal carrefour ferroviaire du sud de l'Italie.

La compagnie nationale Trenitalia (p. 277) offre des services réguliers pour Rome (2ᵉ classe 11,80-43 €, 1 heure 10-2 heures 45, jusqu'à 49/jour). La compagnie privée de trains à grande vitesse **Italo** (☎06 07 08 ; www.italotreno.it) propose également des services quotidiens pour Rome (2ᵉ classe 15-39 €, 1 heure 10, jusqu'à 15/jour). Tous les trains Italo ne s'arrêtent pas à Roma Termini ; beaucoup font halte à Roma Tiburtina.

Voiture et moto

Naples est desservie par l'Autostrada del Sole nord-sud, l'A1 qui rejoint Rome et Milan au nord et l'A3 qui court au sud vers Salerne et Reggio di Calabria.

❶ Comment circuler

Les voitures des non-résidents sont interdites dans la majeure partie du centre-ville, qui s'explore facilement à pied. De plus, Naples est bien desservie par les bus, le métro, les trains de banlieue, les tramways et les funiculaires.

Les billets TIC (Ticket Integrato Campani), en vente dans les kiosques, les bureaux de tabac et aux guichets automatiques, sont valables dans le métro, les bus, tramways et funiculaires de la ville, y compris dans les trains Circumvesuviana et Cumana à l'intérieur de la cité. Le TIC *biglietto integrato urbano* (1,50 €, 1 heure 30) autorise un trajet dans chacun des modes de transport (sauf les bus) dans un délai de 1 heure 30 après validation. Le TIC *biglietto giornaliero integrato urbano* (4,50 €, quotidien), valable jusqu'à minuit après validation, autorise un nombre illimité de trajets dans tous les bus, tramways, métros et funiculaires de la ville.

Les diverses compagnies de transport urbain vendent leurs propres billets, uniquement valables sur les lignes qu'elles desservent. Ainsi, ANM, qui gère des bus urbains, les 4 funiculaires et les lignes de métro nᵒˢ 1 et 6, propose un billet à usage unique à 1 €. La compagnie de chemin de fer nationale FS (Ferrovie dello Stato) gère la ligne de métro n°2 et offre un billet à usage unique à 1,20 €, utilisable uniquement sur cette ligne.

Les prix indiqués ici correspondent à des billets TIC intégrés (*biglietto orario*).

Bateau

Hydroglisseurs et ferries relient Naples à Capri, Ischia, Procida et Sorrente toute l'année.

Bus

Bien moins cher qu'un taxi, la navette Alibus (p. 276) circule entre l'aéroport, la Piazza Garibaldi (Stazione Centrale) et le Molo Beverello (3 € chez les buralistes sélectionnés, 4 € dans le bus, 45 min, toutes les 20-30 min).

Les bus ANM (p. 279) desservent la ville et sa périphérie. De nombreuses lignes passent par la Piazza Garibaldi.

Funiculaires

Trois services relient le centre-ville à Vomero et un quatrième circule entre Mergellina et Posillipo.

Métro

Ligne n°1 (Linea 1 ; www.anm.it). De Garibaldi (Stazione Centrale) à Vomero et aux faubourgs nord via le centre-ville. Parmi les arrêts utiles figurent Duomo et Università (lisière sud du centre historique), Municipio (terminaux des ferries et des hydroglisseurs), Toledo (Via Toledo et Quartiers espagnols), Dante (lisière ouest du centre historique) et Museo (musée Archéologique national).

Ligne n°2 (Linea 2 ; www.trenitalia.com). De Gianturco à Pozzuoli via Garibaldi (Stazione Centrale). Parmi les arrêts utiles figurent Piazza Cavour (La Sanità et lisière nord du centre historique), Piazza Amedeo (Chiaia) et Mergellina (terminal des ferries de Mergellina). Changement entre les lignes n°1 et n°2 à Garibaldi ou à Piazza Cavour (Museo sur la ligne n°1).

Ligne n°6 (Linea 6 ; www.anm.it). Un train léger qui circule entre Mergellina et Mostra.

Taxis

De l'aéroport, les tarifs officiels sont les suivants : 23 € jusqu'à un hôtel du front de mer ou le terminal des hydroglisseurs de Mergellina, 19 € jusqu'à la Piazza del Municipio ou le terminal des ferries Molo Beverello, 16 € jusqu'à la Stazione Centrale.

Pour réserver un taxi, appelez l'une des compagnies suivantes :
Consortaxi ☎081 22 22
Consorzio Taxi Napoli ☎081 88 88
Radio Taxi La Partenope ☎081 01 01

Tramways

La ligne n°1, qui relie Mercato di Poggioreale à la Piazza Garibaldi (Stazione Centrale), aux terminaux des ferries et des hydroglisseurs et à la Piazza Vittoria à Chiaia, est la plus utile.

CAMPI FLEGREI

S'étendant à l'ouest du Posillipo jusqu'à la mer Tyrrhénienne, les Campi Flegrei (champs Phlégréens) compensent les vilaines constructions urbaines par des cratères fumants, de luxuriants versants volcaniques et d'inestimables ruines antiques. Les colonies grecques de la région sont les plus anciennes d'Italie, tandis que le Monte Nuovo est la plus jeune montagne d'Europe. Porte des champs Phlégréens, la cité portuaire de Pouzzoles, pratique

Les champs Phlégréens (Campi Flegrei)

pour emprunter les ferries à destination d'Ischia et de Procida, abrite des trésors archéologiques.

ⓘ Depuis/vers les Campi Flegrei

La ligne de métro n°2 relie fréquemment Naples à Bagnoli (1,50 €) et Pozzuoli (2,50 €) dans les Campi Flegrei. Les trains de banlieue Ferrovia Cumana circulent aussi fréquemment entre Naples, Bagnoli et Pouzzoles. À Naples, les trains Cumana partent de la Stazione Cumana di Montesanto sur la Piazza Montesanto, à 500 m au sud-ouest de la Piazza Dante. La ligne Cumana est aussi pratique pour Lucrino (2,50 €, 29 min) et Fusaro (3,20 €, 33 min).

EAV (☏800 211388 ; www.eavsrl.it) propose des services de bus dans les champs Phlégréens, reliant les trains Cumana à Bacoli et Cuma. Toutefois, les correspondances sont souvent peu pratiques et les services peu fiables. Au-delà de Pouzzoles, le meilleur moyen d'explorer les champs Phlégréens consiste à s'adresser à un tour-opérateur local réputé comme **Yellow Sudmarine** (☏329 1010328, 334 1047036 ; www.yellowsudmarine.com ; visites guidées Pompéi 2 heures 110 €).

Pozzuoli (Pouzzoles) et environs

Fondée vers 530 av. J.-C. par des exilés politiques de l'île égéenne de Samos, Pozzuoli (l'ancienne Dikaiarchia) devint une colonie romaine en 194 av. J.-C. et un port majeur appelé Puteoli (Petits Puits). C'est là que saint Paul aurait accosté en 61, que San Gennaro (saint Janvier) fut décapité et que l'actrice Sophia Loren passa son enfance. Un lent mouvement de la croûte terrestre (phénomène appelé "bradyséisme") a soulevé le fond marin de 1,85 m entre 1982 et 1984, rendant le port trop peu profond pour les gros navires.

Les champs Phlégréens (Campi Flegrei)

⊙ Les incontournables
1. Parco Archeologico di Baia B2

⊙ À voir
2. Anfiteatro Flavio...............................D2
3. Città della Scienza............................F3
4. Lago d'Averno..................................C1
5. Mercato del Pesce di Pozzuoli........D2
6. Monte Nuovo...................................C1
7. Museo Archeologico dei Campi Flegrei C2
8. Parco Virgiliano................................F3
9. Piscina Mirabilis...............................C3
10. Rione Terra.....................................D2
11. Scavi Archeologici di Cuma............B1
12. Cratère de la Solfatara...................E2
13. Tempio di Serapide D2

⊙ Activités
14. Kayak Napoli G3
15. Terme Stufe di Nerone C2

⊙ Où se restaurer
16. Da Cicciotto....................................F3
17. Da Giona C4
18. Exytus Caffè....................................D2
19. Pizzaló..D2

⊙ Où sortir
20. Stadio San Paolo F2
21. Teatro Palapartenope....................F2

⊙ Achats
Libreria Lanovecento...................(voir 2)
22. Mercatino di Posillipo F3

La ville est entourée de curiosités géologiques, du cratère fumant de la Solfatara, à 1,2 km à l'est, au jeune Monte Nuovo, à 3 km à l'ouest.

🎯 À voir

Anfiteatro Flavio
RUINES

(carte p. 90 ; ☎848 80 02 88 ; Via Nicola Terracciano 75 ; tarif plein/réduit 4/2 € ; ⊙9h-1 heure avant crépuscule mer-lun ; Ⓜ Pozzuoli, ⓡ Cumana jusqu'à Pozzuoli). À l'époque romaine, le troisième plus grand amphithéâtre d'Italie, souhaité par Néron et construit par Vespasien entre 69 et 79, pouvait accueillir plus de 20 000 spectateurs et était parfois inondé pour reproduire des batailles navales. Les vestiges les mieux préservés se situent sous l'arène principale. Promenez-vous parmi les colonnes écroulées et remarquez les mécanismes complexes qui hissaient les cages des fauves à travers des ouvertures.

Rione Terra
SITE ARCHÉOLOGIQUE, RUINES

(carte p. 90 ; ☎848 80 02 88 ; www.cattedralepozzuoli.it ; Largo Sedile di Porto ; ⊙Duomo 10h-12h et 17h30-18h30 sam, 10h-11h30 et 17h30-20h dim ; Ⓜ Pozzuoli, ⓡ Cumana jusqu'à Pozzuoli). Rione Terra est le plus vieux quartier de Pouzzoles et son antique acropole. Le temple d'origine du IIe siècle av. J.-C., dédié à Jupiter, Junon et Minerve, fut remplacé par un sanctuaire consacré à Auguste au Ier siècle de notre ère. Ses colonnes en marbre font désormais partie du Duomo du XVIIe siècle, qui renferme 13 tableaux de grands peintres de l'époque, dont Artemisia Gentileschi, Giovanni Lanfranco et José de Ribera. Sous les bâtiments actuels se trouve un trésor archéologique, qui devrait bientôt rouvrir au public.

Datant de la période de l'ancien port de Puteoli, les ruines comprennent le *decumanus maximus* (rue principale) bordé d'anciennes tavernes, des échoppes de meunier (avec des meules intactes) et des graffitis du poète Catulle dans une cellule d'esclave. Les archéologues ont fait ces fascinantes découvertes après que l'activité volcanique dans les années 1970 ait obligé à une évacuation massive du quartier. Les visites guidées du Duomo (5 €) sont organisées par l'association culturelle Nemea (en anglais sur demande préalable par courriel à info@associazionenemea.it). Contactez Nemea pour des informations actualisées sur la réouverture du site.

Cratère de la Solfatara
VOLCAN

(carte p. 90 ; ☎081 526 23 41 ; www.solfatara.it ; Via Solfatara 161 ; tarif plein/réduit 7/5 € ; ⊙8h30-19h avr-oct, 8h30-16h30 reste de l'année ; Ⓜ Pozzuoli). À quelque 2 km dans la Via Rosini, qui devient la Via Solfatara (à environ 900 m au nord du métro), ce cratère surréaliste était appelé Forum Vulcani (la demeure de Vulcain, le dieu du Feu) par les Romains. Au bout du cratère fumant et malodorant, les *Stufe Antiche* furent aménagées en *sudatoria* (sauna) à la fin du XIXe siècle dans deux grottes naturelles. Des visites guidées de 2 heures 30 (tarif plein/réduit 15/6 €) sont régulièrement organisées en soirée ; consultez les dates sur le site Internet.

Tempio di Serapide
RUINES

(carte p. 90 ; Via Serapide ; Ⓜ Pozzuoli, ⓡ Cumana jusqu'à Pozzuoli). Juste à l'est du port, en contrebas sur une place verdoyante, le Tempio di Serapide n'était pas un temple, mais un ancien *macellum* (marché) ; il doit son nom à une statue du dieu égyptien Sérapis découverte ici en 1750. Ses toilettes, de chaque côté de l'abside est, sont un modèle d'ingéniosité.

Mercato del Pesce di Pozzuoli
MARCHÉ

(marché au poisson de Pouzzoles ; carte p. 90 ; Via Nicola Fasano ; ⊙7h30-13h30 mar-dim ; Ⓜ Pozzuoli, ⓡ Cumana jusqu'à Pozzuoli). Ce pittoresque marché de poisson constitue une agréable promenade matinale ; les

---

ⓘ AVANT LA VISITE

Avant d'explorer les Champs Phlégréens, arrêtez-vous à l'**office du tourisme** (carte p. 90 ; ☎081 526 14 81 ; www.infocampiflegrei.it ; Largo Matteotti 1a ; ⊙9h-15h lun-ven ; Ⓜ Pozzuoli, ⓡ Cumana jusqu'à Pozzuoli) de Pouzzoles pour des informations touristiques et des cartes de la région. À 5 minutes de marche de la station de métro, il vend aussi l'avantageux billet combiné à 4 €, qui comprend le Museo Archeologico dei Campi Flegrei, le Parco Archeologico di Baia, l'Anfiteatro Flavio et les Scavi Archeologici di Cuma.

Également utile, la **Libreria Lanovecento** (carte p. 90 ; ☎081 526 13 63 ; Via Carmine 2c/d ; ⊙17h-20h lun, 9h-13h et 17h-20h mar-sam ; Ⓜ Pozzuoli, ⓡ Cumana jusqu'à Pozzuoli) offre d'excellents livres sur la région, et propose un accès Internet.

prix sont nettement plus intéressants le dimanche, juste avant la fermeture. Le beau temps apporte de meilleures prises, avec des spécialités comme le *pesce azzurro* (maquereau), le *pesce bandiera* (voilier), les *seppie* (calamars), les *polipi* (poulpes), les *alici* (anchois) et les *gamberoni* (grosses crevettes). L'une des deux ailes regroupe d'alléchants étals de salamis et *salsiccie* (saucisses), de fromages, de fruits et de légumes ou de pain *casareccio* (fait maison) croustillant.

Non loin du Monte Nuovo, parfait pour un pique-nique, le marché se situe à 300 m au nord-ouest du Tempio di Serapide.

Monte Nuovo   PARC
(mont Nouveau ; carte p. 90 ; 081 804 14 62 ; Via Virgilio ; 9h-1 heure avant crépuscule lun-dim, 9h-13h dim ; Cumana jusqu'à Arco Felice). Le 29 septembre 1538 à 20h, une faille apparut dans le sol près de l'ancienne cité romaine de Tripergole et cracha violemment six jours durant un mélange de pierres ponces, de feu et de fumée. Après une semaine, Pouzzoles possèdait un nouveau voisin, haut de 134 m. La montagne la plus jeune d'Europe est aujourd'hui une paisible et verdoyante réserve naturelle, dont les pentes ombragées sont idéales pour un pique-nique avec vue sur la mer.

La formation de ce mont remonte en réalité au début des années 1530, quand un niveau inhabituel d'activité sismique commença à secouer le secteur. Les habitants remarquèrent alors un soulèvement spectaculaire du terrain entre le lac d'Averne, le mont Barbaro et la mer, qui déplaça la côte de plusieurs centaines de mètres. Ils ignoraient que le futur Monte Nuovo se préparait à surgir.

Città della Scienza   MUSÉE
(carte p. 90 ; 081 735 24 24 ; www.cittadellascienza.it ; Via Coroglio 104 ; tarif plein/réduit 8/5,50 € ; 9h-15h lun-sam, 10h-17h dim ; Cumana jusqu'à Bagnoli, puis bus C1 ou R7 jusqu'à Via Coroglio). Toujours en travaux depuis un incendie dévastateur en 2013, cette Cité des sciences, à 5 km au sud-est du centre de Pouzzoles, fait partie d'un projet de réhabilitation des aciéries de Bagnoli. Ce musée interactif enchante les enfants, qui peuvent découvrir de nombreux sujets, de la physique et des constellations aux volcans et à l'alimentation, à travers des expositions ludiques et instructives.

Où se restaurer

Exytus Caffè   CAFÉ €
(carte p. 90 ; 081 526 70 90 ; Corso della Repubblica 126, Pozzuoli ; cornetti 0,80 € ; 7h30-2h ; Pozzuoli, Cumana jusqu'à Pozzuoli). Ce petit café bénéficie d'une excellente réputation et vous devrez faire la queue pour commander un expresso avec parfaite *schiuma zuccherata* (mousse sucrée). Accompagnez-le d'un délicieux *cornetto* (croissant) ; nous avons adoré le mélange *crema e amarena* (crème et griottes).

Pizzaló   PIZZERIA, NAPOLITAIN €€
(carte p. 90 ; 081 658 75 66 ; Corso Umberto I 17/19, Pozzuoli ; repas 30 € ; 12h-5h30 et 19h-minuit ; ; Pozzuoli, Cumana jusqu'à Pozzuoli). Face à la populaire esplanade de Pozzuoli, ce restaurant-pizzeria sert de bonnes pizzas, ainsi que des plats napolitains aux tournures inattendues : *parmigiana di melanzane* (gratin d'aubergines au parmesan) avec des poulpes ou *paccheri alla genovese* (sorte de gros maccaronis aux oignons cuits lentement) accompagnés de fruits de mer. Par beau temps, les tables en terrasse sont prises d'assaut.

Lucrino, Baia et Bacoli

Ces villes se succèdent à l'ouest de Pouzzoles le long d'une belle route côtière. Lucrino, la première, abrite le paisible lac d'Averne (Lago d'Averno), l'entrée mythique des Enfers, et un centre thermal réputé. À 3 km au sud-ouest, Baia doit son nom à Baios, un compagnon d'Ulysse qui, selon le poète Licofrone, mourut et fut enterré ici. Villégiature romaine à la réputation sulfureuse, l'antique cité est en majeure partie sous l'eau (en raison d'un phénomène de mouvement des sols), mais les vestiges encore visibles et le musée archéologique récemment agrandi permettent d'imaginer ce qu'il en fut. À 4 km au sud, la bourgade de pêcheurs de Bacoli contient la splendide Piscina Mirabilis.

À voir et à faire

Parco Archeologico di Baia   RUINES
(carte p. 90 ; 081 868 75 92 ; www.coopculture.it ; Via Sella di Baia ; tarif plein/réduit sam-dim 4/2 €, entrée libre mar-ven ; 9h-15h mar-dim oct-nov et jan-fév, 9h-16h mar-dim mars-avr, 9h-18h mar-dim mai-août, 9h-17h mar-dim sept, 9h-14h45 mar-dim déc ; EAV jusqu'à Baia, Cumana jusqu'à Fusaro). Ces ruines

de l'époque romaine (Ier siècle av. J.-C.) faisaient partie d'un vaste palais et de thermes. Les empereurs et leurs hôtes se détendaient dans une série de bains somptueusement décorés qui descendait jusqu'à la mer. Parmi les vestiges figurent de ravissants sols en mosaïque, un *balneum* (bain) superbement orné de stucs, un théâtre en plein air et l'imposant Tempio di Mercurio (temple de Mercure), coiffé d'un dôme à oculus antérieur à celui du Panthéon à Rome. Le dôme recouvrait jadis un *frigidarium* (bassin d'eau froide), à 7 m environ au-dessous du niveau actuel de la mer.

Lors de notre dernier passage, les visiteurs devaient, le week-end, acheter leur billet au Museo Archeologico dei Campi Flegrei (ci-dessous). Si vous avez acheté un billet combiné (p. 92) à Pouzzoles, vous n'aurez pas à monter jusqu'à ce musée pour pouvoir entrer dans le Parco Archeologico di Baia.

Pour rejoindre le parc en transports publics, prenez le train Cumana jusqu'à la gare Fusaro, puis parcourez 150 m au nord jusqu'à la Via Fusaro et suivez-la sur 900 m vers l'est. De la Via Fusaro, vous pouvez aussi emprunter un bus EAV à destination de Monte di Procida jusqu'au site (les bus circulent environ toutes les 20 min du lundi au samedi et toutes les heures le dimanche). Vous pouvez également prendre ce bus dans le centre de Naples, sur la Piazza Municipio ou la Piazza Vittoria.

Museo Archeologico dei Campi Flegrei
MUSÉE, CHÂTEAU

(Musée archéologique des champs Phlégréens ; carte p. 90 ; 081 523 37 97; cir.campania.beniculturali.it/museoarcheologicocampiflegrei ; Via Castello 39 ; sam-dim 4 €, entrée libre mar-ven ; 9h-14h mar-dim, dernière entrée 13h ; EAV jusqu'à Baia). Ce musée, habituellement peu fréquenté, occupe le Castello di Baia, construit à la fin du XVe siècle par les Aragonais pour se protéger d'éventuelles incursions françaises. Agrandi ultérieurement par le vice-roi espagnol Don Pedro de Toledo, il servit d'orphelinat militaire pendant la majeure partie du XXe siècle. Aujourd'hui, il abrite une intéressante collection de trésors archéologiques des environs. Parmi les plus belles pièces figurent un ravissant *nymphaeum*, découvert dans les eaux de Baia et soigneusement reconstitué, une statue équestre en bronze de l'empereur Domitien (modifiée après sa destitution pour qu'il ressemble à Nerva, son successeur plus populaire) et des objets provenant de Rione Terra.

En raison de problèmes de financement et d'organisation, les heures d'ouverture et l'accès à plusieurs sections du musée sont variables. Lors de notre visite, le *nymphaeum* et la statue de Domitien n'étaient pas accessibles. Contactez le musée pour des informations actualisées.

Piscina Mirabilis
VESTIGES

(Piscine merveilleuse ; carte p. 90 ; 333 6853278 ; Via Piscina Mirabilis ; don apprécié ; horaires variables, fermé lun ; Cumana jusqu'à Fusaro, puis bus EAV jusqu'à Bacoli). Vous devez réserver (par téléphone) au moins 2 heures à l'avance pour visiter la plus grande citerne romaine du monde, une merveille de l'Antiquité. Baignant dans une étrange pénombre avec 48 piliers élancés qui soutiennent une voûte en berceau, cette "piscine merveilleuse" ressemble davantage à une cathédrale souterraine qu'à une gigantesque citerne. Si l'entrée est gratuite, un pourboire de 3 € par personne est bienvenu.

Construite à l'époque d'Auguste, cette citerne de 12 600 m^3 alimentait en eau douce la base navale voisine de Misène. Un aqueduc acheminait l'eau du Serino, que des engins hydrauliques faisaient remonter en surface via des portes percées dans la nef centrale. Aujourd'hui encore, la sophistication du système fascine les ingénieurs.

Lago d'Averno
LAC, RUINES

(lac d'Averne ; carte p. 90 ; Via Lucrino Averno ; Cumana jusqu'à Lucrino). Dans l'*Énéide* de Virgile, Énée descend aux Enfers depuis le lac d'Averne. Cet endroit bucolique, où des vignes et des vergers d'agrumes entourent un ancien cratère, n'évoque en rien le monde des ténèbres. Un chemin de randonnée populaire fait le tour du lac, qui s'étend à 1 km au nord de la gare ferroviaire de Lucrino.

Le nom du lac provient du mot grec άορνος (sans oiseaux) ; selon la légende, les oiseaux qui le survolaient tombaient dans le lac, sans doute en raison d'émanations de gaz volcaniques toxiques. En 37 av. J.-C., le général romain Marcus Vipsanius Agrippa le fit relier au proche lac de Lucrino et à la mer, transformant la porte des Enfers en un chantier naval stratégique. Si les navires de guerre ont disparu, les ruines du **Tempio di Apollo** (temple d'Apollon) bordent encore le lac. Édifié au IIe siècle sous le règne d'Hadrien, ces thermes étaient jadis coiffés d'un dôme presque aussi grand que celui du Panthéon de Rome. Il n'en reste que quatre grandes fenêtres cintrées.

Terme Stufe di Nerone THERMES
(carte p. 90 ; ☏081 868 80 06 ; www.termestufedinerone.it ; Via Stufe di Nerone 45 ; entrée journée 30 €, massage 40 min 35 € ; ⊙8h-20h tlj juin-août, 8h-20h lun, mer et sam, 8h-23h mar, jeu et ven, 8h-18h dim reste de l'année ; ⓡCumana jusqu'à Lucrino). Ce verdoyant complexe thermal, construit sur le site d'anciens thermes romains (repérez les vestiges dans le bar), comprend des grottes fumantes, des bains minéraux et des bassins, et constitue une parfaite antidote à l'effercescence de Naples. Les pass d'une journée doivent se réserver via le site Internet, de même que les soins de beauté et les massages (ces derniers au moins 2 jours à l'avance).

Les bonnets de bain sont obligatoires dans les bassins et peuvent s'acheter (avec une serviette) pour 8 € ; des claquettes sont également proposées pour 3 €. De la gare ferroviaire de Lucrino, suivez la Via Miliscola sur 500 m vers le sud-ouest puis prenez à droite la Via Stufe di Nerone et parcourez 200 m. Si vous disposez d'un véhicule, le parking coûte 2,50 €.

Cumes (Cuma)

Fondée au VIIIe siècle av. J.-C. par des colons grecs originaires de l'île d'Eubée, Cumes joua un rôle important dans l'imaginaire antique. Ses ruines, qui surplombent la flore méditerranéenne et la mer Tyrrhénienne, comptent parmi les plus évocatrices de la région.

Scavi Archeologici di Cuma VESTIGES
(carte p. 90 ; ☏081 854 30 60 ; Via Montecuma ; 4 € ; ⊙9h-15h jan-fév et oct-nov, 9h-14h45 déc, 9h-16h mars-avr, 9h-18h mai-août, 9h-17h sept ; ⓡCumana jusqu'à Fusaro, puis bus EAV jusqu'à Cuma). Les ruines de la première colonie grecque d'Italie continentale sont nimbées de mythologie antique : l'Antro della Sibilla Cumana (grotte de la Sibylle de Cumes) est l'endroit où l'oracle transmettait les messages d'Apollon ; il est fermé pour une durée indéterminée depuis 2014 après l'effondrement partiel d'un mur.

Le poète Virgile, probablement inspiré par une visite de la grotte, décrivit la venue d'Énée pour consulter la Sibylle, qui le dirigea vers Hadès (maître des Enfers) dont l'entrée se situait dans le proche lac d'Averne. Des études récentes ont démontré que le tunnel trapézoïdal long de 130 m faisait partie du système défensif de Cumes.

Plus fantastique encore, le **Tempio di Apollo** (temple d'Apollon) est construit sur le site où Dédale serait arrivé en Italie par la voie des airs. Selon la mythologie grecque, Dédale et son fils Icare auraient fui la Crète en volant pour échapper au roi Minos. En chemin, Icare se serait trop approché du soleil, la chaleur aurait fait fondre la cire qui maintenait les plumes de ses ailes et entraîné sa chute. Les ruines du Tempio di Giove (temple de Jupiter) se dressent au sommet de l'acropole. Datant du Ve siècle av. J.-C., le temple fut plus tard transformé en église chrétienne, dont subsistent les vestiges de l'autel et des fonts baptismaux circulaires.

De la gare Cumana de Fusaro, parcourez 150 m au nord jusqu'à la Via Fusaro, où des bus EAV desservent Cumes environ toutes les 30 minutes du lundi au samedi et toutes les heures le dimanche.

BAIE DE NAPLES

Ensevelies pendant des siècles sous des mètres de débris volcaniques, les sites archéologiques de la région de Naples font partie des ruines romaines les mieux conservées et les plus spectaculaires. Le long de cette baie densément construite, entre Naples et Castellammare, se trouvent Pompéi et Herculanum, deux sites majeurs, ainsi que d'autres merveilles moins connues, des belles villas anciennes au plus grand marché de fripes du pays.

Pompéi, Herculanum et Oplonte peuvent facilement se rejoindre à pied des gares de la ligne ferroviaire Circumvesuviana Naples-Sorrente. Stabies et Boscoreale demandent un peu plus d'efforts.

De Pompéi ou d'Herculanum, des bus font la navette jusqu'au Vésuve.

Herculanum (Ercolano)

Ercolano est une banlieue de Naples sans charme qui abrite l'un des sites antiques les mieux préservés d'Italie : Herculanum. Port de pêche superbement conservé, le site est plus petit et moins intimidant que Pompéi ; vous pouvez l'explorer sans avoir l'impression que vous allez manquer quelque chose.

Herculanum

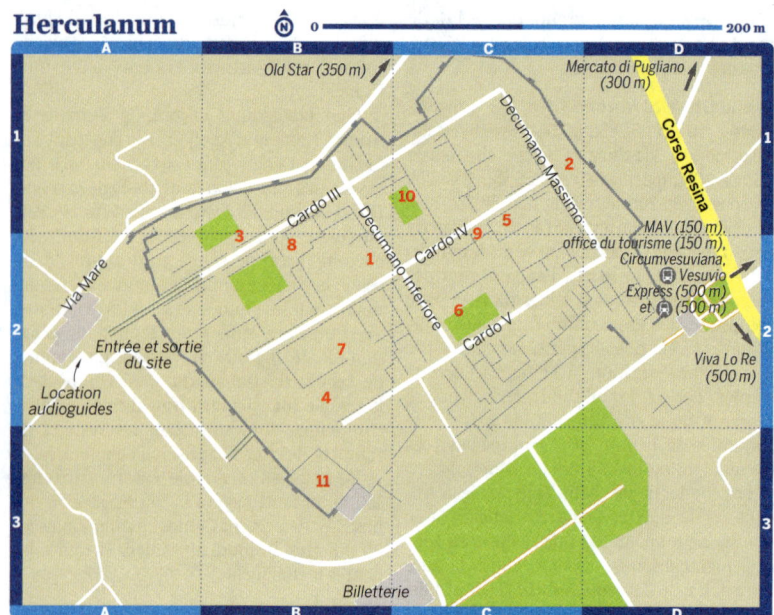

À voir

Herculanum SITE ARCHÉOLOGIQUE
(081 732 43 27 ; www.pompeiisites.org ; Corso Resina 187 ; tarif plein/réduit 11/5,50 €, avec Pompéi 20/10 € ; 8h30-19h30 été, 8h30-17h hiver ; Circumvesuviana jusqu'à Ercolano-Scavi). Éclipsé par sa rivale plus grande Pompéi, Herculanum possède nombre de trésors archéologiques, des anciennes publicités et des mosaïques stylées aux meubles carbonisés et aux squelettes aux expressions terrorisées. Superbement conservé, ce port de pêche romain de 4 000 habitants s'explore plus facilement que Pompéi et peut se visiter avec une carte et un audioguide (6,50 €).

De l'entrée principale du site sur le Corso Resina, descendez l'allée jusqu'à la billetterie (au bout à gauche). Une fois votre billet acheté, suivez l'allée jusqu'à l'entrée des ruines.

Le sort d'Herculanum fut identique à celui de Pompéi. Détruite par un tremblement de terre en 62, la cité fut ensevelie sous un torrent de boue épais de 16 m lors de l'éruption du Vésuve en 79. Dans cette ville littéralement fossilisée, même des objets délicats furent découverts remarquablement préservés. Les habitants eurent moins de chance : des milliers d'entre eux tentèrent de s'enfuir en bateau, mais succombèrent aux gaz toxiques du volcan. Ce qui ressemble à une douve autour de la ville est en fait l'ancien rivage. En 1980, des archéologues y ont découvert quelque 300 squelettes, les restes des habitants qui avaient fui sur la plage, où ils furent tués par la nuée ardente qui s'échappait du Vésuve.

Redécouverte en 1709, Herculanum fit l'objet de fouilles intermittentes jusqu'en 1874. De nombreuses trouvailles furent apportées à Naples pour décorer les maisons des nantis ou enrichir des musées. Les fouilles reprirent sérieusement en 1927 et se poursuivent jusqu'à aujourd'hui, ralenties par le fait que la majeure partie du site antique est enfouie

Herculanum

À voir
1 Casa del Tramezzo di Legno B2
2 Decumano Massimo C1
3 Casa d'Argo B2
4 Casa dei Cervi B2
5 Casa del Bel Cortile C1
6 Casa del Gran Portale C2
7 Casa dell'Atrio a Mosaico B2
8 Casa dello Scheletro B2
9 Casa di Nettuno e Anfitrite C2
10 Terme Maschili B1
11 Terme Suburbane B3

sous la moderne Ercolano. Sachez qu'à tout moment certaines maisons peuvent être fermées pour restauration.

➡ Casa d'Argo

(maison d'Argus). Cette demeure patricienne devait ouvrir à l'origine sur le Cardo II (pas encore excavé). Un *triclinium* (salle à manger) et d'autres pièces donne sur le jardin de palmiers, entouré d'un péristyle.

➡ Casa dello Scheletro

(maison du Squelette). La modeste Casa dello Scheletro présente cinq styles de sols en mosaïque, dont l'un avec des flèches blanches à l'entrée pour guider les visiteurs. Dans la cour intérieure, remarquez la lucarne avec les vestiges d'une ancienne grille de sécurité. Des mosaïques murales à thème mythologique, seules celles aux couleurs passées sont d'origine ; les autres sont exposées au Museo Archeologico Nazionale (p. 51) à Naples.

➡ Terme Maschili

(thermes des hommes). Les Terme Maschili étaient la section des hommes des **Terme del Foro** (thermes du Forum). Repérez les anciennes latrines à gauche de l'entrée avant de pénétrer dans l'*apodyterium* (vestiaire), avec un banc pour les clients qui attendaient et une étagère murale pour déposer sandales et toge.

VAUT LE DÉTOUR

VILLAS PATRICIENNES

Enfoui sous les rues disgracieuses de Torre Annunziata, **Oplonte** (Oplontis ; Via dei Sepolcri, Torre Annunziata ; Circumvesuviana jusqu'à Torre Annunziata) était jadis un faubourg huppé de Pompéi en bord de mer. Découvert au XVIIIe siècle, seules deux de ses maisons ont été exhumées et une seule, la villa de Poppée, est ouverte au public. Magnifique exemple de villa *otium* (résidence consacrée au repos et au divertissement), elle aurait appartenu à Sabine Poppée, la seconde épouse de Néron. Les peintures murales du Ier siècle qui ornent le *triclinium* (salle à manger) et le *caldarium* (bain chaud), dans l'aile ouest, sont particulièrement remarquables. Délimitant la lisière est de la ville, un jardin abrite une grande piscine (17 m x 61 m). La villa se situe à 300 m au sud de la gare Circumvesuviana de Torre Annunziata, dans la Via Sepolcri.

Au sud d'Oplonte, **Stabies** (Stabiae ; Via Passeggiata Archeologica, Castellammare di Stabia ; Circumvesuviana jusqu'à Via Nocera) s'étend sur les pentes du Varano, une colline qui surplombait jadis la mer et aujourd'hui la moderne Castellammare di Stabia. À Stabies, vous pouvez visiter deux villas : la Villa Arianna du Ier siècle av. J.-C., et la plus grande Villa San Marco, qui aurait mesuré plus de 11 000 m[2]. Aucune n'est en bon état, mais les fresques de la première suggèrent une demeure fastueuse. Stabies se situe à 1,7 km de marche au nord-est de la gare Circumvesuviana de Via Nocera. Vous pouvez aussi prendre le bus n°074 ou 077 à la gare.

À 3 km au nord de Pompéi, le site archéologique de **Boscoreale** (Via Settetermini, Boscoreale ; Circumvesuviana jusqu'à Pompeii-Scavi-Villa dei Misteri) comprend une rustique villa campagnarde du Ier siècle av. J.-C. et un fascinant antiquarium qui renferme des objets de Pompéi, Herculanum et la région alentour. Parmi les pièces les plus inhabituelles figurent des lambeaux de tissu romain, des coquilles d'œuf de Pompéi et une miche de pain carbonisée. Fermée pour restauration lors de notre passage, la villa devrait rouvrir vers la mi-2016 ; consultez le site www.pompeiisites.org ou contactez l'office du tourisme de Pompéi pour des informations actualisées. Pour rejoindre le site par les transports publics, prenez le train Circumvesuviana jusqu'à la gare Torre Annunziata, puis un train à destination de Poggiomarino et descendez à Boscoreale (le deuxième arrêt). De la gare, une marche de 1,5 km conduit aux ruines : longez vers le sud (à droite) la Via M del Corte, qui devient la Via Pompeii, puis tournez à droite dans la Via Settembrini ; suivez les panneaux indiquant l'Antiquarium Boscoreale.

Les heures d'ouverture des sites sont identiques : 8h30-19h30 (dernière entrée 18h) avr-oct, 8h30-17h (dernière entrée 15h30) nov-mars. Un seul billet (tarif plein/réduit 5,50/2,75 €) couvre les 3 sites, également accessibles avec le billet combiné 5 sites (tarif plein/réduit 20/10 €) qui comprend Pompéi et Herculanum.

Les plus téméraires entraient directement dans le *frigidarium* (bain froid) sur la gauche, tandis que les autres rejoignaient le *tepidarium* (bain tiède), à droite. L'effondrement du sol en mosaïque témoigne de l'activité sismique qui précéda l'éruption du Vésuve. Après cette salle se tient le *caldarium* (bain chaud), ainsi qu'un espace de gymnastique.

➡ Decumano Massimo

L'ancienne rue principale d'Herculanum est bordée d'échoppes, et des fragments de publicités – fournissant toutes sortes d'informations, du poids au prix des marchandises – ornent toujours les murs. Remarquez celle à droite de la Casa del Salone Nero (maison du Salon noir). Plus loin à l'est dans la rue, un crucifix trouvé à l'étage de la Casa del Bicentenario (maison du Bicentenaire) tend à prouver une présence chrétienne à Herculanum avant 79.

➡ Casa del Bel Cortile

(maison de la Belle Cour). La Casa del Bel Cortile abrite 3 des 300 squelettes découverts sur l'ancien littoral par les archéologues en 1980. Près de 2 000 ans plus tard, la vision de ce qui semble être un couple et leur jeune enfant blottis dans les derniers instants de leur vie demeure poignante.

➡ Casa di Nettuno e Anfitrite

(maison de Neptune et d'Amphitrite). Cette demeure patricienne doit son nom à l'extraordinaire mosaïque du *nymphaeum* (nymphée ; fontaine et bains). Les chaudes couleurs utilisées pour représenter le dieu de la Mer et son épouse laisse deviner la somptuosité de la décoration d'origine.

➡ Casa del Tramezzo di Legno

(maison de la Cloison en bois). Élément inhabituel, cette maison comporte deux atriums, qui appartenaient sans doute à deux maisons distinctes, réunies au Ier siècle. Le vestige le plus intéressant est ici un panneau en bois remarquablement conservé qui séparait l'atrium du *tablinum*, où le propriétaire parlait affaires avec ses clients. La seconde pièce du côté gauche de l'atrium abrite les restes d'un lit.

➡ Casa dell'Atrio a Mosaico

(maison de l'Atrium aux mosaïques). Cette demeure (fermée pour restauration) possède un vaste sol carrelé, inégal en raison du temps et de la nature. Dans l'atrium, l'échiquier noir et blanc en mosaïque est remarquable.

➡ Casa del Gran Portale

(maison au Grand Portail). La maison du Grand Portail doit son nom aux élégantes colonnes corinthiennes en brique qui encadrent l'entrée principale. Elle renferme quelques peintures bien préservées.

➡ Casa dei Cervi

(maison des Cerfs). Fermée pour une durée indéterminée lors de notre visite, la Casa dei Cervi constitue un exemple imposant d'une demeure patricienne qui, avant les coulées de boues volcaniques, se situait sur le front de mer. Cette villa à deux niveaux, édifiée autour d'une cour centrale, contient des peintures murales et quelques superbes natures mortes. Dans la cour, deux petits cerfs en marbre sont assaillis par des chiens, et une statue représente Hercule ivre soulageant sa vessie.

➡ Terme Suburbane

(thermes suburbains). À la pointe sud d'Herculanum, les Terme Suburbane du Ier siècle (fermés pour restauration) font partie des bains romains les mieux conservés, avec des bassins profonds, des frises et bas-reliefs en stuc, des sols et des sièges en marbre. C'est aussi l'un des meilleurs endroits pour découvrir les hauts dépôts volcaniques qui recouvrirent l'ancien littoral.

MAV MUSÉE

(Museo Archeologico Virtuale ; ☎ 081 1980 6511 ; www.museomav.com ; Via IV Novembre 44 ; tarif plein/réduit 7,50/6 €, documentaire 3D en option 4 € ; ⊙ 9h-17h30 tlj mars-sept, horaires réduits reste de l'année ; ® Circumvesuviana jusqu'à Ercolano-Scavi). À l'aide d'hologrammes high-tech et de reconstitutions créées par ordinateur, le Musée archéologique virtuel fait revivre des ruines comme le forum de Pompéi ou la Villa Jovis de Capri. Divertissant pour les enfants, ce musée permet d'appréhender la grandeur passée de ces édifices.

✘ Où se restaurer

♥ Viva Lo Re NAPOLITAIN €€

(☎ 081 739 02 07 ; www.vivalore.it ; Corso Resina 261 ; repas 35 € ; ⊙12h-16h et 20h30-tard mar-sam, 12h-16h dim ; ® Circumvesuviana jusqu'à Ercolano-Scavi). À 500 m au sud-est des ruines d'Herculanum sur le Corso Resina – surnommé le Miglio d'oro (Mile d'or) pour ses villas du XVIIIe siècle – cette *osteria* chic, ornée d'estampes anciennes et d'étagères chargées de livres, propose une somptueuse cuisine régionale revisitée. Superbe carte des vins et personnel charmant.

Commencez par l'antipasto raffiné, qui peut comprendre une *polpettina di baccalà* (beignet de morue), une *crocchetta di taleggio con porcino* (croquette au fromage et aux cèpes), ou une fleur de courgette farcie de ricotta. Les desserts sont succulents, notamment la divine tarte aux fraises.

Achats

Mercato di Pugliano MARCHÉ
(Via Pugliano ; 9h-13h lun-sam ; Circumvesuviana jusqu'à Ercolano-Scavi). Installé de part et d'autre de la Via Pugliano au cœur d'Ercolano, le plus grand marché de vêtements d'occasion du pays vend de tout, des habituelles vieilleries à de fabuleuses trouvailles (robes de cocktail, sacs à main en disque vinyle, vestes militaires). L'une des meilleures boutiques, **Old Star** (Via Pugliano 60 ; 8h-13h lun-dim) possède à l'étage un stock d'articles rares, souvent empruntés par des stylistes internationaux pour les étudier et s'en inspirer.

Repérez les articles vintage Moschino et Fendi, la mode indienne des années 1970 et des pulls en cachemire d'excellente qualité. De la gare Circumvesuviana Ercolano-Scavi, descendez sur 400 m, tournez à droite dans la Prima Traversa Mercato et parcourez 200 m jusqu'à la Via Pugliano.

Renseignements

Office du tourisme (Via IV Novembre 44 ; 9h-17h30 lun-sam ; Circumvesuviana jusqu'à Ercolano-Scavi). Le nouvel office du tourisme d'Ercolano se tient dans le même bâtiment que le MAV (p. 98), entre la gare ferroviaire Circumvesuviana Ercolano-Scavi et les *scavi* (ruines) d'Herculanum.

Depuis/vers Herculanum

Si vous empruntez le train Circumvesuviana (2,50 € de Naples ou de Sorrente), descendez à la gare Ercolano-Scavi et parcourez 500 m jusqu'aux ruines – suivez les panneaux indiquant les *scavi* le long de l'artère principale, la Via IV Novembre.

En voiture de Naples, suivez l'A3 qui court vers le sud-est le long de la baie de Naples. Pour rejoindre Herculanum, sortez à Ercolano Portico et suivez les panneaux jusqu'aux parkings proches du site. De Sorrente, empruntez la SS145 vers le nord pour rejoindre l'A3.

De fin mai à octobre, le train touristique Campania Express circule 3 fois par jour entre Naples (gares Circumvesuviana de Porta Nolana et de Piazza Garibaldi) et Sorrente, et fait halte uniquement à Ercolano-Scavi et Pompéi Scavi-Villa dei Misteri. Le billet aller-retour valable une journée (15 € ; 10 € avec l'Artecard) peut s'acheter dans les gares, en ligne sur les sites www.eavsrl.it ou www.campaniartecard/grandtour, ou par téléphone 800 600601.

VÉSUVE

Dominant la baie de Naples, le Vésuve fait partie de l'arc volcanique campanien, une série de volcans actifs, assoupis ou éteints qui comprend la Solfatara et le Monte Nuovo des champs Phlégréens, et le Monte Epomeo d'Ischia. Connu pour ses éruptions pliniennes explosives et l'urbanisation de ses alentours, le Vésuve est l'un des volcans les plus surveillés au monde. Une autre éruption de forte intensité serait catastrophique. Plus d'un demi-million de personnes vit dans la "zone rouge", le secteur le plus vulnérable aux coulées et dépôts pyroclastiques en cas d'éruption majeure. Pourtant, malgré les incitations du gouvernement à déménager, peu de résidents souhaitent partir.

À voir

Vésuve VOLCAN
(081 239 56 53 ; tarif plein/réduit 10/8 € ; 9h-18h juil-août, 9h-17h avr-juin et sept, 9h-16h mars et oct, 9h-15h nov-fév, billetterie fermée 1 heure avant). Depuis qu'il est entré dans l'histoire en 79, le Vésuve a connu une trentaine d'éruptions. La menace est rapidement oubliée au bord du cratère, où la vue spectaculaire englobe Naples, sa baie renommée dans le monde entier et une partie de la chaîne des Apennins. Le Vésuve constitue le cœur du **Parco Nazionale del Vesuvio** (www.epnv.it), avec 9 chemins de randonnée autour du volcan ; téléchargez la carte sur le site Internet du parc. **Naples Trips & Tours** (349 7155270 ; www.naples-tripsandtours.com ; visite guidée 50 €) propose également chaque jour un circuit à cheval (50 €, 3-4 heures).

Le volcan aurait autrefois été plus haut qu'aujourd'hui, avec un seul sommet à quelque 3 000 m, contre 1 281 m actuellement. L'éruption spectaculaire qui ensevelit Pompéi sous la lave et repoussa la côte de plusieurs kilomètres, détruisit aussi le sommet de la montagne, créant une immense caldeira et deux nouveaux pics. Après 79, l'éruption la plus dévastatrice eut lieu en 1631, et la plus récente en 1944.

ℹ️ Depuis/vers le Vésuve

On rejoint le Vésuve en bus d'Ercolano et de Pompéi.

Du Piazzale Stazione Circumvesuviana, devant la gare ferroviaire Ercolano-Scavi, les bus **Vesuvio Express** (081 739 36 66 ; www.vesuvioexpress.it ; aller-retour avec accès au sommet 20 € ; toutes les 40 min, 9h30-16h) rejoignent le parking du sommet. De là, un chemin de 860 m (prévoyez des baskets et un pull) monte jusqu'au cratère (environ 25 minutes).

Des **navettes** (340 9352616 ; www.busviadelvesuvio.com ; Via Villa dei Misteri, Pompeii ; aller-retour avec accès au sommet tarif plein/réduit 22/7 € ; 9h-16h) partent toutes les heures devant la gare ferroviaire Circumvesuviana Pompei Scavi-Villa dei Misteri jusqu'au Boscoreale Terminal Interchange. De là, un trajet de 25 minutes conduit au parc national dans un véhicule de style 4x4. Il n'est pas nécessaire de réserver.

En cas de mauvais temps, le chemin qui mène au cratère est fermé et la circulation des véhicules suspendue.

En voiture, sortez de l'A3 à Ercolano Portico et suivez les panneaux indiquant le Parco Nazionale del Vesuvio.

ℹ️ POMPÉI PRATIQUE

Si vous visitez Pompéi en été, emportez un chapeau, une crème solaire et beaucoup d'eau. Avec des enfants, venez plutôt en début de matinée ou en fin d'après-midi, quand le soleil décline. Sachez que le sol irrégulier est un cauchemar avec une poussette. Pour découvrir pleinement le site, prévoyez au moins 3 ou 4 heures. Vous devrez présenter une pièce d'identité pour bénéficier d'une réduction ou louer un audioguide.

POMPÉI

Si l'actuelle Pompéi (Pompei en italien) ressemble à une ville-satellite quelconque de Naples, elle abrite le site archéologique le plus fascinant d'Europe. Les ruines de Pompéi, étendues et émouvantes, rappellent les forces dévastrices qui grondent à l'ntérieur du Vésuve.

👁 À voir

Ruines de Pompéi SITE ARCHÉOLOGIQUE (081 857 53 47 ; www.pompeiisites.org ; accès via Porta Marina, Piazza Esedra et Piazza Anfiteatro ; tarif plein/réduit 11/5,50 €, avec Herculanum 20/10 € ; 8h30-19h30 été, 8h30-17h hiver). Les ruines de l'ancienne Pompéi constituent l'un des sites archéologiques les plus passionnants au monde. Son importance tient principalement au fait que la cité ne fut pas détruite pas le Vésuve en 79, mais enfouie sous une couche de *lapilli* (fragments de lave incandescente). Le visiteur peut ainsi découvrir des scènes préservées de la vie d'antan, arpenter des rues romaines et jeter un coup d'œil dans des maisons, temples, échoppes, cafés, amphithéâtres et même un lupanar vieux de deux millénaires.

Les origines de Pompéi restent incertaines, mais il semble que la ville ait été fondée au VIIe siècle av. J.-C. par les Osques de Campanie. Au cours des sept siècles suivants, elle passa successivement aux mains des Grecs et des Samnites, avant de devenir une colonie romaine en 80 av. J.-C. En 62, à peine 17 ans avant l'éruption du Vésuve, Pompéi fut frappée par un séisme dévastateur et la plupart de ses 20 000 habitants furent évacués. Si beaucoup n'étaient pas revenus lors de la catastrophe de 79, celle-ci coûta la vie à 2 000 hommes, femmes et enfants.

Pompéi tomba ensuite dans l'oubli jusqu'en 1594, quand l'architecte Domenico Fontana découvrit les ruines en creusant un canal. Les fouilles ne commencèrent réellement qu'en 1748. Sur les 66 ha de Pompéi, 44 ont été actuellement mis au jour. Cela ne signifie pas que vous pourrez explorer tous les recoins de ce site classé au patrimoine mondial de l'Unesco. Vous serez confronté à des secteurs interdits sans raison apparente. Un audioguide constitue un bon investissement (6,50 €, payables en espèces), de même qu'un guide détaillé, tel *Pompeii*, publié par Electa Napoli.

Ces dernières années, le site a souffert en raison du mauvais temps et de négligences. En mars 2014, de fortes pluies ont provoqué l'effondrement d'un mur d'une ancienne échoppe. Les réfections sont en cours, mais ralenties par des problèmes politiques, financiers et administratifs.

Pompéi

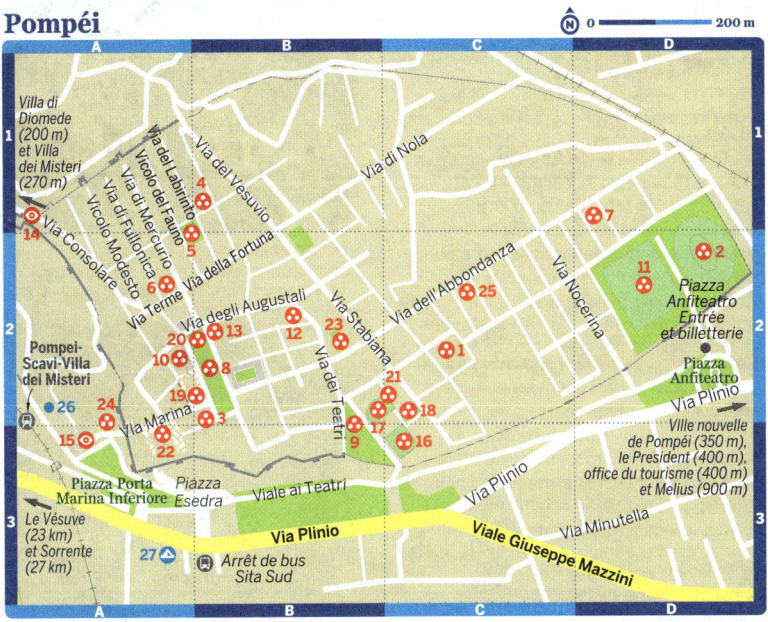

Pompéi

🔴 À voir
1 Casa del Menandro	C2
2 Anfiteatro	D2
3 Basilica	B2
4 Casa dei Vettii	B1
5 Casa del Fauno	A2
6 Casa del Poeta Tragico	A2
7 Casa della Venere in Conchiglia	D1
8 Foro	B2
9 Foro Triangolare	B3
10 Granai del Foro	A2
11 Grande Palestra	D2
12 Lupanare	B2
13 Macellum	B2
14 Porta Ercolano	A1
15 Porta Marina	A3
16 Quadriportico dei Teatri	C3
17 Teatro Grande	B2
18 Teatro Piccolo	C2
19 Tempio di Apollo	B2
20 Tempio di Giove	B2
21 Tempio di Iside	C2
22 Tempio di Venere	A3
23 Terme Stabiane	B2
24 Terme Suburbane	A2
25 Via dell'Abbondanza	C2

🔵 Activités
26 Busvia del Vesuvio	A2

🟢 Où se loger
27 Camping Spartacus	A3

➡ **Terme Suburbane**

À l'extérieur des remparts de l'ancienne cité, ces thermes du Ier siècle av. J.-C. sont fameux pour plusieurs fresques érotiques qui ont scandalisé le Vatican lors de leur découverte en 2001. Elles ornent ce qui était autrefois l'*apodyterium* (vestiaire). La salle qui mène au *frigidarium* (bain froid), décoré de fresques colorées, comporte des fragments de stucs et l'un des rares toits d'origine à avoir subsisté. Après le *tepadarium* (bain tiède) et le *caldarium* (bain chaud) se trouvent les vestiges d'une piscine extérieure chauffée.

➡ **Porta Marina**

Principale entrée du site, la Porta Marina est la plus impressionnante des sept portes qui jalonnaient les remparts. Passage fréquenté, aujourd'hui comme autrefois, elle reliait la cité au port voisin (d'où son nom). Juste après la porte sur la droite, le **Tempio di Venere** (temple de Vénus) était jadis l'un des plus somptueux de la ville.

➡ **Foro**

(Forum). Immense rectangle herbeux flanqué de colonnes en calcaire, le *foro* était la place principale de Pompéi et le site des combats de gladiateurs avant la construction de l'amphithéâtre. Il était le centre des activités administratives, marchandes,

La tragédie de Pompéi

24 AOÛT 79

8h Les **Terme Suburbane** ❶ et le **foro** ❷ sont toujours en travaux après le tremblement de terre de l'an 63 qui a dévasté la ville. Malgré les violentes secousses ressenties pendant la nuit, les habitants sont loin d'imaginer la catastrophe qui va se produire.

Midi Des habitants font leurs achats au **Thermopolium di Vetutius Placidus** ❸, tandis que d'autres paressent au **Lupanare** ❹. Des gladiateurs s'entraînent pour leurs combats du soir à l'**anfiteatro** ❺. Une forte explosion annonce l'éruption. Un énorme nuage noir de matière volcanique haut de 14 km se forme alors au-dessus du cratère.

15h-17h Une pluie de lapilli (pierres poreuses incandescentes) tombe sur Pompéi. Terrifiés, les habitants commencent à fuir, d'autres cherchent un refuge. En moins de 2 heures, le panache volcanique atteint 25 km de haut, obscurcissant le ciel. Les toits des maisons s'effondrent sous le poids des débris, ensevelissant leurs occupants.

25 AOÛT 79

Minuit Un torrent de boue engloutit Herculanum. La pluie de lapilli et de cendres continue de tomber sur Pompéi. Elle pénètre à l'intérieur des édifices, asphyxiant les habitants.

4h-8h Des nuées ardentes atteignent Herculanum et dévastent Pompéi, tuant les derniers habitants, dont ceux de l'**Orto dei Fuggiaschi** ❻. La couche de lapilli préservera pendant près de deux millénaires des trésors comme les fresques de la **Casa del Menandro** ❼ et de la **Villa dei Misteri** ❽.

BON À SAVOIR

» Venir de préférence l'après-midi
» Compter au moins 3 heures
» Prévoir des chaussures confortables et un chapeau
» Apporter de l'eau
» Ne pas utiliser de flash

Terme Suburbane
Des fresques grivoises ornent les murs du *laconicum* (sauna), du *caldarium* (bains chauds) et du grand bassin chauffé des thermes.

Foro
Situé au croisement des principales artères de Pompéi, le forum était le centre de la ville. Immense rectangle interdit à la circulation au Ier siècle, il était flanqué, au sud, de statues de membres de la famille impériale dont il ne reste que le socle.

Villa dei Misteri
On peut admirer dans cette villa la célèbre fresque de la *Frise dionysiaque*, mais aussi un trompe-l'œil dans le *cubiculum* (chambre) et une décoration raffinée aux accents égyptiens dans le *tablinum* (réception).

Lupanare
Les prostituées de ce lupanar étaient souvent des esclaves d'origine grecque ou orientale. Des matelas garnissaient les lits en pierre, et les noms gravés sur les murs sont probablement ceux de ces femmes et de leurs clients.

Thermopolium di Vetutius Placidus
Sur le comptoir de cette échoppe alimentaire, des urnes contenaient de la nourriture chaude. Le *lararium* (sanctuaire domestique) sur le mur du fond est orné d'une fresque de Dionysos (dieu du Vin) et de Mercure (dieu du Commerce).

Casa dei Vettii

Porta del Vesuvio

TÉMOIN OCULAIRE
Pline le jeune (61-vers 114) fit un saisissant récit de la catastrophe dans des lettres adressées à Tacite (vers 58-120).

Porta di Nola

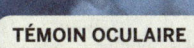

Porta di Sarno

Grande Palestra

Tempio di Iside

Casa del Menandro
Cette maison appartenait probablement à la famille de Poppée, deuxième épouse de Néron. Une pièce à gauche de l'atrium recèle une fresque sur la guerre de Troie et une mosaïque polychrome de pygmées descendant le Nil à la rame.

Orto dei Fuggiaschi
C'est dans le jardin des Fugitifs que l'on découvre les moulages émouvants des corps recroquevillés de treize habitants qui s'y étaient réfugiés lors de l'éruption. Il s'agit du plus grand nombre de victimes trouvées en un seul endroit.

Anfiteatro
Les magistrats, les sénateurs ainsi que les mécènes et les organisateurs des combats de gladiateurs prenaient place au premier rang de ce vénérable amphithéâtre. Des peintures de scènes de combats, de chasse et de victoires décorent le parapet entourant le stade.

politiques et religieuses comme en témoignent les bâtiments qui l'entourent.

➜ Basilica

Siège des tribunaux et des affaires commerciales, la basilique du IIe siècle av. J.-C. comporte des absides semi-circulaires, qui influencèrent plus tard la conception des premières églises chrétiennes.

➜ Tempio di Apollo

(temple d'Apollon). Plus ancien et important édifice religieux de Pompéi, le Tempio di Apollo date en grande partie du IIe siècle av. J.-C., notamment l'imposant portique. Il subsiste quelques vestiges d'un temple antérieur, du VIe siècle av. J.-C.

➜ Tempio di Giove

(temple de Jupiter). L'un des deux arcs de triomphe qui encadraient le temple est toujours debout.

➜ Granai del Foro

(grenier du Forum). Le Granai del Foro abrite aujourd'hui des centaines d'amphores, ainsi que les moulages réalisés à la fin du XIXe siècle en coulant du plâtre dans les creux des corps désintégrés. Parmi ces moulages figure celui d'une esclave enceinte ; la ceinture autour de sa taille devait indiquer le nom de son propriétaire.

➜ Macellum

Le *macellum* était le principal marché d'alimentation. L'espace circulaire au centre était le *tholos*, une halle couverte où se vendaient viande et poissons. Les fresques qui subsistent représentent quelques marchandises, dont des crevettes.

➜ Lupanare

Seule maison close officielle de Pompéi, le Lupanare est un petit bâtiment à deux niveaux avec cinq chambres à chaque étage. Sa collection de fresques grivoises était une sorte de menu pour les clients. Les murs des chambres comportent des graffitis, dont des déclarations d'amour et d'espoir écrites par les "travailleuses".

➜ Foro Triangolare

Le verdoyant Forum triangulaire devait jadis surplomber la mer.

➜ Teatro Grande

L'immense Grand Théâtre fut taillé au IIe siècle av. J.-C. dans la lave sur laquelle Pompéi était construite et comptait 5 000 places.

➜ Quadriportico dei Teatri

Derrière la scène du Teatro Grande, le Quadriportico dei Teatri (Quadriportique des théâtres) était l'endroit où le public flânait durant les entractes et servit plus tard de caserne pour les gladiateurs.

➜ Teatro Piccolo

Le Teatro Piccolo (Petit Théâtre) ou Odéon, un théâtre couvert, était réputé pour son acoustique.

➜ Tempio di Iside

(temple d'Isis). Antérieur à l'époque romaine, ce temple était un lieu de culte populaire.

➜ Casa del Menandro

(maison de Ménandre). Mieux conservée que la plus grande Casa del Fauno, cette luxueuse demeure possède un élégant péristyle (cour entourée d'une colonnade) après l'atrium superbement décoré de fresques. Dans le coin droit du péristyle, un couloir conduit à des thermes privés, ornés de ravissantes fresques et mosaïques. La pièce centrale, à l'autre bout du péristyle, renferme une splendide mosaïque de l'ancien dramaturge grec Ménandre, d'où le nom de la villa.

➜ Via dell'Abbondanza

(rue de l'Abondance). La Via dell'Abbondanza était l'artère principale de Pompéi. Les pierres surélevées permettaient de traverser la rue sans marcher dans les déchets qui la jonchaient.

➜ Terme Stabiane

Dans ces thermes typiques du IIe siècle av. J.-C., les baigneurs entraient par le vestibule, se changeaient dans l'*apodyterium* (vestiaire) voûté, puis passaient par le *tepidarium* (salle tiède) et le *caldarium* (salle chaude). Dans le vestiaire des hommes, remarquez la voûte ornée de stucs et de curieuses représentations de *putti* (amours) et de nymphes.

VISITES GUIDÉES

Vous serez certainement abordé par un guide devant la billetterie. Les guides agréés portent un badge. Parmi les tour-opérateurs réputés, citons :

➜ **Yellow Sudmarine** (p. 90).

➜ **Walks of Italy** (www.walksofitaly.com ; circuit guidé 2 heures 30, 52 €/pers).

Pour plus d'informations, contactez l'office de tourisme de la ville (p. 106).

➜ Casa della Venere in Conchiglia

(maison de la Vénus au coquillage). La Casa della Venere in Conchiglia abrite un charmant péristyle qui donne sur un petit jardin. Ce dernier contient la fresque de Vénus, qui a donné son nom à la maison.

➜ Anfiteatro

(Amphithéâtre). Cet amphithéâtre verdoyant, construit en 70 av. J.-C., est le plus ancien amphithéâtre romain connu. Il pouvait accueillir jusqu'à 20 000 spectateurs.

➜ Grande Palestra

La Grande Palestra (Grande Palestre), où s'exerçaient les athlètes, comprend un imposant portique qui date de la période d'Auguste. Au centre, les vestiges d'une piscine sont fermés au public.

➜ Casa del Fauno

(maison du Faune). Couvrant une *insula* (pâté de maisons) et comptant deux atriums en façade (les maisons plus modestes en possédaient un seul), la plus grande demeure privée de Pompéi doit son nom à la délicate statue en bronze dans l'*impluvium* (citerne d'eau de pluie). C'est là que les premiers archéologues découvrirent les plus belles mosaïques de la cité, pour la plupart conservées au Museo Archeologico Nazionale à Naples (p. 51). Parmi celles qui restent figurent un superbe sol en marbre aux motifs géométriques.

➜ Casa del Poeta Tragico

(maison du Poète tragique). Dissimulée derrière des échafaudages lors de notre passage, la Casa del Poeta Tragico comporte le premier avertissement connu "attention au chien" – *cave canem*.

➜ Casa dei Vettii

Cette maison abrite la fameuse représentation de Priape pesant sur une balance son phallus gigantesque.

➜ Villa dei Misteri

(villa des Mystères). Récemment restaurée, cette villa de 90 pièces est l'un des édifices les plus complets de Pompéi. La **frise dionysiaque**, la fresque la plus importante laissée *in situ*, couvre les murs de la vaste salle à manger. L'une des plus grandes et plus époustouflantes peintures de l'Antiquité, elle décrit l'initiation d'une future épouse au culte de Dionysos, le dieu grec de la vigne. À l'extrémité nord de la villa – une ancienne ferme –, on peut voir le secteur de vinification. Suivez la Via Consolare en sortant de la ville par la **Porta Ercolano**. Continuez après la **Villa di Diomede** et tournez à droite pour rejoindre la Villa dei Misteri.

Où se restaurer

Vous trouverez une cafétéria dans l'enceinte du site, et nombre de restaurants médiocres aux alentours. La ville moderne compte quelques établissements plus attrayants.

Melius   TRAITEUR €

(✆ 081 850 25 98 ; Via Lepanto 156-160 ; ⊙ 8h-15h et 16h30-20h lun-ven, 8h-14h et 16h30-20h sam, 8h-14h dim ; ⛲ FS jusqu'à Pompei, Circumvesuviana jusqu'à Pompei Scavi-Villa dei Misteri). Cet excellent traiteur propose quelques délices du coin comme la fraîche *mozzarella di bufala*, les pâtes Graniano, la *sopressata Cilentana* (salami fumé de Cilento), des confitures d'agrumes de la côte amalfitaine et la *liquore alla mela annurca* (une liqueur à base de pommes Annurca).

Pour un pique-nique, achetez du pain parfumé, une bouteille de Falanghina et quelques plats préparés ; les aubergines marinées au poivre et la *pizza di scarole* (tourte à la scarole) sont succulentes.

♥ President   CAMPANIEN €€

(✆ 081 850 72 45 ; www.ristorantepresident.it ; Piazza Schettini 12 ; repas 35 € ; ⊙ 12h-16h et 19h-minuit, fermé lun oct-avr ; ⛲ FS jusqu'à Pompei, ⛲ Circumvesuviana jusqu'à Pompei Scavi-Villa dei Misteri). Avec ses lustres, son service affable et sa salle à manger privée digne d'un film avec Audrey Hepburn, le President est restaurant étoilé bourré de charme. Son aimable propriétaire, Paolo Gramaglia, voue une passion aux produits locaux, à l'histoire et à la créativité culinaire, qui se traduit par exemple par du pain confectionné selon d'anciennes recettes romaines, du vivaneau cuit lentement et accompagné de purée de tomate et d'une glace à l'oignon doux, et de *pastiera* (tarte napolitaine). La carte est créative, et le brio du chef égale la liste des vins du sommelier Eulalia Buondonn, qui comprend quelque 600 crus de vignerons italiens estimés ou moins connus. Le personnel sert volontiers les vins au verre, même d'une bouteille à 100 €.

Si vous prévoyez de prendre un train régional à la gare de Pompéi (plus proche et plus pratique que la gare Circumvesuviana de Pompei Scavi-Villa dei Misteri) pour retourner à Naples, sachez que le dernier part à 21h40.

❶ Renseignements

Office du tourisme (☎081 850 72 55 ; Via Sacra 1 ; ⊗8h30-15h30 lun-ven). Dans le centre de la ville moderne.

❶ Depuis/vers Pompéi

Pour rejoindre les *scavi* (ruines) par le train Circumvesuviana (3,20 € de Naples, 2,80 € de Sorrente), descendez à la gare Pompei Scavi-Villa dei Misteri, proche de l'entrée principale, la Porta Marina. Les trains régionaux (www.trenitalia.com) font halte à la gare de Pompéi, dans le centre de la ville moderne.

Si vous venez en voiture de Naples, empruntez l'A3 vers le sud-est, prenez la sortie Pompei et suivez les panneaux indiquant Pompei Scavi. Les parkings (environ 5 €/jour) sont bien signalés. Parmi ceux-ci, le **Camping Spartacus** (☎081 862 40 78 ; Via Plinio 127) se situe en face des ruines. De Sorrente, suivez la SS145 vers le nord, qui rejoint A3 et Pompéi.

De fin mai à octobre, le train touristique Campania Express circule 3 fois par jour entre Naples (gares Porta Nolana et Circumvesuviana Piazza Garibaldi) et Sorrente, et fait halte uniquement à Ercolano-Scavi et Pompei-Scavi-Villa dei Misteri. Les billets aller-retour, valables une journée (15 € ; 10 € avec l'Artecard) peuvent s'acheter aux gares ou en ligne.

Les îles

Dans ce chapitre ➡
Capri	110
Ischia	125
Ischia Porto et Ischia Ponte	128
Lacco Ameno	133
Forio et la côte ouest	135
Sant'Angelo et la côte sud	137
Procida	139
Marina Grande	139
Marina Corricella	141
Marina di Chiaiolella	142

Le top des restaurants

- ➡ È Divino (p. 117)
- ➡ Il Focolare (p. 138)
- ➡ Il Geranio (p. 119)
- ➡ Caracalè (p. 142)

Le top des hébergements

- ➡ Hotel Villa Eva (p. 206)
- ➡ Mezzatorre Resort & Spa (p. 208)
- ➡ Hotel Semiramis (p. 208)
- ➡ Hotel La Vigna (p. 209)

Pourquoi y aller

Émaillant le magnifique bleu de la baie de Naples comme autant de taches de couleur, les îles de la côte amalfitaine sont aussi appréciées que réputées. Et, pour ajouter à leur attrait, Procida, Ischia et Capri sont toutes très différentes, non seulement par leurs dimensions, leur atmosphère et leurs paysages, mais aussi par leurs sites d'intérêt et les activités qu'il est possible d'y pratiquer. Pittoresque, Procida est la plus petite des trois : on peut ainsi découvrir à pied sa nature préservée et goûter à son ambiance paisible en l'espace de quelques heures seulement. Plus sophistiquée en revanche, Capri – fief des célébrités – offre nombre de curiosités et de boutiques à explorer. Organisez votre journée avec soin (et chaussez-vous bien), surtout si vous avez décidé de la parcourir à pied. Quant à Ischia, la plus grande des trois, elle a encore plus à offrir : sources thermales, jardins botaniques, criques secrètes, repas d'exception… Et, si vous rêvez tout simplement de repos, allez vous allonger sur les plages, les plus belles de la baie de Naples.

Quand partir

- ➡ Les îles de la baie de Naples bénéficient du même climat que le reste de la Campanie.
- ➡ Évitez le mois d'août, période durant laquelle la plupart des Italiens prennent leurs congés annuels, se joignant ainsi au flot de touristes étrangers qui gagnent les îles. Juillet est aussi très chargé, notamment à Ischia et à Capri.
- ➡ Les meilleures périodes pour se rendre sur les îles sont avril-mai et septembre-octobre : on y bénéficie d'un bel ensoleillement et de températures agréables.
- ➡ À Pâques, attendez-vous à trouver beaucoup de monde. Néanmoins, les processions sur Procida sont un spectacle réellement fascinant.

À ne pas manquer

1 Un déjeuner dans un restaurant de poisson à **Marina Corricella** (p. 141), village de pêcheurs aux couleurs pastel.

2 Une escapade en **bateau de location** (p. 116) sur les eaux turquoise entourant Capri.

3 Les magnifiques jardins de **La Mortella** (p. 135), à Forio.

4 La montée en télésiège jusqu'au sommet du **Monte Solaro** (p. 113), point culminant de Capri.

5 Une balade menant de la ville de Capri à une **villa romaine** (p. 111) et à une arche en pierre naturelle.

6 Une journée de farniente au soleil sur l'une des splendides plages de sable d'**Ischia** (p. 138).

7 Les bienfaits d'un bain et d'un massage au **Negombo** (p. 134), un centre thermal.

CAPRI

12 200 HABITANTS

Bienvenue à Capri, île magique alliant beauté légendaire et plaisirs variés qui ont séduit empereurs romains, révolutionnaires russes et, depuis des décennies, stars hollywoodiennes. Avec ses places élégantes et ses cafés décontractés, ses ruines romaines et ses côtes déchiquetées, elle rassemble à elle seule tous les aspects du charme méditerranéen.

Déjà habitée au paléolithique, Capri fut brièvement occupée par les Grecs avant qu'Auguste ne se l'accapare et que Tibère ne s'y retire en 27 de notre ère. Son statut actuel de centre touristique date du début du XXe siècle.

Capri est aussi une destination idéale pour une excursion d'une journée et un lieu de villégiature estivale en vogue auprès des célébrités. Inévitablement, les deux principales villes, Capri et sa rivale Anacapri, plus en altitude, étant presque totalement vouées au tourisme, les prix pratiqués sont élevés. Mais passés les cafés et les boutiques de designers, on découvre une île au charme intact, parsemée de villas somptueuses, de potagers luxuriants, d'une profusion de stucs effrités et délavés par le soleil et de massifs de bougainvillées aux couleurs éclatantes. Et toutes ces merveilles dominent une eau d'un bleu profond qui vient clapoter au fond de criques cachées et de grottes mystérieuses.

À voir et à faire

Le nom de Capri vient du grec ancien *kaprie* (signifiant chèvre sauvage). D'aucuns affirment d'ailleurs qu'il faut être aussi habile qu'une chèvre pour explorer l'île comme il se doit. Toutefois rassurez-vous, si votre temps est limité, les curiosités de Capri peuvent être visitées en prenant le funiculaire, le bus et/ou le taxi. L'île compte trois secteurs distincts : la superbe et sophistiquée ville de Capri ; le village d'Anacapri, plus modeste ; et Marina Grande, très animée, où débarquent les visiteurs.

Ville de Capri

Avec ses maisons en pierre blanchies à la chaux et ses rues minuscules (et sans voitures), Capri ressemble plus à un décor de cinéma qu'à une ville réelle. Version miniature du chic méditerranéen, c'est un mélange un rien tape-à-l'œil d'hôtels luxueux, de bars et de restaurants haut de gamme, et de boutiques de créateurs. En

---

TROIS JOURS DE RÊVE DANS LES ÎLES

Jour 1 : Plaisirs simples à Procida

Après le tohu-bohu de Naples, offrez-vous une journée de tranquillité sur l'île de Procida, oasis pittoresque aux paysages intacts, située à un court trajet en ferry du continent. Après une promenade dans le centre historique (*centro storico*), attablez-vous dans le ravissant village de **Marina Corricella** (p. 141) pour un repas de poisson, à déguster en observant les bateaux de pêche. L'après-midi, une **croisière** (p. 140) autour de l'île vous permettra de découvrir ses jolies criques cachées.

Jour 2 : Jardins, boutiques et centres thermaux d'Ischia

Prévoyez d'arriver tôt sur Ischia, et rendez-vous aux jardins botaniques de **La Mortella** (p. 135), afin d'admirer les plantes exotiques qui bordent les chemins ombragés. Déjeunez près de la plage du ravissant village de **Sant'Angelo** (p. 137). Prenez ensuite un bateau-taxi jusqu'aux **Terme Cavascura** (p. 138), bains naturels les plus anciens de l'île, pour un après-midi de soins reposant. Terminez la journée en flânant dans les **boutiques** (p. 133) éclectiques de la Via Roma, toute proche de l'embarcadère des ferries.

Jour 3 : Glamour et beauté naturelle à Capri

Levez-vous tôt, avant que les excursionnistes ne débarquent, et rejoignez les habitants sur l'emblématique **Piazzetta (Piazza Umberto I)**. Aux boutiques chics des environs, préférez les **Giardini di Augusto** (p. 113), oasis de verdure ponctuée de terrasses fleuries créée par l'empereur Auguste. Vous y bénéficierez de l'une des plus belles vues de Capri. Choisissez un restaurant donnant sur la mer, puis découvrez la beauté des **sentiers** (p. 116) de l'île lors d'une balade tranquille ou d'une randonnée plus sportive.

été, le centre est noir de visiteurs d'un jour, appareil photo à la main, et de *beautiful people*. N'hésitez pas à explorer les ruelles pleines de charme alentour, où la foule s'aventure moins. Il serait aussi dommage de manquer la promenade à pied jusqu'à la Villa Jovis, à l'est de la ville.

Piazza Umberto I — PLACE

(carte p. 114 ; La Piazzetta). Dominée par la tour de l'horloge et entourée de cafés chics, cette petite place, sorte de salon en plein air ultra sélect, est au cœur de la vie de Capri, surtout le soir, où l'activité principale est de s'y montrer élégamment vêtu. Préparez-vous, dès l'instant où vous vous installez pour prendre un verre, à payer le prix pour la vue fantastique (environ 6 € le café et 16 € les deux verres de vin blanc).

♥ Villa Jovis — VESTIGES

(Villa de Jupiter ; carte p. 112 ; Via A Maiuri ; tarif plein/réduit 2/1 € ; ◐11h-15h, fermé mar 1ᵉʳ-15 du mois et 2 derniers dim du mois). Située à l'est de la ville, à 45 minutes de marche le long de la Via Tiberio, la Villa Jovis était la plus grande et la plus luxueuse des douze villas romaines de l'île, et la résidence principale de Tibère à Capri. Cette immense propriété dédiée aux plaisirs, désormais en ruine, comprenait des appartements impériaux et de vastes bains nichés au milieu de jardins et de bois.

La situation spectaculaire de la villa posa un problème ardu aux architectes : comment collecter et stocker suffisamment d'eau pour alimenter les bains et entretenir les 3 000 m² de jardins. Ils optèrent pour un système sophistiqué de canaux conduisant les eaux de pluie jusqu'à quatre citernes géantes dont les vestiges sont encore visibles.

Derrière la villa, un escalier monte au **Salto di Tiberio** (saut de Tibère), une falaise abrupte de 330 m de haut d'où, dit-on, Tibère faisait précipiter les courtisans qui avaient cessé de lui plaire. Légende ou réalité ? Quoi qu'il en soit, la vue depuis ce promontoire est impressionnante ; soyez prudent si vous êtes sujet au vertige.

Non loin de la villa, en descendant la Via Tiberio puis la Via Matermània, on découvre l'**Arco Naturale** (carte p. 112), une grand arche rocheuse sculptée par les vagues. En fonction de l'heure, vous pourrez profiter de cette marche pour déjeuner au restaurant troglodyte Le Grotelle (p. 118).

SE REPÉRER À CAPRI

Tous les hydroglisseurs et les ferries arrivent à Marina Grande, carrefour des transports de l'île. De là, le moyen le plus rapide pour monter dans la ville de Capri est le funiculaire, mais il y a aussi des bus, et des taxis plus coûteux. À pied, l'ascension de 2,3 km par la Via Marina Grande est ardue. Arrivé en haut, tournez à gauche (vers l'est) au croisement avec la Via Roma pour rejoindre le centre de la ville, ou à droite (vers l'ouest) pour remonter la Via Provinciale Anacapri, qui devient la Via Giuseppe Orlandi en arrivant à Anacapri.

La minuscule Piazza Umberto I est le point central de la ville de Capri. À deux pas à l'est, la Via Vittorio Emanuele descend vers la Via Camerelle, principale artère commerçante.

En haut de la colline, à Anacapri, les bus et taxis vous déposent sur la Piazza Vittoria, d'où partent la Via Giuseppe Orlandi, la rue principale, vers le sud-ouest, et la Via Capodimonte qui conduit à la Villa San Michele d'Axel Munthe.

Chiesa di Santo Stefano — ÉGLISE

(carte p. 114 ; Piazza Umberto I ; ◐8h-20h). Donnant sur la Piazza Umberto I, cette église baroque du XVIIᵉ siècle est notable pour son sol en marbre bien conservé (provenant de la Villa Jovis) et une statue de San Costanzo, le saint patron de Capri. Remarquez le couple de patriciens à la pose alanguie, dans la chapelle au sud du maître-autel, qui semble faire écho à certains élégants sur les terrasses des cafés. À côté de la chapelle nord, un reliquaire protège un os de saint qui aurait, dit-on, sauvé Capri de la peste au XIXᵉ siècle.

Certosa di San Giacomo — MONASTÈRE

(chatreuse Saint-Jacques ; carte p.114 ; ☎ 081 837 62 18 ; Viale Certosa 40 ; 4 € ; ◐9h-14h mar-dim, plus 17h-20h l'été). Fondé en 1363, ce monastère, considéré comme le plus bel exemple conservé de l'architecture locale, abrite aujourd'hui une école, une bibliothèque, une salle d'exposition et un musée présentant des peintures du XVIIᵉ siècle. Ses deux

Capri

Les incontournables
1 Villa Jovis G1

À voir
2 Belvedere di Tragara F3
3 Grotta di Matermània..........................F2
4 Arco Naturale......................................F3
5 Belvedere di Migliera..........................B4
6 Chiesa di San Costanzo D2
7 Faro..A4
8 Grotte Bleue B1
9 La Crocetta..C2
10 Santa Maria
   a Cetrella D3
11 Torre di Materita B3
12 Torre Saracena...................................E3
13 Villa Malaparte...................................G3

Activités
14 Bagni Lo Scoglio delle Sirene D3
15 Banana Sport......................................E1
16 Capri Whales......................................E2
17 Sercomar..E2

Où se loger
18 Belvedere e Tre Re E2
19 Hotel Alla Bussola di Hermes B2
20 Hotel Villa Eva B1
21 Hotel Villa Sarah F2
22 Relais Maresca...................................E2

Où se restaurer
23 La Palette..F3
24 L'Approdo...E2
25 Le Grottelle..F3

---

cloîtres témoignent de sa splendeur passée (le plus petit date du XIVe siècle et le plus grand du XVIe siècle).

Pour vous y rendre, prenez la Via Vittorio Emanuele, à l'est de la Piazza Umberto 1, qui descend en serpentant jusqu'au monastère.

Le monastère a connu une histoire tourmentée : devenu le bastion de la puissante communauté des chartreux de l'île, il subit de violents assauts des sarrasins au XVIe siècle. Un siècle plus tard, les moines s'y retirèrent pour échapper à la peste, mais la population en colère, car se sentant abandonnée, jeta des cadavres par-dessus les murs. Dans l'église, on peut admirer de belles fresques du XVIIe siècle.

Giardini di Augusto   JARDINS
(jardins d'Auguste ; carte p. 114 ; 1 € ; 9h-1 heure vant le coucher du soleil). Pour échapper à la foule de Capri, direction les jardins près de la Certosa di San Giacomo. Créée par l'empereur Auguste, cette oasis de verdure se déploie en une série de terrasses fleuries jusqu'à un point de vue d'où contempler les **Isole Faraglioni**, trois pointes calcaire qui jaillissent de la mer.

Hauts de 109 m, 81 m et 104 m, ces pitons abritent un rare lézard bleu longtemps considéré comme endémique aux Faraglioni, avant qu'on ne le découvre également sur la côte sicilienne.

Depuis les jardins, la **Via Krupp** descend en zigzags vers Marina Piccola. Un curieux buste de Lénine surplombe la route depuis une plate-forme voisine, mais personne ne semble savoir qui l'a placé ici, ni pourquoi.

Anacapri et ses environs

Plus modeste que la ville de Capri, Anacapri n'est pas restée à l'écart du tourisme. Mais l'intérêt des visiteurs se limite principalement à la Villa San Michele d'Axel Munthe et aux boutiques de souvenirs des rues principales. En vous éloignant de ces sites, vous pourrez découvrir qu'Anacapri est demeuré un paisible village rural.

Villa San Michele
di Axel Munthe   MAISON D'ÉCRIVAIN
(carte p. 118 ; 081 837 14 01 ; www.villasanmichele.eu ; Via Axel Munthe 34 ; 7 € ; 9h-18h l'été, horaires réduits le reste de l'année). Ancienne résidence du médecin et écrivain suédois Axel Munthe (1857-1949), la villa San Michele est incontournable. Construite sur les ruines d'une villa romaine, elle possède un jardin propice à une promenade tranquille le long de sentiers bordés de parterres impeccables. L'endroit, agrémenté de sculptures romaines, bénéficie aussi de vues superbes.

Si vous êtes sur place entre juillet et septembre, essayez d'assister à l'un des concerts classiques donnés dans le jardin. Consultez le site Internet de la fondation Axel Munthe (www.sanmichele.org) pour connaître le programme et vous renseigner sur les réservations.

Seggiovia
del Monte Solaro   TÉLÉSIÈGE
(carte p. 118 ; 081 837 14 38 ; www.capriseggiovia.it ; aller/aller-retour 7,50/10 € ; 9h30-17h l'été, 9h30-15h30 l'hiver). Moyen rapide de rejoindre le point culminant de l'île, à 589 m

d'altitude, la Seggiovia (télésiège) del Monte Solaro d'Anacapri vous transporte jusqu'au sommet de la montagne en 12 minutes, en un trajet paisible et splendide. Le panorama depuis le sommet est exceptionnel et, par temps clair, on voit toute la baie de Naples, la côte amalfitaine et les îles d'Ischia et de Procida. Il y a une cafétéria qui sert en-cas, boissons et glaces au sommet.

Casa Rossa MUSÉE
(carte p. 118 ; ☏081 838 21 93 ; Via Guiseppe Orlandi 78 ; 3,50 € ; ◎10h-13h30 et 17h30-20h). Cette superbe "maison rouge", de style marocain, fut construite en 1876 par un colonel américain, John Clay MacKown. Bâtie autour d'une tour défensive du XVIᵉ siècle, elle renferme une collection éclectique de peintures du XIXᵉ siècle, dont des tableaux de Capri par Gonsalvo Carelli (1818-1900), et par le peintre français Édouard Alexandre Sain (1830-1910), dont la toile *Mariage à Capri* capte à la perfection l'ambiance de l'île. Vous y verrez aussi une colossale statue romaine du Iᵉʳ siècle découverte au cours des fouilles menées dans la Grotta Azzurra, au début du XIXᵉ siècle.

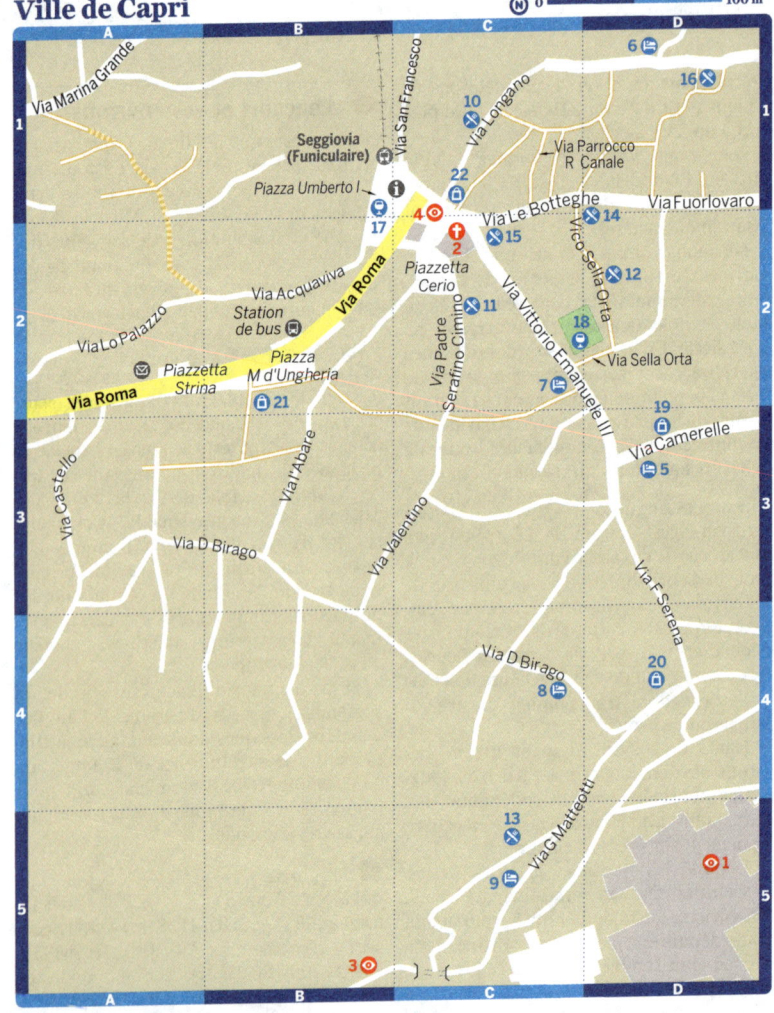

Ville de Capri

À NE PAS MANQUER

LA GROTTE BLEUE

Seule grande curiosité de Capri, la Grotta Azzurra (grotte Bleue ; carte p. 112 ; 13 € ; 9h-1 heure avant le coucher du soleil) est une étonnante grotte marine éclairée d'une lumière bleue quasi surnaturelle. Le moyen le plus simple pour la visiter est de participer à un circuit en bateau (081 837 56 46 ; www.motoscafisticapri.com ; Pontile n°0, Marina Grande ; en ligne 12 €, sur place 14 €) au départ de Marina Grande. Les billets comprennent l'aller-retour en bateau et la barque dans la grotte. Le droit d'entrée est à régler à part. Comptez une bonne heure.

La grotte était connue depuis longtemps des pêcheurs lorsqu'elle fut redécouverte par deux Allemands, l'écrivain Augustus Kopisch et le peintre Ernst Fries, en 1826. Des recherches ultérieures révélèrent que l'empereur Tibère y avait déjà fait construire un quai et un nymphée (sanctuaire consacré aux nymphes) vers l'an 30. On peut encore voir le débarcadère taillé dans la roche au fond de la grotte.

Mesurant 54 m sur 30 m et d'une hauteur de 15 m, la grotte se serait affaissée de 20 m à l'époque préhistorique, bloquant toutes les issues à l'exception de l'entrée actuelle haute de de 1,3 m, ce qui explique cet incroyable phénomène. La lumière pénètre par une petite ouverture sous-marine et est réfractée par l'eau. Cet effet, combiné à la réflexion de la lumière sur le fond sablonneux blanc, produit la vive lumière bleue qui a donné son nom à la grotte.

La grotte est fermée lorsque la mer est agitée et il est interdit de s'y baigner, mais vous pouvez le faire devant l'entrée. Prenez un bus jusqu'à la grotte Bleue, descendez les marches sur la droite et plongez depuis la petite plate-forme en béton. Lors de votre visite, n'oubliez pas que les "bateliers chantants" sont compris dans le prix ; sentez-vous libre de refuser s'ils insistent pour recevoir un pourboire.

LES ÎLES CAPRI

Chiesa di San Michele ÉGLISE
(carte p. 118 ; Piazza San Nicola ; tarif plein/réduit 2 €/gratuit ; 9h30-19h). Si vous aimez les couleurs et les motifs complexes de la faïence italienne, ne manquez pas la Chiesa di San Michele, de style baroque. À l'intérieur, le splendide sol octogonal (XVIIIe siècle), tout en majoliques, montre Adam et Ève accompagnés d'un étrange bestiaire comprenant une licorne, un taureau, plusieurs chèvres et un éléphant.

Faro PHARE
(carte p. 112 ; Punta Carena). Dressé sur la Punta Carena, la pointe déchiquetée située au sud-ouest de Capri, ce phare est l'un des plus hauts et des plus puissants de toute l'Italie. Les rochers alentour, léchés par une eau turquoise, offrent durant l'été un lieu propice à la baignade et à la plongée (sans aucun danger). Pour vous y rendre, prenez un bus qui part du centre d'Anacapri en direction du phare

Ville de Capri

À voir
1. Certosa di San Giacomo D5
2. Chiesa di Santo Stefano C2
3. Giardini di Augusto B5
4. Piazza Umberto I C1

Où se loger
5. Grand Hotel Quisisana D3
6. Hotel Esperia D1
7. Hotel Gatto Bianco C2
8. Hotel La Tosca C4
9. Hotel Villa Krupp C5

Où se restaurer
10. Al Grottino C1
11. Donna Rachele C2

12. È Divino D2
13. Il Geranio C5
14. La Capannina D2
15. Raffaele Buonacore C2
16. Scialapopola D1

Où prendre un verre
17. Pulalli B1
18. Taverna Anema e Core C2

Achats
19. Capri Watch D3
20. Carthusia I Profumi di Capri D4
21. Da Costanzo B2
22. La Parisienne C1

QUATRE BALADES À PIED À CAPRI

Même si Capri est une île de petite taille, vous pourrez y faire des randonnées mémorables. Le long des chemins bien entretenus qui sillonnent l'île, vous découvrirez des zones qui, même en plein été, restent quasi désertes. Les offices du tourisme peuvent vous fournir des cartes.

De l'Arco Naturale à la Punta Dell'arcera

➜ **Distance :** 1,2 km ; 1 heure 15

Cette promenade débute à l'est de la ville de Capri, à l'**Arco Naturale** (p. 111), une drôle d'arche en calcaire érodée qui faisait partie d'une immense grotte. À l'extrémité de la Via Matermania, revenez sur vos pas jusqu'au restaurant Le Grottelle et descendez l'escalier situé à côté. À mi-parcours, vous arrivez à la **Grotta di Matermania** (carte p. 112), une grande grotte naturelle dont les Romains avaient fait un nymphée. On peut toujours y voir quelques traces de mur en mosaïque décoré de coquillages. Au fond de la grotte, reprenez le sentier qui suit la côte rocheuse vers le sud. L'incroyable villa rouge au toit plat, à gauche, sur la Punta Massullo, est la **Villa Malaparte** (carte p. 112), créée pour l'écrivain toscan Curzio Malaparte (1898-1957) et dans laquelle Jean-Luc Godard tourna quelques scène du *Mépris*. Plus loin, les points de vue sur la mer sont de plus en plus spectaculaires à mesure que le sentier progresse vers l'ouest et contourne les pentes boisées du **mont Tuoro**. Quelques centaines de mètres plus loin, un escalier, sur la droite, monte au **Belvedere di Tragara** (carte p. 112), d'où une vue splendide s'étend sur les Isole Faraglioni.

D'Anacapri au Monte Solaro

➜ **Distance :** 2 km ; 2 heures

Surplombant Anacapri, le **mont Solaro** (p. 113) est le point culminant de Capri. Pour accéder au sommet, vous pouvez soit prendre la *seggiovia* (télésiège) depuis la Piazza Vittoria, soit monter à pied. Dans ce dernier cas, empruntez la Via Axel Munthe et tournez à droite

toutes les 20 minutes en été toutes les 40 minutes en hiver).

◉ Marina Grande

Le port principal de Capri a un petit côté désordonné et charmant, et ne laisse rien présager du clinquant cosmopolite qui règne en haut de la colline. Si l'appel de la grande bleue se fait sentir, vous trouverez une plage de galets longue de 200 m à l'ouest du port.

**Chiesa
di San Costanzo**   ÉGLISE

(carte p. 112 ; Via Marina Grande). C'est la plus vieille église de l'île et l'unique véritable site d'intérêt de la marina. Datant du Vᵉ siècle, cet édifice blanchi à la chaux est dédié au saint patron de l'île, qui s'y installa après avoir réchappé à une terrible tempête au cours d'un voyage de Constantinople à Rome. La première église fut construite sur un édifice romain, mais le bâtiment actuel, de style byzantin, est le fruit d'un remaniement du Xᵉ siècle. À l'intérieur, ses colonnes dépareillées et rafistolées témoignent de son grand âge.

♥ **Banana Sport**   LOCATION DE BATEAUX

(carte p. 112 ; ☎081 837 51 88 ; Marina Grande ; location 2 heures/journée 90/200 € ; ☺mai-sept). Installé à la lisière est du front de mer, Banana Sport loue des petites embarcations à moteur (5 personnes) permettant de découvrir des criques et des grottes secrètes. On peut aussi prendre un bateau pour rallier un lieu de baignade prisé, le **Bagno di Tiberio** (10 €), petite crique à l'ouest de Marina Grande. La légende veut que Tibère s'y soit baigné une fois.

♥ **Capri Whales**   LOCATION DE BATEAUX

(carte p. 112 ; ☎081 837 58 33 ; www.capriwhales.it ; Marina Grande 17 ; location 2 heures 90 €, circuit 3 heures 200 € ; ☺mai-oct ; 🄰). Ces petites embarcations sont parfaitement équipées pour les familles, et comportent glacière, matériel de snorkeling, gilets de sauvetage et jeux en plastique gonflables. L'agence propose des excursions autour de l'île et vers le continent.

Sercomar   PLONGÉE

(carte p. 112 ; ☎081 837 87 81 ; www.capriseaservice.com ; Via Colombo 64, Marina Grande ; ☺avr-oct ; 🄰). Cette agence est réputée pour

dans la Via Salita per il Solaro. Suivez le petit sentier escarpé qui grimpe jusqu'au col de La Crocetta (carte p. 112), marqué par un crucifix en fer impossible à manquer. Ici, le sentier se divise : à droite, vous montez au sommet qui préside à une vue spectaculaire sur la baie de Naples et la côte amalfitaine, et à gauche, vous descendez vers la vallée de Cetrella et l'ermitage de Santa Maria a Cetrella (carte p. 112 ; généralement ouvert le samedi après-midi jusqu'au coucher du soleil).

D'Anacapri au Belvedere di Migliera

→ **Distance :** 2 km ; 45 minutes

Cette balade agréable mène au Belvedere di Migliera (carte p. 112), plate-forme panoramique offrant une vue magnifique sur la mer.

L'itinéraire est on ne peut plus simple : depuis la Piazza Vittoria, suivez la Via Caposcuro et son prolongement, la Via Migliera. En chemin, vous longerez des vergers, des vignobles et de petites parcelles boisées. Arrivé au belvédère, vous pouvez revenir par la Torre di Materita (carte p. 112) ou, s'il vous reste de l'énergie, entreprendre l'ascension du mont Solaro. Sachez toutefois que ce sentier est classé "moyen-difficile" par le Club alpin italien (Club Alpino Italiano).

De la Punta Carena à la Punta dell'Arcera (Sentiero dei Fortini)

→ **Distance :** 5,2 km ; 3 heures

Serpentant le long de la côte ouest de l'île, mésestimée, le Sentiero dei Fortini (sentier des Petits Forts) est un merveilleux chemin de randonnée, quoiqu'un peu difficile, qui conduit de la Punta Carena, pointe sud-ouest de l'île, à la Punta dell'Arcera, près de la Grotta Azzurra (p. 113), au nord. Ainsi nommé parce qu'il passe par les trois forts (Pino, Mesola et Orrico) de la côte, ce sentier traverse des paysages parmi les plus sauvages de Capri.

ses différentes formules plongée, allant de 100 € la plongée unique (3 personnes maximum) à 150 € la plongée en individuel, ou encore 350 € le stage de 4 séances pour débutants. Également : cours de snorkeling pour enfants (12 ans et plus) à partir de 35 € les 30 minutes.

◉ Marina Piccola

Sur la côte opposée de l'île, directement au sud de Marina Grande, Marina Piccola n'est guère plus qu'une succession de plages privées. Accessible par un court trajet en bus ou en 15 minutes de marche depuis Capri, elle possède une plage publique de galets de 50 m de long, fermée par le Scoglio delle Sirene (rocher des Sirènes) à l'extrémité ouest et par une Torre Saracena (tour sarrasine ; carte p. 112) à l'est. La baignade n'est pas plus agréable qu'ailleurs, même si les deux rochers émergeant de l'eau à 10 m au large font office de plongeoirs.

Bagni Lo Scoglio delle Sirene CANOË
(carte p. 112 ; ☏ 081 837 02 21 ; Via Mulo 77 ; ☉ juin-sept). Ce prestataire fiable facture environ 15 € l'heure le canoë double, et 8 € le canoë simple.

 Où se restaurer

À Capri, la cuisine traditionnelle servie dans des trattorias traditionnelles est à l'honneur. Les prix sont élevés, mais ils baissent considérablement à mesure que l'on s'éloigne de la ville de Capri.

Le grand classique de l'île : l'*insalata caprese*, une salade de tomates fraîches, basilic et mozzarella arrosée d'huile d'olive. Découvrez aussi le fromage *caprese*, croisement de mozzarella et de ricotta, et les *ravioli caprese*, farcis au fromage *caprese* et aux herbes. Beaucoup de restaurants, comme les hôtels, ferment en hiver jusqu'à Pâques.

✖ Ville de Capri et ses environs

♥ **È Divino** ITALIEN €
(carte p. 114 ; ☏ 081 837 83 64 ; Vico Sella Orta ; repas 20 € ; ☉ 13h-15h et 19h30-0h mar-dim). Il faut vraiment chercher l'enseigne à peine visible de cette adresse Slow Food, un secret bien gardé. À peine la porte franchie, on se retrouve dans ce qui ressemble à une salle à manger traditionnelle. Seuls les délicieux effluves et le distant tintement des verres indiquent que l'on est bel et bien dans un

Anacapri

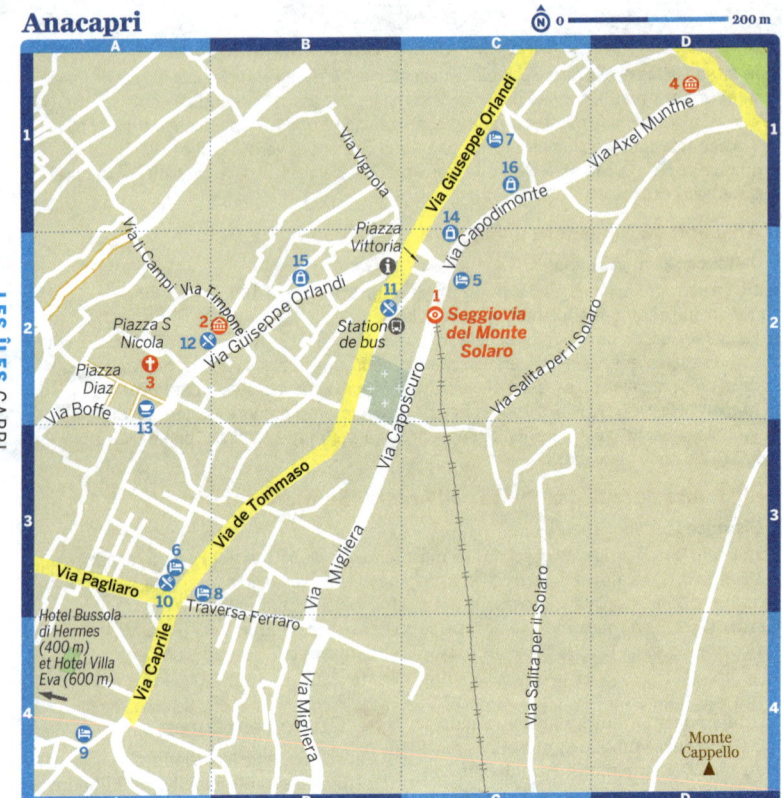

restaurant. La carte change chaque jour en fonction des produits récoltés dans le jardin ou trouvés sur le marché.

Des tables sont installées en extérieur au milieu des citronniers, tandis que d'autres sont réparties dans deux ou trois salles accueillantes, décorées d'objets anciens, de photos de famille, et agrémentées d'une cheminée.

♥ **Raffaele Buonacore** RESTAURATION RAPIDE € (carte p. 114 ; ☎081 837 78 26 ; Via Vittorio Emanuele III 35 ; en-cas 1-6 € ; ⊙6h-17h mars-oct ; 🌐). Idéal pour manger vite et bien, ce snack-bar réputé a du succès avec ses délices sucrés et salés, dont des *frittate*, paninis, feuilletés, gaufres et ses glaces légendaires. Difficile de faire mieux que les délicieuses *sfogliatelle* (pâtisseries à la ricotta parfumée à la cannelle, 1 €) et la spécialité, légère, le *caprilu al limone* (gâteau au citron et aux amandes).

Le Grottelle ITALIEN €€
(carte p. 112 ; ☎081 837 57 19 ; Via Arco Naturale 13 ; repas environ 28 € ; ⊙12h-14h30 et 19h-23h juil-août, 12h-14h30 et 19h-23h ven-mer juin et sept, 12h-14h30 ven-mer avr, mai et oct). Ce n'est pas tant la nourriture, correcte (plats de pâtes ordinaires suivis de poisson grillé, de poulet ou de lapin), que le cadre qui vous impressionnera. À 150 m de l'Arco Naturale, Le Grottelle possède deux salles, l'une dans une grotte et l'autre sur une terrasse dominant un versant boisé.

La Palette ITALIEN €€
(carte p. 112 ; ☎081 837 72 83 ; Via Matermània 36 ; repas 30 € ; ⊙11h-minuit). Cette nouvelle table semble avoir un avenir prometteur. Installée à l'est de Capri, jouissant d'une vue très romantique sur la baie encadrée de pins parasols, La Palette sert des plats locaux comme les *raviolis caprese*, concoctés avec une touche de modernité et élégamment présentés.

Anacapri

🎯 Les incontournables
1. Seggiovia del Monte Solaro C2

👁 À voir
2. Casa Rossa B2
3. Chiesa di San Michele A2
4. Villa San Michele di Axel Munthe D1

🛏 Où se loger
5. Capri Palace C2
6. Casa Mariantonia A3
7. Hotel Bellavista C1
8. Hotel Carmencita A3
9. Hotel Senaria A4

🍴 Où se restaurer
10. La Rondinella A3
11. Le Arcate B2
12. Trattoria Il Solitario A2

🍸 Où sortir
13. Caffè Michelangelo A2

🛍 Achats
14. Capri Naturale C2
15. Elegantia B2
16. Limoncello di Capri C1

Al Grottino NAPOLITAIN €€
(carte p. 114 ; ☎ 081 837 05 84 ; www.ristorantealgrottino.net ; Via Longano 27 ; repas à partir de 30 € ; ⏰ 11h45-15h30 et 18h30-minuit avr-oct). Datant de 1937, l'Al Grottino était le lieu de rendez-vous des célébrités dans les années 1950 et 1960 (comme en témoignent les photos en devanture). Aujourd'hui, il fait toujours salle comble et continue d'attirer Italiens et touristes avec ses plats napolitains traditionnels, tels les *ravioli al ragú* (raviolis dans une sauce à la viande et à l'ail) et des spécialités comme les *cocotte* (pâtes maison mélangées aux fruits de mer et servies dans une grande poêle).

La petite salle joue la carte de la tradition, jusqu'aux bouteilles de chianti en décoration.

L'Approdo ITALIEN €€
(carte p. 112 ; ☎ 081 837 89 90 ; www.approdocapri.com ; Piazzetta Ferraro 8, Marina Grande ; pizzas à partir de 4 €, repas 25 € ; ⏰ 11h-minuit) Si votre estomac crie famine en descendant du ferry, rendez-vous à l'Approdo, à 3 minutes de marche à gauche du débarcadère. Vous pourrez vous régaler de l'assortiment de succulents *antipasti* (15 €) ou de pizzas, toutes savoureuses – goûtez la *sfilatino* garnie de ricotta, jambon et mozzarella. Les produits de la mer sont plus chers mais très frais.

De la grande terrasse, la vue sur les bateaux de pêche colorés et les filets, superbe, semble à mille lieues du célèbre luxe de Capri.

Scialapopola TRATTORIA €€
(carte p. 114 ; ☎ 081 837 90 54 ; www.scialapopologastronomia.com ; Via Gradoni Sopramonte 6-8 ; repas à partir de 25 € ; ⏰ 12h-14h30 et 19h-23h). Nichée dans une ruelle, cette accueillante trattoria est décorée de guirlandes de poivrons et de tambourins – son nom fait référence à des musiciens folkloriques locaux. La carte met à l'honneur les classiques de la cuisine familiale comme les *pasta e ceci con noci* (pâtes aux pois chiche et aux noix), en plus de surprises tel ce couscous aux légumes. Comptoir de vente de pizzas à emporter toujours animé.

Donna Rachele TRATTORIA €€
(carte p. 114 ; ☎ 081 837 53 87 ; www.donnarachele.com ; Via Padre Serafino Cimmino 2 ; pizzas à partir de 7 €, repas 25 € ; ⏰ 11h-15h30 et 18h-minuit). Blottie dans un angle de rue, cette trattoria à l'atmosphère traditionnelle est toute en petites salles, décorations en céramique et bouteilles alignées le long des murs. Les végétariens seront comblés par le choix d'*antipasti*, tels les artichauts grillés, les épinards sautés et les haricots blancs. Quant aux amateurs de poisson et fruits de mer, ils apprécieront les spécialités du menu principal comme les *moscardini* (seiches cuites au four dans un chausson de pâte à pizza) et la soupe de poisson napolitaine traditionnelle.

L'établissement compte quelques tables en terrasse.

♥ Il Geranio POISSON ET FRUITS DE MER €€€
(carte p. 114 ; ☎ 081 837 06 16 ; www.geraniocapri.com ; Via G Matteotti 8 ; repas 50 € ; ⏰ midi-15h et 19h-23h30 avr-oct). Quelque chose à fêter ou une demande importante à faire ? La terrasse de ce restaurant jouit d'une vue sensationnelle sur les pinèdes qui descendent jusqu'à la mer, et, plus loin, sur les Isole Faraglioni. Mais l'on s'y régale aussi de salade de poulpe, de *linguine* au safran, ou encore de moules. Étudiez votre tenue.

La Capannina — TRATTORIA €€€

(carte p. 114 ; ☏ 081 837 07 32 ; www.capanninacapri.com ; Via le Botteghe 12 ; repas 50 € ; ⏱ midi-15h et 19h-23h30 mi-mars–oct). Bienvenue dans la trattoria traditionnelle la plus réputée de l'île, datant de 1931, prisée depuis toujours des célébrités. La salle rustique a été aménagée avec nappes roses, pots en cuivre suspendus et chaises en bois sculptées.

Cuisine insulaire classique, avec des plats comme les pâtes aux fruits de mer de grande qualité, les *ravioli caprese*, les viandes grillées et le poisson frais, dont la spécialité maison, les *linguine al sugo di scorfano* (*linguine* à la rascasse). Réservation recommandée.

🍴 Anacapri et ses environs

Trattoria Il Solitario — TRATTORIA €

(carte p. 118 ; ☏ 081 837 13 82 ; Via Giuseppe Orlandi 96 ; pizzas à partir de 5 €, repas autour de 20 € ; ⏱ 11h-0h lun et mer-dim avr-oct ; 🚭). Vous aurez l'impression d'être à la table d'une famille italienne. Les tables sont installées dans une petite arrière-cour, à l'ombre des citronniers et dotée dans un coin de jouets pour enfants. La carte est axée sur les plats traditionnels de l'île – pâtes, fruits de mer, viandes grillées et pizzas –, mais les rations sont copieuses et la qualité excellente.

Parmi les pizzas, la *pizza bianca* est idéale si l'on est un peu las de la sauce tomate.

La Rondinella — ITALIEN €€

(carte p. 118 ; ☏ 081 837 12 23 ; www.ristorantepizzerialarondinella.com ; Via Guiseppe Orlandi 295 ; repas 30 € ; ⏱ midi-14h30 et 19h-23h30 ven-lun). La Rondinella, à l'ambiance rurale et décontractée, est l'un des meilleurs restaurants d'Anacapri dont la qualité reste constante – apparemment, Graham Greene y avait sa table. Au programme ici : des standards de la cuisine italienne, telle la *saltimbocca alla romana* (tranches de veau au jambon et à la sauge), et des mets plus originaux, comme les *linguine alla ciammura* du chef Michele – un délicieux plat de pâtes avec sauce blanche aux anchois, ail et persil. Terminez votre repas avec une part de *torta di mandorle* (gâteau au chocolat et amandes).

Le Arcate — CAMPANIEN, PIZZA €€

(carte p. 118 ; ☏ 081 837 35 88 ; Via de Tommaso 24 ; pizzas 7-11 €, repas 30 € ; ⏱ 12h-15h et 19h-minuit. Les gens du cru apprécient ce restaurant sans prétention, agrémenté de paniers de lierre suspendus, de nappes jaunes et de carreaux de terre cuite. Ici les *primi* (entrées) et les pizzas sont à l'honneur, mais il y a aussi un fameux *risotto con polpa di granchio, rughetta e scaglie di parmigiano* (risotto à la chair de crabe, roquette et copeaux de parmesan).

🍷 Où prendre un verre et faire la fête

À Capri, la vie nocturne est affaire de paraître. L'activité principale consiste à se mettre sur son trente-et-un et, dans l'idéal, à se montrer dans l'un des cafés de La Piazzetta (Piazza Umberto I). Hormis dans ces cafés, l'ambiance le soir est assez guindée et les discothèques sont étonnamment peu nombreuses.

Pulalli — BAR À VIN

(carte p. 114 ; ☏ 081 837 41 08 ; Piazza Umberto I, ville de Capri ; ⏱ 12h-15h et 19h-23h30 tlj en août, fermé mar sept-juil). Grimpez les marches de la tour de l'horloge à droite de l'office du tourisme pour accéder au Pulalli, prisé des habitants pour sa remarquable carte des vins, associée à une sélection bien pensée de fromages et de charcuterie. On y sert également des plats plus copieux comme le *risotto al limone* (risotto au citron). Attablez-vous si possible en terrasse ou, encore mieux, sur le balcon. Comptez 35-40 € pour un repas.

Taverna Anema e Core — BAR-CLUB

(carte p. 114 ; ☏ 081 837 64 61 ; www.anemaecore.com ; Vico Sella Orta 39E, ville de Capri ; ⏱ 21h-4h avr-oct). Derrière une façade modeste se cache l'un des lieux nocturnes les plus réputés de l'île, tenu par le charismatique Guido Lembo. Ce bar-club sophistiqué et glamour attire une clientèle très chic et des personnes à la tenue plus informelle qui viennent pour son atmosphère détendue et ses concerts réguliers, notamment ses récitals de guitare (et de chansons) napolitains.

Caffè Michelangelo — CAFÉ

(carte p. 118 ; Via Giuseppe Orlandi 138, Anacapri ; ⏱ 8h-1h). Ce café plaisant, sans prétention, se trouve dans une rue bordée de boutiques raffinées, à proximité de deux places ravissantes. Un lieu parfait pour siroter un cocktail en observant le spectacle de la rue. Les grands sièges confortables et la terrasse surélevée ajoutent au charme de l'endroit.

L'ÎLE DES CÉLÉBRITÉS

Icône du chic méditerranéen, Capri est depuis longtemps un lieu de prédilection des célébrités, comme en témoignent les kyrielles de photos de stars devant leur assiette de spaghettis fièrement accrochées dans les vitrines des restaurants.

Le premier résident fameux fut l'empereur Tibère, en 27 de notre ère – un pervers aux goûts sadiques à en croire Suétone. Il se fit construire 12 villas sur l'île, dont l'immense Villa Jovis, et laissa des cicatrices profondes au point que, jusqu'à l'époque moderne, son nom était synonyme de mal pour les îliens. Lorsque le médecin et écrivain suédois Axel Munthe, auteur du *Livre de San Michele*, commença à explorer les ruines romaines de l'île au début du XXe siècle, et qu'il se fit construire sa villa sur le site d'un palais de Tibère, les îliens n'y virent que "*roba di Tiberio*", de l'engeance de Tibère.

Mais, plus que les frasques de Tibère, c'est la découverte de la grotte Bleue en 1826 qui provoqua l'afflux des célébrités. La nouvelle de sa découverte se propageant, des peintres comme John Singer Sargent, des musiciens dont Debussy, des intellectuels, des capitaines d'industrie et des écrivains vinrent séjourner sur l'île, attirés par sa beauté sauvage.

L'île fut aussi un refuge pour les révolutionnaires russes. En 1905, Maxime Gorki s'installa à Capri après avoir échoué à renverser le tsar et, cinq ans plus tard, Lénine s'y arrêta le temps d'une visite. Au début du XXe siècle, le poète chilien Pablo Neruda et l'écrivain allemand Thomas Mann comptèrent parmi ses visiteurs réguliers. Les écrivains britanniques Compton Mackenzie et Graham Greene y firent de longs séjours.

Plus récemment, la chanteuse Mariah Carey s'y est acheté une villa, Leonardo di Caprio a été vu sirotant un café en terrasse et Rihanna a festoyé sur un bateau amarré sous les falaises de l'île. Les stars d'Hollywood continuent de faire la notoriété de Capri et maintiennent toujours les paparazzis en émoi.

Achats

Capri s'enorgueillit de l'une des plus fortes concentrations de boutiques de designers au monde, et le shopping s'y distingue par des choix très conventionnels et des prix élevés. Les grands noms de la mode, de la bijouterie et de la chaussure sont installés dans la Via Vittorio Emanuele III et la Via Camerelle. Amateur de souvenirs ou de produits gastronomiques, sachez que le citron est omniprésent : il est représenté sur les T-shirts comme sur les torchons, et l'île est fameuse pour ses parfums au citron et son *limoncello* (liqueur au citron).

La Parisienne — MODE
(carte p. 114 ; ☏ 081 837 02 83 ; www.laparisiennecapri.it ; Piazza Umberto I n°7, ville de Capri ; ⊕9h-22h). Ouverte en 1906, mais surtout connue pour avoir lancé dans les années 1960 la mode des "capris" (sortes de corsaires popularisés par Audrey Hepburn qui les achetait ici), cette boutique peut en confectionner sur mesure en une journée. Des modèles en prêt-à-porter sont également proposés (à partir de 250 €). Jackie Kennedy appréciait cette adresse, tout comme Clark Gable qui l'affectionnait en particulier pour ses bermudas, vêtements assez osés à l'époque.

Limoncello di Capri — BOISSONS
(carte p. 118 ; ☏ 081 837 29 27 ; www.limoncello.com ; Via Capodimonte 27, Anacapri ; ⊕9h-19h30). Ne vous arrêtez pas au jaune tapageur de l'étalage : cette boutique historique vend l'un des meilleurs *limoncello* de l'île. En fait, c'est ici que cette liqueur a été créée (du moins à ce qu'on prétend). Apparemment, la grand-mère de l'actuelle propriétaire, Vivica, en proposait en digestif aux clients de sa pension. Aujourd'hui, l'établissement produit quelque 70 000 bouteilles par an, ainsi que du chocolat au citron et à l'orange, de la confiture et du miel au citron. La boutique vend également un savoureux sorbet au citron (2 €) légèrement alcoolisé.

Carthusia I Profumi di Capri — BEAUTÉ
(carte p. 114 ; ☏ 081 837 53 35 ; www.carthusia.it ; Via F Serena 28, ville de Capri ; ⊕9h-18h). On raconte que le fameux parfum floral Fiori

(Suite à la page 124)

1

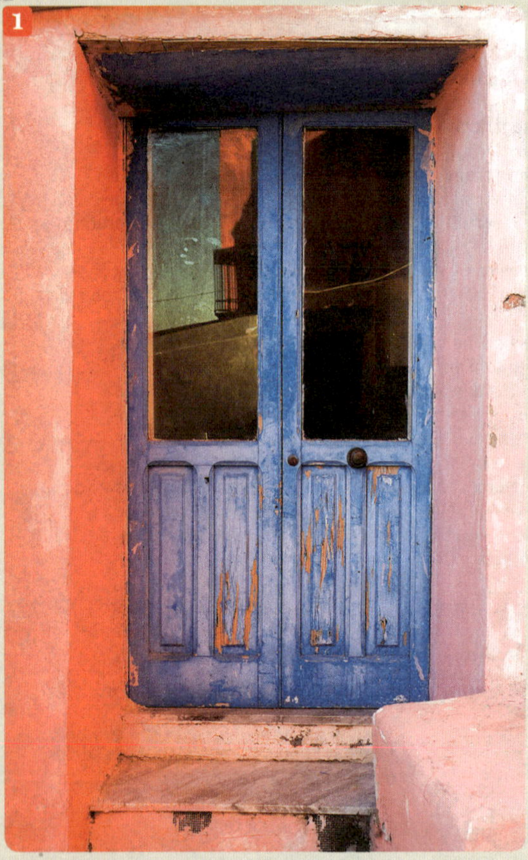

GREG ELMS/GETTY IMAGES ©

2

4

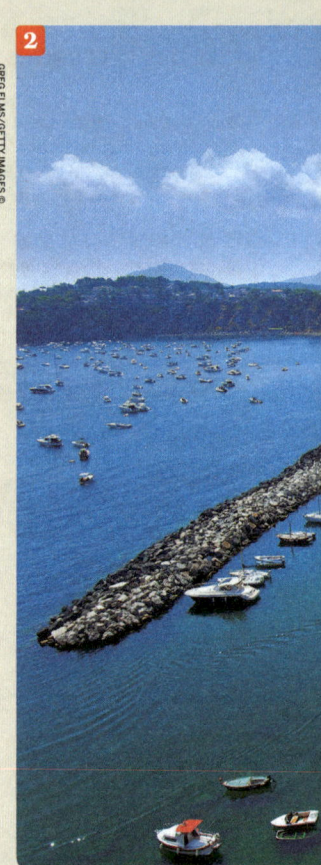

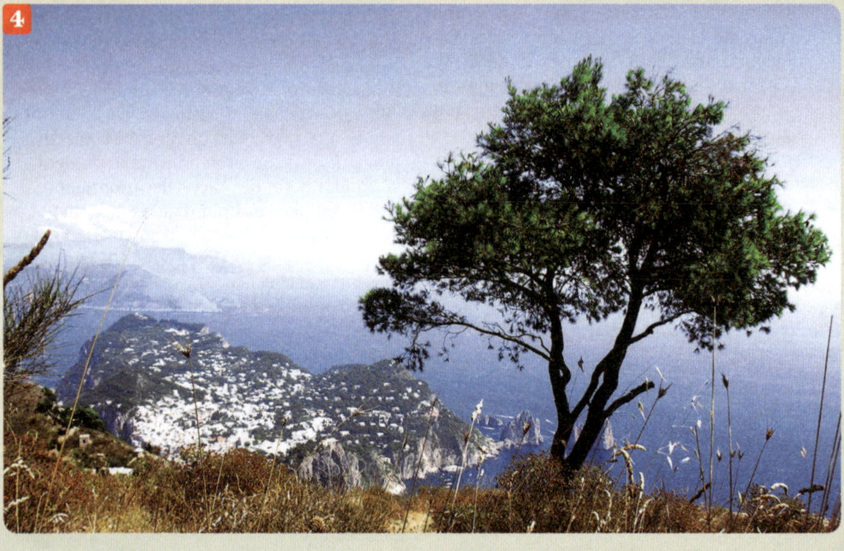

JOHN NORMAN/ALAMY ©

1. Procida pittoresque (p. 139)
Portes pastel dans un village de pêcheurs coloré de Procida.

2. Marina di Corricella (p. 141), Procida
Marina Corricella, village de bord de mer, rivalise de couleurs en surplomb d'un port et d'une marina remplis de bateaux.

3. La Mortella (p. 135), Ischia
Passiflore de La Mortella, l'un des plus beaux jardins botaniques d'Italie, avec plus de 1 000 plantes rares et exotiques.

4. Monte Solaro (p. 113), Capri
Vue depuis le haut du Monte Solaro, point culminant de Capri. Un télésiège permet d'y accéder facilement.

(Suite de la page 121)

di Capri fut inventé par hasard en 1380 par le prieur de la Certosa di San Giacomo. Pris au dépourvu par une visite de la reine, il composa un bouquet des plus belles fleurs de l'île. En voulant changer l'eau du vase, il découvrit qu'elle avait acquis une odeur florale. Ce bouquet devint la base du parfum fabriqué par Carthusia et vendu dans cette élégante boutique.

Capri Naturale — MODE
(carte p. 118 ; 081 837 47 19 ; Via Capodimonte 15, Anacapri ; 9h-20h avr-oct). Cette boutique, l'une des meilleures de la touristique Via Capodimonte, propose un choix limité d'articles féminins, dont des robes en lin très fin bleu foncé ou dégradé de lavande, ainsi que des sandales artisanales. Tout est de fabrication locale et les prix sont raisonnables.

Da Costanzo — CHAUSSURES
(carte p. 114 ; 081 837 80 77 ; Via Roma 49, ville de Capri ; 9h-20h30 mars-nov). En 1959, Clarke Gable s'arrêta devant ce minuscule marchand de chaussures pour s'acheter une paire de sandales artisanales, et la boutique vend toujours un choix étourdissant de modèles colorés qui font le bonheur des mordus de chaussures. Comptez à partir de 90 €.

Capri Watch — ACCESSOIRES
(carte p. 118 ; 081 837 71 48 ; www.capricapri.com ; Via Camerelle 21, ville de Capri ; 9h-17h lun-sam). Les superbes montres de Capri Watch sont fabriquées par l'horloger Silvio Staiano. Les prix, étonnamment bas, commencent autour de 50 € pour une montre relativement simple, somme à laquelle peuvent s'ajouter de nombreux zéros pour les montres serties de pierres précieuses ou semi-précieuses.

Elegantia — MODE
(carte p. 118 ; Via Giuseppe Orlandi 75, Anacapri ; 9h-20h lun-sam). Vous avez toujours rêvé de porter une capeline jaune clair, rose bonbon ou bleu poudré ? Voici l'adresse idéale pour réaliser votre rêve (15 €). Le propriétaire effectue également des retouches et des transformations.

❶ Renseignements

L'office du tourisme (carte p. 118 ; 081 837 15 24 ; www.capritourism.com ; Via Giuseppe Orlandi 59, Anacapri ; 9h-15h), ville de Capri (carte p. 114 ; 081 837 06 86 ; www.capritourism.com ; Piazza Umberto I ; 9h-13h et 15h-18h15 lun-sam, 9h-13h dim), Marina Grande (carte p. 112 ; 081 837 06 34 ; www.capritourism.com ; Banchina del Porto, Marina Grande) propose une carte de l'île (1 €) avec des plans de la ville de Capri et d'Anacapri. Pour obtenir une liste des hôtels ou autres renseignements utiles, demandez un exemplaire gratuit du *Capri è*.

❶ Depuis/vers Capri

À moins que vous ne soyez prêt à débourser 1 300 € pour le **transfert en hélicoptère** (0828 35 41 55 ; www.capri-helicopters.com) depuis l'aéroport Capodichino de Naples (20 minutes), vous arriverez à Capri par bateau.

BATEAU

Les deux principaux points de départ pour l'île sont Naples et (surtout en haute saison) Sorrente, mais des ferries desservent également Ischia et la côte amalfitaine (Amalfi, Positano et Salerne).

Caremar (081 837 07 00 ; www.caremar.it) Ferries depuis/vers Naples et Capri (11,20 €, 1 heure 15, 7/jour) et hydroglisseurs depuis/vers Sorrento (13,20 €, 25 minutes, 4/jour).

Gescab (081 807 18 12 ; www.gescab.it). Hydroglisseurs depuis/vers Sorrente et Capri (16,80 €, 20 minutes, 18/jour).

Navigazione Libera del Golfo (p.279). Hydroglisseurs depuis/vers Naples et Capri (19,75 €, 45 minutes, 9/jour).

SNAV (081 428 55 55 ; www.snav.it). Hydroglisseurs depuis/vers Naples et Capri (20,10 €, 45 minutes, jusqu'à 13/jour).

❶ Comment circuler

BUS

Sippic (081 837 04 20 ; arrêt, Via Roma, ville de Capri ; billet 1,80 €). Bus réguliers depuis/vers Marina Grande, Anacapri et Marina Piccola.

Staiano Autotrasporti (081 837 24 22 ; www.staianotourcapri.com ; arrêt, Via Tommaso, Anacapri ; billet 1,80 €, billet journée 8,60 €). Les bus desservent la Grotta Azzurra (grotte Bleue) et le phare de Punta Carena.

FUNICULAIRE

Funiculaire (billet 1,80 € ; 6h30-12h30). La première difficulté que rencontrent les visiteurs consiste à se rendre de Marina Grande à la ville de Capri. Le moyen de transport le plus agréable est le funiculaire, ne serait-ce que pour la vue sur les vergers de citronniers et la campagne environnante.

> ### ⓘ HISTOIRES DE FERRIES
>
> Les ferries sont le moyen le plus courant pour gagner les îles. Sachez que ceux au départ de Positano et d'Amalfi ne naviguent que de Pâques à septembre. Le reste de l'année, vous devrez embarquer à Naples ou à Sorrente. À Naples, les ferries partent des ports de Molo Beverello et de Mergellina ; il y a une rangée de guichets où les horaires, les quais et les tarifs sont affichés. Il n'est pas nécessaire de réserver sa place, mais mieux vaut arriver 35 minutes avant le départ en cas d'affluence.

SCOOTER

Ciro dei Motorini (☎081 837 80 18 ; www.capriscooter.com ; Via Marina Grande 55, Marina Grande ; 30 €/2 heures, 65 € /jour). L'adresse de choix pour louer un scooter à Marina Grande.

Rent A Scooter (☎081 837 38 88 ; Piazza Barile 20, Anacapri ; 15/65 € par heure/jour)

ISCHIA

62 200 HABITANTS

L'île volcanique d'Ischia est la plus grande et la plus développée des îles de la baie de Naples. Elle se caractérise par un curieux mélange de stations thermales, de jardins luxuriants, de nécropoles enfouies et de paysages spectaculaires, composés de forêts, de vignobles et de petites localités pittoresques. Étrangement, Ischia n'attire qu'une fraction des visiteurs d'un jour qui se rendent à Capri quotidiennement depuis Naples en été. Ignorent-ils que les plages sont beaucoup plus belles ici ?

La plupart des visiteurs se dirigent directement vers les petites villes de la côte nord, Ischia Porto, Ischia Ponte, Casamicciola Terme, Forio et Lacco Ameno. Ischia Porto se distingue par la diversité de ses bars, Casamicciola par ses difficultés de circulation, et Ischia Ponte et Lacco Ameno par leur charme.

Sur la côte sud, plus tranquille, le ravissant port (interdit aux voitures) de Sant'Angelo est un coin de paradis entouré de plages. Entre les deux côtes s'étend un paysage de châtaigneraies denses dominées par le mont Epomeo, le plus haut sommet d'Ischia.

Le long de la côte, une étroite ceinture de constructions entoure les pentes vertigineuses et densément boisées du centre de l'île. Ce n'est pas là que l'on trouve des prairies verdoyantes et de longs sentiers de promenade, mais vous pourrez effectuer d'excellentes randonnées géologiques guidées. L'espace est limité sur Ischia et, au cœur de l'été, la principale route circulaire peut être très embouteillée. Par ailleurs, la propension des jeunes îliens à doubler sans visibilité, ajoutée à l'impact environnemental de ce trop grand nombre de voitures, vous incitera sans doute à privilégier l'excellent réseau de bus ou les taxis pour vous déplacer. La distance qui sépare les sites d'intérêt et l'absence de trottoirs sur les routes empruntées n'incite malheureusement pas à se déplacer à pied.

La gastronomie est l'un des péchés mignons de l'île. Réputée pour ses produits de la mer, Ischia l'est aussi pour son lapin, que l'on élève dans les fermes de l'arrière-pays. L'autre spécialité locale est le *rucolino*, une liqueur verte parfumée à la réglisse et à base de *rucola* (roquette).

Au VIIIe siècle, Ischia était une escale importante sur la route du commerce entre la Grèce et l'Italie du Nord, mais elle a connu depuis sa part de malheurs. En 1301, l'éruption du mont Arso, aujourd'hui éteint, obligea les îliens à fuir vers le continent où ils demeurèrent pendant quatre ans. Cinq siècles plus tard, en 1883, un séisme fit 1 700 victimes et rasa intégralement la station thermale florissante de Casamicciola. À ce jour, le nom de la ville signifie encore "grand désordre", "destruction totale" dans le langage courant.

ⓘ Renseignements

Office du tourisme (carte p. 130 ; ☎081 507 42 11 ; www.infoischiaprocida.it ; Corso Sogliuzzo 72, Ischia Porto ; ◉9h-14h et 15h-20h lun-sam). Choix restreint de cartes et brochures.

ⓘ Depuis/vers Ischia

Caremar (☎081 837 07 00 ; www.caremar.it). Fait circuler quotidiennement jusqu'à 7 hydroglisseurs depuis/vers Naples et Ischia (19 €, 45 minutes).

Alilauro (☎081 837 69 95 ; www.alilauro.it). Hydroglisseurs depuis/vers Naples et Ischia (17,60 €, 50 minutes, 10/jour).

SNAV (☎081 837 75 77 ; www.snav.it). Hydroglisseurs depuis/vers Naples et Ischia (18,60 €, 1 heure, 4/jour).

Ischia

ⓘ Comment circuler

Ferries et hydroglisseurs desservent Casamicciola Terme et Ischia Porto. Ce dernier est le principal point d'entrée et le pôle touristique de l'île. De la principale gare routière, qui se situe à une minute à pied à l'ouest du débarcadère, des bus desservent tout le reste de l'île. À l'est du débarcadère, la Via Roma, la rue commerçante, devient le Corso Vittoria Colonna et rejoint Ischia Ponte, au sud-est.

BUS

La principale gare routière de l'île se trouve à Ischia Porto. Il existe 2 grandes lignes : la ligne CS (Circolo Sinistro, circulaire gauche), qui fait le tour de l'île dans le sens inverse des aiguilles d'une montre, et la ligne CD (Circolo Destro, circulaire droite), qui circule dans le sens des aiguilles d'une montre. Elles desservent toutes les localités, avec des départs toutes les 30 minutes. Les bus passent à proximité de tous les hôtels et campings. Le billet (valable 1 heure 30) coûte 1,90 €, le forfait journée 6 €,

Ischia

Les incontournables
1. Castello Aragonese H3
2. La Mortella B2

À voir
3. Area Archeologica di Santa Restituta C1
4. Baia di San Montano C1
5. Baia di Sorgeto C6
6. Cappella di San Nicola di Bari D3
7. Casa Museo D4
8. Chiesa di Santa Maria del Soccorso A3
9. Giardini Ravino B3
10. La Colombaia B1
    Museo Angelo Rizzoli .... (voir 11)
11. Museo Archeologico di Pithecusae C1
12. Punta Caruso B1
13. Spiaggia dei Maronti D6

Activités
14. Giardini Poseidon B4
15. Monte Epomeo D3
16. Negombo C1
17. Parco Termale Aphrodite Apollon D6
18. Terme Cavascura D5
19. Westcoast B3

Où se loger
    Albergo il Monastero .... (voir 1)
20. Camping Mirage E6
21. Hotel Casa Celestino D6
22. Hotel La Sirenella C1
23. Hotel Semiramis B4
24. Mezzatorre Resort & Spa B1
    Umberto a Mare .... (voir 30)

Où se restaurer
25. Gardenia Mare H4
26. Il Focolare E5
    La Cantina del Mare .... (voir 22)
27. Montecorvo C4
28. Ristorante Nascondiglio dell'Amore G4
29. Ristorante Pietratorcia B4
30. Umberto a Mare A3
31. Zi Carmela B3

Achats
32. L'Isoletto D6
    Stella di Mare .... (voir 3)

---

le billet valable 2 jours 10 € et celui à la semaine 26 €. Des taxis et des microtaxis (véhicules à 3 roues avec un moteur de scooter) sont aussi à votre disposition.

VOITURE ET SCOOTER
Préservez cette petite île en n'y venant pas en voiture. Si vous voulez louer une voiture ou un scooter pour la journée, vous aurez l'embarras du choix. **Balestrieri** (✆ 081 98 56 91 ; www.autonoleggiobalestrieri.it ; Via Iasolino 35, Ischia Porto ; 20/140 € jour/semaine) loue des voitures, des scooters et des VTT (15 €). Les voitures de location ne peuvent pas quitter l'île.

Stationnement
En haute saison, le stationnement est un vrai casse-tête. Si vous louez une voiture, préférez une Smart si possible, qui prend peu de place. Vous trouverez un petit parking à l'entrée de Sant'Angelo (2 heures 3 €). Ischia Porto et Ischia Ponte possèdent toutes deux un parking central bien indiqué (1,50 € l'heure).

Ischia Porto et Ischia Ponte

Bien que, sur le plan administratif, Ischia Porto et Ischia Ponte soient deux localités distinctes, elles forment en réalité un long cordon sinueux de bâtiments couleur pastel, d'immenses bars en terrasse, de restaurants, de boutiques et d'hôtels bordés de palmiers le long duquel il fait bon flâner.

Le port où accostent désormais les ferries est un ancien lac de cratère, ouvert sur la mer en 1854 à la demande du roi Ferdinand II, qui, à en croire la légende, n'aurait pas supporté la puanteur du lac. Il est plus probable que le souverain ait été motivé par la perspective d'augmenter le revenu de la taxation du fret maritime. Quoi qu'il en soit le port, est aujourd'hui bordé de restaurants servant du poisson frais. Plus à l'est, la **Spiaggia dei Pescatori** (plage des Pêcheurs), qui offre un joli spectacle avec ses bateaux de pêche colorés, ses peaux bronzées, ses parasols aux couleurs criardes, a pour toile de fond la silhouette pyramidale du Castello Aragonese.

À voir et à faire

Chiesa di Santa Maria delle Grazie ÉGLISE
(carte p. 130 ; angle Corso Vittoria Colonna et Via G Gigante, Ischia Porto ; ⊙8h-12h30 et 16h-19h30). Visitez cette opulente église baroque du

XVIIIe siècle, dotée d'une belle façade couleur pêche, de chapelles semi-circulaires et d'une terrasse en hauteur appréciée des adolescents enamourés et des commères. Offrez-vous une douceur chez le glacier le plus proche et profitez de l'atmosphère ambiante sur la terrasse.

Santa Maria Assunta — ÉGLISE
(carte p. 130 ; Via Luigi Mazzella, Ischia Ponte ; 8h-12h30 et 16h30-20h). Étonnante tour de guet du XVe siècle, la Torre del Mare est aujourd'hui le clocher de la cathédrale d'Ischia. L'église actuelle, conçue par Antonio Massinetti et achevée en 1751, est située sur le site de deux églises plus anciennes, l'une du XIIIe siècle, la seconde du XVIIe siècle. À l'intérieur, de style baroque, vous pourrez voir les anciens fonts baptismaux récupérés du château voisin et soutenus par des statues en marbre des vertus, ainsi qu'un crucifix en bois roman.

Museo del Mare — MUSÉE
(carte p. 130 ; 081 98 11 24 ; Via San Giovanni da Procida 2, Ischia Ponte ; tarif plein/réduit 2,50 €/gratuit ; 10h30-12h30 et 16h-19h mars-jan ;). Ce musée de la Mer, aux présentations amoureusement documentées, peut faire l'objet d'une agréable visite. Y sont conservés des ex-voto (offrandes aux saints) de marins, des urnes antiques, des maquettes de bateaux superbement réalisées, ainsi que des photos très parlantes de la vie sur l'île au XXe siècle, notamment l'arrivée de la première voiture américaine, en 1958.

Orizzonti Blu — PLONGÉE
(carte p. 130 ; 340 4259162 ; www.orizzonti-blu.net ; Via Iasolino 86, Ischia Porto). Ce club réputé organise des sorties de plongée et des cours Open-Water, dont un stage de 6 séances pour obtenir le brevet (800 €).

LE CHÂTEAU ARAGONAIS

Le beau Pont aragonais, du XVe siècle, relie Ischia Ponte au **Castello Aragonese** (carte p. 126 ; 081 991 959, 081 992 834 ; Rocca del Castello, Ischia Ponte ; tarif plein/réduit 10/6 € ; 9h-1 heure 30 avant le coucher du soleil), un immense château haut perché sur un imposant îlot rocheux. Si la première forteresse fut construite par le tyran de Syracuse Géron Ier, en 474 av. J.-C., la majeure partie de la construction actuelle remonte aux années 1400, lorsque le roi Alphonse d'Aragon fit réaménager l'ancienne forteresse angevine, en y ajoutant des bastions fortifiés, une chaussée et une rampe d'accès taillée dans le roc.

On s'acquitte du droit d'entrée au pied de l'enceinte, avant de monter par un ascenseur ou une série de sentiers sinueux menant à travers les édifices et les jardins luxuriants. Plus haut on atteint les ruines de la cathédrale dell'Assunta, du XIVe siècle, aux stucs brûlés par le soleil, qui s'écroula sous le feu des canons britanniques en 1809. La crypte du XIe siècle garde quelques traces de fresques du XIVe siècle, inspirées de Giotto. Mieux conservée, la Chiesa dell'Immacolata (XVIIIe siècle) se caractérise par un plan en forme de croix grecque et un dôme percé de fenêtres à tympans incurvés. Commandée par le couvent des Clarisses (Convento delle Clarisse), elle fut laissée dans cet état minimaliste après épuisement des fonds alloués. À la mort des sœurs, on asseyait leur cadavre sur des chaises en pierre au macabre Cimetero Monache Clarisse et on le laissait se décomposer. On peut encore y voir les chaises vides.

Continuez à grimper en direction de la belle Chiesa di San Pietro a Pantaniello, de forme hexagonale, et du sombre Carcere Borbonico, ancienne prison pour les chefs du Risorgimento (mouvement pour l'unité italienne au XIXe siècle), dont Poerio, Pironti, Nusco et Settembrini. Le site abrite le Museo delle Torture, petit musée renfermant des instruments de torture médiévaux, ainsi que d'impressionnantes armures et armes en tout genre. Pendant la promenade, vous aurez peut-être envie, pour contrebalancer cette histoire sombre du château, d'un brin de romantisme : dans les années 1500, la forteresse servit de résidence à Vittoria Colonna, princesse poétesse qui y épousa Ferrante d'Avalos. Michel-Ange, qui fut l'ami de Vittoria, lui envoya un dessin, la *Crucifixion*, destiné à sa chapelle privée.

L'endroit compte aussi quelques charmants cafés avec terrasse et un hôtel (p. 207).

Ischia Porto

Ischia Diving
PLONGÉE

(carte p. 130 ; 081 98 18 52 ; www.ischiadiving.net ; Via Iasolino 106, Ischia Porto ; plongée simple 40 €). Club de plongée à la réputation solide proposant des formules à des prix attractifs, comme 5 plongées, matériel compris, moyennant 185 €.

✘ Où se restaurer

Bar de Maio
GLACIER €

(carte p. 130 ; 081 99 18 70 ; Piazza Antica Reggia 9, Ischia Porto ; glace à partir de 1,50 € ; 24h/24). Depuis 1930, ce bar-glacier sert un délicieux choix de glaces crémeuses, ainsi que du café, des cocktails et des en-cas. Installez-vous sur la place centrale avec votre cornet et regardez défiler la foule. Selon les habitants, c'est probablement le meilleur glacier de l'île.

Gran Caffè Vittoria
CAFÉ €

(carte p. 130 ; 081 199 16 49 ; Corso Vittoria Colonna 110, Ischia Porto ; pâtisseries 2 € ; 8h-23h). À l'extrémité chic du port, cet élégant café lambrissé régale ses clients depuis plus d'un siècle avec d'irrésistibles gâteaux, pâtisseries, cafés et cocktails, apportés par des serveurs habillés à l'ancienne, avec nœud papillon. La terrasse extérieure est de l'autre côté de la rue.

Da Ciccio
CAFÉ €

(carte p. 130 ; 081 199 13 14 ; www.bardaciccio.it ; Via Porto 1, Ischia Porto ; en-cas à partir de 1 € ; 8h-minuit). Idéalement installé à la descente du ferry, ce café-bar est prisé pour ses repas légers, ses pâtisseries appétissantes et ses glaces succulentes (mention spéciale pour la fraise bio, un régal !). Dégustez sur place ou emportez de savoureux en-cas salés comme le *calzone* (pizza pliée formant un chausson) fourré aux épinards, aux pignons et aux raisins secs (2 €). Sinon, il faut au minimum se détendre en dégustant une *granita* à l'orange et à la menthe.

Ischia Porto

À voir
1. Chiesa di Santa Maria delle Grazie B2
2. Museo del Mare D1
3. Santa Maria Assunta D1
4. Spiaggia dei Pescatori D3

Activités
5. Ischia Diving A1
6. Orizzonti Blu A1

Où se loger
7. Hotel Noris D1
8. Il Moresco C2

Où se restaurer
9. Al Pontile D1
10. Bar de Maio B2
11. Da Ciccio A2
12. Da Raffaele B2
13. Gran Caffè Vittoria C2
14. Ristorante Aglio, Olio & Pomodoro C1
15. Ristorante da Ciccio D1
16. Ristorante La Pantera Rosa B1

Où prendre un verre
17. Bar Calise C3
18. Valentino Ischia C3

Achats
19. Antica Macelleria di Francesco Esposito B2
20. Atelier delle Dolcezze C3
21. Filippo Cianciarelli D1
22. Judith Major C2
23. Scaglione Renato B2

> **À NE PAS MANQUER**
>
> ## CASA MUSEO
>
> L'avantage : ce musée est bien indiqué et dispose d'un parking. L'inconvénient : il se situe dans un virage dangereux sur la route de montagne entre Buonopane et Fontana. Si vous le dépassez, rebroussez chemin car cette envoûtante **Casa Museo** (maison-musée ; carte p. 126 ; 349 7198879 ; SS 270, Serrara Fontana ; 10h-19h) est bien plus intéressante que ne le laisse supposer son nom. Creusées à même la paroi rocheuse, toutes les pièces abritent d'extraordinaires sculptures en pierre, bois et galets. L'une des sculptures en galets, particulièrement insolites, représente un porc grandeur nature.
>
> Citons, entre autres œuvres magnifiques, une tête de Neptune en pierre, des reptiles en galets, des meubles en bois sculptés dans des troncs noueux, et des mosaïques en galets couvrant les murs jusque dans la salle de bains... Ne manquez pas non plus les galeries évoquant celles d'*Alice au pays des merveilles* qui mènent ici ou là, mais finalement nulle part ! L'entrée du musée est gratuite, toutefois les dons sont appréciés.

Al Pontile   ITALIEN €
(carte p. 130 ; 081 98 34 92 ; Via Luigi Mazzella 15, Ischia Ponte ; plats à partir de 9 € ; 12h-15h et 19h-minuit mars-oct). Prenez place en terrasse, à l'avant ou à l'arrière, pour profiter de la vue sur le château se dressant en arrière-plan de la rue commerçante ou de la mer. À la (courte) carte : des recettes classiques de pâtes comme les *puttanesca* aux câpres, tomates et olives, ainsi que des plats principaux à base de viande et de poisson. Il suffit d'un sourire pour que le propriétaire vous apporte la bouteille de *limoncello* avec l'addition : de quoi bien digérer...

Ristorante Aglio, Olio & Pomodoro   ITALIEN €
(carte p. 130 ; www.aglioolioepomodoro.com ; Via Luigi Mazzella 84, Ischia Ponte ; repas 20 € ; 12h-16h et 19h-minuit). Un restaurant traditionnel très accueillant, qui met à l'honneur les plats locaux comme le lapin, à côté d'excellentes pizzas et, bien sûr, des produits de la mer. L'adresse n'est pas la plus chic de la ville, mais elle présente un bon rapport qualité prix et vous y passerez un bon moment.

Ristorante Nascondiglio dell'Amore   ITALIEN €
(carte p. 126 ; www.nascondigliodellamore.it ; Via Serbatoio, Ischia Ponte ; repas 22 € ; 12h-23h30 lun, 12h-minuit mar-dim). Installé au sommet d'une colline, un établissement modeste et sympathique, avec vue sur la mer et le château, où déguster un *coniglio all'ischitana* (lapin au vin et aux herbes) fameux. Également : des pizzas à prix corrects et des pichets de la cuvée de la maison. Parfait pour qui souhaite éviter les adresses trop chics de l'île.

INTERVIEW

ISCHIA AU BOUT DE LA FOURCHETTE

Carlo Buono, propriétaire du restaurant Da Ciccio (ci-dessous), à Ischia, nous parle avec amour de la cuisine de son île :

"Toute la saveur de la cuisine d'Ischia tient à l'emploi d'ingrédients frais et de saison, de l'huile d'olive onctueuse aux *pomodorini* (tomates cerises) charnus. À l'instar de la cuisine napolitaine, son caractère distinctif est la simplicité, celle d'une cuisine de ménage. Traditionnellement, il existe deux types de cuisine, celle de la côte et celle de la montagne. Pendant des siècles, les pêcheurs ont échangé leurs poissons contre le vin, les légumes, le porc et le lapin des fermiers.

"Le lapin est un produit typique d'Ischia. L'élevage traditionnel selon le procédé de la *fossa* (fosse) connaît actuellement une renaissance. Les animaux ne sont pas enfermés dans des cages, ils s'ébattent librement dans des fosses profondes. Il en résulte une chair plus tendre et plus parfumée. L'artisan de ce renouveau est le défenseur local du mouvement Slow Food, Riccardo D'Ambra, dont la fameuse trattoria Il Focolare (p. 138) est réputée pour son lapin et ses plats montagnards rustiques. Une des grandes spécialités de l'île, plat prisé du dimanche, est le *coniglio all'ischitana* (lapin à la mode d'Ischia), préparé avec de l'huile d'olive, de l'ail en chemise, du piment, de la tomate, du basilic, du thym et du vin blanc.

"Parmi les poissons locaux typiques, citons le *pesce bandiera* (poisson-voilier), la plate *castagna* (castagnole), la *lampuga* (coryphène) et le *palamide* (bonite, un petit thon). On les prépare couramment à l'*acqua pazza* (eau folle), une sauce délicate à base de *pomodorini*, ail et persil qui, traditionnellement, se confectionnait sur les bateaux. Le poisson frit est aussi un mets courant. Une assiette de *frittura di mare* (friture mixte) relevée de quelques gouttes de citron est un pur délice. De mai à septembre c'est la saison du *totano* (calamar), période idéale pour goûter aux *totani imbotti* (calamars farcis aux olives, câpres et chapelure, qu'on fait mijoter dans le vin)."

"Autre merveille, le pain frais *casareccio*, cuit au feu de bois, est parfait pour la *scarpetta* (saucer son assiette) ou les sandwichs au salami ou au parmesan. S'il vous reste un peu de place, essayez la *torta caprese*, moelleux gâteau au chocolat et aux amandes. *Buon appetito !*"

♥ Gardenia Mare — MÉDITERRANÉEN €€
(carte p. 126 ; ☎ 081 99 11 07 ; www.gardeniamare.it ; Via Nuova Cartaromana 66, Ischia Ponte ; repas 34 € ; ⊙ 9h-18h et 8h30-23h30). Le mobilier en bambou, les espaces extérieurs verdoyants et la vue sur le Castello Aragonese constituent un cadre parfait pour un dîner romantique au coucher du soleil. Le Gardenia Mare étant le restaurant d'un club de plage, allez d'abord faire quelques brasses pour vous mettre en appétit.

Ristorante La Pantera Rosa — ITALIEN €€
(carte p. 130 ; ☎ 081 99 24 83 ; Via Porto 53, Ischia Porto ; repas 28 € ; ⊙ 12h-14h30 et 19h-12h30). De bons plats à bons prix attendent ceux qui souhaitent un peu moins de formalisme dans ce restaurant décontracté du port. À la carte : toutes les recettes traditionnelles de pâtes et de pizzas, ainsi que des spécialités comme le *risotto alla pescatora* (risotto aux fruits de mer), délicieux. Amedeo, le propriétaire, parle couramment le français et l'anglais.

Da Raffaele — ITALIEN €€
(carte p. 130 ; ☎ 081 99 12 03 ; www.daraffaele.it ; Via Roma 29, Ischia Porto ; repas 28 € ; ⊙ 12h-15h et 18h30-23h30 mars-nov ; ♫). Emplacement pratique au milieu de la Via Roma pour cet établissement accueillant et très éclairé. Ici tout est bien cuisiné et la carte comporte quelques surprises. Goûtez la *frittura di pesce all'ischitana* (assortiment de poissons frits) ou les *melanzane a funghetti* (aubergines frites aux tomates, aux champignons, à l'ail et au basilic). Attablé en terrasse dans l'artère piétonnière commerçante, vous aurez une vue imprenable sur le spectacle de la rue.

♥ Ristorante da Ciccio — ITALIEN €€
(carte p. 130 ; ☎ 081 99 16 86 ; Via Luigi Mazzella 32, Ischia Ponte ; repas 25 € ; ⊙ 12h-15h30 et 19h30-23h30, fermé mar déc-fév). Ici les fruits de mer sont sublimes et le patron charmant. Entre autres délices, citons les pâtes *tubattone* aux clams et au pecorino, une soupe piquante aux moules parsemée

de croûtons et de *peperoncino* (piment), et un gâteau au chocolat et aux amandes. En été, les tables sont installées sur le trottoir – vue superbe sur le château.

Où prendre un verre et faire la fête

Ischia n'est pas Ibiza. Cela dit, le secteur d'Ischia Porto permet de prendre du bon temps, avec sa poignée de bars et de clubs qui restent ouverts tard.

Bar Calise BAR
(carte p. 130 ; ☏ 081 99 12 70 ; www.barcalise.com ; Piazza degli Eroi 69, Ischia Porto ; ⏲11h-16h et 18h-2h jeu-dim). L'un des plus anciens bars de l'île, fondé en 1925 et situé près du port. L'atmosphère est à la fois distinguée et nonchalante. Des serveurs en gilet servent les cocktails et des cafés sur fond de musique latine, swing et folk. La *pâtisserie* est idéale pour assouvir ses envies de *sfogliatelle*.

Valentino Ischia CLUB
(carte p. 130 ; ☏ 081 98 25 69 ; www.valentinoischia.eu ; Corso Vittoria Colonna 97, Ischia Porto ; ⏲22h-5h mer-dim). Un club étonnamment animé qui passe de la house internationale. Petit bonus en prime : de belles majoliques traditionnelles côté décoration.

Achats

Le principal quartier commerçant se situe autour de la Via Roma et des ruelles qui mènent à Ischia Ponte. Des tout petits bikinis aux bocaux de *babà*, ces rues pavées offrent largement de quoi se ruiner. Pour un shopping plus raisonnable, allez faire un tour dans les minuscules boutiques et les galeries d'art de Sant'Angelo et de Forio.

♥ Antica Macelleria di Francesco Esposito ALIMENTATION
(carte p. 130 ; ☏ 081 98 10 11 ; Via delle Terme 2, Ischia Porto ; ⏲8h-13h30 et 16h30-22h). Une épicerie centenaire, véritable paradis pour les gastronomes. À partir de 8h, vous pourrez aller y acheter mozzarella fraîche, pain *casareccio* cuit au feu de bois, quantité de fromages, jambons, salami *peperoncino* maison et poivrons marinés. On y trouve tout ce qu'il faut pour un pique-nique sur la plage, notamment des (incontournables) bouteilles de Falanghina (vin blanc sec).

Atelier delle Dolcezze ALIMENTATION
(Cioccolateria e Gelateria d'Arte ; carte p. 130 ; Via Edgardo Cortese ; ⏲9h-13h30 et 16h30-20h30 mar-dim). Un fabuleux chocolatier moderne, associant rangées de chocolats et délicieuse crème glacée artisanale. Jolies boîtes de friandises à offrir.

Filippo Cianciarelli CÉRAMIQUES
(Artigianato Ischitano ; carte p. 130 ; www.ceramichecianciarelli.it ; Via Luigi Mazzella 113, Ischia Ponte ; ⏲9h-13h et 16h-20h lun-sam). Filippo est un artiste original qui crée des pièces aux motifs et couleurs éclatants, par exemple de beaux vases de forme pyramidale, des tableaux en céramique aux thèmes abstraits et des articles plus petits (et plus faciles à transporter) tels que mugs, assiettes, etc. Aux côtés de ses œuvres sont exposées des pièces de céramique plus traditionnelles.

Judith Major MODE
(carte p. 130 ; ☏ 081 98 32 95 ; Corso Vittoria Colonna 174, Ischia Porto ; ⏲9h30-13h30 et 16h-20h). Cette boutique est le revendeur exclusif de la marque italienne Brunello Cucinelli, un genre de Ralph Lauren italien avec, en prime, une touche sexy. Pulls en cachemire, chemises, blazers et vêtements féminins chics. Côté chaussures, il y a des Prada, Barrett et Alberto Guardiani pour les hommes ou des Stuart Weitzman et Pedro Garcia pour les femmes. Bref, tout ce qu'il vous faut pour une croisière à bord d'un yacht.

Scaglione Renato BIJOUX
(carte p. 130 ; ☏ 081 98 45 03 ; Via Alfredo de Luca 109, Ischia Porto). Cette petite bijouterie vend un choix limité mais splendide de bijoux raffinés, fabriqués avec de la turquoise, de l'améthyste, de l'ambre et du corail. Les prix y sont légèrement inférieurs à ceux pratiqués dans les bijouteries plus tape-à-l'œil de la Via Roma voisine.

Lacco Ameno

Dans les années 1950 et 1960, les stars françaises et les familles royales européennes descendaient au légendaire hôtel Terme Regina Isabella. Les stars ont disparu, mais une icône locale demeure, qui émerge des eaux : l'emblématique **Fungo** (le champignon), rocher volcanique de 10 m de haut craché par le mont Epomeo il y a plusieurs milliers d'années.

Selon la légende, le corps de la martyre Restituta fut rejetée au IVe siècle sur le rivage de la plage de San Montano voisine, d'une embarcation partie de Tunisie et guidée par un ange. Le culte qu'on lui voua par la suite s'étendit de l'Afrique du Nord à l'Italie, son histoire remontant à l'expulsion des catholiques d'Afrique du Nord par Genséric, roi des Vandales.

Tous les ans, en mai, les habitants rejouent l'arrivée de la martyre sur la plage.

À voir et à faire

Area Archeologica di Santa Restituta SITE ARCHÉOLOGIQUE

(carte p. 126 ; 081 98 05 38 ; Piazza Restituta ; 3 € ; 9h30-12h30 et 17h-19h lun-sam, 9h30-12h30 dim). C'est sous la jolie **Chiesa di Santa Restituta**, toute rose, reconstruite après le séisme de 1883, que se trouve la **zone archéologique**, à ne pas manquer. Les fouilles, conduites de 1951 à 1974, ont mis au jour des parties d'un four à céramique grec, un temple et une rue romaines, des amphores funéraires du IVe siècle et une basilique paléochrétienne. Dans des vitrines sont exposés des objets antiques, allant de bracelets romains et d'ex-voto à un fourneau vieux de 3 300 ans provenant de Procida.

Au rez-de-chaussée, on peut découvrir de ravissants *pastori* (santons) du XVIIe siècle, des céramiques colorées du XVIIIe siècle, des vêtements sacerdotaux et la statue en bois du XVIIIe siècle de Santa Restituta (sainte Restitute), que l'on utilise toujours pour la procession annuelle dans la baie de San Montano. Un guide manuscrit détaillant les fouilles peut être emprunté à la billetterie.

Museo Archeologico di Pithecusae MUSÉE

(carte p. 124 ; musée archéologique de Pithécuse ; 081 99 61 83 ; www.pithecusae.it ; Corso Angelo Rizzoli 210 ; billet combiné avec le Museo Angelo Rizzoli 5 € ; 9h30-13h et 15h-18h30 mar-dim). Occupant la belle Villa Arbusto, demeure du XVIIIe siècle qui fut la résidence d'Angelo Rizzoli (ci-contre), ce musée bénéficie d'un emplacement historique, face au mont Vico, site de l'antique ville et acropole de Pithécuse. La collection du musée comprend d'importantes trouvailles faites dans la cité hellénique, allant de céramiques importées à des fragments de l'acropole elle-même. L'un de ses fleurons est la coupe de Nestor, datant du VIIe siècle av. J.-C., qui porte l'une des inscriptions grecques les plus anciennes, à la gloire du vin d'Ischia (salle II). Le site englobe également le Museo Angelo Rizzoli.

Museo Angelo Rizzoli MUSÉE

(carte p. 126 ; 081 99 61 83 ; www.museoangelorizzoli.it ; Corso Angelo Rizzoli 210 ; billet combiné avec le Museo Archeologico di Pithecusae 5 € ; 9h30-13h et 15h-18h30 mar-dim ;). Ce petit musée rend hommage à Angelo Rizzi (1889-1970), grand éditeur milanais et producteur de cinéma qui, dans les années 1950, fit de l'humble village de Lacco un lieu de rendez-vous de la jet-set. Photos de paparazzis et articles de presse d'un Rizzoli hitchcockien et de ses amis célèbres ornent les pièces où furent reçues des stars comme Gina Lollobrigida, Grace Kelly et Federico Fellini. Le jardin est tout aussi séduisant, avec ses citronniers, sa fontaine, son aire de jeux pour enfants et sa vue magnifique en direction des champs Phlégréens (Campi Flegrei).

Negombo SPA

(carte p. 126 ; 081 98 61 52 ; www.negombo.it ; Baia di San Montano ; 32 € la journée, 20 € à partir de 14h ; 8h30-19h fin avr-oct). C'est ici qu'il faut venir pour se faire dorloter. Centre thermal doublé d'un merveilleux jardin botanique (comptant plus de 500 espèces exotiques), le Negombo englobe plusieurs bains thermaux zen, un hammam, des sculptures contemporaines et une plage privée donnant sur la Baia de San Montano. Il séduit une clientèle plus jeune que les

---

MONTE EPOMEO

Enfilez vos chaussures de randonnée et partez sur le sentier de 2,5 km (50 minutes) au départ du village de Fontana, qui vous conduira au sommet du **mont Epomeo** (carte p. 126), qui culmine à 788 m. Du haut de ce mont formé à la suite d'une éruption sous-marine, vous aurez une vue inégalée sur la baie de Naples.

Près du sommet, la **Cappella di San Nicola di Bari** (carte p. 126), du XVe siècle, vaut une halte pour son beau pavement en majolique. L'ermitage voisin fut construit au XVIIIe siècle par un gouverneur de l'île qui, ayant échappé de justesse à la mort, troqua la politique pour la pauvreté et passa ici le reste de sa vie dans une sainte solitude.

autres centres thermaux d'Ischia. Il y a un bassin-labyrinthe japonais pour les pieds fatigués, un bon choix de massages et de soins de beauté, et une *tavola calda* (snack-bar) correcte. Si vous êtes en voiture ou en scooter, vous pouvez vous garer sur place (voiture/scooter 4/2,50 € la journée). Pour un bain de mer gratuit, suivez les panneaux indiquant *spiaggia* (plage), en face du Negombo.

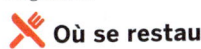 Où se restaurer

La Cantina del Mare ITALIEN €€
(carte p.126 ; 081 333 03 22 ; Corso Angelo Rizzoli 20 ; repas 25 € ; 12h-14h30 et 19h-0h). Cet établissement sympathique, face à la plage de l'autre côté de la route, sert d'excellents plats à une clientèle mélangée d'habitants et de touristes avisés. Les poissons et fruits de mer sont sa grande spécialité. Prenez place sur la jolie terrasse ou dans la salle à l'éclairage tamisé, aux étagères garnies de bouteilles de vin. Le pain, cuit dans le plus ancien four à pain de l'île, est livré ici chaque jour.

 Achats

Stella di Mare MODE
(carte p. 126 ; 081 199 43 96 ; Corso Angelo Rizzoli 150 ; 9h30-13h et 17h-22h). Superbe prêt-à-porter féminin : jupes en soie et lin, cafetans, ainsi que sandales, richelieus, sacs ornés de pompons et de perles.

Forio et la côte ouest

Ville la plus importante de l'île, qui eut la faveur de Tennessee Williams et de Truman Capote dans les années 1950, Forio compte certains des meilleurs restaurants d'Ischia, ainsi que de belles plages et deux jardins botaniques impressionnants.

 À voir et à faire

Chiesa di Santa Maria del Soccorso ÉGLISE
(carte p. 126 ; Via Soccorso 1, Forio ; 10h-coucher du soleil). Cette petite église d'une blancheur éclatante, à la limite ouest de la ville, faisait originellement partie d'un monastère augustin du XIVᵉ siècle. La chapelle latérale et la coupole ont été respectivement ajoutées en 1791 et 1854, mais la seconde fut reconstruite après le séisme de 1883. De magnifiques carreaux en majolique du XVIIIᵉ siècle, dépareillés, ornent le haut de l'escalier sur l'avant ; de là, la vue est splendide.

Giardini Ravino JARDINS
(carte p. 126 ; 081 99 77 83 ; www.ravino.it ; SS 270, Forio ; tarif plein/réduit 9/4 € ; 9h-coucher du soleil mer et ven-lun mars à mi-nov). Œuvre du botaniste local Giuseppe D'Ambra, qui collecte des plantes depuis les années 1960, ce jardin de 6 000 m² est un hommage aux cactus. Il y en a toute une collection, ainsi que d'autres plantes, dont beaucoup auraient des vertus thérapeutiques. Visite guidée tous les dimanches à 11h ; à d'autres moments de la semaine, il faut réserver.

Les jardins accueillent aussi des concerts, des expositions d'art et d'artisanat, et comportent deux appartements tout équipés à louer.

♥ La Mortella JARDINS
(Place des Myrtes ; carte p. 126 ; 081 98 62 20 ; www.lamortella.it ; Via F Calese 39, Forio ; tarif plein/réduit 12/7 € ; 9h-19h mar, jeu, sam-dim avr-début nov). Conçu avec l'aide du paysagiste Russell Page, qui s'inspira des jardins de l'Alhambra à Grenade, La Mortella, considéré comme l'un des plus beaux jardins botaniques d'Italie, mérite amplement une visite. Flânez au milieu des terrasses, des bassins, des palmiers, des fontaines et de plus d'un millier de plantes rares et exotiques du monde entier. La partie inférieure du jardin (La Valle, dessinée par Russel Page) est humide et tropicale, tandis que le niveau supérieur (La Colline, objet des attentions de la propriétaire) accueille des plantes méditerranéennes.

Ce véritable éden fut créé pour le compositeur britannique sir William Walton (1902-1983), et son épouse argentine, Susana, qui s'y établirent en 1949. Lady Susanna ne cessa de développer La Mortella jusqu'à sa mort en mars 2010, à l'âge de 83 ans. Elle ouvrit les jardins au public en 1991. La vie de Walton est présentée dans un petit musée, et l'on peut entendre ses œuvres dans l'élégant café. Des concerts de musique classique ont lieu sur place au printemps et en automne.

La Colombaia ÉDIFICE CULTUREL
(Museo Luchino Visconti ; carte p. 126 ; 081 333 21 47 ; www.fondazionelacolombaia.it ; Via F Calise 130, Forio ; 5 € ; 10h-13h et 16h-coucher du soleil mar-dim).). La campagne sauvage est un des grands atouts d'Ischia, et La Colombaia, jolie villa néo-Renaissance, vient renforcer ce charme rural. Rien d'étonnant, sans doute, puisqu'il s'agit de l'ancienne garçonnière du

célèbre cinéaste italien Luchino Visconti, né en 1906 dans l'une des familles les plus prospères de Milan.

Récemment restaurée, la villa abrite désormais une fondation artistique comprenant une bibliothèque dédiée à Visconti et à l'histoire du cinéma, ainsi que des costumes, des éléments de décor et des photos de ses films. Elle accueille également le Festival du film d'Ischia (p. 142) et, régulièrement, d'intéressantes expositions.

♥ **Giardini Poseidon** SPA
(Jardins de Poséidon ; carte p. 126 ; 081 908 71 11 ; www.giardiniposeidonterme.com ; Via Mazzella, Spiaggia di Citara ; 32 € la journée, 27 € la demi-journée, 5 € l'après-midi ; 9h-19h avr-oct). Au sud de Forio, les amateurs de spa apprécieront les vastes Giardini Poseidon. Entre autres soins et équipements, citons les massages, les saunas, les Jacuzzi et les piscines en terrasses dont l'eau s'écoule le long de la falaise volcanique. Si vous

---

LA MORTELLA DE WILLIAM ET SUSANA WALTON

La première rencontre entre William Walton, un compositeur britannique renommé de 46 ans, et Susana Gil, jeune secrétaire argentine de 22 ans au British Council est devenue une véritable légende. Alors qu'il observait Susana lors d'un cocktail à Buenos Aires, Walton confia à Benjamin Britten qu'il comptait épouser la jeune femme. Il fit sa demande à Susana, qu'il répéta tous les jours pendant deux semaines jusqu'à ce qu'elle cède, au désespoir de ses parents. Ils se marièrent en 1948. Mais l'histoire fut loin d'être un conte de fées : le musicien eut moult maîtresses et fit avorter clandestinement Susana, enceinte de leur enfant. Pourtant, durant toute sa vie, elle n'eut de cesse de faire passer son mari et sa musique en priorité.

Walton était au sommet de sa carrière à l'époque de leur mariage : il fut anobli en 1951, l'année de la publication de la partition intégrale de *Façade*, son œuvre la plus connue. Créée en collaboration avec sa mécène Edith Sitwell pour accompagner ses poèmes surréalistes écrits en 1922, la composition musicale fut considérée comme une contribution majeure au modernisme. Après son concerto pour Violon innovant de 1929, Walton enchaîne avec l'incroyable et ambitieuse *First Symphony* en 1935. En 1944, il compose la musique du film *Henry V* de Laurence Olivier, tour à tour merveilleusement nuancée et puissante.

Malgré les succès du compositeur, l'argent ne coulait pas à flots et le couple dut quitter Londres pour s'installer sur l'île d'Ischia. Leur nouvelle maison, achetée malgré les doutes de leur ami Laurence Olivier, se trouvait sur une carrière aride dans laquelle les myrtes poussaient à même la roche. En 1956, Susana et l'architecte paysagiste Russel Page débutèrent le projet de La Mortella, transformant ainsi ce paysage rocailleux en un paradis tropical empli de plantes exotiques rares, comme les *Victoria amazonica* (nénuphars géants) dont les fleurs passent du blanc au cramoisi. Au fur et à mesure que la notoriété et la beauté du jardin grandissaient, celle de Walton déclinait, éclipsée par l'ascension du compositeur Britten. Ses œuvres furent alors perçues comme démodées et trop nostalgiques.

La villa et le jardin devinrent un refuge précieux pour le couple, où ils reçurent notamment des hôtes tels que sir Laurence Olivier, Vivien Leigh, Maria Callas, Charlie Chaplin et le dramaturge britannique Terence Rattigan.

Lorsque William Walton décéda en 1983, Susana enferma ses cendres dans un rocher en forme de pyramide dans La Mortella et créa la *William Walton Trust and Foundation* en sa mémoire. Elle fit édifier une salle de concert dans le jardin, ornée de bustes des Sitwell, d'un bronze de son mari et d'une création de John Piper pour la version ballet de *Façade*.

Susana égaiera son jardin de sa présence pleine d'entrain jusqu'à la fin de sa vie. Elle mourut en 2010 à l'âge de 83 ans et La Mortella est désormais gérée par la fondation. Aujourd'hui, les visiteurs ont l'immense plaisir de flâner dans le luxuriant jardin tout en écoutant la musique enjouée et sensuelle de William Walton. Ils peuvent aussi y découvrir le mémorial de Susana, qui rend hommage à une femme qui "aimait tendrement, travaillait avec passion et croyait en l'immortalité".

n'arrivez pas à vous décider, optez pour la magnifique plage privée en contrebas.

Geo-Ausfluge
RANDONNÉE

(🛇 Le personnel parle anglais 081 90 30 58 ; www.eurogeopark.com ; randonnées 17-26 €). À l'inverse de Capri et de Procida, Ischia n'est pas une île que les randonneurs peuvent facilement explorer. Si vous souhaitez découvrir l'intérieur des terres, le géologue italien Aniello Di Lorio conduit différentes randonnées à travers l'île, allant de 3 à 5 heures, avec plusieurs points de rassemblement sur l'île ; comptez 9 € de plus pour le transfert aller-retour depuis Casamicciola et Panza. Les randonnées sont guidées principalement en italien et en allemand, mais il est possible d'en suivre en anglais à condition de prévenir. Même si vous ne comprenez pas toutes les explications, vous aurez au moins la chance de découvrir certaines zones magnifiques de l'île qui seraient difficiles d'accès par vous-même.

Westcoast
LOCATION DE BATEAUX

(carte p. 126 ; 🛇 081 90 86 04 ; www.westcoastischia.it ; Porto di Forio ; location de bateaux à partir de 100 €). Location à la journée de bateaux et petites embarcations à moteur (avec ou sans pilote). Une idée particulièrement appréciable en août, quand les plages sont bondées et que vous cherchez une crique sablonneuse isolée.

🍴 Où se restaurer

Zi Carmela
ITALIEN €

(carte p. 126 ; 🛇 081 99 84 23 ; Via Schioppa 27, Forio ; repas 20 €, menu déj 4 plats 28 € ; 🕒 12h-15h et 19h-minuit avr-oct ; 🐾). Ce restaurant, installé depuis des lustres, possède une ravissante terrasse décorée de casseroles en cuivre, de tasses en céramique et de tresses d'ail et de piment. Une clientèle d'habitués vient régulièrement s'y régaler de plats de poisson comme la *fritturina e pezzogne* (un poisson blanc régional cuit au four à bois) ou le *tartare di palamito al profumo d'arancia* (tartare de poisson aux agrumes).

Ristorante Pietratorcia
ITALIEN €€

(carte p. 126 ; 🛇 081 90 72 32 ; www.ristorantepietratorcia.it ; Via Provinciale Panza 267, Forio ; menu déj à partir de 28 € ; 🕒 11h-23h mar-dim avr-oct). Entouré de vignes, de figuiers sauvages et de romarin, ce domaine viticole de premier rang est aussi un paradis de la gastronomie. Visitez les vieilles caves en pierre, goûtez à un vin local et laissez-vous tenter par l'alléchant menu dégustation, composé de bruschettas et de fromages odorants, de saucisses de Campanie et de *salumi* (charcuterie) épicés.

♥ Montecorvo
ITALIEN €€

(carte p. 126 ; 🛇 081 99 80 29 ; www.montecorvo.it ; Via Montecorvo 33, Forio ; repas 30 € ; 🕒 12h30-15h30 et 19h30-1h, fermé déj juil-août). Une adresse hors du commun, avec une salle en partie creusée dans une grotte et une terrasse qu'on dirait en pleine jungle. Giovanni, le propriétaire, est très fier des spécialités qu'il concocte chaque jour à base de viandes et de poissons grillés, et il y a aussi un bon choix de pâtes et d'*antipasti* de légumes.

Le Montecorvo est caché au milieu d'une végétation luxuriante à l'extérieur de Forio, mais il est bien indiqué. Vous serez accueilli par de majestueux pins, une cascade, des marches raides et un Giovanni exubérant.

Umberto a Mare
ITALIEN €€€

(carte p. 126 ; 🛇 081 99 71 71 ; Via Soccorso 2, Forio ; repas 46 € ; 🕒 midi-15h et 19h-23h mars-déc). Situé en bord de mer à l'ombre de la Chiesa di Santa Maria del Soccorso, l'Umberto a Mare, qui date de 1936, se compose d'un bar modeste servant des en-cas et d'un restaurant plus formel dont la carte change selon les saisons. Au menu : des *penne* au homard et aux asperges, et un divin *al profumo di mare* (poisson frais légèrement grillé).

Sant'Angelo et la côte sud

La minuscule Sant'Angelo attire une foule tendance avec ses boutiques chics, ses restaurants en front de mer et ses plages, superbes. Des ruelles tranquilles descendent de la colline jusqu'à la Piazzetta Ottorino Troia branchée, où des habitants bronzés sirotent des Campari soda avant d'assister à des concerts, en fin de soirée. Dominant le tout, le gros *scoglio* (rocher) est relié au village par une bande de sable jalonnée de petits bateaux de pêche et de parasols, surveillée par des *bagnini* (maîtres-nageurs).

Du quai, des bateaux-taxis aux couleurs vives vous conduiront à la **Spiaggia dei Maronti**, plage sablonneuse, ou à la petite crique de **Baia di Sorgeto**.

🎯 À voir et à faire

Baia di Sorgeto PLAGE
(carte p. 126 ; Via Sorgeto ; ⊙avr-oct). Les quelque 300 marches menant à cette plage isolée (indiquée, quoique assez mal, à partir du village de Panza) mettront vos articulations à rude épreuve mais ces dernières pourront ensuite bénéficier des vertus des eaux chaudes thermales. Celles-ci émergent naturellement à une température élevée, avant d'être un peu adoucies par les vagues. La plage dispose de toilettes, et d'un café pendant l'été.

Le site peut être rallié en bateau-taxi depuis Sant-Angelo (7 € l'aller).

Terme Cavascura SPA
(carte p. 126 ; ☏081 90 55 64, 081 99 92 42 ; www.cavascura.it ; Via Cavascura 1, Spiaggia dei Maronti, Sant-Angelo ; bain thermal 12 €, bain thermal et de boue 27 € ; ⊙8h30-18h mi-avr à mi-oct). Pour un moment de détente dans un spa, prenez un bateau-taxi jusqu'à Cavascura (aller 3,50 €) et suivez les panneaux sur 300 m pour descendre la gorge au fond de laquelle se trouvent les Terme Cavascura. Coincés entre des falaises vertigineuses, ces thermes en plein air d'une grande simplicité sont les plus anciens d'Ischia. Vous plongerez dans des bassins romains taillés dans le roc, ou transpirerez au fond d'une grotte.

Moyennant un supplément, parachevez l'expérience avec un masque à l'argile et un massage (24 €), une manucure (15 €) ou un massage antistress (30 €). Les eaux sulfureuses auraient des vertus thérapeutiques sur les rhumatismes, les maladies des bronches et de la peau.

Parco Termale Aphrodite Apollon SPA
(carte p. 126 ; ☏081 99 92 19 ; www.aphroditeapollon.it ; Via Petrelle, Sant-Angelo ; 35/25 € journée/demi-journée ; ⊙8h-18h mi-avr à oct). Une promenade spectaculaire, fatigante par endroits, suit la corniche le long de la côte sur 2 km entre Sant-Angelo et ce luxueux spa, qui appartient désormais au Miramare Sea Resort. Derrière l'entrée drapée de lierre s'étend un vaste ensemble en marbre comprenant salles de gym, saunas, luxuriants jardins en terrasses et 12 piscines chauffées à des températures différentes, dont une réservée à l'aquabike. Au programme ici : une gamme très complète de soins de beauté et de traitements.

🍴 Où se restaurer

♥ Il Focolare ITALIEN €€
(carte p. 126 ; ☏081 90 29 44 ; www.trattoriailfocolare.it ; Via Creajo al Crocefisso 3, Barano d'Ischia ; repas 30 € ; ⊙12h30-14h45 et 19h30-23h30 juin-oct, 12h30-14h45 mer, 19h30-23h30 sam-dim nov-mai). Une table familiale, accueillante et rustique, parmi les plus appréciées de l'île, axée sur les produits de la terre. La carte traditionnelle met l'accent sur la viande (viande rouge, côtelettes d'agneaux) et quelques spécialités, comme le *coniglio all'ischitana* (ragoût de lapin aux tomates, à l'ail et aux herbes aromatiques) et les *tagliatelle al ragu di cinghiale* (tagliatelles au civet de sanglier). Desserts maison divins en prime. Le propriétaire, Riccardo D'Ambra (qui gère le restaurant avec son fils, Agostino), est le défenseur local du mouvement Slow Food. Si vous avez envie de produits de la mer, de café ou de boissons de type soda, passez votre chemin : la maison n'en sert pas.

LES PLUS BELLES PLAGES D'ISCHIA

Spiaggia dei Maronti (carte p. 126). Longue plage très prisée, où le sable est chauffé par des geysers de vapeur. Accès en bus depuis Barano, en bateau-taxi depuis Sant-Angelo (aller 5 €) ou à pied par le sentier partant de Sant-Angelo en direction de l'est.

Baia di Sorgeto (ci-dessus). Prenez un bateau-taxi (aller 7 €) depuis Sant-Angelo ou allez-y à pied depuis la bourgade de Panza. Une petite crique avec une source thermale bouillonnante vous y attendent. Parfait pour un bain hivernal.

Spiaggia dei Pescatori (carte p. 130). Coincée entre Ischia Porto et Ischia Ponte, la "plage des pêcheurs" est la plus populaire de l'île. Idéale pour les familles.

Baia di San Montano (carte p. 126). À l'ouest de Lacco Ameno, une magnifique baie aux eaux chaudes, cristallines et peu profondes. Site du parc thermal Negombo (p. 134).

Punta Caruso (carte p. 126). À la pointe nord-ouest d'Ischia, ce site rocheux et isolé est parfait pour un bain solitaire dans des eaux claires et profondes. Suivre le sentier de promenade qui part de la Via Guardiola et descend vers la plage. Déconseillé aux enfants ou lorsque la mer est agitée.

Achats

L'Isoletto ALIMENTATION
(carte p. 126 ; 081 99 93 74 ; Via Chiaia delle Rose 36, Sant'Angelo ; 9h-21h lun-sam). Faites provision de produits locaux frais : *peperoncini* épicés, *babà* au rhum et *cannoncelli* (pâtisseries fourrées) à la crème de citron, vin d'Ischia et l'incontournable *limoncello*. Craquez aussi pour les souvenirs délicieusement kitsch – des sets de table en coquillages aux assiettes murales en relief.

PROCIDA

10 800 HABITANTS

La plus petite île de la baie de Naples est aussi la plus pittoresque et la mieux préservée, toute en maisons aux teintes pastel et en plantations de citronniers. Miraculeusement épargnée par le tourisme de masse, Procida offre une bouffée d'authenticité. Hormis au mois d'août, lorsqu'affluent les vacanciers, ses petites rues écrasées de soleil sont le domaine des îliens : les jeunes garçons ne lâchent pas leur canne à pêche, les mères promènent leurs enfants en poussette et les vieux marins se racontent leurs misères. Ici, les hôtels sont plus petits et l'accueil de la population est plus chaleureux.

Si vous avez le temps, le mieux est de découvrir Procida à pied. Les endroits les plus intéressants (où se trouvent aussi la plupart des hôtels, des bars et des restaurants) sont Marina Grande, Marina Corricella et Marina di Chiaiolella. Les plages ne sont pas légion ici, mais sur celle de Lido di Procida, vous ne devriez pas avoir de mal à trouver de la place pour étendre votre serviette, sauf peut-être en août.

Un dîner sur le port n'est pas synonyme, ici, de coûteuse déception, avec des trattorias servant une cuisine classique de première fraîcheur. Quant aux restaurants de l'intérieur des terres, ils élaborent des recettes à base de produits cultivés sur place et de gibier. Essayez l'*insalata al limone*, une salade au citron relevée d'huile pimentée

Renseignements

Pro Loco (081 810 19 68 ; www.prolocoprocida.it ; Via Roma, Stazione Marittima, Marina Grande ; 9h30-18h). Situé au guichet des ferries et hydroglisseurs, ce modeste office du tourisme dispose de peu de brochures, mais devrait pouvoir vous renseigner sur les activités et les sites à visiter.

Depuis/vers Procida

BATEAU

Caremar (081 837 07 00 ; www.caremar.it). assure jusqu'à 8 liaisons quotidiennes en hydroglisseur depuis/vers Naples et Procida (14,90 €, 25 minutes).
SNAV (www.snav.it). assure la traversée 4 fois par jour en hydroglisseur depuis/vers Naples et Procida (18, 60 €, 25 minutes).

Comment circuler

L'île, d'une superficie d'à peine 3,8 km², se parcourt aisément à pied. Il paraîtrait même que l'où que l'on aille, on ne fasse pas plus de 6 000 pas.

BUS

Il existe un service de bus limité (1 €), avec 4 lignes rayonnant de Marina Grande. Le bus L1 relie le port à la Via Marina di Chiaiolella.

Marina Grande

À Marina Grande, des maisons vieillissantes aux teintes pastel roses, blanches ou jaunes s'alignent sur le front de mer. Sous le linge qui sèche, des pêcheurs raccommodent leurs filets et vont prendre un verre dans des bars traditionnels, tandis qu'on sert leurs prises dans des restaurants à l'ancienne. Des ruelles étroites et sinueuses grimpent jusqu'à un ensemble de bâtiments perchés sur la colline, dont une ancienne abbaye forme le point culminant : les maisons environnantes ne sont que larges arches et escaliers externes – des éléments architecturaux typiques de l'île.

À voir et à faire

Abbazia di San Michele Arcangelo ÉGLISE, MUSÉE
(334 8514028, 334 8514252 ; associazione-millennium@virgilio.it ; Via Terra Murata 89, Terra Murata ; 3 € ; 10h-13h et 15h-18h). Profitez de la vue étourdissante sur la baie depuis le belvédère avant d'aller explorer l'abbaye San Michele Arcangelo. Édifiée au XIe siècle et remaniée entre le XVIIe et le XIXe siècle, cette ancienne abbaye bénédictine abrite un petit musée doté de quelques peintures intéressantes réalisées par des naufragés reconnaissants. On peut aussi y découvrir une église notable pour son magnifique plafond à caissons, une ancienne vasque grecque en albâtre transformée en fonts batptismaux, et un réseau de catacombes menant à une minuscule chapelle secrète.

Procida

Blue Dream Yacht
Charter Boating   LOCATION DE BATEAUX
(☎ 339 5720874, 081 896 05 79 ; www.bluedream-charter.com ; Via Vittorio Emanuele 14 ; à partir de 1 500 €/semaine). Si vous avez des envies de grandeur, vous pourrez toujours louer un yacht dans cette agence (loge 6 personnes).

Barobe & Gommoni   LOCATION DE VÉLOS
(☎ 339 7163303 ; Via Roma 134 ; 10 €/jour ; 🚲). Rien ne vaut un vélo pour explorer l'île, et vous pourrez en louer ici. À moins de préférer louer un microtaxi décapoté pour 2-3 heures moyennant 35 € environ, selon votre aptitude à négocier.

🍴 Où se restaurer

Bar Cavaliere   PÂTISSERIES €
(☎ 081 810 10 74 ; Via Roma 42 ; pâtisseries à partir de 1 € ; ⏰ 7h-minuit). La meilleure pâtisserie de Procida vend de délicieuses pâtisseries et autres douceurs. La *lingua di bue* (langue de bœuf), chausson en forme de langue garni de *crema pasticcera* (crème pâtissière) fait fureur. L'établissement se double d'un bar à cocktails.

Da Giorgio   TRATTORIA €
(☎ 081 896 79 10 ; Via Roma 36 ; repas 18 € ; ⏰ 12h-15h et 19h-23h30 mars-oct ; 🍴). Cet

Procida

Les incontournables
1. Abbazia di San Michele Arcangelo D2

Activités
2. Barcheggiando A4
3. Barobe & Gommoni C4
4. Blue Dream Yacht Charter Boating D4
5. Cesare Boat Trips D5
6. Procida Diving Centre A4

Où se loger
7. Bed & Breakfast La Terrazza B1
8. Casa Giovanni da Procida B3
9. Casa Sul Mare D5
10. Hotel Crescenzo A4
11. Hotel La Corricella D5
12. Hotel La Vigna D2

Où se restaurer
13. Bar Cavaliere D4
14. Caracalè D5
15. Da Giorgio D4
16. Da Mariano A4
    Fammivento .... (voir 15)
17. La Conchiglia C3
    La Lampara .... (voir 11)
18. Ristorante Scarabeo B2

Achats
19. Enoteca Borgo Antico D4
20. Maricella D4
21. Mediterraneo D4

Transports
22. Station de bus C4
23. Terminal des ferries et hydroglisseurs .. C4
24. Billetterie des ferries et hydroglisseurs .. C4

établissement s'efforce de plaire avec sa cuisine abordable, ses recoins isolés par des parois en verre et sa bière bon marché. La carte réserve peu de surprises, mais les produits sont très frais : laissez vous tenter par l'*antipasto di mare* (10 €, entrée de fruits de mer) ou les *gnocchi alla sorrentina* (gnocchis dans une sauce tomates, basilic et pecorino).

Fammivento POISSON ET FRUITS DE MER €€
(081 896 90 20 ; Via Roma 39 ; repas 25 € ; 12h-12h30 mar-sam, midi-15h dim avr-oct). Commencez par une *frittura di calami* (encornets frits), suivie de *fusilli carciofi e calamari* (pâtes aux artichauts et calamars). Pour un dîner de gala, essayez la *zuppa di crostaci e moluschi* (soupe de crustacés et de mollusques), la spécialité maison.

 Achats

La discrète Procida n'est pas un haut lieu du shopping. On peut toutefois faire emplette de vêtements de plage et de vin notamment.

Enoteca Borgo Antico BOISSONS
(081 896 96 38 ; Via Vittorio Emanuele 13 ; 9h-21h). Cette petite boutique stylée vend les meilleurs vins de Campanie et une petite sélection de crus italiens d'autres régions. Le sympathique propriétaire vous indiquera (en italien) les meilleurs vins locaux et les meilleures affaires. Du *limoncello* et de nombreuses autres liqueurs parfumées, traditionnelles ou plus modernes, sont aussi proposés.

Maricella ACCESSOIRES
(081 896 05 61 ; www.maricella.it ; Via Roma 161 ; 9h-20h30). Une adorable petite boutique emplie d'accessoires aux couleurs vives, et notamment de bijoux aux allures de vraies friandises : colliers semblant fabriqués avec des bonbons, boucles d'oreille jaune citron, grosses bagues colorées, mais aussi de jolies sandales, des sacs en raphia et des cabas pour la plage.

Mediterraneo MODE
(081 196 69 09 ; Via Roma 32 ; 9h30-21h). Cette boutique est dédiée aux vêtements en coton fin et léger – l'idéal pour la torride chaleur estivale. Vous y dénicherez entre autres des robes amples et vaporeuses aux motifs fleuris, de longues jupes fluides, des chemises d'une blancheur transparente, des cabas aux imprimés audacieux et des tenues un peu plus élégantes aux beaux motifs colorés.

Marina Corricella

Depuis la Piazza dei Martiri (vue panoramique), les maisons aux couleurs pastel du village de **Marina Corricella** s'étagent jusqu'à la marina. Là, tout n'est que bateaux de pêche colorés, piles de filets et, en été, succession de cafés et de restaurants en terrasse. C'est ici que furent tournées certaines scènes du film de Michael Radford, *Le Facteur*. Ne manquez pas cet endroit véritablement magique.

Plus au sud, près de la Via Pizzaco, un escalier raide descend vers la **Spiaggia di Chiaia**, une plage de sable parmi les plus belles de l'île, où sont installés plusieurs bons restaurants de produits de la mer.

Circuits organisés

Cesare Boat Trips PROMENADES EN BATEAU

(26 € 2 heures 30 ; ☺mai-oct). Sur le port de Marina Corricella, demandez le sympathique Cesare dans votre meilleur italien. Vous le trouverez près de ses bateaux colorés portant son nom sur le flanc, ou dans l'un des bars de la plage… il n'est jamais loin. Cesare propose d'agréables sorties en bateau, ainsi que des demi-journées à bord d'un galion (100 €).

Où se restaurer

Caracalè POISSON ET FRUITS DE MER €€

(☎081 896 91 92 ; Via Marina Corricella 6, Marina Corricella ; repas 28 € ; ☺12h30-15h30 et 19h-23h, fermé mar mars-juin et sept à mi-nov). N'importe quel restaurant bordant la modeste marina vous laissera un incroyable souvenir. Le Caracalè, en retrait sur la gauche lorsqu'on fait face à la mer, est l'un des meilleurs du lot. Offrez-vous un plat simple à base de produits de la mer, comme la soupe aux moules ou l'espadon grillé. Délicieux.

La Lampara POISSON ET FRUITS DE MER €€

(☎081 896 75 75 ; Hotel La Corricella, Marina Corricella ; repas 25 € ; ☺midi-14h30 et 19h-23h mai-oct). La terrasse jouit d'une belle vue sur la marina, et la carte fait la part belle aux spécialités de la mer tout juste pêchées. Après les *antipasti* de fruits de mer marinés, régalez-vous d'une copieuse assiette de *ravioli a'sapore di mare* (raviolis aux fruits de mer).

Marina di Chiaiolella

Rose, blanche et bleue, la petite **Marina di Chiaiolella**, en forme de croissant, est un ancien cratère de volcan. Aujourd'hui, elle comprend un port de plaisance où mouillent de nombreux bateaux et des restaurants à l'ancienne, et dégage un charme décontracté. Du quai, vous pouvez prendre un bateau-taxi de couleur vive pour rejoindre plusieurs belles plages (à partir de 8 €). Les eaux cristallines du coin se prêtent aussi merveilleusement à la plongée sous-marine.

À voir et à faire

Procida Diving Centre PLONGÉE

(☎081 896 83 85 ; www.vacanzeaprocida.it ; Via Cristoforo Colombo 6 ; ☺juin-sept ; ⚓). Ce club fiable de la marina propose cours et sorties

---

LE TOP DES FESTIVALS

Capri Tango Festival (www.capritourism.com ; ☺juin). Musique, danse, expositions et cours de tango animent Capri.

Festa di Sant'Anna (www.infoischiaprocida.it ; Ischia ; ☺26 juil). Ischia fête la sainte Anne avec "l'incendie symbolique du Château aragonais", ainsi qu'une magnifique procession de bateaux et un feu d'artifice.

Fête des Vendanges Une fête itinérante qui dépend des conditions météorologiques, mais les vendanges sont toujours célébrées dans les îles en septembre. Une période magique pour y aller.

Settembrata Anacaprese (www.capritourism.com ; Capri ; ☺1er-15 sept). Célébration annuelle des vendanges, avec événements gastronomiques et marchés.

Ischia Film Festival (www.ischiafilmfestival.it ; ☺juin/juil). Projection gratuite de films et expositions dans des lieux d'exception, comme le Château aragonais, la Villa Arbusto et La Colombaia.

Festival de jazz d'Ischia (www.ischiajazz.com ; ☺généralement sept). Festival annuel de 5 jours réunissant des saxophonistes italiens et quelques artistes étrangers.

Procession des Misteri Le Vendredi saint a lieu une procession lors de laquelle une statue en bois du Christ et de la Madonna Addolorata, ainsi que des représentations grandeur nature, en plâtre et en papier mâché, des scènes de la crucifixion du Christ sont promenées à travers l'île. Les hommes sont vêtus de tuniques bleues et de cagoules blanches, tandis que les jeunes filles s'habillent comme la Madone.

de plongée, et loue également du matériel. À Procida, il existe quatre sites de plongée que vous pourrez explorer : Punta Pizzaco (niveau moyen à confirmé), Secca delle Formiche (débutant-moyen), Capo Bove (débutant) et Punta Solchiaro (moyen). Les tarifs vont de 45 € pour une plongée à 130 € le stage de snorkeling. Également : plongée au large pour les plus expérimentés et cours de sauvetage.

Barcheggiando LOCATION DE BATEAUX
(081 810 19 34 ; Marina Chiaiolella). Cette agence loue des bateaux à moteur et des *gommoni* (bateaux en bois) à partir de 100 € la journée.

Où se restaurer

Da Mariano ITALIEN €
(081 896 73 50 ; Marina di Chiaiolella ; repas 22 € ; 12h-15h et 19h-minuit). Les gens du cru l'apprécient pour ses plats locaux simples parfaitement exécutés, comme les calamars farcis et les *spaghetti alle vongole*. Le poisson, notamment l'espadon, est d'une incroyable fraîcheur. Vue sur la baie. En dessert, essayez les pêches cuites au vin.

La Conchiglia POISSON ET FRUITS DE MER €€
(081 896 76 02 ; www.laconchigliaristorante.com ; Via Pizzaco 10, Solchiaro ; repas 25 € ; 13h-15h30 et 20h-21h30 l'été). La vue que l'on a de ce restaurant, plus chic que la plupart sur l'île, est magique : des vagues bleu turquoise à vos pieds et les couleurs pastel de la Marina Corricella à l'arrière-plan. Entre autres plats savoureux vous vous régalerez ici de *spiedini di mazzancolle* (brochettes de crevettes) ou de *spaghetti alla povera* (spaghettis aux piments et poivrons verts). Pour y accéder, descendez l'escalier partant de la Via Pizzaco, ou louez un bateau depuis Corricella.

Ristorante Scarabeo ITALIEN €€
(081 896 99 18 ; Via Salette 10 ; repas 28 €). Située dans les terres vers le centre de l'île, et cachée derrière une jungle de citronniers, une table traditionnelle et vénérable axée sur les classiques de l'île, tels les *fritelle di basilico* (petits pâtés de pain frits, œuf, parmesan et basilic) et les spécialités maison, comme les raviolis à l'aubergine et à la *provola* – un fromage (10 €). Les propriétaires élèvent leurs lapins et préparent leur propre Falanghina (un vin blanc), à déguster sous une pergola de citronniers.

Côte amalfitaine

Dans ce chapitre →
Sorrente 145
Massa Lubrense 156
Sant'Agata sui
due Golfi 157
Marina del Cantone 157
Vico Equense 158
Positano 159
Praiano 164
Furore 166
Amalfi 166
Ravello 173
Minori 177
Cetara 178
Vietri sul Mare 178

Pourquoi y aller

Remarquable exemple de paysage méditerranéen selon l'Unesco, la côte amalfitaine fascine par sa beauté ; les montagnes côtières plongent dans la mer en à-pics vertigineux, ponctués de bourgades pittoresques et de forêts verdoyantes.

Parmi les joyaux qui jalonnent la côte, Positano et Amalfi brillent d'un éclat particulier, tandis que Ravello, perchée sur la montagne, est réputée pour ses villas grandioses et ses concerts de musique classique. Sorrente, porte du littoral amalfitain, est un beau et vénérable lieu de villégiature construit sur des falaises, qui a miraculeusement survécu au tourisme de masse. Quelques superbes hôtels et restaurants ajoutent au charme de la côte.

La région est aussi l'une des plus plaisantes du pays pour la randonnée, avec des chemins bien balisés qui conduisent dans l'arrière-pays.

Le top des restaurants

➡ Donna Rosa (p. 162)
➡ Next2 (p. 163)
➡ Marina Grande (p. 172)
➡ L'Antica Trattoria (p. 151)

Le top des hébergements

➡ Pensione Maria Luisa (p. 212)
➡ Ulisse (p. 209)
➡ Hotel Caruso (p. 216)
➡ Hotel Lidomare (p. 215)

Quand partir

➡ La côte amalfitaine est une destination strictement saisonnière ; la plupart des hôtels, restaurants et bars ferment de fin octobre à Pâques.
➡ Avril à juin et septembre-octobre sont les périodes les moins fréquentées.
➡ Les Napolitains viennent en nombre au mois d'août, surtout le week-end lorsque restaurants et transats sont pris d'assaut.
➡ Le printemps est la meilleure saison pour la randonnée, quand s'épanouissent les fleurs sauvages et que le climat est agréablement tempéré, parfois humide.

SORRENTE (SORRENTO)

16 500 HABITANTS

Résolument touristique, Sorrente demeure néanmoins une jolie ville soignée. Même les souvenirs sont plus raffinés qu'ailleurs, avec nombre de vieilles échoppes qui vendent céramiques, dentelles et objets en marqueterie (*intarsio*) produits sur place. Le principal inconvénient est l'absence de plage : la ville s'étend sur des falaises qui surplombent la mer, avec vue sur Naples et le Vésuve.

Sorrente constitue une bonne base pour explorer la région : la campagne préservée de la péninsule au sud, la côte amalfitaine à l'est, Pompéi et d'autres sites archéologiques au nord, et l'île de Capri au large.

◉ À voir

Le centre-ville compact s'organise autour de la Piazza Tasso, d'où l'on peut rejoindre à pied les principaux sites. La ville est idéale pour une *passeggiata* (promenade) en soirée le long des rues animées, jalonnées de vues époustouflantes au coucher du soleil.

Museo Correale — MUSÉE
(☏ 081 878 18 46 ; www.museocorreale.it ; Via Correale 50 ; 7 € ; ⊙ 9h30-18h30 mar-sam, 9h30-13h30 dim). À l'est du centre, ce musée mérite la visite, que vous vous intéressiez à la broderie, à l'horlogerie ou à l'archéologie. Outre une riche sélection d'art et d'artisanat napolitains du XVIIe au XIXe siècle, il renferme des porcelaines japonaises, chinoises et européennes, des pendules, des meubles et, au rez-de-chaussée, des objets grecs et romains. L'essentiel de la collection, ainsi que la villa du XVIIIe siècle qui l'abrite, furent légués à la ville dans les années 1920 par les comtes Alfredo et Pompeo Correale. Le jardin, agrémenté de plantes et de fleurs rares, offre une vue splendide sur la côte.

Marina Grande — PORT
(Via Marina Grande). Cette agréable bande de sable, sur le port de Marina Grande, est ce qui ressemble le plus à une plage. Si vous souhaitez juste lézarder au soleil, des jetées voisines comportent chaises longues et parasols. Cet ancien quartier de pêcheurs rappelle un peu l'île de Procida, avec ses maisons aux tons pastel, ses bateaux peints de couleurs vives et des pêcheurs qui ravaudent leurs filets. Quelques restaurants de poisson servent les prises du jour.

> **LE TOP DES PLAGES DE LA CÔTE AMALFITAINE**
> Baia de Ieranto (p. 153)
> Spiaggia di Fornillo (p. 161)
> Marina di Praia (p. 165)
> Bagni Regina Giovanna (p. 150)

Sedil Dominava — ÉDIFICE HISTORIQUE
(Via San Cesareo). Coincé entre des boutiques de souvenirs, cette demeure du XVe siècle conserve de ravissantes fresques d'origine, aux couleurs fanées. Coiffée d'une coupole et ouverte sur la rue de deux côtés, la terrasse était jadis un lieu de rendez-vous de la noblesse. Aujourd'hui, elle abrite un club où des retraités viennent jouer aux cartes.

Centro Storico — QUARTIER
(Corso Italia). Le Corso Italia, bordé de boutiques, de restaurants et de bars, constitue le cœur du centre historique animé. Flânez aux alentours pour découvrir d'étroites ruelles pavées, flanquées de bâtiments traditionnels aux volets verts. Dans ce dédale ponctué de *palazzi*, de places ou d'églises, des boutiques de souvenirs et des trattorias côtoient quelques beaux édifices.

Duomo — CATHÉDRALE
(Corso Italia ; ⊙ 8h-12h30 et 16h30-21h). Pour un aperçu de l'histoire de Sorrente, descendez la Via Pietà depuis la Piazza Tasso, passez devant deux palais médiévaux et rejoignez la cathédrale, avec sa belle façade ornée de fresques, un clocher à 3 niveaux, 4 colonnes classiques et une horloge en majolique. À l'intérieur, remarquez le trône épiscopal en marbre (1573) et les stalles en bois du chœur, décorées dans le style *intarsio* local. L'édifice, qui date du XVe siècle, a été remanié à plusieurs reprises, la dernière fois au début du XXe siècle avec l'ajout de la façade actuelle.

Museo Bottega della Tarsia Lignea — MUSÉE
(☏ 081 877 19 42 ; www.museomuta.it ; Via San Nicola 28 ; tarif plein/réduit 8/5 € ; ⊙ 10h-18h30 avr-oct, 10h-17h nov-mars). Depuis le XVIIIe siècle, Sorrente est réputée pour ses meubles en *intarsio* (marqueterie), aux motifs élaborés. Ce musée, installé dans un palais du XVIIIe siècle orné de fresques superbes, en présente des

À ne pas manquer

❶ Les rues pentues de **Positano** (p. 159) et les boutiques de créateurs fréquentées par les élégantes

❷ Un régal de poisson frais dans le port couleur pastel de **Cetara** (p. 178)

❸ La marqueterie traditionnelle de **Sorrente** (p. 154)

❹ Une soirée dans un night-club hors du commun à **Praiano** (p. 166)

❺ Une balade dans **Atrani** (p. 166) pour découvrir sa

place ancienne, ses cafés en terrasse et sa jolie plage

❻ Louer un bateau à **Amalfi** (p. 169) et longer la côte pour dénicher un lieu de baignade idéal

❼ La vue époustouflante de la Terrasse de l'Infini dans la **Villa Cimbrone** (p. 175) à Ravello

Sorrente

👁 À voir
1. Basilica di Sant'Antonino E2
2. Centre historique C3
3. Chiesa di San Francesco D2
4. Duomo D3
5. Il Vallone dei Mulino E4
6. Marina Grande A2
7. Museo Bottega della Tarsia Lignea C3
8. Museo Correale G1
9. Sedile Dominava D3

➕ Activités
10. Gelateria David F3
11. Sant'Anna Institute B2
12. Sic Sic E1
13. Parc de la Villa Comunale D2

🛏 Où se loger
14. Casa Astarita C4
15. Grand Hotel Excelsior Vittoria E3
16. Hotel Astoria D3
17. Hotel Desiré A2
18. Hotel Rivage A4
19. Mignon D4
20. Nube d'Argento A3
21. Plaza Hotel E3
22. Ulisse B4
23. Villa Elisa E2

🍴 Où se restaurer
24. Angelina Lauro F2
25. Aurora Light E3
26. Da Emilia A2
27. Inn Bufalito C3
28. La Fenice B4
29. L'Antica Trattoria D3
30. O'Murzill C3
31. Refood D3
32. Ristorante il Buco E2

🍷 Où prendre un verre
33. Bollicine D3
34. Cafè Latino C3
35. English Inn C4
36. Fauno Bar E3

🎭 Où sortir
37. Teatro Tasso E2

🛍 Achats
38. Gargiulo & Jannuzzi E3
39. La Rapida B3
40. Stinga E2

exemples splendides, ainsi qu'une intéressante collection de peintures, gravures et photos de la ville et des environs au XIXe siècle.

Si vous souhaitez acheter un objet en marqueterie, rendez-vous chez Gargiulo & Jannuzzi (p. 154), l'une des plus anciennes boutiques spécialisées de la ville ; elle se charge de l'expédition des achats.

Chiesa di San Francesco ÉGLISE
(Via San Francesco ; 8h-13h et 14h-20h). À côté du parc de la Villa Comunale, cette église est l'une des plus belles de Sorrente. Entouré de bougainvilliers et bercé de chants d'oiseaux, le cloître comprend un portique aux arcs croisés en tuf et des arcades en plein cintre reposant sur des piliers octogonaux. L'église est connue pour son programme estival de concerts classiques, donnés par des musiciens de renommée internationale. Elle accueille également des expositions d'art régulières. Renseignez-vous à l'office du tourisme.

Il Vallone dei Mulini SITE HISTORIQUE
(Vallon des Moulins ; Via Fuorimura). Juste derrière la Piazza Tasso et visible de la Via Fuorimura, cette faille profonde dans la montagne résulte d'une éruption volcanique il y a 35 000 ans. Sorrente était jadis entourée de trois gorges, dont seule celle-ci subsiste. Elle doit son nom à ses anciens moulins à blé, dont les ruines se distinguent nettement.

Basilica di Sant'Antonino ÉGLISE
(Piazza Sant'Antonino ; 9h-12h et 17h-19h). Dédiée au saint patron de Sorrente, la plus vieille église de la ville date du XIe siècle. Elle renferme quelques objets romains, de sombres peintures médiévales et, plus étrange, deux côtes de baleine. De nombreux miracles sont attribués à ce saint révéré, dont le sauvetage d'un enfant dans l'estomac d'un cétacé. Les ossements du saint reposent sous l'intérieur baroque, dans une crypte du XVIIIe siècle.

🏃 Activités

Louer un bateau constitue un excellent moyen d'explorer cette côte déchiquetée.

❤ Sic Sic BATEAU
(📞 081 807 22 83 ; www.nauticasicsic.com ; Marina Piccola ; mai-oct). Recherchez les

plus belles plages en louant un bateau avec ou sans skipper. Cet établissement loue divers embarcations à moteur à partir de 40 € l'heure ou 100 € par jour. Il propose aussi des excursions en bateau, des prises de vue pour mariages et autres prestations.

Bagni Regina Giovanna BAIGNADE
À 2 km à l'ouest de la ville, les Bagni Regina Giovanna offrent une plage rocheuse avec une eau claire et propre parmi les ruines de la villa romaine Pollio Felix. Vous pouvez les rejoindre à pied (suivez la Via Capo), ou prendre le bus SITA à destination de Massa Lubrense.

Villa Comunale Park PLEIN AIR
(8h-minuit été, 8h-22h30 hiver). Ce parc paysager jouit d'une vue splendide sur la mer jusqu'au Vésuve. Prisé au crépuscule, c'est un endroit animé avec des bancs, des musiciens ambulants et un petit bar.

 Cours

Sorrento Cooking School COURS DE CUISINE
(081 878 35 55 ; www.sorrentocookingschool.com ; Viale dei Pini 52, Sant'Agnello ; avr-oct). Très appréciés, les cours de 3 heures (60 €) vous apprennent à préparer des plats italiens classiques, comme les pizzas, les raviolis et le tiramisu, dans un cadre enchanteur, entouré de citronniers. Le cours se termine par la dégustation des plats confectionnés, accompagnée d'un vin local.

Sant'Anna Institute COURS DE LANGUE
(Sorrento Lingue ; 081 807 55 99 ; www.sorrentolingue.com ; Via Marina Grande 16). Établie de longue date, cette école attire des étudiants du monde entier. Elle propose également des cours de langue et cuisine ou langue et histoire. Comptez à partir de 198 € par semaine, plus 60 € de droits d'inscription.

 Fêtes et festivals

Sorrento Festival MUSIQUE
Des concerts classiques de renommée internationale ont lieu de juillet à septembre dans le cloître de la Chiesa di San Francesco.

Sant'Antonino FÊTE RELIGIEUSE
(14 fév). La fête du saint patron de Sorrente s'accompagne de processions et de grands marchés. Antonino aurait sauvé la ville durant la Seconde Guerre mondiale, alors que Salerne et Naples étaient lourdement bombardées.

Settimana Santa FÊTE RELIGIEUSE
(Semaine sainte). Réputée dans tout le pays, elle est célébrée par deux processions : la première a lieu à minuit le Jeudi saint, avec des pénitents en robe et capuchon blancs ; la seconde se déroule le Vendredi saint, avec des participants en robe et capuchon noirs pour commémorer la mort du Christ.

Sagra della Salsiccia e Ceppone GASTRONOMIE
(13 déc). Des centaines de kilos de saucisses grillent sur un immense feu de joie et le vin coule à flots.

 Où se restaurer

Le centre-ville abrite nombre de bars, cafés, trattorias et restaurants, sans oublier quelques échoppes de kebabs. La plupart d'entre eux, en particulier ceux où vous verrez à l'extérieur des serveurs en gilet ou qui affichent des photos décolorées de leurs plats, sont des pièges à touristes, qui servent une cuisine insipide à des prix excessifs. Certains font toutefois exception et il est possible de bien manger.

LES GLACES ITALIENNES

Pour impressionner vos invités lors d'un dîner, apprenez à confectionner des glaces italiennes à la **Gelateria David** (081 807 36 49 ; www.gelateriadavidsorrento.it ; Via Marziale 19), le nec plus ultra en la matière, tenue par la même famille depuis trois générations. Au terme du cours (19 €) qui dure environ 1 heure, vous recevrez un certificat. Les horaires varient selon la demande ; téléphonez ou passez à la boutique.

Parmi les spécialités figurent le délicieux *profumo de Sorrento*, un sorbet orange, citron et mandarine, et le baba au rhum. En dehors de la mangue, le glacier n'utilise que des fruits frais, aussi les parfums varient-ils selon la saison. Il confectionne également des glaces traditionnelles, aux parfums plus courants, bien plus crémeuses et subtiles que celles vendues dans les supermarchés.

TROIS JOURS PARFAITS SUR LA CÔTE AMALFITAINE

Jour 1 : Explorer la côte

Partez de **Positano** (p. 159) et rejoignez la Spiaggia Grande pour siroter un cappuccino en regardant les baigneurs et les bateaux de pêche. Visitez l'église, les boutiques de mode et promenez-vous le long de la falaise jusqu'à **Fornillo** (p. 161) pour déjeuner. Prenez ensuite un ferry jusqu'à **Amalfi** (p. 166), découvrez la cathédrale, les musées, les rues médiévales et les *pasticcerie* (pâtisseries). Une courte balade vous conduira ensuite dans la charmante Atrani pour dîner.

Jour 2 : Randonnées dans des paysages splendides

Les chemins de randonnée suivent de superbes itinéraires le long de la côte et dans la campagne. Les plus sportifs peuvent parcourir le **Sentiero degli Dei** (Sentier des Dieux ; p. 168), haut perché dans les montagnes. Cet itinéraire de 6 heures coupe le souffle dans tous les sens du terme. Il existe d'autres randonnées plus courtes et tout aussi gratifiantes, ainsi que des itinéraires plus difficiles et moins empruntées ; les offices du tourisme et les librairies disposent de cartes.

Jour 3 : Vers l'Ouest sauvage

Louez une voiture à Sorrente et découvrez les montagnes et les vues fabuleuses de ce secteur occidental peu connu. Quittez la ville par la petite route côtière qui serpente à travers des oliveraies et des vergers de citronniers et descendez jusqu'à la plage de Marina di Puolo. Admirez la vue sur Capri du belvédère de **Massa Lubrense** (p. 156), puis rejoignez Punta della Campanella pour d'autres vues spectaculaires. Continuez jusqu'à Nerano, marchez (1 heure environ) jusqu'à la plage de **Baia di Leranto** (p. 153) avant de poursuivre jusqu'à **Sant'Agata sui due Golfi** (p. 157), puis revenez à Sorrente.

Si vous disposez d'un véhicule, vous pourrez découvrir d'excellents restaurants dans la proche campagne, dont l'un des meilleurs du pays à Sant'Agata sui due Golfi (p. 157).

♥ Da Emilia   TRATTORIA €

(☎ 081 807 27 20 ; Via Marina Grande 62 ; repas 20 € ; ⊙12h-14h30 et 19h-minuit ; 🏠). Fondé en 1947 et tenu par la même famille, ce restaurant accueillant donne sur les bateaux de pêche de Marina Grande. Il offre une grande salle sans prétention, ornée de photos de la jeune Sophia Loren – ancienne cliente –, une terrasse romantique et une carte de bons plats classiques, comme les moules au citron ou les spaghettis aux palourdes.

Angelina Lauro   ITALIEN €

(☎ 081 807 40 97 ; Piazza Angelina Lauro 39-40 ; repas self-service 15 € ; ⊙10h-23h mer-lun ; 🏠). Rafael est l'hôte chaleureux de ce vaste établissement aux allures de cantine, propriété de la famille depuis 1980. Le déjeuner en self-service, copieux et bon marché, offre un choix de pâtes, de viandes et de légumes. Les propriétaires produisent leurs propres vin et huile d'olive.

♥ L'Antica Trattoria   ITALIEN €€

(☎ 081 807 10 82 ; www.lanticatrattoria.com ; Via Padre Reginaldo Giuliani 33 ; plats 21-25 €, menu 4 plats 60 € ; ⊙12h-23h). Rejoignez la terrasse à l'étage, avec ses carrelages traditionnels et sa pergola, et vous aurez l'impression d'être à mille lieues des ruelles en contrebas. Réputé à juste titre le meilleur restaurant de la ville, il offre une carte essentiellement traditionnelle, avec des pâtes maison et un plat du jour à base de poisson ; des menus végétariens et sans gluten sont également proposés. Joueur de mandoline à résidence.

Aurora Light   ITALIEN €€

(☎ 081 877 26 31 ; www.auroralight.it ; Piazza Tasso 3-4 ; plats 15 € ; ⊙12h-minuit). La carte semble à première vue plus californienne que campanienne, avec des salades originales telles que pois chiches épicés et épinards ou fenouil, betterave et orange. Le jeune patron enthousiaste revisite des plats traditionnels avec une touche créative : soupe de haricots blancs aux calamars, aubergines *parmigiana* avec sauce à l'espadon, roulade de poivron farcie, etc.

Circuit en voiture
De Sorrente à Amalfi : le "Ruban vert"

DÉPART SORRENTE
ARRIVÉE AMALFI
DISTANCE 51 KM
DURÉE 2 HEURES

Alternative à la fameuse route de la côte amalfitaine (p. 158), cet itinéraire passe par de sublimes paysages montagneux. De ❶ **Sorrento**, suivez la côte le long de la SS145 en direction de Naples. Juste avant Castellammare di Stabia, empruntez la SS366 jusqu'à ❷ **Pimonte**, une bourgade rurale où des tracteurs circulent dans les rues. Arrêtez-vous sur la place principale pour savourer une délicieuse *torta palummo*, la spécialité à base d'amandes. Ici, les touristes sont rares. Continuez le long de la SS366 en admirant les forêts de hêtres et les montagnes couvertes de pins en arrière-plan. Vous voici arrivé au cœur du verdoyant Parco Regionale dei Monte Lattari.

Faites halte dans le joli village d'❸ **Agerola**. Entrez dans l'une des nombreuses épiceries pour acheter des fromages, comme le *fior di latte* (mozzarella au lait de vache) et le *caciocavallo* (fromage à pâte filée en forme de calebasse), produits sur les versants fertiles alentour. Vous trouverez aussi d'excellents salamis et saucisses. La route conduit jusqu'à ❹ **Bomerano** (37 km), un nom connu des randonneurs qui suivent le Sentier des Dieux (p. 168). Entrez dans la Chiesa San Matteo Apostolo (XVIe siècle) pour admirer la frise du plafond, savourez toasts et œufs pochés à l'Albergo Gentile (dont la carte vise à satisfaire les randonneurs d'Europe du Nord), puis rendez-vous chez Fusco, Via Principe di Piemonte 3, pour un yaourt maison.

La route serpente en descendant jusqu'à la mer et des points de vue permettent d'admirer le panorama, avec Conca dei Marini au loin. À ❺ **Furore**, un parking jouxte la pittoresque église Maria SS delle Grazie, à côté d'un restaurant-traiteur en terrasse. Suivez la route autour du magnifique fjord de Furore, qui entaille la montagne jusqu'à la mer. Au Km 49,7, elle bifurque et vous pouvez tourner vers Positano (16 km) ou continuer jusqu'à ❻ **Amalfi** (1 km).

Bien situé sur la Piazza Tasso, l'endroit est idéal pour regarder les passants et… respirer les gaz d'échappement.

Inn Bufalito   ITALIEN €€
(☏ 081 365 69 75 ; www.innbufalito.it ; Vico Fuoro 21 ; repas 25 € ; ⊘11h-minuit ; 🛜🍴). Le patron, Franco Coppola, affiche une véritable passion pour les produits du terroir et son établissement est membre du mouvement Slow Food. Sur la carte de ce restaurant stylé figurent des délices, comme la fondue de fromage à la sorrentine et le carpaccio de buffle. La boutique adjacente vend des produits régionaux, ainsi que de l'artisanat local.

Des dégustations de fromage ont lieu régulièrement, ainsi que des expositions d'art et de photos et, parfois, des concerts.

O'Murzill   NAPOLITAIN €€
(☏ 081 020 23 71 ; Via Accademia 17 ; repas à partir de 20 € ; ⊘11h30-1h30 lun-sam). Avec juste 6 tables dans une salle douillette et la cuisine au fond, O'Murzill ressemble à un restaurant de village. La courte carte offre des plats napolitains traditionnels, tels que les pâtes au homard, et de simples *antipasti* comme les champignons grillés – une honnête cuisine familiale à des prix raisonnables.

Refood   ITALIEN €€
(☏ 081 878 14 80 ; www.refoods.it ; Via Accademia 10 ; repas 35 € ; ⊘17h30-minuit). Le cadre post-moderne, avec un éclairage imaginatif, des tuyaux en acier apparents et des sièges couleur jujube, n'a rien de commun avec celui des habituelles trattorias. Commandez une spécialité, comme les *tubettoni con salsa mediterranea e baccalà* (grosses pâtes tubulaires aux olives, câpres et cabillaud), ou un chateaubriand classique.

La Fenice   ITALIEN €€
(☏ 081 878 16 52 ; www.ristorantelafenice-sorrento.com ; Via degli Aranci 11 ; repas 24 € ; ⊘12h-14h45 et 19h-23h30 mar-dim). Trop grand et trop éclairé pour un dîner romantique, ce restaurant est recommandé par les habitants pour ses plats simples et bien préparés, en particulier les produits de la mer ; essayez les moules à l'ail et au persil ou l'encornet grillé.

Ristorante il Buco   ITALIEN €€€
(☏ 081 878 23 54 ; www.ilbucoristorante.it ; Rampa Marina Piccola 5 ; repas 60 € ; ⊘12h30-14h30 et 19h30-23h jeu-mar fév-déc). Aménagé dans l'ancien cellier d'un monastère, ce restaurant sélect n'a rien d'ascétique. L'accent est mis sur une cuisine régionale inventive aux associations modernes, comme les pâtes avec sauce à la rascasse, ou la *treccia* (fromage local) et les crevettes sur un lit de câpres avec sauce tomate et olives. En été, une terrasse est installée près de l'une des anciennes portes de la cité. Réservation conseillée.

🍷 Où prendre un verre et faire la fête

Que vous aimiez boire une bière en regardant du sport sur grand écran, déguster des vins locaux dans des bistrots lambrissés ou siroter un cocktail dans un bar chic, vous trouverez votre bonheur à Sorrente.

RANDONNÉES DANS LA PÉNINSULE

Formant un gigantesque fer à cheval entre **Punta Campanella** et **Punta Penna**, la superbe **Baia di Ieranto** est généralement considérée comme le plus beau site de baignade de la péninsule de Sorrente. Pour la rejoindre, vous pouvez prendre un bateau ou marcher du village de Nerano, une descente escarpée qui fait partie d'une marche plus longue de 6,5 km au départ de Termini.

Ce chemin pittoresque est l'un des 20 sentiers (pour un total de 110 km) qui sillonnent la région. Les itinéraires varient des difficiles randonnées d'une journée, comme l'**Alta Via dei Monti Lattari** de 14,1 km – des collines de Fontanelle près de Positano à Punta Campanella –, à de courtes marches qui conviennent aux familles.

Les offices du tourisme de la région fournissent des cartes qui détaillent les itinéraires, classés par couleurs. À l'exception de l'Alta Via dei Monti Lattari, marquée en rouge et blanc, les longs sentiers sont indiqués en rouge, les sentiers de côte à côte en bleu, les chemins reliant des villages en vert et les itinéraires circulaires en jaune. Ils sont généralement bien balisés ; toutefois, par endroits, des indications sont délavées, voire quasi indéchiffrables.

Cafè Latino
CAFÉ, BAR

(📞 081 878 37 18 ; Vico Fuoro 4a ; ⏰10h-1h l'été). L'endroit où venir en amoureux pour boire un cocktail (à partir de 7 €) sur la terrasse, entourée d'orangers et de citronniers. Commandez un Mary Pickford (rhum, ananas, grenadine et marasquin) ou un verre de vin blanc ; vous pouvez aussi manger sur place (repas environ 30 €).

Bollicine
BAR À VIN

(📞 081 878 46 16 ; Via Accademia 9 ; ⏰19h30-2h). La carte de ce bar sans prétention, à l'intérieur en bois sombre, comprend tous les grands vins italiens, plus une sélection d'intéressants crus locaux. Si vous hésitez, les aimables barmen vous conseilleront volontiers. Un court menu comprend des paninis, des *bruschette* et un ou deux plats de pâtes.

English Inn
PUB

(📞 081 807 43 57 ; www.englishinn.it ; Corso Italia 55 ; ⏰9h-2h). La grande et charmante terrasse à l'étage, avec orangers et bougainvilliers, attire surtout les visiteurs étrangers, qui viennent pour la musique disco, les soirées karaoké et la Guinness à la pression. La fête dure jusque tard dans la nuit, et le petit-déjeuner œufs-bacon ravigote les participants.

Fauno Bar
CAFÉ

(📞 081 878 11 35 ; Piazza Tasso ; ⏰7h-minuit mi-mars à mi-jan). Idéal pour regarder les passants, cet élégant café, avec serveurs en costume, occupe la moitié de la place. Il sert des boissons corsées (cocktails à partir de 8,50 €), ainsi que des en-cas et sandwichs (à partir de 7 €).

> **LA CARTE UNICO COSTIERA**
>
> Si vous prévoyez de nombreux déplacements en bus SITA et/ou en train Circumvesuviana, vous ferez des économies en achetant une carte **Unico Costiera** (www.unicocampania.it), valable 45 minutes (2,50 €), 1 heure 30 (3,80 €), 24 heures (7,60 €) ou 72 heures (18 €). Outre les bus SITA, les cartes 24 et 72 heures permettent de prendre le bus touristique City Sightseeing qui circule entre Amalfi et Ravello, et entre Amalfi et Maiori. Vous pouvez acheter plusieurs cartes à la fois, car la durée de validité ne commence que lorsque vous la compostez.

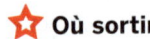 Où sortir

Teatro Tasso
THÉÂTRE

(📞 081 807 55 25 ; www.teatrotasso.it ; Piazza Sant'Antonino ; 25 € avec un cocktail ; ⏰Sorrento Musical 21h30 été). Music-hall à l'ancienne, le Teatro Tasso programme *Sorrento Musical*, un récital (1 heure 15) de chansons napolitaines classiques comme *O Sole Mio* et *Torna a Surriento*.

Achats

Pour la marqueterie, les bijoux en verre de Murano et les broderies, explorez dans les rues piétonnes du *centro storico*.

Gargiulo & Jannuzzi
ART, ARTISANAT

(📞 081 878 10 41 ; www.gargiulo-jannuzzi.it ; Viale Enrico Caruso 1 ; ⏰8h-20h mai-oct, 9h-19h nov-déc et mars-avr). Datant de 1863, ce magasin-entrepôt à l'ancienne est une institution. Des vendeurs compétents vous guideront dans les trois étages de produits locaux, de la vaisselle aux marqueteries et des dentelles brodées aux poteries. Les prix ne sont pas plus élevés qu'ailleurs et le choix nettement supérieur. Expédition gratuite à partir de 220 € d'achat.

La Rapida
CHAUSSURES

(📞 338 877705 ; Via Fuoro 67 ; ⏰9h-20h). Si de nombreuses boutiques vendent des sandales en cuir dans le centre historique, allez au bout de la Via Fuoro pour trouver cette petite cordonnerie rétro. À défaut d'un choix immense, elle offre des prix généralement moins élevés (à partir de 30 €) pour une qualité identique. Elle effectue également les réparations.

Stinga
ART, ARTISANAT

(📞 081 878 11 30 ; www.stingatarsia.com ; Via Luigi de Maio 16 ; ⏰9h-20h30). Cette boutique mérite la visite pour ses marqueteries réalisées par la même famille d'artisans de Sorrente depuis trois générations. Les pièces se distinguent par leur originalité, surtout pour les couleurs et les motifs, souvent géométriques. Un membre de la famille, Amulè, fabrique aussi de jolis bijoux, dont certains en corail.

ℹ️ Renseignements

Office du tourisme principal (📞 081 807 40 33 ; www.sorrentotourism.com ; Via Luigi de Maio 35 ; ⏰8h30-20h lun-sam, 9h-13h dim juil-sept). Dans le Circolo dei Forestieri (club des étrangers). Demandez *Surrentum*, une publication utile.

CIRCULER LE LONG DU LITTORAL

D'avril à septembre, des ferries relient Sorrente aux principales stations balnéaires. Un vélo ou un scooter peut être utile pour explorer l'arrière-pays, de même que vos jambes : de nombreux chemins de randonnée sillonnent la région. Le train Circumvesuviana part de la Piazza Garibaldi à Naples pour Sorrente, d'où un service de bus régulier et efficace dessert Positano, Amalfi et Salerne.

Vous pouvez louer une voiture à Sorrente et parcourir les innombrables virages de la fameuse route de la côte d'Amalfi. Si les distances sont courtes entre les localités, les embouteillages en été ralentissent la circulation et rendent les trajets stressants.

🛈 Depuis/vers Sorrente

BATEAU

Principal point de départ pour Capri, Sorrente offre aussi d'excellents services de ferries pour Ischia, Naples et les stations balnéaires de la côte amalfitaine durant les mois d'été.

Caremar (✆081 807 30 77 ; www.caremar.it). Hydroglisseurs pour Capri (14,70 €, 25 min, 4/jour).

Gescab (✆081 807 18 12 ; www.gescab.it). Hydroglisseurs pour Naples (16,80 €, 20 min, 18/jour), Capri (16,80 €, 20 min, 18/jour), Ischia (19 €, 1 heure, 2/jour), Positano (14,50 €, 30 min, 1/jour) et Amalfi (14,50 €, 50 min, 1/jour).

BUS

Des bus SITA (✆199 730749; www.sitabus.it) desservent Naples, la côte amalfitaine et Sant'Agata depuis l'arrêt en face de l'entrée de la gare ferroviaire Circumvesuviana. Achetez vos billets à la gare ou dans les boutiques affichant le sigle bleu "SITA".

VOITURE ET MOTO

En venant de Naples et du nord, prenez l'autoroute A3 jusqu'à la sortie Castellammare di Stabia, puis la SS145 vers le sud.

🛈 Comment circuler

DEPUIS/VERS L'AÉROPORT

L'aéroport Capodichino de Naples (p. 276) est le plus proche de Sorrente et de la côte amalfitaine.

Bus

Curreri (p. 276) offre 8 services quotidiens entre l'aéroport Capodichino et Sorrente ; les bus partent devant le hall des arrivées et rallient la Piazza Angelina Lauro (10 €, 1 heure 15). Achetez votre billet dans le bus.

Taxi

Un taxi de l'aéroport à Sorrente revient à 85 €.

TRAIN

Sorrente est le terminus de la ligne Circumvesuviana (p. 282) au départ de Naples. Des trains partent toutes les 30 minutes pour Naples (70 min, 4,50 €), via Pompéi (30 min, 2,80 €) et Ercolano (50 min, 3,40 €). Investissez dans une carte Unico Costiera (p. 154).

VOITURE ET MOTO

Toutes les grandes enseignes internationales de location de voitures, ainsi que quelques prestataires locaux, disposent d'agences à Sorrente.

Autoservizi De Martino (✆081 878 28 01 ; www.autoservizidemartino.com ; Via Parsano 8). Voitures à partir de 54/280 € par jour/semaine, scooters 50 cm^3 à partir de 23 € les 4 heures.

Avis (✆081 878 24 59 ; www.avisautonoleggio.it ; Corso Italia 322).

Hertz (✆081 807 16 46 ; www.hertz.it ; Via Capo 8).

Stationnement

En plein été, il peut être difficile de se garer, d'autant que les places de stationnement dans les rues secondaires sont réservées aux riverains et que le centre-ville est fermé à la circulation la majeure partie de la journée. Il existe des parkings bien indiqués près du terminal des ferries, au coin de la Via degli Aranci et de la Via Renato, et en sortant de la ville vers l'ouest, près de la Via Capo (2 € l'heure).

OUEST DE SORRENTE

Pour échapper à la foule au cœur de l'été, explorez les collines verdoyantes autour de Sorrente. Appelée la contrée des sirènes, qui selon la légende vivaient sur Li Galli – un petit archipel proche de la côte sud de la péninsule –, la région à l'ouest de Massa Lubrense compte parmi les plus sauvages et les plus belles du pays.

Des routes tortueuses serpentent à travers des collines couvertes d'oliviers et de citronniers et passent par des villages somnolents et des petits ports de pêche. Chaque virage dévoile une vue sublime, notamment des hauteurs qui surplombent Punta Campanella, la pointe ouest de la péninsule. Au large, Capri semble toute proche.

Massa Lubrense

Massa Lubrense est la première ville que l'on découvre en suivant la côte est depuis Sorrente. À 120 m au-dessus de la mer, la bourgade se compose d'un petit centre-ville et de 17 *frazioni* (hameaux), reliés par un réseau de chemins et de sentiers muletiers. À défaut d'un âne, prenez les bus SITA qui circulent régulièrement entre les hameaux.

À voir et à faire

Chiesa di Santa Maria della Grazia ÉGLISE
(Largo Vescovado ; 7h-12h et 16h30-20h). Sur le côté nord du Largo Vescovado, l'artère centrale, l'ancienne cathédrale du XVIe siècle mérite le coup d'œil pour son superbe sol en majolique. N'oubliez pas votre appareil photo car la vue sur Capri est époustouflante.

Marina della Lobra PORT
Du Largo Vescovado, la route descend sur 2 km jusqu'à cette jolie petite marina entourée de maisons délabrées et de pentes verdoyantes ; à pied, comptez 40 minutes pour descendre et 1 heure pour remonter. À la marina, vous pouvez louer un bateau, le meilleur moyen de rejoindre les criques qui jalonnent la côte, difficiles d'accès autrement.

Coop Marina della Lobra BATEAU
(081 808 93 80 ; www.marinalobra.com ; Marina della Lobra ; à partir de 30 €/heure). Un loueur de bateaux fiable, installé dans un kiosque à côté du parking. Il organise également des excursions à Capri (45 €).

Où se restaurer

La Torre POISSON €€
(081 80 89 56 ; www.latorreonefire.it ; Piazzetta Annunziata 7, Annunziata ; repas 42 € ; 9h-minuit lun et mer-jeu, 9h-1h ven-dim avr-fév). Sur une place tranquille, ce charmant restaurant Slow Food sert une alléchante cuisine traditionnelle, qui met l'accent sur les produits de la mer. La carte change selon la saison, mais comprend habituellement des classiques comme les *totani con patate* (calamars et pommes de terre). Vous pouvez aussi commander l'assiette dégustation qui comprend 9 fromages (6 €), de la *caciottina* fraîche de Massa Lubrense au *provolone del Monaco* (à pâte semi-dure).

Après le repas sur la terrasse, descendez jusqu'au belvédère pour la vue panoramique qui embrasse Capri, Ischia, Procida, Naples et le Vésuve.

Funiculi Funiculá POISSON €€
(Via Fontanelle 16, Marina della Lobra ; repas 32 € ; 12h-15h mar-dim, plus 19h-23h30 sam-dim avr-oct ;). Cet excellent bar-restaurant, en front de mer à Marina della Lobra, bénéficie de la vue sur Ischia, Capri et le Vésuve. Sans surprise, le poisson prédomine, mais il propose aussi des salades composées et la gamme habituelle de viandes grillées. Terminez par une salade de fruits, ou savourez une crêpe au chocolat ou une glace dans le café adjacent.

Renseignements

Office du tourisme (081 533 90 21 ; www.masalubrense.it ; Viale Filangieri 11 ; 9h30-13h tlj et 16h30-20h lun-mar et jeu-sam). Fournit les horaires des bus et des cartes.

Comment s'y rendre et circuler

BUS
Des bus **SITA** (199 73 07 49 ; www.sitabus.it) partent toutes les heures de 7h à 21h de la gare ferroviaire Circumvesuviana à Sorrente.

LA TABLE DES STARS

Seul restaurant de la marina directement accessible de la mer, **Lo Scoglio** (081 808 10 26 ; www.hotelloscoglio.com ; Piazza delle Sirene 15, Massa Lubrense ; repas 60 € ; 12h30-17h et 19h30-23h) attire régulièrement des célébrités. On y aurait déjà vu Johnny Depp, Stephen Spielberg, Elton John, Rod Stewart ou bien encore l'acteur britannique Michael Caine.

Le cadre mémorable – un pavillon en verre entourant une fontaine kitsch sur un ponton en bois – et la cuisine de premier ordre (prix en rapport) justifient sa popularité. Vous pouvez commander des *ravioli alla caprese* ou un steak, mais il serait dommage de ne pas goûter les succulents plats de poisson, comme l'*antipasto* de poisson cru sur un lit de glace (30 €) et les classiques *spaghetti al riccio* (spaghettis aux oursins). Malgré sa clientèle huppée, Lo Scoglio reste un établissement sans prétention tenu par une famille, avec la *nonna* à la caisse.

VOITURE

Massa Lubrense se situe à 20 minutes en voiture de Sorrente.

Stationnement

Tournez dans les rues pour trouver une place ; quelques parcmètres sont installés dans le centre (2 €/heure).

Sant'Agata sui due Golfi

Haut perché dans les collines au-dessus de Sorrente, Sant'Agata sui due Golfi est le plus fameux des 17 *frazioni* (hameaux) de Massa Lubrense. Avec une vue spectaculaire sur la baie de Naples d'un côté et sur le golfe de Salerne de l'autre (d'où son nom, Sainte-Agathe-sur-les-Deux-Golfes), ce village paisible conserve son charme rustique malgré les nombreux hôtels.

Le secteur offre quelque 22 chemins de randonnée balisés et bien entretenus, qui s'étendent au total sur 110 km ; renseignez-vous à l'office du tourisme. Pour une promenade relativement facile, empruntez le chemin pittoresque entre Sorrente et Sant'Agata (3 km, 1 heure environ). De la Piazza Tasso à Sorrente, suivez le Viale Caruso et la Via Fuorimura vers le sud jusqu'au chemin Circumpiso, indiqué en vert sur les cartes de randonnée disponibles dans les offices du tourisme.

À voir

Chiesa di Sant'Agata ÉGLISE
(Piazza Sant'Agata ; ⊙8h-13h et 17h-19h). Dans le centre du village, cette église paroissiale du XVIIe siècle est réputée pour son ravissant autel en marbre polychrome, incrusté de nacre, de lapis-lazuli et de malachite.

Convento del Deserto MONASTÈRE, POINT DE VUE
(☎081 878 01 99 ; Via Deserto ; ⊙jardins 8h-19h, point de vue 10h-12h et 17h-19h été, 10h-12h et 15h-17h hiver). Ce couvent de carmélites, fondé au XVIIe siècle, abrite aujourd'hui une communauté de sœurs bénédictines. Si l'édifice présente un intérêt limité, la vue à 360° justifie la montée de 1,5 km au-dessus du village.

Où se restaurer

Pour un petit village, Sant'Agata compte des restaurants étonnamment sophistiqués.

Lo Stuzzichino NAPOLITAIN €
(☎081 533 00 10 ; www.ristorantelostuzzichino.it ; Via Deserto 1a ; menu dégustation 40 €, repas 18 €, pizzas à partir de 5 € ; ⊙fév-déc). Ce restaurant, affilié au mouvement Slow Food, est tenu par l'affable Paolo de Gregorio. Goûtez les spécialités : rouleaux de poisson farcis au fromage fumé, ragoût de fruits de mer aux légumes de saison ou les rares *gamberetti* (crevettes) *di Crapolla*.

Don Alfonso 1890 MÉDITERRANÉEN €€€
(☎081 533 02 26 ; www.donalfonso.com ; Corso Sant'Agata 11 ; repas 115-125 € ; ⊙fermé lun-mar, sauf mar soir juin-sept, fermé nov-début mars ; P). Dans l'hôtel du même nom, ce restaurant, doublement étoilé, compte parmi les meilleurs du pays. Préparée avec les produits de la ferme du chef, la carte change au fil des saisons et comprend des spécialités comme le thon grillé en sauce au poivron rouge et des pâtes avec palourdes et courgettes. La longue carte des vins offre un choix étourdissant. Le restaurant organise aussi des cours de cuisine.

Renseignements

Office du tourisme (☎081 533 01 35 ; www.santagatasuiduegolfi.it ; Corso Sant'Agata 25 ; ⊙9h-13h et 17h30-21h). Sur la place principale, il fournit des informations sur le village et la campagne alentour.

Comment s'y rendre et circuler

BUS

Des bus **SITA** (☎199 730 749 ; www.sitabus.it) partent toutes les heures de la gare ferroviaire Circumvesuviana à Sorrente.

VOITURE

De Sorrente, suivez la SS145 vers l'ouest sur environ 7 km, jusqu'aux panneaux indicateurs sur la droite.

Stationnement

Vous trouverez généralement une place dans la rue, moins facilement en août, surtout en soirée.

Marina del Cantone

Le long de la côte à partir de Massa Lubrense, un joli chemin de randonnée descend de  jusqu'à la superbe Baia de Ieranto et Marina del Cantone.

Ce village modeste, avec une petite plage de galets, n'est pas seulement une villégiature paisible et charmante, mais aussi l'un des endroits les plus prisés de la côte pour un dîner ; des célébrités viennent régulièrement en bateau de Capri.

Activités

Destination de plongée populaire, les eaux protégées du secteur font partie de la réserve de **Punta Campanella** (11 km^2), qui préserve un riche écosystème marin, ainsi que la faune et la flore qui prospèrent dans des grottes sous-marines.

Nettuno Diving PLONGÉE
(081 808 10 51 ; www.sorrentodiving.com ; Via Vespucci 39 ;). Cet opérateur certifié PADI propose des activités sous-marines dans la réserve pour tous les âges et niveaux : sorties de snorkeling, cours d'initiation, plongées dans des grottes et au large de Capri et de l'archipel de Li Galli. Comptez à partir de 25 € (enfant 15 €) pour une sortie d'une journée dans la baie de Ieranto. Il offre également des hébergements à prix raisonnables.

Depuis/vers Marina del Cantone

Des bus **SITA** (199 730749 ; www.sitabus.it). desservent régulièrement Marina del Cantone depuis la gare ferroviaire Circumvesuviana à Sorrente.

EST DE SORRENTE

Plus urbanisé et moins attrayant que la côte à l'ouest de Sorrente, le secteur à l'est de la ville n'est pas totalement dénuée d'intérêt. Il abrite la plus longue plage de sable du district, la Spiaggia di Alimuri à Meta di Sorrento, et les villas romaines de Castellammare di Stabia 12 km plus loin.

Surplombant Castellammare et accessible en 8 minutes par le **téléphérique** (tarif plein/réduit 7/3,50 € ; environ 30/jour avr-oct) de la gare ferroviaire Circumvesuviana locale, le mont Faito (1 131 m) est l'un des plus hauts pics de la chaîne des Lattari. Couvert d'épaisses forêts de hêtres, le sommet offre de belles promenades et des vues splendides.

Vico Equense

Appelée Aequa par les Romains, Vico Equense (Vico) est une petite bourgade sur une falaise à 10 km à l'est de Sorrente et à 5 arrêts via le train Circumvesuviana. Ignoré des touristes, cet endroit authentique et détendu qui mérite une courte halte, ne serait-ce que pour goûter la fameuse pizza au mètre.

À voir

Chiesa dell'Annunziata ÉGLISE
(Via Vescovado ; 10h-12h dim). Perchée sur la falaise, l'ancienne cathédrale de Vico est

---

LE RUBAN BLEU

S'étirant sur 50 km entre Vietri sul Mare et Sant'Agata sui due Golfi près de Sorrente, la **SS163**, surnommée le *Nastro Azzurro* (le Ruban bleu), est l'une des routes les plus spectaculaires du pays. Construite à la demande du roi Bourbon Ferdinand II et achevée en 1853, elle serpente le long de la côte amalfitaine en lacets serrés, frôle des précipices et traverse des tunnels taillés dans la roche. Dans son essai *My Positano* (1953), John Steinbeck fait remarquer que cette prouesse de génie civil a été "soigneusement conçue pour être un peu plus étroite que deux voitures de front…".

Cette route met à rude épreuve les nerfs des automobilistes, qui peuvent se mesurer à la dextérité des chauffeurs de bus locaux. Des vues sublimes compensent les nombreux lacets et les descentes abruptes, souvent séparés du ravin par une barrière assez basse.

Conçue à l'origine pour les voitures à cheval, la route devient plus étroite dans les lacets. Pour éviter de bloquer le passage aux bus qui viennent en sens inverse, regardez les miroirs circulaires au bord de la chaussée et si vous entendez klaxonner, ralentissez immédiatement, car cela annonce invariablement l'apparition d'un bus. Évitez la haute saison (juillet et août) et les heures de pointe le matin, à midi et en fin d'après-midi. L'essentiel est de rester calme.

Si vous préférez ne pas vous installer derrière le volant, vous pouvez facilement prendre l'un des bus SITA qui empruntent cet itinéraire tous les jours.

HAMEAUX HISTORIQUES

Dans les montagnes autour de Vico, plusieurs hameaux anciens, appelés *casali*, restent ignorés du tourisme de masse et offrent un aperçu d'une vie rurale qui a peu changé au cours des siècles. Vous aurez besoin d'une voiture pour les découvrir. De Vico, prenez la Via Roma et suivez la Via Rafaelle Bosco qui passe par les *casali* avant de revenir en ville. Ne manquez pas Massaquano et la Cappella di Santa Lucia (ouverte sur demande), connue pour ses fresques du XIVe siècle de l'école de Giotto, Moiano, d'où un ancien chemin mène au sommet du mont Faito, et Santa Maria del Castello, avec une vue fabuleuse vers le sud-est.

À 3 km à l'ouest de Vico, Marina di Equa occupe le site de la cité romaine d'Aequa. Parmi les bars et les restaurants qui bordent les plages de galets, remarquez les vestiges de la Villa Pezzolo du Ier siècle, une tour défensive, la Torre di Caporivo, et les ruines d'une carrière de calcaire médiévale.

---

la seule église gothique de la péninsule de Sorrente. De l'édifice original du XIVe siècle ne restent que les fenêtres latérales près du maître-autel et quelques arcs des bas-côtés. Ce que vous découvrez aujourd'hui, y compris la façade rose et blanche, est de style baroque du XVIIe siècle.

Dans la sacristie, remarquez les portraits des évêques de Vico, tous présents sauf le dernier, Michele Natale, qui fut exécuté pour avoir soutenu la République parthénopéenne de 1799. Sa place est occupée par un ange, un doigt posé sur les lèvres, une façon de signifier à l'évêque d'abjurer ses idées républicaines.

 Où se restaurer

Ristorante & Pizzeria
da Gigino   PIZZA

(✆ 081 879 83 09 ; www.pizzametro.it ; Via Nicotera 15 ; pizza au mètre 12-26 € ; ⊙12h-1h ; 🍴). Tenue par les cinq fils de Gigino Dell'Amura, l'inventeur de la pizza au mètre, cette pizzeria semblable à une grange produit chaque jour des kilomètres de pizza dans 3 énormes fours à droite de l'entrée. Le choix de garnitures est vaste et la qualité bien au-dessus de la moyenne. Si la salle peut accueillir environ 200 personnes, vous devrez peut-être attendre pour une table. Pas de réservation.

❶ Renseignements

Office du tourisme (✆ 081 801 57 52 ; www.vicoturismo.it ; Piazza Umberto I ; ⊙9h-14h et 15h-20h lun-sam, 9h30-13h30 dim). Sur la place principale, cet office du tourisme serviable fournit des informations sur les curiosités du secteur.

VILLES DE LA CÔTE AMALFITAINE

Positano

3 900 HABITANTS

Avec ses maisons aux couleurs pêche, rose et terre cuite qui dévalent la colline jusqu'à la mer, Positano est la ville la plus pittoresque de la côte. Les rues escarpées et les escaliers bordés d'hôtels couverts de glycines, de restaurants et de boutiques chics ajoutent au charme de la cité.

Regardez au-delà des façades pour découvrir une réalité plus prosaïque : stucs effrités, peintures dégradées et même, par endroits, une légère odeur d'égouts. Il règne toujours une atmosphère de vacances, avec les baigneurs qui mangent des pizzas sur la plage, les enfants qui réclament des glaces et les Milanaises chics venues faire du shopping. Positano est lié à l'histoire de la mode : dans les années 1960, la *moda Positano* a vu le jour et la ville a été la première d'Italie à importer des bikinis de France.

John Steinbeck vint ici en 1953 et écrivit dans *Harper's Bazaar* : "Positano laisse une marque profonde. C'est un endroit de rêve qui semble irréel quand on est sur place et devient irrésistiblement réel quand on l'a quitté."

Positano est certainement un endroit spécial, ce que reflètent évidemment les prix, généralement plus élevés qu'ailleurs sur la côte.

◉ À voir et à faire

Le paysage urbain constitue le principal attrait de Positano, avec ses maisons couleur pastel qui s'étagent le long de la pente jusqu'à

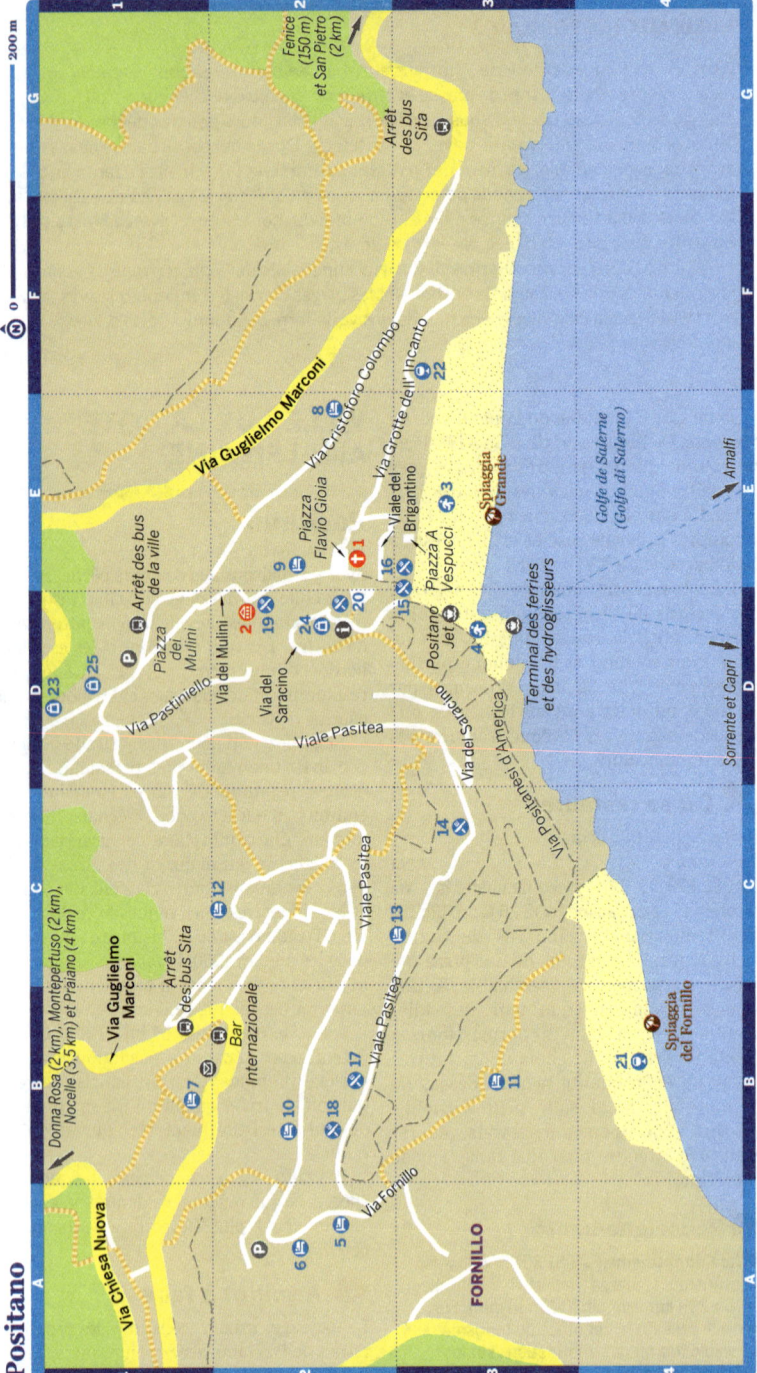

la **Spiaggia Grande**, la plage principale. D'innombrables parasols couvrent un sable grisâtre, mais le cadre est exceptionnel et l'eau, propre. La location d'un transat et d'un parasol revient à quelque 18 € par jour dans les secteurs privés ; les les secteurs publics, gratuits, sont bondés.

Les déplacements dans la ville se font essentiellement à pied. Si vos genoux sont solides, vous pourrez emprunter les dizaines d'escaliers et de ruelles interdites à la circulation. Prenez le bus jusqu'en haut pour admirer la vue, puis redescendez à pied pour découvrir d'autres perspectives inoubliables.

Chiesa di Santa Maria Assunta ÉGLISE
(Piazza Flavio Gioia ; ◉8h-12h et 16h-21h). Cette église, coiffée d'un dôme en majoliques colorées, est la seule curiosité de Positano. Si vous venez le week-end, vous avez de fortes chances d'y voir un mariage, car c'est l'une des églises préférées de la région pour célébrer les noces.

Le bel intérieur classique comporte des piliers à chapiteaux ioniques dorés et des chérubins au-dessus des arcs. Une Vierge noire à l'Enfant byzantine datant du XIIIe siècle surmonte le maître-autel. Lors de la restauration de la place et de la crypte, une villa romaine a été mise au jour ; les fouilles continuent et le site est fermé au public.

Franco Senesi GALERIE
(☎089 87 52 57 ; www.francosenesifineart.com ; Via dei Mulini 16 ; ◉10h-minuit avr-nov). Nichée entre des boutiques colorées et des magasins de céramiques, cette galerie lumineuse compte plusieurs salles et expose plus de 20 peintres et sculpteurs italiens contemporain. Les œuvres sont suffisamment diverses pour plaire à tous, des ravissants dessins aux paysages surréalistes et aux sculptures abstraites d'avant-garde. Expédition possible.

Palazzo Murat PALAIS
(☎089 875 51 77 ; www.palazzomurat.it ; Via dei Mulini 23). Juste à l'ouest de l'église Santa Maria Assunta, ce palais est devenu un hôtel

---

À NE PAS MANQUER

UNE PROMENADE JUSQU'À FORNILLO

Cette promenade facile, avec un nombre acceptable de marches, conduit de la Spiaggia Grande de Positano à la Spiaggia di Fornillo. Plus détendue que sa voisine huppée, cette plage compte aussi quelques bars, qui deviennent festifs à la nuit tombée.

Rejoignez l'extrémité ouest de la Spiaggia Grande, à côté du port des ferries, et montez les marches. Passez devant la Torre Trasita, l'une des nombreuses tours de guet médiévales édifiées sur la côte pour prévenir les habitants des incursions des pirates, aujourd'hui transformée en résidence privée. Le chemin longe ensuite de spectaculaires formations rocheuses et des petites criques à l'eau turquoise sur laquelle tanguent des bateaux, avant d'atteindre la charmante Spiaggia di Fornillo où vous pourrez savourer une boisson fraîche ou une glace.

Positano

◉ À voir
- 1 Chiesa di Santa Maria Assunta E2
- 2 Franco Senesi D2
- Palazzo Murat .... (voir 9)

✪ Activités
- 3 Blue Star E3
- 4 L'Uomo e il Mare D3

⌂ Où se loger
- 5 Casa Celeste A2
- 6 Florida Residence A2
- 7 Hostel Brikette B1
- 8 Hotel California E2
- 9 Hotel Palazzo Murat E2
- 10 Hotel Villa Gabrisa B2
- 11 Pensione Maria Luisa B3
- 12 Villa Franca C2
- 13 Villa Nettuno C3

◉ Où se restaurer
- 14 Da Vincenzo C3
- 15 La Brezza E3
- 16 La Cambusa E3
- 17 Next2 .... B2
- 18 Ristorante il Saraceno d'Oro B2
- 19 Ristorante Max D2
- 20 Wine Dark House D2

◉ Où prendre un verre
- 21 Da Ferdinando B4
- La Zagara .... (voir 19)
- 22 Music on the Rocks F3

◉ Achats
- 23 La Bottego di Brunella D1
- 24 La Botteguccia di Giovanni D2
- 25 Umberto Carro D1

INTERVIEW

ZIA LUCY, GUIDE DE RANDONNÉE

Née à Positano, Zia Lucy (www.zialucy.it) organise des randonnées dans toute la région. Elle connaît parfaitement l'histoire, la faune et la flore locales.

Quelle est votre randonnée favorite sur la côte amalfitaine ? Il existe nombre d'itinéraires superbes, mais je dois dire que le Sentier des Dieux reste mon préféré. Il possède tous les atouts : un paysage splendide, des fleurs superbes comme les orchidées sauvages et il est accessible à tous.

Quels itinéraires conseilleriez-vous à ceux qui veulent sortir des sentiers battus ? J'aime emprunter Le Ferriere, au-dessus d'Amalfi. Ce sentier est chargé d'histoire, la nature est très présente et vous pouvez marcher du village de Pontone jusqu'à Pogerola ou Amalfi. Vous y verrez les ruines d'anciens moulins à papier, qui produisaient jadis un luxueux papier fabriqué avec du coton. J'aime aussi beaucoup la marche de Ravello à Minori, qui traverse le hameau de Sanbuco.

Quelle est votre saison préférée pour la randonnée ? J'aime marcher au printemps, quand nombre de fleurs s'épanouissent : mes préférées sont l'*Orchis italica* et les cistes.

Un conseil pour les marcheurs ? De bonnes chaussures. Cela peut sembler évident, mais beaucoup de gens portent encore des sandales, avec lesquelles ils risquent de glisser ou d'être mordus par un serpent.

Votre restaurant favori ? J'apprécie le Wine Dark House sur la plage de Positano ; les pâtes avec de la viande cuite dans du vin rouge est mon plat favori. Pour les grandes occasions, je vais au Donna Rosa à Montepertuso.

de luxe. Si votre budget ne vous permet pas d'y loger, vous pouvez visiter la superbe cour fleurie, boire un verre dans le patio verdoyant et penser à Joachim Murat, roi de Naples de 1808 à 1815, qui avait fait construire cette résidence d'été pour lui-même et son épouse Caroline Bonaparte.

Blue Star BATEAU
(089 81 18 88 ; www.bluestarpositano.it ; Spiaggia Grande ; 8h30-21h). Installé dans un kiosque sur la Spiaggia Grande, Blue Star loue des petits bateaux à moteur pour 60 € l'heure (ou 200 € les 4 heures). Vous pouvez ainsi rejoindre l'archipel de Li Galli, les 4 îlots où, selon Homère, vivaient les sirènes. La compagnie organise également des excursions en yacht, amusantes et prisées, à Capri et à la Grotta dello Smeraldo (60 €).

À Gullo Lungo, vous apercevrez une villa splendide, jadis propriété de Rudolf Noureev.

L'Uomo e il Mare BATEAU
(089 81 16 13 ; www.gennaroesalvatore.it ; 9h-20h). Dans un kiosque près du terminal des ferries, un couple italo-britannique propose divers circuits, dont des excursions d'une journée à Capri et Amalfi (à partir de zde 55 €), ainsi qu'une croisière romantique vers l'archipel de Li Galli au coucher du soleil (30 €, champagne compris).

Où se restaurer

En règle générale, plus on se rapproche du front de mer, plus les prix grimpent. Nombre d'établissements ferment en hiver, ouvrant brièvement entre Noël et le Nouvel An.

La Brezza CAFÉ €
(089 87 58 11 ; www.labrezzapositano.it ; Via Regina Giovanna 2 ; en-cas autour de 6 € ; 9h-1h ;). Avec une salle blanc et gris acier, l'accès Internet/Wi-Fi gratuit et une terrasse qui donne sur la mer et le quai, ce café est le meilleur endroit en bord de plage pour des paninis ou des en-cas. Il accueille régulièrement des expositions d'art et, lors de la *happy hour* quotidienne (18h-20h), les boissons sont servies avec des amuse-gueule gratuits.

Donna Rosa ITALIEN €€
(089 81 18 06 ; www.drpositano.com ; Via Montepertuso 97-99, Montepertuso ; repas à partir de 40 € ; 12h-14h30 et 19h-23h30 lun-mar et jeu-dim avr-déc, fermé déj août). L'un des restaurants les plus réputés de la côte amalfitaine, il se situe à Montepertuso, à flanc de montagne au-dessus de Positano. Jadis humble trattoria, il est dirigé par Raffaela, la fille de Rosa et la relève est assurée. Erika, la fille de Raffaela, a fait ses classes à Londres auprès du célèbre chef Jamie Oliver qui, après avoir dîné ici lors

de sa lune de miel, a déclaré qu'il s'agissait d'un de ses restaurants préférés.

Si la carte change fréquemment, la cuisine est toujours excellente, de même que la vue sur la côte. Ne manquez pas le soufflé au chocolat chaud et n'oubliez pas de réserver. Le restaurant propose aussi des cours de cuisine réputés.

♥ Next2 RISTORANTE €€
(☎089 812 35 16 ; www.next2.it ; Viale Pasitea 242 ; repas 45 € ; ⊙18h30-23h30). Élégance discrète et cuisine créative dans un cadre contemporain, et une terrasse face à la mer. Les plats joliment présentés sont confectionnés avec des produits locaux et bio : raviolis farcis d'aubergine et de crevettes ou bar avec tomates et petits pois citronnés. Les desserts sont succulents.

La Cambusa POISSON €€
(☎089 81 20 51 ; www.lacambusapositano.com ; Piazza A Vespucci 4 ; repas 40 € ; ⊙12h-0h mars-nov). Superbement situé face à la plage, le restaurant de l'aimable Luigi est prisé des habitants pour ses plats de poisson et de fruits de mer.

Choisissez de simples spaghettis aux palourdes, un bar cuit au four ou oubliez les économies et régalez-vous d'une langouste. Bonne sélection de garnitures, comme les artichauts rôtis.

Da Vincenzo ITALIEN €€
(☎089 87 51 28 ; www.davincenzo.it ; Viale Pasitea 172-178 ; repas 40 € ; ⊙12h-14h30 et 18h-23h mer-lun, 18h30-23h mar). Les plats préparés à la perfection sont servis par la troisième génération de restaurateurs. Le poisson prédomine. L'offre varie des recettes audacieuses, comme les tentacules de poulpe en brochettes avec des artichauts frits, aux pâtes de saison, tels les spaghettis avec fèves et ricotta. Les desserts légendaires de Marcella sont considérés comme les meilleurs de la ville. Réservation conseillée.

En été, des guitaristes napolitains jouent la sérénade.

Wine Dark House ITALIEN €€
(☎089 81 19 25 ; Via del Saracino 6/8 ; repas 28 € ; ⊙12h-15h et 19h-minuit). Ce petit restaurant discret, couleur terre cuite, comprend une jolie terrasse fermée. Le service est charmant et les plats classiques, savoureux.

Ristorante il Saraceno d'Oro ITALIEN €€
(☎089 81 20 50 ; www.saracenodoro.it ; Viale Pasitea 254 ; pizzas à partir de 5 €, repas 28 € ; ⊙12h30-15h et 18h30-23h mars-oct). Le curieux agencement de ce restaurant, où les serveurs doivent traverser la rue pour apporter les plats, est typiquement italien. En soirée, la circulation s'amenuise et le ballet des serveurs ajoute au plaisir du dîner. Bon choix de pizzas et de pâtes, excellents *contorni* (légumes) et profiteroles divines.

Ristorante Max ITALIEN €€
(☎089 87 50 56 ; www.ristorantemax.it ; Via dei Mulini 22 ; repas 40 € ; ⊙9h-23h mars-nov). Admirez les œuvres d'art (à défaut de la mer) en choisissant votre repas. Ce restaurant et bar à vin haut de gamme sert des plats tels que palourdes et moules sautées ou fleurs de courgettes farcies de ricotta et de saumon. Cours de cuisine proposés en été.

Où prendre un verre et faire la fête

À moins que l'idée de parader avec un pull en cachemire négligemment jeté sur les épaules ne vous séduise, la vie nocturne de Positano n'a rien de surexcitant. Davantage piano-bar que night-club, à quelques exceptions près, l'ambiance est plutôt policée et sophistiquée.

La Zagara CAFÉ
(☎089 812 28 92 ; www.lazagara.com ; Via dei Mulini 3 ; gâteaux 3 €, panini 3 € ; ⊙8h-minuit). Datant des années 1950, La Zagara est la terrasse italienne par excellence, drapée de fleurs et de feuillages, avec un bar et une pâtisserie alléchante, des serveurs âgés en veste rouge, de la musique napolitaine en fond sonore et un excellent emplacement pour regarder les passants. Régalez-vous de gâteaux onctueux et d'encas salés. Musique live en été.

AU RYTHME DE L'ESCARGOT

Positano fait partie des 55 villes italiennes ayant acquis le statut de Slow City (un prolongement du mouvement Slow Food, créé en 1986 dans le nord du pays) en vertu de certains critères précis : population inférieure à 55 000 habitants, absence de fast-foods ou d'enseignes au néon, nombreuses voies piétonnes et cyclables et restaurants de quartier servant une cuisine traditionnelle à base de produits locaux. Pour en savoir plus, consultez le site www.cittaslow.org.

Music on the Rocks   NIGHT-CLUB
(☎089 87 58 74 ; www.musicontherocks.it ; Via Grotte dell'Incanto 51 ; entrée 10-30 € ; ◷22h-tard). L'une des rares boîtes de nuit de la ville et l'une des meilleures de la côte, Music on the Rocks est aménagée de façon spectaculaire dans la tour à l'extrémité est de la Spiaggia Grande. Rejoignez une foule élégante et d'excellents DJ locaux qui mixent house et disco.

Da Ferdinando   BAR
(☎089 87 53 65 ; Spiaggia dei Fornillo ; ◷10h-3h, mai-oct). Ce bar de plage, ouvert uniquement en été, loue des chaises longues et sert des boissons et des en-cas légers. La musique crée une ambiance festive après le coucher du soleil.

Achats

Si Positano compte pléthore de boutiques colorées, l'humble citron occupe une place de choix, non seulement sous forme de *limoncello* ou de bougies parfumées, mais aussi comme effigie sur les services à thé, les tabliers et les poteries.

La Bottega di Brunella   MODE
(☎089 87 52 28 ; www.brunella.it ; Viale Pasitea 72 ; ◷9h-21h). On comprend dans cette boutique pourquoi les femmes de Positano semblent naturellement chics. Contrairement à nombre d'autres adresses, celle-ci vend des vêtements conçus et réalisés à Positano. En lin et soie, les modèles se déclinent dans des tons crème, ocre, brun et jaune.

Il existe deux succursales en ville, dont une plus petite en face du Palazzo Murat.

La Botteguccia de Giovanni   CHAUSSURES
(☎089 81 18 24 ; www.labotteguccipositano.it ; Via Regina Giovanni 19 ; ◷9h30-21h mai-oct). Cette boutique vend des sandales en cuir, confectionnées à la main par Giovanni dans son petit atelier au fond du magasin. Choisissez la couleur et les éléments décoratifs, indiquez votre pointure et allez boire un cappuccino au coin en attendant qu'il les fabrique. Prix à partir de 50 €.

Umberto Carro   CÉRAMIQUE
(☎089 87 53 52 ; Viale Pasitea 30 ; ◷9h30-20h30 mai-oct). Un grand choix de céramiques locales, aux motifs et couleurs raffinés, des vases aux coquetiers et aux objets décoratifs insolites et bigarrés. Expédition possible.

❶ Renseignements

Office du tourisme (☎089 87 50 67 ; Via del Saracino 4 ; ◷9h-19h lun-sam, 9h-14h dim été, 9h-16h lun-sam hiver). Fournit quantité d'informations et vend des cartes, de randonnée ou autres.

❶ Depuis/vers Positano

BATEAU
Positano offre d'excellentes liaisons par ferry avec les autres villes côtières et les îles d'avril à octobre.

Positano Jet (☎089 87 50 32). Hydroglisseurs pour Capri (17 €, 45 min, 3/jour).

BUS
À environ 16 km à l'ouest d'Amalfi et à 18 km de Sorrente, Positano se situe sur la SS163, la principale route côtière. Il existe deux principaux arrêts de bus : en venant de Sorrente et de l'ouest, SITA Sud, en face du Bar Internazionale ; en venant d'Amalfi et l'est, l'arrêt SITA en haut de la Via Cristoforo Colombo. Du premier, pour rejoindre la ville, suivez le Viale Pasitea ; du second, prenez la Via Cristoforo Colombo (un trajet beaucoup plus court). Pour quitter Positano, achetez vos billets au Bar Internazionale ou, si vous allez vers l'est, au tabac (*tabaccheria*) en bas de la Via Cristoforo Colombo.

SITA (☎199 73 07 49 ; www.sitabus.it). Bus fréquents depuis/vers Amalfi et Sorrente.

Flavia Gioia (☎089 81 18 95 ; www.flaviogioia.com ; Via Cristoforo Colombo 49). Ces bus locaux empruntent la route circulaire inférieure toutes les demi-heures. Les arrêts sont bien indiqués et vous pouvez acheter votre billet (1,20 €) à bord. Halte aux deux arrêts SITA. Quelque 17 bus quotidiens desservent aussi Montepertuso et Nocelle.

VOITURE ET MOTO
Prenez l'autoroute A3 jusqu'à Vietri sul Mare, puis la route côtière SS163. Pour louer un scooter, essayez **Positano Rent a Scooter** (☎089 812 20 77 ; www.positanorentascooter.it ; Viale Pasitea 99 ; à partir de 60 €/jour) ; vous devrez présenter un permis de conduire et une pièce d'identité.

Stationnement
Se garer à Positano est un casse-tête en été. La ville compte quelques zones bleues (3 € l'heure) et une poignée de parkings privés onéreux. **Le Parcheggio da Anna** (Viale Pasitea 173 ; 18 €/jour) se situe juste avant la Pensione Maria Luisa, en haut de la ville. Plus près de la plage et du centre, **Di Gennaro** (Via Pasitea 1 ; 23 €/jour) se tient près du bas de la Via Cristoforo Colombo.

Praiano
1 900 HABITANTS

Ancien port de pêche, station balnéaire discrète et centre artistique à la popularité croissante, Praiano est un délice ! Ses maisons chaulées parsèment la crête verdoyante du mont Sant'Angelo, qui descend vers le Capo Sottile. Jadis centre important de production de soie, Praiano était prisée des doges d'Amalfi, qui en firent leur résidence estivale.

À voir et à faire

Explorer Praiano, à 120 m au-dessus de la mer, implique d'emprunter nombre d'escaliers. Plusieurs chemins de randonnées partent de la bourgade, dont une promenade panoramique – particulièrement belle au coucher du soleil –, qui débute à côté de l'église San Gennaro, descend vers l'ouest jusqu'à la **Spiaggia della Gavitelli** (via 300 marches) et continue jusqu'à la Torre di Grado, une tour médiévale défensive. La ville est aussi le point de départ du Sentiero degli Dei (Sentier des Dieux).

Marina di Praia — PORT
À 2 km à l'est du centre, ce port charmant et sa petite plage constituent la principale raison d'une halte pour nombre de visiteurs. De la SS163 (à côté de l'Hotel Onda Verde), un chemin escarpé conduit au pied des falaises et à une petite crique au sable grossier, que baigne une eau tentante ; la baignade est encore plus plaisante près des rochers, juste avant d'arriver en bas. Vous pouvez louer des bateaux à cet endroit. D'anciennes maisons de pêcheurs abritent quatre restaurants, dont l'un renommé pour ses poissons.

Chiesa di San Luca — ÉGLISE
(Via Oratorio 1). Dans le haut de la ville, cette église du XVIe siècle possède un sol en majoliques colorées, des peintures de Giovanni Bernardo Lama, un artiste du XVIe siècle, et un buste de saint Luc l'évangéliste de la fin du XVIIe siècle.

Centro Sub Costiera Amalfitana — PLONGÉE
(089 81 21 48 ; www.centrosub.it ; Via Marina di Praia ; plongée à partir de 80 € ;). Ce prestataire local respecté offre des cours pour adultes et enfants de plus de 8 ans, des plongées nocturnes et des sorties de plongée d'une journée avec en-cas à bord.

Où se restaurer

Da Armandino — POISSON €€
(089 87 40 87 ; www.trattoriadaarmandino.it ; Via Praia 1, Marina di Praia ; repas 35 € ; 13h-16h et 19h-minuit avr-nov ;). Chaudement recommandé, ce restaurant sans prétention, installé dans un ancien hangar à bateaux sur la plage de Marina di Praia, enchantera les amateurs de poisson. Il n'y a pas de carte ; choisissez le plat du jour, toujours excellent.

L'ambiance détendue et le cadre attrayant, au pied de falaises à pic qui s'élèvent jusqu'à la grand-route, ajoutent au plaisir du repas.

Onda Verde — ITALIEN €€
(089 87 41 43 ; www.hotelondaverde.it ; Via Terramare 3 ; repas 38 € ; 13h-14h30 et 19h30-21h30 avr-nov). Faisant partie de l'hôtel du même nom, ce restaurant se tient à mi-parcours des escaliers raides qui mènent à la marina, juste après la tour défensive. Installez-vous à l'extérieur pour la vue sur la baie. La carte réinterprète de manière innovante la cuisine traditionnelle et comprend de nombreuses salades, parfaites dans la chaleur de l'été.

La Brace — ITALIEN €€
(089 87 42 26 ; www.labracepraiano.com ; Via G Capriglione ; pizzas à partir de 5 €, repas 25 € ; 12h30-15h et 18h30-22h30 lun-mar et

---

> **VAUT LE DÉTOUR**
>
> ### NOCELLE
>
> Petit village de montagne relativement isolé au-delà de Montepertuso, Nocelle (450 m) bénéficie d'une vue spectaculaire sur toute la côte. À des années-lumière du Positano touristique, c'est un endroit somnolent et silencieux où il n'arrive pas grand-chose et dont les quelques habitants n'aspirent pas au changement.
>
> Si vous souhaitez loger sur place, essayez la charmante **Villa della Quercia** (089 812 34 97 ; www.villadellaquercia.com ; Via Nocelle 5 ; ch 70-80 € ; avr-oct ;), un ancien monastère avec une vue splendide. Pour vous restaurer, la discrète **Trattoria Santa Croce** (www.ristorantesantacrocepositano.com ; Via Nocelle 19 ; 12h-1h30 et 19h-23h avr-oct), dans le village, est une adresse fiable.
>
> Le moyen le plus simple de rejoindre Nocelle consiste à prendre un bus local à Positano (1,20 €, 30 min, 17/jour). En voiture, suivez les panneaux à partir de Positano. Les randonneurs qui suivent le Sentier des Dieux traversent Nocelle.

jeu-dim). Dans la rue principale, ce restaurant établi de longue date est réputé pour ses poissons et ses pizzas. La salle offre la vue sur les toits jusqu'à la mer et Gianni, le patron, accueille ses clients comme de vieux amis ; l'endroit est prisé des habitants.

Où prendre un verre et faire la fête

 **Africana** NIGHT-CLUB
(089 81 11 71 ; www.africanafamousclub.com ; 19h30-3h mai-sept). Ce night-club, près de Marina di Praia, garantit des soirées mémorables, malgré le prix élevé des boissons. L'Africana existe depuis les années 1950, quand Jackie Kennedy comptait parmi les célébrités qui le fréquentaient. Le cadre est extraordinaire, dans une grotte avec des évents naturels et une piste de danse avec sol en verre qui laisse voir les poissons nager sous vos pieds.

En été, des bus font régulièrement la navette entre Positano, Amalfi et Maiori. Vous pouvez aussi prendre un bateau-taxi (10 €) de **Positano Boats** (339 2539207 ; www.positanoboats.info).

Furore

Marina di Furore, un petit village de pêcheurs, fut jadis un centre de négoce animé. Au Moyen Âge, son emplacement naturel unique le protégeait des raids ennemis et lui fournissait l'eau nécessaire à ses moulins à farine et à papier.

Fondé par des Romains qui fuyaient les incursions barbares, le village se tient au fond de ce que l'on appelle le fjord de Furore, une crevasse géante dans les monts Lattari. Le village principal se situe 300 m plus haut dans le Vallone del Furore supérieur ; rarement visité, il conserve une ambiance rurale malgré les peintures murales colorées et une étonnante sculpture moderne.

Pour rejoindre Furore supérieur en voiture, suivez la SS163 puis la SS366 en direction d'Agerola. Sinon, des bus SITA partent régulièrement de la gare routière d'Amalfi (1,60 €, 30 min, 17/jour).

Amalfi

5 428 HABITANTS

Difficile de croire qu'Amalfi, avec ses places ensoleillées et sa petite plage, fut jadis une superpuissance maritime avec

> **À NE PAS MANQUER**
>
> ### ART DANS LA TOUR
>
> **Torre a Mare** (339 4401008 ; www.paolosandulli.com ; Torre a Mare ; 9h-13h et 15h30-19h). Des tours défensives jalonnent la côte amalfitaine ; elles sont appelées paradoxalement "tours sarrasines", du nom des envahisseurs qui poussèrent à leur édification. Vides pour la plupart, certaines sont devenues des propriétés privées. À Marina di Praia, vous pouvez combiner la visite d'une de ces tours et découvrir les œuvres d'art de Paolo Sandulli, connu surtout pour ses "têtes" coiffées d'éponges de mer colorées. Un escalier en colimaçon conduit à d'autres œuvres à l'étage, dont des peintures.
>
> Des œuvres de Paolo sont exposées sur toute la côte amalfitaine, y compris dans le prestigieux Palazzo Murat à Positano.

plus de 70 000 habitants. Tout d'abord, cette jolie bourgade n'est pas grande et se traverse facilement à pied en 20 minutes. Puis elle ne possède que peu de monuments historiques. L'explication est tragique : la majeure partie de la vieille ville et sa population ont simplement glissé dans la mer lors d'un séisme en 1343.

Aujourd'hui, la ville compte un peu plus de 5 000 habitants, un nombre qui augmente considérablement en été, quand affluent les touristes.

Juste de l'autre côté du cap, **Atrani** est un pittoresque labyrinthe de ruelles et d'arcades chaulées autour d'une place animée et d'une plage fréquentée – à ne pas manquer.

À voir et à faire

Avec sa majestueuse cathédrale, la Piazza del Duomo constitue le cœur de la ville. Pour un aperçu de l'histoire médiévale de la cité, explorez les ruelles parallèles à l'artère principale, agrémentées d'escaliers raides, de portiques et de niches votives.

Amalfi, superbement située en bord de mer, incite à de longs déjeuners. Si vous souhaitez nager, le mieux consiste à louer un bateau et plonger au large. Plusieurs prestataires sont installés le long de Lungomare dei Cavalieri.

Amalfi

Amalfi

● Les incontournables
1 Cattedrale di Sant'Andrea C3

● À voir
Chiostro del Paradiso .... (voir 1)

● Où se loger
2 Albergo Sant'Andrea B3
3 DieciSedici D3
4 Hotel Amalfi B2
5 Hotel Centrale B3
6 Hotel Lidomare B3
7 Residenza del Duca B3

● Où se restaurer
8 Da Maria C3
9 Il Teatro B1
10 La Pansa C3
11 La Taverna del Duca B1
12 Marina Grande D3
13 Ristorante
   La Caravella B3

● Achats
14 Anastasio Nicola Sas B2
15 Il Ninfeo C2
16 L'Arco Antico B2

♥ **Cattedrale di Sant'Andrea** CATHÉDRALE (☎ 089 87 10 59 ; Piazza del Duomo ; ⏱ 7h30-19h45). Rare vestige de la superpuissance maritime du XIe siècle, la cathédrale d'Amalfi affiche un mélange de styles architecturaux. Elle trône au sommet d'une longue volée de marches. Entre 10h et 17h, l'entrée se fait par le Chiostro del Paradiso adjacent, un cloître du XIIIe siècle.

La cathédrale date en partie du début du Xe siècle ; son étonnante façade à rayures a été reconstruite deux fois, la dernière à la fin du XIXe siècle.

IL SENTIERO DEGLI DEI (LE SENTIER DES DIEUX)

De loin la randonnée la plus connue de la côte amalfitaine, le Sentiero degli Dei (12 km, 3 heures) suit la crête qui relie Praiano et Positano. Elle débute au cœur de **Praiano**, où il faut gravir 1000 marches pour rejoindre le chemin. Une alternative plus facile consiste à rejoindre en bus **Bomerano**, près d'Agerola dans les montagnes entre Sorrente et Amalfi ; prenez un bus SITA jusqu'à l'embranchement vers Agerola, puis un autre jusqu'à Agerola. Bomerano se situe juste au sud d'Agerola. Toutefois, l'itinéraire plus raide serpente à travers des jardins soignés et constitue un charmant départ.

Déconseillé si vous êtes sujet au vertige, ce chemin spectaculaire serpente au sommet des montagnes, avec des grottes et des terrasses à flanc de falaises et des vallées profondes, encadrées par une mer turquoise. Les hauteurs peuvent être nuageuses, ce qui ajoute au côté spectaculaire, les cyprès perçant le brouillard telles des épées au-dessus des bergers qui guident leurs chèvres à travers les feuillages. Achetez un pique-nique à l'épicerie de Praiano pour vous restaurer au sommet (prévoyez un couteau de poche pour le fromage). Emportez un sac à dos et beaucoup d'eau et portez des chaussures de marche car le chemin est irrégulier et les descentes raides. Prévoyez aussi un maillot de bain pour un plongeon rafraîchissant à la fin de la randonnée.

L'**office du tourisme de Praiano** (☎089 87 45 57 ; www.praiano.org ; Via G Capriglione 116b ; ⊙9h-13h et 16h-20h) fournit cartes et conseils. Un peu plus bas sur le même trottoir, l'**Alimentari Rispoli** (☎089 87 40 18 ; 82 Via Nazionale) vend paninis, fromages, viandes, boissons et fruits. L'escalier qui sort de la ville commence Via Degli Ulivi, qui part de la route principale presque en face de l'Hotel Smereldo. Préparez-vous pour la longue grimpée et suivez bien les flèches marron placées à intervalles réguliers le long des chemins fleuris. Après 45 minutes environ, vous arrivez à **Fontanella**, à la Chiesa Santa Maria a Castro, une charmante église chaulée

---

Bien que l'édifice soit hybride, le style arabo-normand de Sicile prédomine, notamment dans la maçonnerie bicolore et le clocher du XIIIe siècle. Les grandes portes en bronze méritent aussi le coup d'œil ; les premières du genre en Italie, elles furent commandées par un noble local, fabriquées en Syrie, puis transportées par bateau jusqu'à Amalfi. L'intérieur baroque est moins impressionnant ; quelques belles statues ornent l'autel et d'intéressantes mosaïques datent des XIIe et XIIIe siècles.

Chiostro del Paradiso ÉGLISE
(☎089 87 13 24 ; Piazza del Duomo ; tarif plein/réduit 3/1 € ; ⊙9h-19h). À gauche du porche de la cathédrale, le splendide cloître du Paradis de style mauresque fut construit en 1266 pour abriter les tombes des citoyens illustres d'Amalfi ; 120 colonnes en marbre supportent des arches élancées autour d'un jardin central. Du cloître, rejoignez la **Basilica del Crocefisso**, qui renferme divers objets religieux exposés dans des vitrines et quelques fresques délavées du XIVe siècle. En dessous, la crypte de 1206 contient la dépouille de saint André.

Grotta dello Smeraldo GROTTE
(5 € ; ⊙9h30-16h). À 4 km à l'ouest d'Amalfi, cette grotte doit son nom à l'étrange lumière émeraude qui émane de l'eau. Des stalactites descendent du plafond haut de 24 m, tandis que des stalagmites croissent jusqu'à 10 m. Des bus passent régulièrement par le parking au-dessus de l'entrée de la grotte (d'où vous descendez par un ascenseur ou un escalier jusqu'aux canots). Sinon, **Coop Sant'Andrea** (☎089 87 29 50 ; www.coopsantandrea.com ; Lungomare dei Cavalieri 1) propose des bateaux au départ d'Amalfi (10 € aller-retour, plus l'entrée de la grotte) ; comptez 1 heure 30 pour le trajet aller-retour.

Tous les ans, le 24 décembre et le 6 janvier, des plongeurs viennent de toute l'Italie pour leur pèlerinage traditionnel à la *presepe* (crèche) en céramique immergée dans la grotte.

♥ Museo della Carta MUSÉE
(☎089 830 45 61 ; www.museodellacarta.it ; Via delle Cartiere 23 ; 4 € ; ⊙10h-18h30 tlj mars-oct, 10h-15h30 mar-mer et ven-dim nov-fév). Le musée du Papier est installé dans un moulin à papier du XIIIe siècle, le plus vieux d'Europe et semblable à une grotte.

avec une fresque de la Madone du XVe siècle. Vous pouvez aussi explorer les salles du Convento San Domenico.

Juste après, vous verrez une arche rocheuse naturelle au-dessus du chemin sur la droite ; ne passez pas en dessous, mais continuez à monter 20 minutes la pente raide et les marches escarpées pour arriver au chemin et prenez à gauche le tournant indiqué "Positano Nocelle" sur la gauche. Commence alors une longue et délicieuse descente jusqu'à Nocelle ; par temps couvert, la brume et les aperçus d'une vue fantastique sont inoubliables. L'itinéraire, balisé de rayures rouges et blanches sur les rochers et les arbres, est facile à suivre.

À la fin de la descente, vous arrivez à **Nocelle**, où un charmant kiosque en terrasse sert boissons fraîches et café sur des tables ornées de fleurs. Un peu plus loin dans le village, sur la Piazza Santa Croce, un stand propose d'excellents jus d'orange et de citron.

Traversez Nocelle pour rejoindre une série de marches qui descend parmi les oliveraies jusqu'à la route à l'est de Positano. Une option plus longue et plus plaisante, qui évite les marches, consiste à poursuivre le long du chemin qui sort de Nocelle vers l'ouest et **Montepertuso**. Ne manquez pas l'énorme trou au centre de la falaise à Montepertuso, comme si un géant furieux avait donné un coup de poing dans la paroi calcaire. Le chemin serpente ensuite jusqu'à la lisère nord de **Positano**, où vous pouvez descendre à travers la ville jusqu'aux bars de plage et la mer.

Le site www.amalficoastweb.com permet de télécharger des cartes de randonnée. La carte *Monti Lattari, Peninsola Sorrentina, Costiera Amalfitana: Carta dei Sentieri* (9 €) au 1/30 000 du Club Alpino Italiano (CAI) est également très fiable. Si vous préférez une randonnée guidée, il existe plusieurs guides sérieux, dont Zia Lucy (www.zialucy.it) et Frank Carpegna (www.positanofrankcarpegna.com), un Américain qui vit depuis longtemps à Positano.

Il conserve avec soin les presses d'origine toujours en état de marche, comme vous le constaterez au cours de la visite guidée de 15 minutes (en anglais), qui explique le processus de fabrication initial à base de coton et celui à base de pâte de bois plus tardif. Vous pouvez ensuite acheter des articles de papeterie à la boutique cadeaux, ainsi que des nécessaires de calligraphie et du papier pressé avec des fleurs.

Amalfi Marine BATEAU
(329 2149811 ; www.amalfiboats.it ; Spiaggia del Porto, Lungomare dei Cavalieri). Géré par Rebecca Brooks, une résidente américaine, Amalfi Marine loue des bateaux (sans skipper à partir de 250 € par jour, 6 passagers au maximum) et organise des excursions d'une journée le long de la côte et jusqu'aux îles (à partir de 45 € par personne).

Où se restaurer et prendre un verre

La plupart des restaurants du centre et alentour visent la clientèle touristique. Le niveau est généralement élevé et il est rare de mal manger. Ils servent presque tous des pizzas, des pâtes, des viandes grillées et du poisson. La vie nocturne n'a rien de trépidant et se limite aux bars et cafés en terrasse. Atrani est un peu plus turbulente, sans excès néanmoins.

La Pansa CAFÉ €
(089 87 10 65 ; www.pasticceriapansa.it ; Piazza del Duomo 40 ; cornetti et pâtisseries à partir de 1,50 € ; 8h-22h mer-lun). Un café de 1830 tout en marbre et miroirs, où des garçons en nœud papillon servent un excellent petit-déjeuner italien : *cornetti* (croissants) frais et cappuccino mousseux.

Il Teatro TRATTORIA €€
(089 87 24 73 ; Via E Marini 19 ; repas 25 € ; 11h30-15h et 18h30-23h, fermé mer ;). Cette superbe trattoria sans prétention se niche dans les rues pittoresques du centre historique (on rejoint la Via E Marini par la Salita delgi Orafi). Parmi les spécialités de la mer figure le *pesce spada il teatro* (espadon en sauce tomate, câpres et huile d'olive) et la carte comprend de bons plats végétariens, tels les *scialatielli al teatro* (pâtes avec tomates et aubergines).

(Suite à la page 172)

1. Sorrente (p. 145), côte amalfitaine
Ville touristique, l'effervescente Sorrente constitue une base idéale pour découvrir les merveilles de la côte amalfitaine.

2. Villa Rufolo (p. 174), Ravello
Construite en 1853, la Villa Rufolo est réputée pour ses splendides jardins en terrasses.

3. Positano (p. 159), côte amalfitaine
Positano, la ville la plus pittoresque de la côte amalfitaine, est une destination estivale prisée pour sa plage.

(Suite de la page 169)

La salle à l'ancienne, agrémentée de plusieurs arches, est décorée de photos en noir et blanc et d'objets divers.

La Taverna del Duca   POISSON €€
(089 87 27 55 ; www.amalfilatavernadelduca.it ; Piazza Spirito Santo 26 ; pizzas à partir de 7 €, repas 35 € ; 12h-15h et 19h-23h30 ven-mer). Installez-vous en terrasse dans ce restaurant de poisson réputé. Les plats du jour varient selon l'arrivage, mais peuvent comprendre le *carpaccio di baccalà* (carpaccio de morue) ou des *linguine* aux scampi. La carte propose divers plats de pâtes, dont la *pasta fagioli e cozze* (avec moules et haricots blancs), de même que d'excellents et copieux antipasti.

La salle est élégante, avec des bougies sur les tables et de belles peintures à l'huile accrochées aux murs.

Da Maria   ITALIEN €€
(089 87 18 80 ; www.amalfitrattoriadamaria.com ; Via Lorenzo d'Amalfi 16 ; pizzas environ 6 €, repas 25 € ; 12h-15h et 19h-23h déc-oct ;). Près de la Piazza del Duomo, au début de la principale rue piétonne, cette vaste trattoria attire une foule enthousiaste, des plaisanciers napolitains aux touristes débarquant des bus. Que cela ne vous rebute pas : les pizzas cuites au feu de bois sont excellentes, l'ambiance est joyeuse, les pâtes et les autres plats sont bons, bien qu'un peu surévalués.

Lo Smeraldino   POISSON €€
(089 87 10 70 ; www.ristorantelosmeraldino.it ; Piazzale dei Protontini 1, Lungomare dei Cavalieri ; pizzas environ 9 €, repas 30 € ; 11h45-15h et 18h45-23h15 tlj juil-août, fermé mar sept-juin). À l'ouest du centre, en bord de mer face aux bateaux de pêche, ce restaurant bleu et blanc a été fondé en 1949. Outre des pizzas croustillantes, il sert des risottos sophistiqués, tel celui au saumon fumé et caviar, ou de simples poissons grillés ou pochés.

Malgré son emplacement, ne venez pas en paréo et en tongs ; l'ambiance est à l'élégance discrète. Réservez.

Le Arcate   ITALIEN €€
(089 87 13 67 ; www.learcate.net ; Largo Orlando Buonocore, Atrani ; pizzas à partir 6 €, repas 25 € ; 12h30-15h et 19h30-23h30 mar-dim sept-juin, tlj juil-août ;). Par beau temps, difficile de faire plus bel emplacement : à l'extrémité est du port donnant sur la plage, avec les toits et le clocher d'Atrani derrière vous. D'immenses parasols blancs ombragent les tables, et la salle occupe une grotte naturelle aux murs en pierre. Les pizzas sont servies le soir ; dans la journée, les plats comprennent risotto aux fruits de mer et espadon grillé.

Si la cuisine est bonne, elle reste en deçà du cadre.

♥ Marina Grande   POISSON €€€
(089 87 11 29 ; www.ristorantemarinagrande.com ; Viale Delle Regioni 4 ; menu dégustation déj/dîner 25/60 €, repas 45 € ; 12h-15h et 18h30-23h mar-dim mars-oct). Géré par la troisième génération de la même famille, ce restaurant en bord de plage sert du poisson tout juste pêché et des produits locaux bio.

Ristorante La Caravella   ITALIEN €€€
(089 87 10 29 ; www.ristorantelacaravella.it ; Via Matteo Camera 12 ; menu dégustation 50-120 € ; 12h-14h30 et 19h30-23h mer-lun ;). Sa cuisine régionale lui a récemment valu d'être étoilé en raison de plats innovants, comme les raviolis noirs à l'encre de seiche, scampi et ricotta, ou d'une simplicité délibérée, telle les prises du jour grillées sur des feuilles de citronnier. Les amateurs de vin trouveront leur bonheur sur la carte de quelque 15 000 crus. C'est en outre l'un des rares restaurants d'Amalfi où vous payez pour la cuisine et non pour l'emplacement, qui n'a rien de spectaculaire, coincé entre la route et l'ancien arsenal. Cela ne dérange pas la clientèle, discrète et avertie. Réservation indispensable.

PLONGEON DE HAUT VOL

Chaque année en juillet, Furore accueille la **Coupe méditerranéenne de plongeon de haut vol** (www.comunefurore.it), au cours de laquelle des champions intrépides (ou téméraires) venus du monde entier s'élancent du fameux pont qui traverse le fjord, chutant de 28 m à quelque 100 km/h. La compétition, qui se déroule généralement un dimanche au début du mois, offre un spectacle impressionnant, surtout vue d'un bateau.

Achats

Vous pourrez facilement faire provision de souvenirs ; la Via Lorenzo d'Amalfi est bordée de boutiques clinquantes qui vendent des céramiques, de la papeterie artisanale et du *limoncello*. Les prix sont fixés en fonction des touristes, aussi n'espérez pas des affaires.

Il Ninfeo CÉRAMIQUE
(089 873 63 53 ; www.amalficoastceramics.com ; Via Lorenzo d'Amalfi 28 ; 9h-21h). Clairement destiné aux touristes, ce grand showroom présente une excellente sélection de céramiques, des grands vases aux aimants de réfrigérateur. S'il n'y a pas foule, demandez à voir les vestiges d'une villa romaine sous la salle d'exposition. Elle laisse imaginer l'ampleur des ruines cachées sous la ville.

Anastasio Nicola Sas ALIMENTATION, PRODUITS DE BEAUTÉ
(089 87 10 07 ; Via Lorenzo d'Amalfi 32 ; 9h-20h30). Dans ce supermarché haut de gamme, parmi les jambons suspendus, vous trouverez un choix complet de délices locaux, des fromages et des conserves aux cafés, chocolats, *limoncello* et toutes sortes de pâtes. Il offre aussi une sélection de savons parfumés aux fruits, de shampoings, de crèmes hydratantes et de parfums naturels.

L'Arco Antico SOUVENIRS
(089 873 63 54 ; Via Capuano 4 ; 9h30-20h30). L'industrie papetière d'Amalfi remonte au XIIe siècle, quand les premiers moulins furent construits. Si cette industrie a fortement décliné, vous pouvez toujours acheter du papier de qualité. Ce beau magasin vend un choix d'articles, dont du beau papier à lettres, des carnets reliés cuir et de gros albums photo.

Renseignements

Office du tourisme (089 87 11 07 ; www.amalfituristoffice.it ; Corso delle Repubbliche Marinare 33 ; 9h-13h et 14h-18h lun-sam).

Depuis/vers Amalfi

BATEAU

Caremar (carte p. 40 ; 02 577 65 871 ; www.caremar.it). Hydroglisseurs de Sorrente à Capri (18,30 €, 17/jour) et hydroglisseurs/ferries quotidiens de Capri à Positano (17,40 €), Amalfi (19,50 €) et Salerne (21,50 €).

> **LE TOP DES FESTIVALS GASTRONOMIQUES DE LA CÔTE**
>
> **Sagra della Salsiccia e Ceppone** (p. 150) Sorrente
>
> **Gustaminori** (p. 177) Minori
>
> **Sagra del Tonno** (p. 178) Cetara

BUS

SITA (199 730749 ; www.sitabus.it). De la Piazza Flavio Gioia, au moins 12 bus partent chaque jour pour Sorrente (via Positano), Ravello, Salerne et Naples. Vous pouvez acheter vos billets et consulter les horaires au **Bar Il Giardino delle Palme** (Piazza Flavio Gioia), en face de l'arrêt des bus.

VOITURE ET MOTO

En venant du nord, quittez l'autoroute A3 à Vietri sul Mare et suivez la SS163. En venant du sud, sortez de l'A3 à Salerne et prenez la direction de Vietri sul Mare et de la SS163.

Stationnement

Se garer dans la ville pose problème, bien qu'il existe quelques emplacements sur la Piazza Flavio Gioia près du terminal des ferries (3 €/l'heure) ainsi qu'un parking souterrain accessible de la Piazza Municipio (même tarif).

Ravello

2 500 HABITANTS

Haut perchée dans les collines au-dessus d'Amalfi, Ravello est une ville policée, presque entièrement dédiée au tourisme (et de plus en plus prisée pour les mariages). Fière de son passé bohème – Wagner, D.H. Lawrence et Virginia Woolf y ont séjourné –, elle est aujourd'hui réputée pour ses jardins ravissants et ses vues époustouflantes, les plus belles au monde selon le romancier américain Gore Vidal, un ancien résident, et certainement les plus belles de la côte.

La plupart des visiteurs viennent d'Amalfi pour la journée – un trajet vertigineux de 7 km dans la Valle del Dragone –, mais pour apprécier l'atmosphère romantique et irréelle, vous devrez y passer la nuit. Le mardi matin, un marché animé s'installe sur la Piazza Duomo ; vous y trouverez du vin, de la mozzarella et de l'huile d'olive, ainsi que des vêtements de créateur à prix réduits.

Ravello

Ravello

⊙ Les incontournables
1 Villa Rufolo A3

⊙ À voir
2 Auditorium Oscar Niemeyer B2
3 Camo A3
4 Duomo A3
5 Villa Cimbrone A5

✈ Activités
6 Mamma Agata A5

⊙ Où se loger
7 Affitacamere Il Roseto A3
8 Albergo Ristorante Garden B3
9 Hotel Caruso B2
10 Hotel Toro A2
11 Hotel Villa Amore A4
12 Palazzo Avino B2

⊙ où se restaurer
13 Babel A3
14 Caffe Calce A2
15 Da Salvatore B3
16 Ristorante Pizzeria Vittoria A3

⊙ Achats
17 Cashmere A3
18 Profumi della Costiera A3
19 Wine & Drugs A3

⊙ À voir

Même si vous n'avez aucun sens de l'orientation, vous vous perdrez difficilement dans cette petite ville ; tout est clairement indiqué depuis la Piazza Duomo. Explorant les ruelles étroites pour un aperçu du paisible mode de vie traditionnel : des murs en pierres sèches devant des maisons sans prétentions entourées de végétation touffue, des potagers bien entretenus et des chats assoupis.

Duomo   CATHÉDRALE
(Piazza Duomo ; musée 3 € ; ⊙8h30-12h et 17h30-20h30). Formant le côté est de la Piazza Duomo, la cathédrale fut édifiée en 1086 et plusieurs fois remaniée par la suite. Si la façade date du XVIe siècle, le portail central en bronze, l'un parmi la vingtaine que compte le pays, remonte à 1179. L'intérieur est une interprétation de la fin du XXe siècle de ce à quoi ressemblait l'original.

Particulièrement intéressante, la chaire, soutenue pas six colonnes torsadées qui reposent sur des lions en marbre, est décorée de flamboyantes mosaïques de paons et d'autres oiseaux. Remarquez l'inclinaison du sol vers la place, un choix délibéré afin d'accentuer l'effet de perspective. L'entrée se fait par le musée de la cathédrale, qui présente une modeste collection d'art sacré.

♥ Villa Rufolo   JARDINS
(☎089 85 76 21 ; www.villarufolo.it ; Piazza Duomo ; tarif plein/réduit 5/3 € ; ⊙9h-17h). Au sud de la cathédrale, une tour du XIVe siècle marque l'entrée de cette villa, réputée pour ses jardins en terrasses. Créés en 1853 par un Écossais, Scott Neville Reid, ils sont magnifiques, avec

des fleurs aux couleurs exotiques et des tours artistement rongées par le temps, et offrent une vue extraordinaire. Les jardins sont superbes de mai à octobre. En dehors de cette période, ils ne justifient pas le droit d'entrée.

La villa fut bâtie au XIIIe siècle pour la riche famille Rufolo et fut la résidence de plusieurs papes, ainsi que du roi Robert d'Anjou. Wagner, qui visita les jardins en 1880, s'en inspira pour le jardin de Klingsor (le cadre du deuxième acte de *Parsifal*). Des concerts ont lieu dans les jardins durant le festival de musique classique de Ravello.

Villa Cimbrone JARDINS
(089 85 80 72 ; www.villacimbrone.com ; Via Santa Chiara 26 ; tarif plein/réduit 7/4 € ; 9h-19h30 été, 9h-crépuscule hiver). À quelque 600 m au sud de la Piazza Duomo, la Villa Cimbrone mérite la visite pour la vue fabuleuse depuis les charmants jardins ; admirez-la du Terrazzo dell'Infinito, un belvédère jalonné de bustes et de statues de style antique.

Propriété de diverses familles italiennes aristocratiques au fil du temps, la villa du XIe siècle fut rachetée et remaniée par Ernest William Beckett au début du XXe siècle et accueillit dans les années 1930 des hôtes tels que Greta Garbo et son amant Leopold Stokowski, Virginia Woolf, Winston Churchill, D. H. Lawrence et Salvador Dalí. Elle est aujourd'hui devenue un hôtel haut de gamme.

Auditorium Oscar Niemeyer THÉÂTRE
(346 7378561 ; Via della Repubblica 12). Juste en dessous de la principale entrée de Ravello, ce bâtiment moderne, qui épouse la pente de la montagne, a suscité la controverse dans la ville. Conçu par l'illustre architecte brésilien Oscar Niemeyer, il se distingue par son contour sinueux en forme de vague et sa cour d'accès rectangulaire, site d'expositions temporaires de sculptures de classe internationale. L'auditorium accueille des concerts et des expositions.

Cours

Mamma Agata COURS DE CUISINE
(089 85 70 19 ; www.mammaagata.com ; Piazza San Cosma 9 ; cours avr-nov 200 €, mai-oct 250 €). Mamma Agata, avec sa fille Chiara, organise des cours dans sa maison et apprend à préparer des plats simples et délicieux avec des ingrédients essentiellement bio. Le cours, d'une journée, s'achève sur une charmante terrasse face à la mer, où vous dégustez ce que vous avez cuisiné arrosé d'un verre de *limoncello* maison. Vous pouvez aussi acheter un livre de recettes.

Apparemment, Humphrey Bogart avait l'habitude de manger au petit-déjeuner un gâteau au citron (confectionné avec du *limoncello*) de Mamma Agata, quand elle cuisinait pour une riche famille américaine dans les années 1960. Richard Burton, Frank Sinatra, Audrey Hepburn, et plus récemment Pierce Brosnan, ont aussi compté parmi les hôtes de cette famille.

Fêtes et festivals

Le programme de musique classique débute en mars et se poursuit jusqu'à fin octobre, avec deux temps forts en juin et septembre lors du **Festival international de piano** et de la **Semaine de musique de chambre**. Les concerts de grands musiciens italiens et étrangers sont de classe internationale et les sites, mémorables. Le prix des billets débute à 25 € ;

PROMENADES À RAVELLO

Ravello est le point de départ de nombreuses promenades, certaines sur d'anciens chemins dans les monts Lattari. Si vos jambes le permettent, vous pouvez descendre jusqu'à **Minori** par un bel itinéraire composé de marches, d'allées cachées et d'oliveraies, en passant par le pittoresque hameau de Torello. Cette marche débute juste à gauche de la Villa Rufolo et s'effectue en 45 minutes environ. Vous pouvez aussi partir de l'autre côté, vers Amalfi, en passant par le village de **Scala**. Ancien centre religieux prospère comptant plus de 100 églises, Scala est aujourd'hui une bourgade assoupie où le vent siffle dans les rues désertes. Sur la place centrale, le **duomo** (Piazza Municipio ; 8h-12h et 17h-19h) de style roman a gardé des traces de sa grandeur du XIIe siècle. Renseignez-vous à l'office du tourisme de Ravello sur les promenades aux alentours.

> **À NE PAS MANQUER**
>
> ### LE MUSÉE DU CAMÉE
>
> Coincé entre des boutiques et des cafés pour touristes, **Camo** (☎089 85 74 61 ; Piazza Duomo 9, Ravello ; ⊙9h30-12h et 15h-17h30 lun-sam) est un spécialiste du camée, dont il présente de ravissants exemplaires, essentiellement en corail et en coquillage. Son intérêt ne s'arrête pas là ; demandez à voir les trésors du musée, au fond du magasin. Vous l'apprécierez davantage si Giorgio Filocamo, le créateur de camées et le fondateur de la boutique, est présent pour vous expliquer l'origine de pièces telles qu'une croix en cristal du XVIe siècle, une Madone du milieu du XVIe siècle, une amphore romaine du IIIe siècle, des peignes en écaille de tortue et de ravissantes peintures à l'huile.
>
> Ce magasin est l'antithèse des boutiques hors de prix du centre-ville, mais réfléchissez bien avant d'acheter du corail.

vous pouvez réserver par téléphone ou en ligne (2 €). Pour plus d'informations, contactez la **Ravello Concert Society** (www.ravelloarts.org).

 Festival de Ravello ARTS DE LA SCÈNE
(☎089 85 83 60 ; www.ravellofestival.com ; ⊙juin-sept). De fin juin à début septembre, ce festival, créé en 1953, transforme le centre-ville en une scène. Les événements varient des concerts de musique symphonique et de musique de chambre aux ballets ; des projections de films et des expositions ont lieu dans de beaux sites en plein air, telle la fameuse terrasse suspendue dans les jardins de la Villa Rufolo.

Où se restaurer

Étrangement, Ravello compte peu de bons restaurants. Si l'on trouve facilement un bar ou un café qui propose des paninis et des pizzas à des prix exagérés, il est plus difficile de dénicher une trattoria ou un restaurant correct. Quelques hôtels comptent de bons restaurants, pour la plupart ouverts aux non-résidents, et deux restaurants sont excellents. Les adresses indiquées ci-dessous sont très fréquentées en été, en particulier à midi, et les prix sont partout élevés.

Caffe Calce CAFÉ €
(☎089 85 71 52 ; www.caffecalce.com ; Viale Richard Wagner 3 ; glace 2 € ; ⊙8h-22h). Juste au-dessus de la Piazza Duomo, ce café est une institution avec sa salle à l'ancienne et sa clientèle un peu bourrue. Réputé servir le meilleur café de la ville, il offre de bonnes glaces et pâtisseries.

♥ **Babel** CAFÉ €€
(☎089 858 62 15 ; Via Trinità 13 ; repas 20 € ; ⊙11h-23h). Sur fond de jazz, ce café-traiteur propose salades, *bruschette* et plateaux de fromage et charcuterie de qualité supérieure à des prix abordables, ainsi qu'un excellent choix de vins locaux. Une petite galerie vend de beaux carreaux en céramique.

Da Salvatore ITALIEN €€
(☎089 85 72 27 ; www.salvatoreravello.com ; Via della Republicca 2 ; repas 28 € ; ⊙12h-15h et 19h30-22h mar-dim). Juste avant l'arrêt de bus, Da Salvatore ne se distingue pas par sa décoration, mais la vue, de la salle et de la grande terrasse, est fantastique. La carte comprend des plats créatifs, comme le calamar sur un lit de purée de pois chiches avec *peperoncino* (petit piment). Le soir, une partie du restaurant se transforme en une pizzeria informelle, qui sert de succulentes pizzas cuites au feu de bois.

Ristorante Pizzeria Vittoria PIZZA €€
(☎089 85 79 47 ; www.ristorantepizzeriavittoria.it ; Via dei Rufolo 3 ; pizza à partir de 5 €, repas 30 € ; ⊙12h15-15h et 19h15-23h ; 👪). Venez aussi vous régaler d'une pizza exceptionnelle, avec 16 variétés sur la carte, dont la Ravellese, composée de tomates cerises, de mozzarella, de basilic et de courgettes. Parmi les autres plats figurent des lasagnes avec potiron, mozzarella fumée et cèpes et un *antipasto* original composé de pois chiches et morue. L'atmosphère est d'une élégance discrète, avec une petite terrasse et de vieilles photos de Ravello sur les murs.

🛍 Achats

Limoncello et céramiques sont les piliers du commerce de souvenirs sur la côte amalfitaine, et vous les trouverez à Ravello.

Profumi della Costiera BOISSONS
(☎089 85 81 67 ; www.profumidellacostiera.it ; Via Trinità 37 ; ⊙9h-20h). Le *limoncello* produit ici est fabriqué avec des citrons

> **ⓘ SE GARER À RAVELLO**
>
> Le stationnement payant (5 €/heure, uniquement par carte bancaire) autour du centre-ville piétonnier incite à prendre le bus depuis Amalfi plutôt que la voiture. Sinon, allez au parking souterrain de l'Auditorium Oscar Niemeyer (p. 175).

locaux ; appelés *sfusati amalfitani*, ils sont deux fois plus gros que les citrons ordinaires. La boisson est réalisée selon des recettes traditionnelles, sans conservateur ni colorant. Toutes les bouteilles portent le label de qualité IGP (Indicazione Geografica Proteta ; Indication géographique protégée). Vous pourrez peut-être voir l'embouteillage lors de votre visite, au fond de la boutique.

Wine & Drugs ALIMENTATION
(089 85 84 43 ; Via Trinità 6 ; 9h30-21h30). Malgré le nom racoleur, aucune substance illicite n'est vendue ici, juste de la grappa, de l'huile d'olive bio, du safran et une bonne sélection de vins locaux et étrangers. Des dégustations gratuites de parmesan vieux, trempé dans du vinaigre balsamique de 24 ans d'âge, ont lieu quotidiennement.

Remarquez la collection de plus de 400 casquettes de base-ball du patron, envoyées du monde entier par des clients satisfaits en échange de la casquette de Ravello, incluse dans chaque colis expédié.

Cashmere VÊTEMENTS
(089 85 84 67 ; www.filodautoreravello.it ; Via Trinità 8 ; écharpes à partir de 35 € ; 9h30-21h). Cette petite boutique, nichée dans une rue secondaire, mérite la visite pour ses vêtements de qualité supérieure fabriqués localement, essentiellement en cachemire et en lin.

ⓘ Renseignements

Office du tourisme (089 85 70 96 ; www.ravellotime.it ; Via Roma 18 ; 9h-19h). Peut vous aider pour les hébergements.

ⓘ Depuis/vers Ravello

BUS
SITA (199 730749 ; www.sitabus.it). Des bus partent toutes les heures d'Amalfi, de l'arrêt sur le côté est de la Piazza Flavio Gioia.

VOITURE
Tournez vers le nord à 2 km à l'est d'Amalfi.

Stationnement
Le centre de Ravello est interdit à la circulation.

Minori
3 000 HABITANTS

À 3,5 km à l'est d'Amalfi, ou à 45 minutes de marche de Ravello par une route pentue, Minori est une petite bourgade ordinaire, prisée des vacanciers italiens. Moins pimpante que ses cousines côtières raffinées Amalfi et Positano, elle dépend tout autant du tourisme mais semble plus authentique, avec un front de mer festif, une plage plaisante et de bruyants embouteillages. Connue pour la fabrication des pâtes depuis le Moyen Âge, les *scialatielli* (épais rubans de pâte fraîche) sont sa spécialité et figurent sur la carte de nombreux restaurants.

⊙ À voir

Villa Roma Antiquarium ÉDIFICE HISTORIQUE
(089 85 28 93 ; Via Capodipiazza 28 ; 8h-19h). GRATUIT Redécouverte dans les années 1930, cette villa du Ier siècle est un exemple typique des splendides maisons de vacances construites par les aristocrates romains avant l'éruption du Vésuve en 79. Les salles les mieux conservées entourent le jardin au rez-de-chaussée ; la pièce maîtresse est un sol en mosaïque représentant un taureau. Un musée composé de deux salles présente divers objets, dont une collection d'amphores du VIe siècle av. J.-C au VIe siècle de notre ère.

🎊 Fêtes et festivals

Gustaminori GASTRONOMIE
(début sept). Les gourmets de la côte se retrouvent à Minori pour la foire gastronomique annuelle, avec stands de pâtes, produits du terroir et musique live.

🍴 Où se restaurer

Gambardella PÂTISSERIES €
(089 87 72 99 ; www.gambardella.it ; Piazza Cantilena 7 ; pâtisseries à partir de 1,50 €). Sur la droite et face à la charmante église jaune, Gambardella est l'endroit parfait pour un excellent café et de succulentes pâtisseries, comme la *sfogliatella* (chausson feuilleté à la ricotta) et la *torta di ricotta e pere* (tarte à la ricotta et aux

poires). Il vend aussi du *limoncello* et de délicieuses liqueurs à base de fraises des bois, de myrtilles, de laurier et de fenouil sauvage.

Il Giardiniello ITALIEN €€
(089 87 70 50 ; www.ristorantegiardiniello.com ; Corso Vittorio Emanuele 17 ; pizza à partir de 8 €, menu 30 € ; 12h-14h30 et 19h-23h30 jeu-mar). Juste au-dessus du front de mer dans une rue piétonne animée, ce restaurant séduit les habitants depuis 1955. Installez-vous sur la terrasse entourée de jasmins et commandez une grande pizza à partager (16 €) ou le copieux menu qui comprend *scialatielli*, poisson, dessert et vin.

Renseignements

Office du tourisme (089 87 70 87 ; www.proloco.minori.sa.it ; Via Roma 30 ; 9h-12h et 17h-20h lun-sam, 9h-11h dim). Sur le front de mer, ce petit office du tourisme fournit des informations générales et des cartes de randonnée.

Cetara

2 400 HABITANTS

Juste après **Erchie** et sa plage attrayante, Cetara est un pittoresque village de pêcheurs, réputé pour sa gastronomie. Important centre de pêche depuis l'époque médiévale, sa flotte de thoniers est l'une des plus importantes de la Méditerranée. La nuit, des pêcheurs sortent sur des petits bateaux équipés de lampes puissantes (lamparo) pour pêcher des anchois. Récemment, les habitants ont repris la production de *colatura di alici*, un extrait d'anchois au goût très fort qui descendrait du *garum*, une sauce de poisson romaine.

> **CETARA À L'HEURE DU PASTIS**
>
> Entrez dans un bar local à Cetara et vous vous croirez en Provence. Les habitants aiment accompagner leur expresso d'une rasade de pastis au lieu du traditionnel verre d'eau. L'apéritif anisé a été introduit par des pêcheurs français il y a plusieurs décennies et l'habitude se perpétue. Cetara est jumelée avec Sète, où de nombreux pêcheurs sont partis travailler.

Fêtes et festivals

Sagra del Tonno GASTRONOMIE
(fin juil-début août). Chaque année, Cetara célèbre la *sagra del tonno*, une fête dédiée au thon et aux anchois. Elle s'accompagne de dégustations, de musique et d'autres réjouissances. L'office du tourisme fournit des informations détaillées.

Si vous manquez cette fête, vous pouvez acheter un bocal (jamais une boîte de conserve) de spécialités à base de poisson, conservées dans l'huile d'olive, dans les épiceries locales.

Où se restaurer

Al Convento POISSON, PIZZA €€
(089 26 10 39 ; www.alconvento.net ; Piazza San Francesco 16 ; repas 25 € ; 12h30-15h et 19h-23h été, fermé mer hiver). Al Convento bénéficie d'un cadre enchanteur, dans un ancien cloître orné de fresques du XVIIe siècle aux couleurs passées. Excellente adresse pour goûter les spécialités locales de poisson, il propose, entre autres, une *tagliata di tonno alle erbe* (thon légèrement grillé avec des herbes) et de délicieux spaghettis avec anchois et fenouil sauvage.

Au dessert, laissez-vous tenter par le succulent gâteau au chocolat avec ricotta et crème.

Renseignements

Office du tourisme (328 0156347 ; Piazza San Francesco 15 ; 9h-13h et 17h-minuit). Pour les hébergements et des informations générales.

Vietri sul Mare

8 600 HABITANTS

Au bout de la route de la côte amalfitaine, Vietri sul Mare est la capitale de la céramique de Campanie. La production remonte à l'époque romaine et commença à l'échelle industrielle aux XVIe et XVIIe siècles, avec l'apparition des fours à trois niveaux. Le style local, reconnaissable à ses traits de pinceau audacieux et à ses couleurs intenses, plut à la cour royale de Naples, qui fut l'un des principaux clients de Vietri. Plus tard, dans les années 1920 et 1930, l'arrivée d'artistes étrangers, principalement allemands, fit évoluer les motifs traditionnels. Le *centro storico* est rempli de boutiques de céramique aux devantures carrelées.

 À voir

Museo della Ceramica MUSÉE
(☏089 21 18 35 ; Villa Guerriglia ; ⊙9h-15h mar-sam, 9h30-13h dim). GRATUIT Pour en savoir plus sur l'histoire de la céramique à Vietri, visitez ce musée dans le village voisin de Raito. Installé dans une ravissante villa entourée d'un parc, il possède une vaste collection, dont des pièces de la période allemande (1929-1947), quand la ville attirait des artistes étrangers.

Achats

Ceramica Artistica Solimene CÉRAMIQUES
(☏089 21 02 43 ; www.ceramicasolimene.it ; Via Madonna degli Angeli 7 ; ⊙9h-19h lun-ven, 10h-13h et 16h-19h sam). Cette grande boutique d'usine, la plus réputée de la ville, vend de tout, des coquetiers aux sirènes ornementales et des lampes aux tasses. Si vous n'entrez pas, jetez au moins un coup d'œil à l'extraordinaire façade en verre et céramique. Elle est l'œuvre de l'architecte italien Paoli Soleri, ancien élève du fameux architecte américain Frank Lloyd Wright.

Ceramiche Sara CÉRAMIQUES
(☏089 21 00 53 ; www.ceramichesara.it ; Via Costiera Amalfitana 14-16). À l'entrée de la ville et doté d'un parking pratique, ce showroom propose un beau choix de céramiques, dont des carreaux colorés à prix raisonnable (8 €) qui font de jolis dessous-de-plat.

❶ Renseignements

Office du tourisme (☏089 21 12 85 ; Piazza Matteotti ; ⊙10h-13h et 17h-20h lun-ven, 10h-13h sam). Moyennement serviable, il se tient près de l'entrée du centre historique,

Salerne et le Cilento

Dans ce chapitre ➜
Salerne 182
Paestum 187
Parco Nazionale del Cilento e Vallo di Diano 188
Agropoli 192
Côte du Cilento 194
Palinuro 197

Le top des restaurants

➜ La Cantina del Feudo (p. 186)

➜ Vicolo della Neve (p. 185)

➜ Anna (p. 194)

➜ I Tre Gufi (p. 197)

Le top des hébergements

➜ Agriturismo i Moresani (p. 219)

➜ Villa Vea (p. 219)

➜ Marulivo Hotel (p. 218)

➜ Hotel Calypso (p. 217)

Pourquoi y aller

Sans doute moins glamour que les stations balnéaires de la côte amalfitaine et moins touristique que les villes plus à l'ouest, Salerne a néanmoins du charme avec son pittoresque *centro storico* (centre historique) et son labyrinthe de vieilles ruelles bigarrées. Vous pourrez visiter un passionnant musée archéologique et la cathédrale normande, arpenter la promenade du front de mer bordée de palmiers, et profiter d'une scène gastronomique dynamique.

Non loin, les spectaculaires vestiges de Paestum comptent certains des temples grecs les mieux conservés au monde – dans un décor de prés parsemés de fleurs sauvages. Le musée du site donne à voir des fresques anciennes, dont celles de la fameuse Tomba del Truffatore (tombe du Plongeur).

Quant à la région du Cilento, c'est un joyau méconnu avec un littoral en grande partie préservé et un parc national à la beauté sauvage réputé notamment pour ses orchidées. Préparez-vous à un voyage dans le temps car les villages sont ici comme figés dans le passé. Les randonneurs s'en donneront à cœur joie et les *agriturismi* (hébergements à la ferme) font des bases idéales pour explorer ce territoire ponctué de sites touristiques incontournables, dont un magnifique monastère, un site archéologique très évocateur, et des grottes magiques.

Quand partir

➜ En juillet et août, les chambres d'hôtel sont une denrée rare, les vacanciers italiens envahissant les cités balnéaires de la côte du Cilento.

➜ Mai, juin, septembre et octobre sont des mois rêvés, avec des températures agréables et moins de monde à la plage.

➜ Pour visiter le Parco Nazionale del Cilento, rien de mieux que le printemps : la météo est parfaite pour les promenades et les randonnées, et la nature est en fleurs.

À ne pas manquer

1 Une balade parmi les ruines de **Velia** (p. 196), cité antique fondée par les Grecs (Élée).

2 L'extraordinaire **Certosa di San Lorenzo** (p. 190), à Padula, l'un des plus grands monastères d'Italie.

3 Un voyage au cœur de la Grèce antique à **Paestum** (p. 187), l'un des sites archéologiques les plus grandioses d'Europe.

4 Une visite du charmant *centro storico* (centre historique) de **Salerne** (p. 182).

5 La ravissante promenade du front de mer d'**Agropoli** (p. 192) au coucher du soleil.

6 La vue étourdissante depuis le **château** (p. 182) de Salerne.

7 La découverte des fascinantes **Grotte di Pertosa** (p. 190), lors d'une sortie en bateau.

Salerne

139 000 HABITANTS

Au premier abord, Salerne peut apparaître comme une grande ville un peu terne. Pourtant, elle n'est pas dépourvue de charme, avec son centre historique très vivant, où les églises médiévales côtoient les trattorias de quartier, les bars à vin éclairés au néon et les studios de tatouage branchés. La municipalité a récemment investi dans plusieurs programmes de réhabilitation centrés sur ce quartier historique, qui comprend désormais un spectaculaire terminal des ferries, conçu par l'architecte irako-britannique Zaha Hadid, ainsi qu'une promenade en front de mer considérée comme l'une des plus belles d'Europe.

Colonie étrusque à l'origine, puis romaine, Salerne prospéra avec l'arrivée des Normands au XIe siècle. Sous le règne de Robert Guiscard, qui fit de la cité la capitale de son duché en 1076, la Scuola Medica Salernitana était connue pour être l'une des plus prestigieuses écoles de médecine de l'Europe médiévale. Bien des siècles plus tard, en 1943, les durs combats livrés lors du débarquement de la 5e armée américaine laissèrent la ville exsangue. Une partie du centre historique a été miraculeusement épargnée, mais hors de ces zones, les larges boulevards sans grand attrait sont un stigmate de la reconstruction d'après-guerre.

 À voir

Salerne est une ville assez étendue, mais vous pourrez facilement la visiter à pied en une journée, car les principaux sites sont regroupés dans le centre historique ou à proximité. N'oubliez pas la splendide promenade en front de mer.

Duomo — CATHÉDRALE

(Piazza Alfano ; 9h-18h lun-sam, 16h-18h dim). Impossible de passer à côté de l'imposante cathédrale, pièce maîtresse du centre historique, considérée comme l'une des plus belles églises médiévales d'Italie. Construite par les Normands au XIe siècle, elle fut modifiée au XVIIIe siècle, puis sévèrement endommagée lors du tremblement de terre de 1980. Elle est dédiée à San Matteo (saint Matthieu), dont les reliques transférées à Salerne en 954 reposent désormais sous l'autel principal de la crypte voûtée.

Remarquez la magnifique entrée principale, la **Porta dei Leoni** (porte des Lions), du XIIe siècle, ainsi dénommée en raison des lions en marbre au pied de l'escalier. Elle débouche sur une cour aux proportions harmonieuses, entourée d'arches élégantes et dominée par un campanile du XIIe siècle. Derrière les grandes portes de bronze (également flanquées de lions) fondues à Constantinople au XIe siècle, les trois nefs de l'intérieur sont, pour l'essentiel, baroques. Il ne reste que quelques vestiges de l'église d'origine dans le transept, le pavement du chœur et les deux ambons surélevés, devant les stalles du chœur. Dans toute l'église, on peut voir de splendides mosaïques colorées du XIIIe siècle riches en détails.

Dans l'abside de droite, admirez la **Cappella delle Crociate** (chapelle des Croisades), décorée de superbes fresques et mosaïques. On l'appelle ainsi car les croisés venaient y faire bénir leurs armes. La tombe du pape Grégoire VII (XIe siècle) se trouve sous l'autel.

Castello di Arechi — CHÂTEAU

(089 296 40 15 ; www.ilcastellodiarechi.it ; Via Benedetto Croce ; tarif plein/réduit 5/2,50 € ; 9h-19h mar-sam, 9h-18h30 dim l'été, 9h-17h mar-dim l'hiver). Prenez le bus n°19 au départ de la Piazza XXIV Maggio pour visiter le plus célèbre monument de Salerne, le Castello di Arechi, dont la silhouette imposante se profile à 263 m au-dessus de la ville. Cette forteresse byzantine fut construite au VIIIe siècle par le Lombard Arechi II, duc de Bénévent, puis remaniée par les Normands et les Aragonais, ainsi qu'au XVIe siècle.

De là, la vue sur la ville et le golfe de Salerne est superbe, et vous pourrez découvrir une collection de céramiques, d'armes et de pièces de monnaie. On y donne également des concerts en été ; l'office du tourisme distribue le programme.

Museo Pinacoteca Provinciale — MUSÉE

(089 258 30 73 ; www.museibiblioteche.provincia.salerno.it ; Via Mercanti 63 ; tarif plein/réduit 3/1,50 € ; 9h-19h45 mar-dim). Les amateurs d'art ne manqueront pas la Pinacothèque située en plein cœur du quartier médiéval.

LES PLUS BELLES PLAGES

Ascea (p. 196)
Santa Maria di Castellabate (p. 195)
Spiaggia Palinuro (p. 198)
Agropoli (p. 192)

Occupant six galeries, ce musée renferme une collection d'art de la Renaissance à la première moitié du XXe siècle.

On peut y voir des toiles de l'enfant du pays, Andrea da Salerno (dit Andrea Sabatini ; vers 1480-1530), particulièrement influencé par Léonard de Vinci, ainsi que diverses œuvres d'artistes étrangers qui résidaient sur la côte amalfitaine. Citons notamment les eaux-fortes de l'Autrichien Peter Willburger (1942-1998) et le canevas brodé aux couleurs vives représentant un marché, réalisé par la Polonaise Irene Kowaliska. Le musée accueille des concerts de musique classique gratuits en été.

Museo Virtuale della Scuola Medica Salernitana MUSÉE
(089 257 61 26 ; www.museovirtualescuolamedicasalernitana.beniculturali.it ; Via Mercanti 74 ; tarif plein/réduit 3/1 € ; 9h30-13h mar-mer, 9h30-13h et 17h-20h jeu-sam, 10h-13h dim ;). Situé au cœur du centre historique, ce passionnant musée multimédia recourt à la technologie 3 D et aux écrans tactiles pour retracer les enseignements et procédés de la fameuse École de médecine de Salerne. Fondée vers le IXe siècle, elle fut le foyer de connaissances médicales le plus important d'Europe au Moyen Âge. L'école, qui connut l'apogée de son prestige au XIe siècle, ne ferma ses portes qu'au début du XIXe siècle.

Museo Archeologico Provinciale MUSÉE
(089 23 11 35 ; Via San Benedetto 28 ; tarif plein/réduit 4/2 € ; 9h-19h30 mar-dim). Nouvellement restauré, le principal musée archéologique de la province reprend vie avec une magnifique exposition d'objets funéraires provenant des environs, et remontant aux hommes des cavernes et aux Grecs. Admirez le candélabre de bronze du IVe siècle avant notre ère, surmonté de la représentation d'un guerrier enlaçant une femme.

À l'étage, vous découvrirez le joyau du musée : une saisissante tête d'Apollon en bronze du Ier siècle av. J.-C, découverte dans le golfe de Salerne en 1930. De nombreux objets provenant de Fratte, non loin, et couvrant plusieurs siècles d'histoire y sont aussi exposés, notamment un petit vase gravé de scènes scabreuses illustrant des relations homo et hétérosexuelles entre Grecs, Romains et indigènes.

TROIS JOURNÉES DE RÊVE À SALERNE ET DANS LE CILENTO

Jour 1 : Culture et gastronomie

Commencez par Salerne et sa **cathédrale**, magnifique, et poursuivez par une balade le long des charmantes ruelles du *centro storico* (centre historique). Après un cappuccino sur une place traditionnelle, faites quelques provisions et sautez dans un train pour Paestum. Là, déballez votre pique-nique et profitez à loisir des majestueux **temples** (p. 188) de l'antique Poseidonia dans l'après-midi. Cap alors vers le sud jusqu'à Agropoli où dîner en bord de mer.

Jour 2 : Le littoral du Cilento

Au programme : une balade matinale sur la large promenade d'Agropoli, avant de visiter le **château** (p. 194) et le centre historique. Puis poursuivez au sud le long de la côte, spectaculaire, ponctuée de criques secrètes et de hautes falaises. Faites une pause baignade, grignotage ou balade dans une petite cité balnéaire traditionnelle comme Acciaroli, qu'affectionnait Ernest Hemingway, Pioppi et sa plage de galets clairs, ou la médiévale Pisciotta, qui compte une ravissante place typique. Continuez le long de cette côte très préservée pour terminer la journée dans la jolie Palinuro.

Jour 3 : Les grottes secrètes

Loin d'être aussi connue que celle de Capri, la **Grotta Azzurra de Palinuro** (grotte Bleue ; p. 198) n'en est pas moins spectaculaire – une visite s'impose. Gagnez ensuite l'intérieur des terres et le Parco Nazionale del Cilento (p. 188) pour découvrir deux autres ensembles de grottes extraordinaires, les **Grotte di Castelcivita** (p. 189), l'un des plus grands réseaux souterrains d'Europe, et les **Grotte di Pertosa** (p. 190), tout aussi captivantes, où vous pourrez compléter l'aventure avec un tour en bateau. Passez la nuit dans l'un des agréables *agriturismi* (hébergement à la ferme ; p. 219) du parc.

Salerne

Salerno

Les incontournables
1 Duomo..C1

À voir
2 Museo Archeologico Provinciale..........C1
3 Museo Pinacoteca Provinciale...............C1
4 Museo Virtuale della Scuola Medica Salernitana..C1

Où se loger
5 Hotel Montestella...................................D2
6 Ostello Ave Gratia Plena........................B1

Où se restaurer
7 Cicirinella...C1
8 La Cantina del Feudo.............................D2
9 Pasticceria Romolo.................................G3
10 Pizza Margherita.....................................D2
11 Ristorante Santa Lucia..........................B1
12 Sant'Andrea..A1
13 Vicolo della Neve.....................................B1

Où se restaurer

La rue peut-être la plus animée de la ville est la Via Roma, dans le quartier médiéval, où l'on trouve tout ce qu'il faut, de la trattoria familiale au glacier en passant par les bars à vin jazzy, les pubs et les restaurants haut de gamme. En été, la vaste promenade du front de mer est la destination naturelle pour la *passeggiata* (balade du soir) avant d'aller dîner.

Vicolo della Neve   ITALIEN €
(089 22 57 05 ; www.vicolodellaneve.it ; Vicolo della Neve 24 ; repas 20 € ; 19h-23h30 jeu-mar). Une institution que cette trattoria typique avec ses voûtes en brique, ses fausses fresques et ses murs couverts d'œuvres d'artistes locaux, bien cachée dans une rue délabrée du centre historique. La carte est tout aussi authentique : pizzas, *calzoni*, *peperoni ripieni* (poivrons farcis) et une délicieuse *parmigiana di melanzane* (aubergines au four). L'endroit a du succès : mieux vaut réserver.

Pizza Margherita   ITALIEN €
(089 22 88 80 ; Corso Garibaldi 201 ; pizzas/buffet à partir de 5/6,50 €, menu déj 8,50 € ; 12h30-15h30 et 19h30-minuit ;). Une sorte de cantine moderne sans caractère, qui est en fait l'un des restaurants les plus populaires à l'heure du déjeuner. On fait régulièrement la queue pour profiter du magnifique buffet de mozzarella, salami, préparations de moules et salades variées.

Sinon, le menu du jour (comprenant pâtes, plat, salade et un demi-litre d'eau en bouteille) est annoncé sur le tableau, et il y a toute une liste de pizzas, pâtes et plats de résistance à la carte.

Pasticceria Romolo   PÂTISSERIE €
(089 23 26 13 ; www.pasticceriaromolo.it ; Corso Garibaldi 33 ; gâteaux à partir de 1,50 € ; 7h30-14h et 15h30-20h30 lun et mer-sam, 7h30-20h30 dim). En face de la gare ferroviaire, cette immense pâtisserie date de 1966 et la décoration n'a guère changé depuis. Les gâteaux sont légendaires, notamment les *frollini* (tartes aux fruits et au chocolat), les *amaretti* (macarons) et les irrésistibles *sfogliatelle* (pâtisseries en forme de coquille faites de pâte feuilletée et fourrées de ricotta fraîche). Également : chocolats originaux et vins régionaux.

Ristorante Santa Lucia   POISSON ET FRUITS DE MER €
(089 22 56 96 ; Via Roma 182 ; pizzas à partir de 5 €, repas 22 € ; 12h-14h30 et 19h-23h30 mar-dim). La Via Roma a beau être le quartier à la mode, il n'y a rien de clinquant dans ce délicieux restaurant de poisson. Les *linguine ai frutti di mare* (linguine aux fruits de mer) et autres seiches grillées n'ont rien d'original mais, préparées ici, elles deviennent exceptionnelles, tout comme les pizzas cuites au feu de bois.

Cicirinella   ITALIEN €€
(089 22 65 61 ; Via Genovesi 28 ; repas 25 € ; 18h-minuit). Le Cicirinella, niché derrière la cathédrale, marie avec succès ambiance authentique et sans chichis à une cuisine

---

À NE PAS MANQUER

PETITE DOUCEUR

Il serait dommage de ne pas goûter à la *torta ricotta e pera* (tarte à la poire et à la ricotta), spécialité de Salerne que l'on trouve dans toute la région du Cilento. N'importe quelle *pasticceria* (pâtisserie) vend ce délicieux dessert, si prisé des habitants qu'il disparaît des vitrines à la vitesse de l'éclair.

délicate, préparée avec art. Murs en pierres apparentes, étagères garnies de bouteilles de vin et cuisine ouverte composent le cadre dans lequel on savoure des spécialités traditionnelles de Campanie : pâtes aux fruits de mer et aux pois chiche, ou soupe de moules à la délicieuse saveur marine.

La Cantina del Feudo ITALIEN €€
(089 25 46 96 ; Via Velia 45 ; repas 28 € ; midi-14h et 19h-23h mar-dim ;). Fréquentée par les gens du coin, cette table est cachée dans une ruelle proche du *corso* piéton. La carte change tous les jours et fait la part belle aux plats de légumes comme les haricots blancs à la chicorée, les nouilles aux raves de radis et les raviolis farcis de fromage. La salle évoque une trattoria rurale, et l'on peut aussi s'installer en terrasse.

Sant'Andrea ITALIEN €€
(328 727274 ; www.ristorantesantandrea.it ; Piazza Sedile del Campo 58 ; repas 25 € ; 12h30-15h et 20h-minuit). Ambiance authentique de l'Italie méridionale, avec une terrasse entourée de vieilles maisons où le linge sèche aux fenêtres. La cuisine est assez créative, avec des plats de fruits de mer comme les calamars aux cèpes ou les seiches à la crème accompagnées de légumes. Au dessert, la glace à la truffe blanche est un délice. Les propriétaires tiennent le B&B attenant.

Achats

Pour faires des emplettes, cap sur le Corso Vittorio Emanuele II, artère piétonnière qui devient la Via Mercanti en direction de la Piazza Sedile del Campo, place du marché médiévale comportant un ensemble éclectique de magasins de céramiques, de boutiques chics et de petits commerces spécialisés.

Renseignements

Office du tourisme (089 23 14 32 ; Lungomare Trieste 7 ; 9h-13h et 15h-19h lun-sam). Informations limitées.

Depuis/vers Salerne

BATEAU
Caremar (p. 173) assure une liaison quotidienne en hydroglisseur depuis/vers Capri (18,30 €, 50 minutes).

Alicost (089 87 14 83 ; www.alicost.it) assure plusieurs trajets quotidiens en hydroglisseur depuis/vers Capri (21 €, 50 minutes), Amalfi (8 €, 20 minutes) et Positano (12 €, 30 minutes).

LA MUTINERIE DE SALERNE

Le 9 septembre 1943, les Alliés envahirent l'Italie au cours de l'opération Avalanche, aussi appelée bataille de Salerne. Lançant les troupes alliées, notamment la 5e armée américaine du lieutenant-général Mark Clark, contre l'occupant allemand, l'objectif de l'opération était de prendre le contrôle de Naples pour obliger l'Italie à sortir de la guerre, en réduisant l'Axe à néant.

À la suite de l'invasion, qui entraîna de terribles dégâts, 600 hommes organisèrent la plus grande mutinerie de l'histoire militaire britannique, refusant de faire partie de la 5e armée. Venus en bateau de Tripoli, nombre de ces hommes s'étaient distingués lors de la guerre du désert contre les troupes de Rommel, et avaient été informés qu'ils rejoignaient des camarades en Sicile. Ce n'est qu'une fois à bord qu'ils apprirent qu'ils se dirigeaient vers la bataille de Salerne. Une fois à Salerne, ils furent retenus pendant trois jours dans un champ près de la plage. La rébellion se poursuivit en dépit des punitions infligées aux mutinés en temps de guerre.

Sur les 300 rebelles restants, 108 capitulèrent et 192 continuèrent à refuser le combat. Tous furent accusés de mutinerie et renvoyés devant la cour martiale en Algérie. Les hommes avaient en fait été envoyés à Salerne à cause d'une erreur administrative, que l'armée refusa de reconnaître.

Tous les mutinés furent reconnus coupables. Trois sergents furent condamnés à mort, leur peine commuée en 12 années de travaux forcés. À terme, toutes les sentences furent suspendues, mais les hommes durent rendre leurs décorations militaires et virent leur pension réduite.

Si la bataille en elle-même, qui réduisit certaines parties de Salerne en ruine, fut une victoire des Alliés, ce fut loin d'être l'attaque chirurgicale planifiée. Elle laissa les Alliés embourbés dans une longue et difficile bataille pour conquérir l'Italie.

ⓘ CIRCULER DANS LA RÉGION

Salerne se trouve sur la route des ferries reliant Naples à Sorrente et, durant l'été, aux cités balnéaires de la côte amalfitaine et aux îles. Si les principales villes du littoral du Cilento sont desservies par des bus ou des ferries, louer une voiture permet toutefois d'explorer à loisir les petits bourgades de l'intérieur des terres et le Parco Nazionale del Cilento e Vallo di Diano, où les bus se font rares. L'état des routes est généralement bon dans la région du Cilento, où les villes et stations balnéaires, bien indiquées, sont faciles d'accès.

Les départs se font à l'embarcadère du Porto Turistico, à 200 m de la Piazza della Concordia. Les billets sont vendus aux guichets de l'embarcadère.

BUS

Les bus SITA (p. 279) pour Amalfi partent au moins toutes les heures de la Piazza Vittorio Veneto, à côté de la gare ferroviaire. Ils desservent Vietri sul Mare, Cetara, Maiori et Minori. Pour Pompéi, prenez le bus n°50 de **CSTP** (089 48 70 01 ; www.cstp.it) sur la Piazza Vittorio Veneto (15/jour). Pour la côte sud et Paestum, le bus n°34 part toutes les heures de l'arrêt CSTP sur la Piazza della Concordia.

TRAIN

Salerne est une gare importante sur les lignes à destination de la Calabre et des côtes ionienne et adriatique. La gare se trouve sur la Piazza Vittorio Veneto, et les trains desservent régulièrement Naples (9 €, 35 minutes, toutes les 30 minutes), Rome (Intercity à partir de 21 €, 3 heures, toutes les heures).

VOITURE ET MOTO

Salerne se trouve sur la A3 entre Naples et Reggio di Calabria. L'autoroute est gratuite vers le sud à partir de Salerne. Prendre la sortie Salerne et suivre les panneaux jusqu'au *centro* (centre-ville). Pour louer une voiture, vous trouverez une agence **Europcar** (089 258 07 75 ; www.europcar.com ; Via Clemente Mauro 18) à proximité de la gare ferroviaire.

ⓘ Comment circuler

VOITURE ET MOTO

Vous pourrez louer une voiture à l'agence **Europcar** (089 258 07 75 ; www.europcar.

com ; Via Clemente Mauro 18) proche de la gare ferroviaire.

Stationnement

Salerne possède plusieurs parkings. Repérez les panneaux bleus "P" en approchant du centre-ville. Pour le centre historique, le parking le plus commode se situe sur la Piazza Amendola. À côté de la gare ferroviaire (et de l'office du tourisme), vous trouverez d'autres grands parkings pratiques sur la Piazza della Concordia et la Piazza Giuseppe Mazzini voisine. Comptez environ 2 €/heure pour stationner à Salerne.

Paestum

Paestum, l'antique Poseidonia (d'après le nom du dieu de la Mer, Poséidon), fut fondée par des colons grecs vers le VIe siècle av. J.-C. et passa sous domination romaine en 273 av. J.-C. Après la chute de l'Empire romain, la cité sombra progressivement. Les terribles raids des Sarrasins et les épidémies de paludisme obligèrent la population, en baisse constante, à quitter la ville.

Si la plupart des visiteurs se rendent à Paestum pour la journée, on y trouve cependant un nombre étonnant d'excellents hébergements. Par ailleurs, ce bel environnement rural est idéal pour faire une pause lorsqu'on se dirige vers la région du Cilento.

Où se restaurer

Paestum compte plusieurs restaurants, mais la plupart servent une nourriture médiocre et chère.

Nonna Sceppa   ITALIEN €€
(0828 85 10 64 ; Via Laura 53 ; repas 35 € ; 12h30-15h et 19h30-23h ven-mer ;). Rien ne vaut les plats copieux et délicieux, à prix corrects, du Nonna Sceppa, un sympathique établissement dont la réputation n'est plus à faire dans la région. Les spécialités de saison privilégient les produits de la mer en été, servis grillés avec du citron. Autres choix gagnants : le risotto aux courgettes et aux artichauts et les spaghettis à la langouste.

ⓘ Renseignements

Office du tourisme (0828 81 10 16 ; www.infopaestum.it ; Via Magna Crecia 887 ; 9h-13h30 et 14h30-19h lun-sam).

LES TEMPLES DE PAESTUM

Classés au patrimoine mondial de l'Unesco, ces **temples** (☎0828 81 10 23 ; tarif plein/réduit, musée compris 10/5 € ; ⏰8h30-19h30, dernière entrée 18h30 mai-juil, puis 15 à 30 min plus tôt chaque mois) comptent parmi les monuments les mieux préservés de la Grande Grèce, colonie grecque qui englobait jadis presque toute l'Italie du Sud. Redécouvert à la fin du XVIIIe siècle, le site dans son ensemble n'a été mis au jour que dans les années 1950. Épargné par les foules de touristes qui peuvent ternir l'ambiance des sites archéologiques plus connus, celui-ci est empreint d'une merveilleuse sérénité. Emportez des sandwichs pour y rester au moins 3 heures. Au printemps, les temples, entourés du rouge des coquelicots, sont particulièrement magnifiques.

Achetez vos billets au musée, immédiatement à l'est du site, puis pénétrez par l'entrée principale à l'extrémité nord. Le premier édifice que l'on voit est le **Tempio di Cerere** (temple de Cérès, VIe siècle av. J.-C.), originellement dédié à Athéna, et qui fut converti en église chrétienne à l'époque médiévale.

Vers le sud, on découvre ensuite les traces du grand forum rectangulaire, cœur de l'ancienne cité. Parmi les bâtiments partiellement debout, on distingue la vaste zone résidentielle et, au sud, l'amphithéâtre. Ces éléments donnent une idée intéressante de la vie quotidienne à l'époque romaine. Dans les anciennes maisons, on peut découvrir des sols en mosaïques, ainsi qu'un *impluvium* en marbre qui se tenait dans l'atrium pour recueillir les eaux de pluie.

Le **Tempio di Nettuno** (temple de Neptune), construit vers 450 av. J.-C., est le plus grand et le mieux conservé des trois temples. Seules manquent certaines parties du toit et des murs intérieurs. À côté, l'édifice appelé à tort **basilica** (en fait, un temple dédié à la déesse Héra) est le plus ancien du site. Avec neuf colonnes sur la largeur et 18 en longueur, cet édifice datant du milieu du VIe siècle av. J.-C. est majestueux. Faites-vous prendre en photo à côté d'une colonne, vous pourrez ainsi apprécier l'échelle.

Gardez du temps pour le **musée** (☎0828 81 10 23 ; ⏰8h30-19h30, dernière entrée 18h45, fermé les 1er et 3e lun du mois), installé sur deux niveaux, et qui renferme une collection de métopes (frises sculptées de bas-reliefs) fascinantes malgré les outrages du temps. On découvre 33 des 36 métopes que comptait le Tempio di Argiva Hera (temple d'Héra d'Argos), à 9 km au nord de Paestum, dont il ne subsiste pratiquement rien d'autre. La pièce vedette du musée reste toutefois la Tomba del Truffatore (tombe du Plongeur), qui date du Ve siècle av. J.-C., et dont le personnage de la fresque, suspendu entre ciel et terre, évoquerait le passage de la vie à la mort. La fresque fut découverte en 1968 dans le couvercle de la tombe d'un jeune homme, avec sa coupe et ses flasques d'huile qu'il utilisa peut-être avant la lutte. Chose rare pour la période, elle dépeint un corps humain, figé pour l'éternité dans sa fraîcheur et sa grâce. En dessous du plongeur, un symposium d'hommes repose langoureusement sur des banquettes basses en brandissant des coupes.

ⓘ Depuis/vers Paestum

BUS

CSTP (☎089 48 70 01 ; www.cstp.it). Le bus n°34 dessert Paestum depuis la Piazza della Concordia à Salerne (3,80 €, 1 heure 10, 12/jour).

TRAIN

Liaisons régulières entre Salerne et Paestum (2,70 €, 32 minutes). En sortant de la gare de Paestum, passez à pied sous l'arche de pierre, devant vous, puis remontez la Via Porta Sirena. C'est une agréable promenade de 10 minutes.

Parco Nazionale del Cilento e Vallo di Diano

Idéal pour fuir les foules de vacanciers de la côte, le parc national du Cilento et la vallée de Diano est une superbe mosaïque de bois épais, de prairies fleuries, de montagnes imposantes et d'eau sous toutes ses formes : ruisseaux, rivières et chutes. Classé au patrimoine mondial de l'Unesco, il s'agit du deuxième plus grand parc national d'Italie, couvrant 181 048 hectares et englobant 80 villes et villages.

Parco Nazionale del Cilento e Vallo di Diano

Habité depuis la préhistoire, ce parc isolé a attiré des vagues successives de population cherchant un refuge au cours des siècles. Les Grecs s'installèrent ici lorsque les Romains s'emparèrent de Paestum et de Velia. Ensuite, les premiers habitants des cités côtières se réfugièrent à l'intérieur des terres pour échapper aux pillages des pirates. Plus tard, les moines bénédictins se joignirent à ce mélange culturel, en quête de lieux de prière bien cachés. Puis de riches seigneurs féodaux y édifièrent leurs châteaux, d'où ils pouvaient imposer leur pouvoir. Des siècles plus tard, le parc fut sous le contrôle des terribles *briganti* (bandits), ce qui le rendit inaccessible aux voyageurs du Grand Tour. Les activités touristiques furent de ce fait impossibles à développer pendant des décennies, ce qui explique aussi que la réserve soit si bien préservée aujourd'hui.

À voir

Pour profiter au mieux du parc, il vous faudra nécessairement une voiture. Prévoyez une journée complète pour visiter les grottes et davantage si vous souhaitez faire de la marche.

Grotte di Castelcivita — GROTTES

(0828 77 23 97 ; www.grottedicastelcivita.com ; Piazzale N Zonzi, Castelcivita ; tarif plein/réduit 10/8 € ; visite standard 10h30, 12h, 13h30 et 15h mars-oct, plus 16h30 et 18h avr-sept ; P). Ces grottes qui semblent surnaturelles datent de la préhistoire. Des fouilles ont révélé que ces cavités étaient habitées il y a 42 000 ans : il s'agit donc de la plus ancienne implantation humaine en Europe connue jusqu'ici. Pour la visite, prévoyez une veste et de bonnes chaussures, car les sentiers peuvent être glissants. Le port d'un casque est obligatoire et une bonne condition physique est nécessaire.

Situées à 40 km au sud-est de Salerne, ces grottes n'ont rien de commercial, ce qui est appréciable.

Elles s'étendent sur plus de 4 800 m, mais seulement la moitié de l'ensemble est ouvert au public. Le circuit classique (1 heure) permet de découvrir d'impressionnantes stalagmites et stalactites, ainsi qu'un époustouflant jeu de couleurs dû aux algues, au calcium et au fer qui teintent les roches naturellement sculptées.

Temps fort de la visite, une grotte d'apparence lunaire (imaginez une miniature de la Vallée de la Mort, en Californie), appelée Caverna di Bertarelli. Les grottes sont désormais peuplées de chauves-souris, et il est interdit de faire des photographies avec flash, au risque de les éblouir.

Grotte di Pertosa GROTTES
(0975 39 70 37 ; www.grottedipertosa-auletta.it ; Pertosa ; visites guidées 1 heure 40 tarif plein/réduit 20/15 €, 1 heure 15 16/13 €, 1 heure 13/10 € ; 9h-19h avr et mai, 10h-19h juin-août, 10h-18h sept, horaires réduits le reste de l'année ; P). (Re)découvertes en 1932, ces grottes datent de 35 millions d'années. Lieux de culte au temps des Grecs et des Romains, elles s'enfoncent dans la montagne sur quelque 2 500 m, comportant des passages souterrains et de vastes espaces remplis de stalagmites et de stalactites. La visite commence en bateau (ou radeau) sur la rivière. Vous débarquez juste avant la chute d'eau et continuez à pied sur environ 800 m, parmi de merveilleuses masses rocheuses et quelques formations de cristal.

Ces grottes sont plutôt commerciales, avec leur lot de boutiques de souvenirs, de bars et un parking payant (3 €).

Certosa di San Lorenzo MONASTÈRE
(0975 77 74 45 ; Padula ; tarif plein/réduit 4/2 € ; 9h-19h mer-lun). Datant de 1306 et s'étendant sur 250 000 m², la chartreuse de San Lorenzo est l'un des plus grands monastères d'Europe méridionale. Quelques chiffres : 320 salles et halls, 2 500 m de couloirs, galeries et entrées, 300 colonnes, 500 portes, 550 fenêtres, 13 cours, 100 cheminées, 52 escaliers et 41 fontaines... Vous n'aurez sans doute pas le temps de tout voir, mais ne manquez pas la grande cour centrale (où sont organisés des concerts de musique classique en été), la superbe bibliothèque habillée de bois, les fresques des chapelles et la cuisine avec son imposant foyer. Selon la légende, en 1534, on y prépara une omelette de 1 000 œufs pour Charles V.

Dans le monastère, vous pourrez aussi découvrir la modeste collection du **Museo Archeologico Provinciale della Lucania Occidentale** (Musée archéologique de la Lucania occidentale ; 0975 7 71 17 ; 8h-13h15 et 14h-15h mar-sam, 9h-13h dim) GRATUIT.

Roscigno Vecchia VESTIGES
Roscigno Vecchia se situe au cœur du parc national, à 28 km à l'ouest de Teggiano. Au début du XXᵉ siècle, des glissements de terrain ont contraint la population à fuir, mais la plupart des maisons d'origine, en pierres, sont encore debout et témoignent de l'extrême solidité de

---

LES ORCHIDÉES SAUVAGES, STARS DU PARC

Le Parco Nazionale del Cilento, à la faune et la flore d'une richesse incroyable, a été déclaré réserve de biosphère de l'Unesco. Certaines de ses plantes sont extrêmement rares, comme la primevère de Palinuro (symbole du parc). Les amateurs de botanique seront ravis d'apprendre que quelque 265 espèces d'orchidées sauvages fleurissent ici chaque année (soit 80% de toutes les espèces d'orchidées sauvages présentes en Europe).

Se manifestant surtout dans la Valle delle Orchidee (vallée des Orchidées), à côté de la jolie petite bourgade de Sassano (9 km à l'ouest de la Certosa di San Lorenzo, à Padula), cette profusion annuelle de couleurs concerne 70 espèces d'orchidées et a lieu généralement de fin avril à début mai. La campagne alentour est splendide et, même si vous ratez les orchidées, la balade en voiture est plaisante et vous pourrez observer toutes sortes d'animaux : renards, blaireaux, loups, sangliers ou l'un des membres de la plus importante colonie de loutres en Italie.

Suivez la pancarte *"percorso turistico"* sur la gauche lorsque vous entrez dans Sassano : vous traverserez le pont médiéval de Peglio et des bois de bouleaux argentés avant de découvrir cette explosion de fleurs, de l'autre côté de la vallée. Vous pourrez aussi vous joindre aux circuits organisés du Gruppo Escursionistico Trekking.

l'architecture vernaculaire des temps anciens. Ces demeures, de même que l'église et la place centrale, sont autant de réminiscences d'une communauté jadis bien vivante. Les habitants furent relogés de façon permanente à Roscigno Nuovo (désormais appelée simplement Roscigno).

Activités

Le parc est sillonné de 15 **sentiers** bien balisés, propices à des balades faciles ou des randonnées plus sérieuses. Les paysages sont éblouissants, et, au printemps, vous serez émerveillé par l'océan de fleurs : narcisses délicats, orchidées sauvages et tulipes se détachent parmi des plantes plus communes comme les marguerites jaunes et les coquelicots. Les bosquets de sapins argentés, de châtaigniers et de hêtres complètent ce superbe tableau, de même que les falaises vertigineuses et les montagnes couvertes de pins, qui abritent notamment des ours, des sangliers, des loups ou encore le rare et majestueux aigle royal.

Le parc est tellement étendu que les randonneurs, même en haute saison, ont peu de chances de se croiser pour échanger des conseils ou se dépanner. Préparez votre itinéraire car si vous vous perdez, la situation peut devenir fâcheuse voire dangereuse. En théorie, les offices du tourisme devraient pouvoir fournir un guide des sentiers, mais ils sont souvent à court de documents. Au besoin, procurez-vous la carte touristique et de randonnée *Parco Nazionale del Cilento e Vallo di Diano : Carta Turistica e dei Sentieri* (7 €) ou l'excellente *Monte Stella : Walks & Rambles in Ancient Cilento*, publiée par la Comunita' Montana Alento Monte Stella (3 €). Sachez également que la plupart des *agriturismi* du parc peuvent organiser des randonnées guidées.

Très prisée, l'ascension du mont Alburno (1 742 m) peut se faire sans guide et offre de superbes points de vue. Vous aurez le choix entre deux sentiers ; tous deux, bien balisés, partent du centre de la petite bourgade de Sicignano degli Alburni et arrivent au sommet de la montagne. Prévoyez environ 4 heures dans les deux cas. Les randonneurs moins expérimentés préféreront certainement engager un guide. D'excellents *agriturismi* dans le parc proposent d'autres activités, notamment des randonnées guidées, des **cours de peinture** et de l'**équitation**.

> **❶ ORGANISEZ-VOUS À L'AVANCE**
>
> Dans le parc, n'arrivez pas dans un *agriturismo* ou un B&B sans prévenir, car vous risqueriez de trouver porte close. N'oubliez pas que le tourisme est assez récent dans la région : réservez toujours assez tôt.

Où se restaurer

Les petits villages du parc sont assez modestes, ce qui se traduit souvent par une nourriture simple et authentique, avec des plats en sauce à base de mouton ou de chèvre. Le pain plat, *focaccia*, que l'on trouve partout en Italie est originaire de la région du Cilento, tout comme la fameuse *mozzarella di bufala*.

Trattoria degli Ulivi ITALIEN €
(334 2595091 ; www.tavolacaldadegliulivi.it ; Viale Certosa, Padula ; menus à partir de 12 € ; 11h-16h dim-sam. Si les dédales de la Certosa de San Lorenzo vous ont creusé l'appétit, attablez-vous ici, à 50 m à l'ouest. Le décor évoque une cantine, mais les plats du jour, à petits prix, sont savoureux et généreux. Également : des en-cas et des repas gargantuesques de 4 plats.

Vecchia Pizzeria Margaret PIZZERIA €
(0975 33 00 00 ; Via Luigi Curto, Pollo ; pizzas à partir de 3 €). Succulentes pizzas cuites au feu de bois, ainsi qu'*antipasti* et plats de pâtes. Service rapide et sympathique, prix doux. La pizzeria est à l'est de la rivière, près de l'hôpital. Parfait pour se restaurer après une promenade dans le parc.

> **CIRCUITS ET RANDONNÉES GUIDÉS**
>
> Plusieurs agences ayant bonne réputation organisent des randonnées guidées dans le Parco Natzionale del Cilento, parmi lesquelles :
>
> **Associazione Trekking Cilento**
> (0974 84 33 45 ; www.trekkingcilento.it ; Via Cannetiello 6, Agropoli)
>
> **Gruppo Escursionistico Trekking**
> (0975 7 25 86 ; www.getvallodidiano.it ; Via Provinciale 29, Silla di Sassano)
>
> **Trekking Campania** (339 7456795 ; www.trekkingcampania.it ; Via Yuri Gagarin 16, Salerno)

> **LE TOP DES ACTIVITÉS DANS LA RÉGION**
>
> Plongée sur épave à **Agropoli**
>
> Randonnée dans le **Parco Nazionale del Cilento** (p. 188)
>
> Sortie en bateau jusqu'aux grottes de **Palinuro** (p. 198)

Antichi Feudi ITALIEN €€
(0975 58 73 29 ; www.antichifeudi.com ; Via San Francesco 2, Teggiano ; pizzas à partir de 4 €, repas 25 € ; 12h-15h et 19h-23h). La table, raffinée, du boutique-hôtel du même nom, située un peu en retrait de la place principale de Teggiano. Le menu varie en fonction de la saison, mais les classiques sont la viande grillée, les moules grillées au citron et la soupe de fruits de mer. Le bar de l'hôtel est parfait pour une pizza, par exemple la délicieuse Antichi Feudi, garnie de champignons, de fromage frais et d'aubergines grillées (10 €). Réservation recommandée.

Pasticceria Mery Diano GLACIER €
(0975 7 97 62 ; Via San Maria, Teggiano ; glace 1,50 €, gâteaux à partir de 1,50 € ; 8h-21h). Niché près de la Chiesa Santa Maria Maggiore (remarquez le magnifique portail sculpté), ce petit bar doté de quelques tables en terrasse sert les meilleures glaces de la localité, ainsi que des boissons et des gâteaux.

Taverna degli Antichi Sapori ITALIEN €
(0828 77 25 00 ; www.tavernadegliantichisapori.it ; Via Nazionale 27, Controne ; repas à partir de 12 € ; 12h30-15h et 19h-23h). Situé au bord de la principale route qui traverse la bourgade, ce grand restaurant pimpant, aux murs en pierres apparentes, se double d'une petite terrasse à l'avant. La carte, très traditionnelle, est parfaite… à condition d'apprécier les *fagioli* (haricots blancs). Vous pourrez savourer entre autres des *gnocchi e fagioli, pasta e fagioli, lasagne e fagioli, riso* (riz) *e fagioli*, et quelques plats de viandes grillées.

❶ Renseignements

L'office de tourime de Paestum (p. 187) fournit également des informations sur le Parco Nazionale del Cilento.

Alpine Rescue (118, 338 4351474). Pour les urgences.

Sicignano degli Alburni (0828 97 37 55 ; Piazza Plebiscito 13, Sicignano degli Alburni ; 9h-13h30 et 14h30-17h lun-sam). Informations touristiques.

Vallo della Lucania (0974 71 11 11 ; www.parks.it/parco.nazionale.cilento/Eindex.html ; Via Polombo 16, Palazzo Mainenti, Vallo della Lucania ; 9h-13h30 et 14h30-17h lun-sam). Site Internet utile et très complet.

❶ Comment s'y rendre et circuler

BUS

Curcio Viaggi (089 25 40 80 ; www.curcioviaggi.it) dessert le parc et SITA (p. 279) assure une liaison quotidienne de Salerne à Castelcivita et Polla.

TRAIN

Il est possible d'aller de Salerne à Battipaglia en train, puis de continuer en bus pour Polla et Padula, mais les liaisons sont lentes et rares. Étudiez bien les horaires.

VOITURE

Il est facile de se déplacer en voiture dans le parc, à condition d'avoir une carte détaillée.

Agropoli

20 700 HABITANTS

Juste au sud de Paestum, Agropoli est une station balnéaire très animée en été, mais tranquille et plaisante le reste du temps. La ville fait une bonne base pour explorer la côte et le parc du Cilento. Ne vous arrêtez pas au quadrillage de rues commerçantes plutôt monotone : le centre historique est un extraordinaire enchevêtrement de rues pavées avec des églises anciennes et un château offrant un fabuleux panorama.

Habitée depuis l'époque néolithique, la ville a accueilli différents habitants, notamment des Grecs, des Romains, des Byzantins et des Sarrasins. En 915, Agropoli tomba sous la juridiction des évêques et fut ensuite dirigée par les seigneurs féodaux. Aux XVIe et XVIIe siècles, elle fut la cible de razzias d'Afrique du Nord et la population tomba à quelques centaines d'habitants. Actuellement, la ville compte près de 20 000 habitants, ce qui en fait l'une des plus importantes de la côte du Cilento.

◉ À voir et à faire

Pour rejoindre le centre historique, gagnez la Piazza Veneto Victoria, un quartier de la ville moderne interdit à la circulation, où les cafés et les glaciers cohabitent avec des commerces divers. Remontez ensuite le Corso Garibaldi et empruntez le large

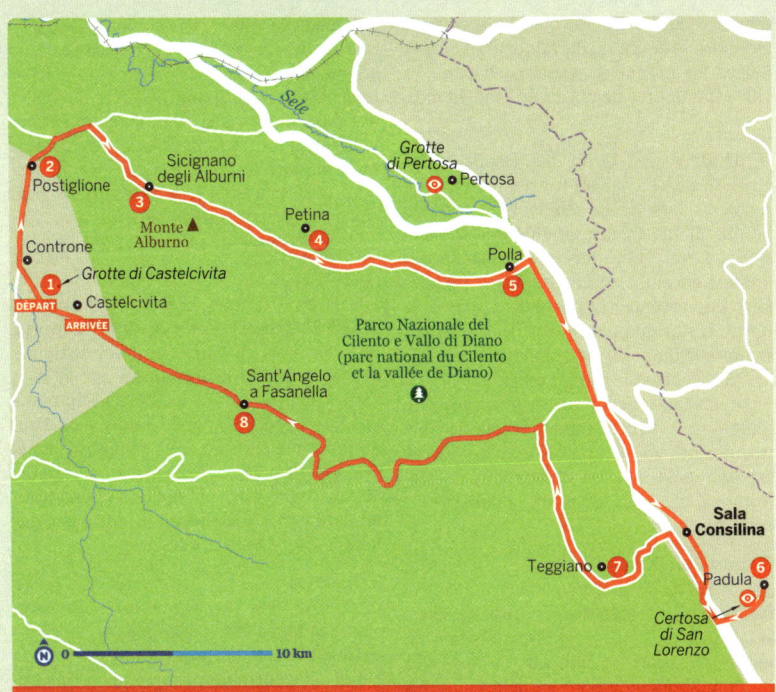

Circuit en voiture
Balade dans le parc

DÉPART GROTTE DI CASTELCIVITA
ARRIVÉE CASTELCIVITA
DISTANCE 112 KM
DURÉE TROIS JOURS

Commencez par visiter les ❶ **Grotte di Castelcivita** (p. 189). Empruntez la SS488 pour traverser Controne et continuez sur la *strada provinciale* n°60 en direction du nord. La route longe des falaises vertigineuses et des champs de cerisiers et de figuiers. Faites halte à ❷ **Postiglione**, dont le centre médiéval est dominé par un château normand du XIe siècle. Après un café sur la Piazza Europa, continuez sur la SS19 en direction d'Auletta. Le paysage devient plus montagneux.

Suivez les panneaux vers l'est sur la SS19 jusqu'à l'adorable bourgade de ❸ **Sicignano degli Alburni**, juste au sud de la route, et visitez son château du XIVe siècle, ses églises baroques et le vieux couvent. Sicignano est aussi le point de départ de deux sentiers qui gravissent le Monte Alburno. Passez la nuit dans l'*agriturismo* voisin de Sicinius. Poursuivez au sud sur la *strada provinciale* 35, qui passe par le village de ❹ **Petina**, juché au sommet d'une crête impressionnante. Cette route est difficile ; pour plus de sécurité, prenez au nord la SS19, panoramique elle aussi, et continuez vers le sud-est en passant par la bifurcation pour les Grotte di Pertosa.

L'étape suivante est ❺ **Polla**, ville stratégique à l'époque romaine, située en bord de rivière, où il est agréable de flâner pour contempler son château du XIIe siècle et ses maisons en pierre sombre. Achetez-y de quoi pique-niquer et poursuivez vers le sud sur la SS19, en suivant les indications jusqu'à ❻ **Padula**, et la Certosa di San Lorenzo où une halte s'impose. Suivez les pancartes jusqu'à ❼ **Teggiano**, à environ 15 km au nord-ouest : cette petite localité possède nombre d'églises et de musées, une cathédrale et un château.

Le 3e jour, roulez en direction du nord jusqu'à la SS166. Suivez les panneaux jusqu'à ❽ **Sant'Angelo a Fasanella**, cité du XIIIe siècle notable pour son pont romain, ses couvents et églises du Moyen Âge, ainsi que son centre historique. Continuez à l'ouest sur 18 km jusqu'à Castelcivita.

escalier Ennio Balbo Scaloni jusqu'à atteindre le bourg médiéval fortifié (*borgo*). Suivez les pancartes jusqu'au château. La ville est entourée de plages de sable blond.

Il Castello
CHÂTEAU

(10h-20h). GRATUIT Édifié par les Byzantins au Ve siècle, ce château fut renforcé par les Angevins lors de la sanglante guerre du Vespro. Il fut encore modifié par la suite et il ne reste que quelques tronçons de murs d'enceinte originels. Vous pourrez faire une agréable promenade à travers le centre historique ou le long des remparts, et profiter du point de vue imprenable sur le littoral et la ville en contrebas.

Le château n'est pas qu'une curiosité touristique : il abrite aussi une galerie d'art permanente où les artistes locaux peuvent exposer œuvres, ainsi qu'un petit auditorium en plein air où sont organisés des concerts en été.

Cilento Sub Diving Center
PLONGÉE

(338 2374603 ; www.cilentosub.com ; Via San Francesco 30 ; plongée simple à partir de 35 € ;). Offrez-vous une aventure sous-marine inoubliable avec ce club qui propose des cours de snorkeling pour les débutants, des plongées avec bouteille (à partir de 12 ans) et des plongées pour découvrir des épaves de navires, de tanks ou d'avions détruits pendant la Seconde Guerre mondiale.

Certains sites de plongée bénéficient d'un cadre exceptionnel, notamment au large de Paestum : peut-être découvrirez-vous votre propre tête d'Apollon en bronze !

Où se restaurer

♥ Anna
PIZZERIA €

(0974 82 37 63 ; www.ristorantepizzeriaanna.it ; Lungomare San Marco 32 ; pizzas/repas à partir de 4/15 € ; 11h-minuit). Au bout de la promenade du centre-ville, cet établissement familial est le chouchou des habitants, depuis des lustres. Il y a un petit B&B à l'étage, mais Anna est surtout connue pour ses pizzas, notamment la fameuse *sorpresa*. Au choix, 7 variétés de garniture : moules, aubergines, courgettes, porc mariné, jambon, crevettes et saucisse épicée. Plus traditionnel, l'espadon grillé est une valeur sûre. Au petit-déjeuner, vous pourrez choisir entre 8 sortes de *cornetti* (croissants), dont un au chocolat blanc.

Bar Gelateria del Corso
GLACIER €

(Corso Garibaldi 22-24 ; gâteaux/glaces à partir de 1,50/2 € ; cocktails à partir de 2,50 € ; 8h-21h). L'adresse la plus prisée pour déguster une glace, un cocktail ou un gâteau à la crème. Les chaises en osier sont parfaitement orientées pour observer le ballet des passants dans la rue piétonne. Découvrez quelques parfums inhabituels comme marron glacé ou *limone sicilia* (citron sicilien), et les glaces au yaourt, comme celle au *frutti di bosco* (fruits des bois).

La Brace
ITALIEN €

(0974 82 16 05 ; Via A de Gasperi 60 ; pizzas à partir de 3 €, repas 15 € ; 12h-14h30 et 19h-23h30 sam-jeu). Cette modeste trattoria, installée dans une ruelle animée, ne donne ni sur le centre historique ni sur la mer, mais la cuisine est à ce point excellente que l'on ne s'en soucie guère. Le mieux est d'opter pour une pizza ou pour n'importe lequel des plats de poisson, à déguster dans la salle aux couleurs vives ou sur la terrasse tranquille, à l'arrière. L'endroit est très prisé des familles italiennes le week-end.

Il Gambero
POISSON ET FRUITS DE MER €€

(0974 82 28 94 ; www.gambero.it ; Via Lungomare San Marco 234 ; repas à partir de 25 € ; 12h15-15h30 et 19h-minuit, fermé mar l'hiver). Venez tôt pour obtenir une table à l'avant, en face de la longue plage de sable d'Agropoli, et admirer le coucher du soleil sur Sorrente, avec les lumières de Capri scintillant au loin. Parmi les spécialités : salade mixte aux fruits de mer, pâtes aux clams et au potiron, et assortiment de poissons frits. S'il y a aussi quelques plats sans produits de la mer, le poisson est toutefois la star ici. Réservation recommandée.

❶ Renseignements

Office du tourisme (0974 82 74 71 ; Viale Europa 34 ; 9h30-14h). Fournit peu d'informations, mais un plan de la ville sommaire.

❶ Comment s'y rendre et circuler

CSTP (089 48 70 01 ; www.cstp.it) assure un service de bus réguliers depuis Salerne et Paestum jusqu'à Agropoli. Également : une **agence de location de voitures** (0974 82 80 99 ; Via A De Gasperi 82 ; 50 €/jour).

Côte du Cilento

La côte du Cilento ne peut rivaliser avec la côte amalfitaine en matière de sophistication et de glamour, mais ses plages sont souvent plus belles : les criques isolées alternent avec les longues étendues de sable blond, le tout sans glaciers ou loueurs de transats à prix prohibitifs. Outre les sites mentionnés ci-après, la bourgade de **Sapri**, au sud-est, bénéficie de deux belles plages.

Comment s'y rendre et circuler

BUS
CSTP (p. 187) assure des liaisons régulières de Salerne et Paestum vers plusieurs stations balnéaires du Cilento, notamment Santa Maria di Castellabate, San Marco di Castellabate et Acciaroli.

TRAIN
La plupart des destinations de la côte du Cilento sont desservies par la ligne principale reliant Naples à Reggio di Calabria. Tarifs et renseignements sur le site de Trenitalia (p. 277).

D'Agropoli à Castellabate

À quelque 14 km au sud d'Agropoli se trouve l'ancien village de pêcheurs de **Santa Maria di Castellabate**. Dirigez-vous vers le point le plus méridional, où l'atmosphère est typique de l'Italie du Sud, avec des maisons aux teintes rose sombre et ocre agrémentées de volets verts traditionnels. La plage de sable doré de Santa Maria s'étend sur environ 4 km, et vous aurez toujours une place pour étendre votre serviette, même en plein été.

Perchée à flanc de montagne à 280 m au-dessus du niveau de la mer, la cité médiévale de Castellabate est l'une des bourgades les plus anciennes et plaisantes de la côte du Cilento. En arrivant de Santa Maria de Castellabate, l'entrée est signalée par le large Belvedere di San Costabile, d'où le point de vue embrasse toute la côte. Le belvédère est flanqué des murs d'enceinte d'un ancien château du XIIe siècle et d'une galerie d'art contemporain. Autour, le labyrinthe d'étroites rues piétonnes est ponctué de passages voûtés, de petites places et de quelques palais. Le cœur battant de la ville est la Piazza 10 Ottobre 1123, qui offre un panorama imprenable sur la Valle dell'Annunziata.

De San Marco di Castellabate à Acciaroli

Au sud de Castellabate, l'étape suivante est le joli port de **San Marco di Castellabate**, dominé par l'élégant hôtel Approdo. Il s'agissait jadis d'un important port grec et romain, comme en témoignent des tombes

MOZZARELLA DI BUFALA

Lointain cousin du bison nord-américain, le buffle d'eau fut introduit au Moyen Âge en Italie, en particulier dans le Cilento, par les croisés de retour d'Orient. Aujourd'hui, ces troupeaux sont réputés pour leur lait, plus riche en acides gras et en protéines que le lait de vache. C'est avec ce lait que l'on fabrique la mozzarella délicieusement crémeuse que l'on peut goûter dans toute la région, et qui ne ressemble que de fort loin au fromage caoutchouteux et sans saveur vendu en dehors de l'Italie. La *mozzarella di bufala* (mozarella au lait de buflonne) de la région est considérée comme l'une des meilleures du pays.

Le Cilento compte plusieurs fermes où l'on produit du lait de *bufala*, mais il n'existe qu'une seule ferme laitière bio, non seulement dans le Cilento mais dans toute l'Italie : celle de **Tenuta Vannulo** (0828 72 47 65 ; www.vannulo.it ; Via G Galilei 101, Capaccio Scalo ; visite guidée de 1 heure 4 €, déj inclus 20 €), à 10 minutes en voiture de Paestum. "La mozzarella produite ici est généralement considérée comme la meilleure de la région", selon Franco Coppola, propriétaire du restaurant Inn Bufalito à Sorrente, un établissement spécialisé dans les produits locaux. "Le fait qu'elle soit produite selon les règles de fabrication biologique fait toute la différence, tant sur le plan de la qualité que du goût."

Contrairement à la plupart des producteurs qui mélangent lait de bufflonne et lait de vache, Tenuta Vannulo fabrique sa mozzarella exclusivement avec du lait de bufflonne au lait cru. Il sert aussi une succulente crème glacée maison. La ferme est ouverte au public (visites guidées en italien et en anglais). On peut ainsi voir le laboratoire de fabrication, les étables des bufflonnes et un musée agricole – le point d'orgue de la visite étant, bien sûr, la dégustation. Le déjeuner est en option, et il est impératif de réserver.

On peut y acheter de la mozzarella fraîche, mais la demande est telle que les stocks sont généralement épuisés en début d'après-midi. Et ceci malgré une production journalière d'environ 408 kg, c'est-à-dire assez pour concocter des centaines de salades *caprese*…

et autres reliques découvertes à proximité et désormais exposées au musée de Paestum. Le secteur entre Santa Maria di Castellabate et San Marco est réputé pour la plongée ; contactez **Galatea** (📞0974 96 67 07, 334 348 56 43 ; plongée à partir de 45 €). La plage "drapeau bleu" de San Marco prolonge l'étendue de sable de Santa Maria di Castellabate.

En direction du sud, la route côtière n'est pas aussi impressionnante que celle d'Amalfi (les falaises comme la circulation), mais elle offre quelques beaux panoramas. On raconte qu'Ernest Hemingway affectionnait particulièrement cette région, surtout **Acciaroli**, qui possède un centre charmant en dépit de sa périphérie plutôt bétonnée. Dirigez-vous vers la mer et l'église de la **Parrocchia di Acciaroli**, la façade écaillée, mais agrémentée de vitraux abstraits des années 1920. Les rues et les places alentour ont été restaurées dans les règles de l'art avec la pierre de la région et en respectant l'architecture traditionnelle. Par ailleurs, les cafés, bars et restaurants dégagent une ambiance animée et plaisante.

De Pioppi à Pisciotta

À seulement 10 km au sud d'Acciaroli, le petit village côtier de **Pioppi**, charmant, comporte une belle plage de galets clairs, ainsi qu'une poignée de boutiques et de restaurants.

L'étape suivante, **Marina di Casal Velino**, a tout d'agréable avec son beau petit port et sa plage de sable familiale – et tout ce qu'il faut pour manger une glace et faire du pédalo, sans compter que les enfants pourront profiter d'une aire de jeux.

En continuant au sud-est, on rejoint **Ascea**, qui fut le berceau de l'école philosophique éléatique (ou école d'Élée), créée par Parménide et Zénon d'Élée notamment du temps de la Grande Grèce. Avec ses impressionnants vestiges grecs et bordée par une splendide plage de sable longue de 5 km, la bourgade est une escale agréable.

Un peu plus loin, la ravissante cité médiévale de **Pisciotta** se tient haut perchée sur une crête rocheuse. Rendez-vous directement dans le centre sur la Piazza Raffaele Pinto, dont les cafés en terrasse et les bancs sont le fief des anciens du bourg. Vous profiterez ici de quelques excellents restaurants, ainsi que de l'un des plus ravissants boutique-hôtels de la région. Ensuite, faites halte à la **Marina di Pisciotta** bordée de cafés et de restaurants de poisson. Poussez jusqu'au bout de la promenade pour admirer les pierres et les galets de la plage, aux splendides tons mauve, gris, crème et ocre.

👁 À voir et à faire

Velia SITE ARCHÉOLOGIQUE
(📞0974 97 23 96 ; Ascea ; tarif plein/réduit 2/1 € ; ⏰9h jusqu'à 1 heure avant le coucher du soleil lun-sam). Fondée par les Grecs au milieu du VIe siècle av. J.-C. sous le nom d'Élée (Velia pour les Romains), cette cité antique devint ensuite un lieu de villégiature apprécié des Romains. En vous baladant parmi les ruines chargées d'histoire, vous observerez des fragments des murs d'enceintes, avec les vestiges d'une porte et de plusieurs tours, ainsi que les restes des thermes, un temple ionique, un théâtre et une partie des rues de l'époque grecque, pavées de blocs de calcaire et pourvues des caniveaux.

🍴 Où se restaurer

Arlecchino POISSON ET FRUITS DE MER €
(📞0974 96 18 89 ; Via Guglielmini, Santa Maria di Castellabate ; pizzas à partir de 4 €, repas 20 € ; ⏰midi-14h30 et 19h-23h mars-nov ; 🕹). Situé en face de la plage, dans le secteur le plus méridional de Santa Maria, l'Arleccino, très populaire, comporte des baies vitrées donnant sur une petite étendue de sable. Le week-end, tout le monde vient y déguster des spécialités de la mer, dont une délicieuse *sepia alla griglia* (seiche grillée). Terminez par le dessert de la région : la *torta ricotta e pera* (tarte à la poire et à la ricotta).

Il Capriccio ITALIEN €
(📞0974 84 52 41 ; Corso da Spiafriddo, Castellabate ; repas 18 €). Modeste restaurant doté d'une terrasse, sur la route de Perdifumo, l'Il Capriccio est apprécié des gens du coin. Le sympathique propriétaire, Enxo, propose des spécialités classiques de la mer comme la *zuppa di cozze* (soupe de moules) et les *polipetti affogati* (poulpes pochés), ainsi que d'autres plats comme la *zuppa di ceci* (soupe de pois chiches).

La *crostata della nonna* (gâteau de grand-mère) est succulente, toute en pâte feuilletée, amandes et fruits de saison.

Pizza in Piazza PIZZERIA €
(📞320 0966325 ; Piazza Vittorio Emanuele, Acciaroli ; pizzas à partir de 4 € ; ⏰avr-nov ; 🕹). Une excellente pizzeria, situé sur une jolie place

> ### L'ASSIETTE MÉDITERRANÉENNE
>
> Le village côtier de **Pioppi** a de quoi être fier : à la fin des années 1950, le médecin américain Ancel Keys commença ici des observations qui allaient aboutir à son fameux rapport sur les bienfaits du régime méditerranéen. Au sujet des résidents de Pioppi, Keys écrivit : "Les habitants étaient plus vieux et vigoureux. Ils montaient et descendaient la colline pour récolter des céréales sauvages, ils partaient à la pêche avant le lever du jour et ressortaient en fin d'après-midi, et ils utilisaient des bateaux à rames."
>
> Keys fut en effet frappé par le taux très bas de maladies cardio-vasculaires chez ces personnes assez démunies, comparé à celui des Européens du Nord et des Nord-Américains à l'alimentation plus riche. À son tour, il adopta le régime alimentaire méditerranéen et vécut jusqu'à l'âge de 101 ans. Paradoxalement, il faut aujourd'hui être assez aisé pour manger les produits sains que consommaient ces humbles paysans, l'huile d'olive vierge, le poisson frais et les fruits et légumes bio coûtant généralement plus cher que les produits transformés.
>
> Joignez-vous aux anciens de Pioppi, qui aiment à se reposer sur les bancs ombragés de l'adorable Piazza de Millenario, dotée d'un bar en son centre. Vous pourrez les imiter puis emporter un pique-nique – méditerranéen il va sans dire – sur la plage, à deux pas de là.

aux murs couverts de glycine et plantée de magnifiques hévéas. À la carte : que des pizzas classiques, toutes délicieuses, avec une pâte croustillante et des ingrédients du jardin. Notre coup de cœur : la *caprese* (tomates cerises, *mozzarella di bufala* et basilic ; 7 €). À déguster sur place, en terrasse, ou à emporter.

♥ **I Tre Gufi** ITALIEN €€
(0974 97 30 42 ; Via Roma, Pisciotta ; repas 25 € ; midi-15h et 19h-23h). Suivez les panneaux depuis la vaste Piazza Raffaele Pinto de Pisciotta jusqu'à ce restaurant à la situation de rêve, avec sa grande terrasse qui donne sur un flanc de colline couvert de pins dévalant jusqu'à la mer. Outre les spécialités de poissons et fruits de mer, il y a aussi un bon choix de salades, ainsi que des pâtes, des *fagiolini* (haricots verts), du risotto et des plats du jour comme le bar aux cèpes et aux olive. La salle à manger est décorée de peintures abstraites très colorées. L'établissement compte un café attenant et une *gelateria* (glaces maison).

Cantina Belvedere ITALIEN €€
(0974 96 70 30 ; www.cantinabelvedere.it ; Castellabate ; repas 30 € ; midi-14h30 et 19h-23h30 mer-lun). Vue imprenable sur la mer depuis ce bien nommé Belvedere, qui semble accroché comme une patelle à la falaise vertigineuse, à l'est du château. Profitez de ce panorama magique et régalez-vous de carpaccio de poulpe, de steak au poivre, à moins d'opter pour un des plats de pâtes ou une pizza. L'endroit étant prisé pour les repas de noces, pensez à réserver.

Divino ITALIEN €€
(339 8080457 ; www.divinoristorantevineria.it ; Piazza 10 Ottobre 1123, Castellabate ; repas à partir de 25 €, menus 28-35 € ; midi-15h et 20h30-1h30). En partant du château, suivez les panneaux jusqu'à La Piazzetta et franchissez un petit tunnel pour déboucher sur une magnifique place digne d'un décor de cinéma. Tout y est : restaurants en terrasse, maisons aux tons pastel et emplacement superbe. Le Divino est un restaurant agréablement traditionnel, dédié aux recettes classiques de la région tels que la *pasta e fagioli* (pâtes et haricots blancs) et l'espadon grillé. Menus du jour aux prix très corrects. Pour une vue imbattable, installez-vous sur la petite terrasse romantique.

Où prendre un verre et faire la fête

Il Ciclope CLUB
(0974 93 03 18 ; www.ilciclope.com ; Marina di Camerota). Si elle est peu connue des touristes, la région du Cilento est très réputée chez les fêtards ! Tous les DJ de renom ont mixé au Ciclope, une discothèque occupant quatre grottes en calcaire.

Palinuro
4 800 HABITANTS

Considérée comme la principale station balnéaire de la côte du Cilento, Palinuro n'en a pas moins conservé une atmosphère de village de pêcheurs décontractée (et des constructions assez basses). Se targuant de superbes plages et installée dans une baie pittoresque abritée par un promotoire, la bourgade est prise d'assaut par les vacanciers italiens en août. La majorité des hôtels fonctionnent uniquement en saison, de Pâques à octobre.

À voir et à faire

Outre ses grottes, Palinuro est réputée pour ses plages. Si vous cherchez une crique paisible, rendez-vous au sud de la localité à la Spiaggia Marmelli, entourée de poches de verdure. On accède à la plage par un escalier abrupt, et il y a un petit parking en haut. La principale plage de la ville est la **Spiaggia Palinuro**, qui s'étend sur environ 4 km au nord du centre. Le ravissant port de Palinuro est égayé de bateaux de pêche colorés, de plusieurs bars et d'une large bande de sable doré.

L'épicentre de la ville est la Piazza Virgilio, avec son église octogonale moderne, ainsi que la rue principale, la Via Indipendenza, jalonnée d'agréables boutiques et restaurants.

Grotta Azzurra GROTTE
(Palinuro). Certes, la grotte Bleue de Palinuro n'a pas la renommée de celle de Capri, mais elle est tout aussi spectaculaire, avec ses jeux de lumières et de couleurs. Elle doit son nom à l'extraordinaire effet produit par les rayons du soleil pénétrant à l'intérieur à travers un passage souterrain situé à environ 8 m de profondeur. L'après-midi est le meilleur moment de la journée pour admirer ce phénomène.

Da Alessandro BATEAU
(347 6540931 ; www.costieradelcilento.it ; excursions à partir de 15 €). Da Alessandro (kiosque sur le port) propose des sorties en bateau vers la Grotta Azzura de Palinuro, ainsi que 4 autres grottes des environs.

Où se restaurer

Pasticceria Egidio PÂTISSERIE €
(0974 93 14 60 ; Via Santa Maria 15 ; sfogliatelle 1,50 € ; 9h-20h). Tenue par la famille Egidio, cette pâtisserie comporte une vitrine de gâteaux et une grande boulangerie à l'arrière, où les pains (y compris le pain *integrale*) arrivent tout chauds à l'heure du pique-nique. Tous les gâteaux sont délicieux des *sfogliatelle* fourrées à la ricotta fraîche, aux *frollini* (mini-tartes aux fruits et au chocolat) et *amaretti* (macarons) croustillants.

Bar Da Siena GLACIER €
(0974 93 10 19 ; Via Indipendenza 53 ; glaces à partir de 1,50 € ; 8h-21h ;). Ce bar (cocktails à partir de 3 €) en forme de "L", qui fait partie de l'Albergo Santa Caterina, propose sans doute les meilleures glaces de la ville : *semifreddi* et crèmes glacées à base de yaourt, délicieuses saveurs telles que *ricotta e pistacchio* (ricotta et pistache), et *zuppa inglese* (littéralement "soupe anglaise" ; génoise, fruits confits, crème anglaise et chantilly). La terrasse romantique est parfaite pour un tête-à-tête gourmand.

Ristorante Core a Core ITALIEN €€
(0974 93 16 91 ; www.coreacorepalinuro.it ; Via Piano Faracchio 13 ; repas 30 € ; 12h-15h et 19h-23h). Passé l'enseigne un peu kitsch, en forme de cœur (*core*) bien sûr, on découvre un splendide jardin où s'installer pour faire un festin de poisson et fruits de mer qui font la réputation du lieu. Délicieux *antipasti al mare* (19,50 €) et vrai menu enfants. Réservez car l'adresse est prisée.

Ristorante Miramare POISSON ET FRUITS DE MER €€
(0974 93 09 70 ; www.miramarepalinuro.it ; Corso Pisacane 89 ; repas à partir de 28 € ; midi-15h et 19h-23h30). Bénéficiant d'un emplacement rêvé, avec une grande terrasse dominant la mer turquoise et une petite crique sablonneuse, le Miramare fait partie de l'hôtel du même nom. La carte privilégie les produits de la mer et ne réserve que peu de surprises ; il y a même quelques mets internationaux, par exemple, un plat de rosbif. Les *spaghettis alla vongole* (aux palourdes) sont une valeur sûre.

Où prendre un verre et faire la fête

Babylon BAR
(0974 93 14 56 ; www.babylonpalinuro.it ; Via Porto 47 ; cocktails 5 € ; 8h-24h). Un bar assez récent, bienvenu parmi les autres établissements du genre à Palinuro. Grande terrasse, mobilier en Plexiglas et palmiers sont le décor des concerts du samedi en été.

Renseignements

Office du tourisme (0974 93 81 44 ; Piazza Virgilio ; 9h30-13h30 et 17h-19h lun-sam, 9h30-13h30 dim). Fournit un plan de la ville et des informations d'ordre général.

Depuis/vers Palinuro

Pour Palinuro, la gare ferroviaire la plus proche est celle de Pisciotta, d'où des bus réguliers desservent la bourgade.

Où se loger

Dans ce chapitre ➜
Naples 200
Les îles 205
La côte amalfitaine ... 209
Salerne et le Cilento ... 217

Le top des hébergements

- Hotel San Francesco al Monte (p. 203), Naples
- Casa Mariantonia (p. 206), Capri
- Albergo il Monastero (p. 207), Ischia

Le top des hôtels de luxe

- Grand Hotel Vesuvio (p. 203), Naples
- Grand Hotel Excelsior Vittoria (p. 211), Sorrente
- Hotel Caruso (p. 216)

Le top des pensions et B&B

- Casa D'Anna (p. 205), Naples
- Casale Giancesare (p. 217), Paestum
- Punta Civita (p. 216), côte amalfitaine

Trouver un hébergement

Naples et sa région ne manquent pas de logements satisfaisants. Dans la ville, vous pourrez vous endormir sous les fresques d'un palais du XVIe siècle, passer la nuit dans un ancien couvent ou partager l'appartement d'un artiste.

Toutefois, trouver un hébergement dans les îles de la baie de Naples (Capri, Ischia et Procida), ou encore à Sorrente, ou dans les cités balnéaires d'Amalfi, de Positano et de Ravello sur la côte amalfitaine, peut parfois relever du défi. La plupart des adresses sont plutôt luxueuses et fonctionnent souvent de manière saisonnière. Si vous comptez venir durant la saison haute, pensez à réserver le plus tôt possible

L'*agriturismo* (séjour à la ferme) tend à se développer dans l'arrière-pays de la côte amalfitaine et plus encore dans la région du Cilento, particulièrement dans le Parco Nazionale del Cilento et alentour. Ce choix est judicieux si vous souhaitez passer vos vacances loin de la foule des vacanciers, dans un cadre champêtre, avec la possibilité de pratiquer des activités comme la randonnée ou le VTT. Par ailleurs, comme à Naples, l'éventail des hébergements envisageables dans la région va des somptueux *palazzi* aux chambres d'hôtes, en passant par quelques pensions et campings bon marché.

Tarifs

Sauf mention contraire, les indicateurs de prix appliqués aux établissements de ce guide correspondent au tarif d'une chambre double avec salle de bains individuelle et petit-déjeuner.

€ moins de 110 €
€€ 110-200 €
€€€ plus de 200 €

NAPLES

Centre historique et Mercato

Classé au patrimoine mondial, le centre historique (*centro storico*), imbroglio de ruines cachées, d'églises recouvertes de fresques et de vie urbaine effervescente, est le cœur battant de la ville et un endroit pratique pour se loger. À vous de choisir entre un B&B discret, un hôtel design ou un palace baroque.

Plus proche de la gare routière, le Mercato abrite un grand nombre d'hôtels pour petits budgets ; les adresses que nous avons sélectionnées était propres et fiables au moment de notre passage, mais sachez que le quartier est bruyant dans la journée et un rien douteux la nuit.

♥ Dimora dei Giganti   B&B €
(081 033 09 77, 338 926 44 53 ; www.dimoradeigiganti.it ; Vico Giganti 55 ; s 40-60 €, d 55-80 €, tr 70-95 €, qua 85-105 € ; P❄︎🛜 ; MPiazza Cavour). Un B&B raffiné, géré par une équipe chaleureuse. Il ne compte que 4 chambres aux couleurs coordonnées, agrémentées de lampes-sculptures commandées spécialement, de meubles d'inspiration ethnique et de sdb design. Ajoutez à cela une cuisine moderne, un salon douillet et une terrasse carrelée de majoliques. Dans une petite rue calme à deux pas de l'animation du *centro storico*.

Casa Latina   B&B €
(338 926 44 53 ; www.bbcasalatina.it ; Vico Cinquesanti 47 ; s 40-55 €, d 55-75 €, tr 70-90 €, qua 85-100 € ; ❄︎🛜 ; MPiazza Cavour). Luminaires éclectiques, photos tendance, cuisine équipée et terrasse tranquille caractérisent ce B&B flambant neuf plein de créativité et de style. Ses 4 chambres sont contemporaines, avec des détails architecturaux originaux et de ravissantes sdb (lavabo en terre cuite recyclée). L'une des chambres à l'étage dispose d'un lit tatami et futon et de banquettes convertibles en couchages supplémentaires – idéal pour les jeunes familles.

Hostel of the Sun   AUBERGE DE JEUNESSE €
(081 420 63 93 ; www.hostelnapoli.com ; Via G Melisurgo 15 ; dort 18-22 €, s 30-35 €, d 60-80 € ; ❄︎@🛜 ; MMunicipio). Une auberge très sympathique proche du terminal des ferries et des hydroglisseurs. Au programme ici : des dortoirs multicolores, un bar charmant (cocktails à prix doux entre 20h et 23h) au 7e niveau (ascenseur 0,05 €), ainsi que 7 chambres d'hôtel standards avec sdb individuelles quelques étages plus bas. Ambiance gaie et conviviale.

Service de blanchisserie pour les séjours supérieurs à 4 jours.

Port Alba Relais   B&B €
(081 564 51 71 ; www.portalbarelais.com ; Via Port'Alba 33 ; s/d à partir de 72/80 € ; ❄︎@ ; MDante). Dans une rue bordée de librairies, 6 chambres aux tons doux dans l'esprit Armani, accessoires en acier et mosaïques dans les douches. La chambre n°216 dispose d'une baignoire balnéo. Les fenêtres donnent sur la très animée Piazza Dante mais le double vitrage garantit le silence.

Le salon est empli d'objets d'art, d'antiquités et de livres (notamment une édition de la *Divine Comédie* de Dante datant de 1745).

Belle Arti Resort   B&B €
(081 557 10 62 ; www.belleartiresort.com ; Via Santa Maria di Constantinopoli 27 ; s/d à partir de 72 € ; ❄︎@ ; MDante). Plus hôtel de charme que B&B, ce refuge urbain allie design contemporain et détails vintage. Toutes les chambres (dont certaines aussi vastes que de petites suites) sont dotées de sdb en marbre. Le plafond de quatre d'entre elles est orné de fresques. Dans le couloir, les tentures rouges soulignent l'ambiance glamour. Les bars animés de la Piazza Bellini sont à deux pas.

HAUTES ET BASSES SAISONS

La saison haute se situe en juillet-août, puis à nouveau vers Noël et Pâques. Durant ces périodes, il est indispensable de réserver. À l'inverse, les prix baissent de 30 à 50% en basse saison. De novembre à Pâques, nombre d'hébergements sur la côte et dans les îles cessent complètement leur activité, tandis que ceux des villes importantes restent généralement ouverts toute l'année. La faible affluence permet alors de trouver facilement une chambre.

DiLetto a Napoli
B&B €

(☎ 081 033 09 77, 338 926 44 53 ; www.dilettoanapoli.it ; Vicolo Sedil Capuano 16 ; s 40-50 €, d 60-70 €, tr 75-85 €, qua 85-95 € ; ✱ 🛜 ; Ⓜ Piazza Cavour). Sis dans un palais du XVe siècle du centre historique, ce B&B moderne possède 4 chambres avec sol en carrelage de terre cuite ancien, art ethnique et meubles conçus par les propriétaires architectes. Les sdb sont tout aussi stylées, tandis que le salon commun se double d'une kitchenette et d'une table.

Hotel Pignatelli Napoli
HÔTEL €

(☎ 081 658 49 50 ; www.hotelpignatellinapoli.com ; Via San Giovanni Maggiore Pignatelli 16 ; s 40-50 €, d 50-70 € ; @ 🛜 ; Ⓜ Università). Bon marché mais très raffiné, l'Hotel Pignatelli est joliment aménagé dans une demeure restaurée du XVe siècle. Les chambres sont décorées dans un style Renaissance, avec lits en fer forgé et appliques en bronze. Certaines sont dotées de plafond aux poutres apparentes. Le petit-déjeuner, simple, coûte 2,5 € par personne. Le personnel est très accueillant.

Mancini Hostel
AUBERGE DE JEUNESSE €

(☎ 081 553 67 31 ; www.hostelmancininaples.com ; Via PS Mancini 33 ; dort 15-20 €, s 40-50 €, d 50-70 €, tr 60-80 €, s sans sdb 30-40 €, d sans sdb 40-50 € ; ✱ @ 🛜 ; Ⓜ Garibaldi). Adresse sûre et accueillante qui compense l'inhospitalité de la rue, due à la proximité de la gare principale. Les 4 dortoirs (l'un est réservé aux femmes) sont clairs et propres et possèdent des sdb rénovées. Il y a aussi des chambres simples, doubles ou triples, certaines avec sdb. Cuisine commune moderne. Personnel épatant.

Margherita, la copropriétaire, cuisine des pâtes pour les hôtes le samedi soir. Activités gratuites, dont des promenades guidées les jeudis et samedis soir.

Hotel Zara
HÔTEL €

(☎ 081 28 71 25 ; www.hotelzara.it ; 2e ét., Via Firenze 81 ; s 39-45 €, d 46-62 €, tr 60-80 €, s sans sdb 30-35 €, d sans sdb 40-50 € ; ✱ @ 🛜 ; Ⓜ Garibaldi). À deux pas de la principale gare ferroviaire, cet hôtel immaculé contraste fortement avec l'atmosphère louche de la rue dans laquelle il se trouve. Ici, les chambres sont spartiates mais impeccables, dotées de meubles fonctionnels modernes, de télévision et de fenêtres à double vitrage. Service d'échange de livres. L'ascenseur coûte 0,05 €.

Il Golfo
B&B €

(☎ 081 554 13 98, 330 82 43 30 ; bbnapolicentrale.com ; Piazza Garibaldi 3 ; d/tr 50/66 € ; 🛜 ; Ⓜ Garibaldi). Idéal pour dormir près de la gare principale, ce B&B familiale bon marché et calme ressemble à un appartement avec ses 4 chambres (toutes avec sdb). La "Capri" se double d'un balcon avec vue impressionnante. Cuisine commune moderne, petit-déjeuner simple avec *cornetti* (croissants) et café. En semaine, l'ascenseur coûte 0,10 €.

Bella Capri
Hostel & Hotel
AUBERGE DE JEUNESSE €

(☎ 081 552 94 94 ; www.bellacapri.it ; Via G Melisurgo 4 ; dort 18-20 €, s 50-60 €, d 70-80 € ; ✱ @ 🛜 ; Ⓜ Municipio). Central et convivial, l'endroit se compose d'un hôtel et d'une auberge de jeunesse sur deux étages séparés. Un peu quelconques, les chambres de l'hôtel n'en sont pas moins propres. Plus gaie, l'auberge aux tons jaune vif est agrémentée d'une cuisine, de lits séparés (mais non superposés) et d'une sdb dans chaque dortoir. Service de blanchisserie (7 €). Pas de couvre-feu. Prévoyez 0,05 € pour l'ascenseur en semaine.

♥ Hotel Piazza Bellini
BOUTIQUE HOTEL €€

(☎ 081 45 17 32 ; www.hotelpiazzabellini.com ; Via Santa Maria di Costantinopoli 101 ; d à partir de 100 € ; ✱ @ 🛜 ; Ⓜ Dante). À quelques pas de l'animation de la Piazza Bellini animée, un hôtel contemporain sis dans un palais du XVIe siècle. Ses espaces blancs sont ponctués de carreaux de majoliques d'origine et d'œuvres d'artistes montants. Les chambres, au style épuré, comportent des éléments design et une sdb chic. Celles des 5e et 6e niveaux ont en plus une terrasse panoramique. Bonnes réductions sur le site Internet de l'hôtel.

Decumani
Hotel de Charme
BOUTIQUE-HÔTEL €€

(☎ 081 551 81 88 ; www.decumani.it ; Via San Giovanni Maggiore Pignatelli 15 ; s 99-124 €, d 99-164 € ; ✱ @ 🛜 ; Ⓜ Università). Cet hôtel de charme a élu domicile dans l'ancienne demeure du cardinal Sisto Riario Sforza, dernier évêque du royaume de Bourbon. Hauts plafonds, parquet et meubles du XIXe siècle caractérisent les chambres, à l'élégance sobre, et aux sdb modernes (douches spacieuses). Les deluxe possèdent une baignoire balnéo. Le joyau des lieux est toutefois le magnifique salon baroque.

Costantinopoli 104 BOUTIQUE-HÔTEL €€
(📞081 557 10 35 ; www.costantinopoli104. it ; Via Santa Maria di Costantinopoli 1 ; s 140-170 €, d 160-280 €, ste 200-250 € ; ❋@🛜☒; Ⓜ Dante). Mélange chic de meubles anciens, d'art contemporain et de vitraux Liberty, le Costantinopoli 104 occupe une villa néoclassique dans le cœur bohème de la ville. Malgré quelques signes d'usure, les chambres d'une élégante sobriété s'avèrent confortables et d'une propreté irréprochable – celle du 1er étage s'ouvrent sur un solarium, tandis que celles du rez-de-chaussée donnent sur une petite piscine. Les chambres de l'annexe sont moins jolies.

Caravaggio Hotel HÔTEL €€
(📞081 211 00 66 ; www.caravaggiohotel. it ; Piazza Riario Sforza 157 ; s/d à partir de 80/120 € ; ❋@🛜; 🚌CS5 jusqu'à Via Duomo, Ⓜ Duomo). Dans cet hôtel, des peintures abstraites côtoient des voûtes en pierre, des canapés jaunes cohabitent avec des murs en brique vieux de 300 ans et les chambres sont rehaussées de plafonds d'origine aux poutres apparentes. Quelques chambres ont une baignoire balnéo. Wi-Fi gratuit dans les espaces communs du rez-de-chaussée.

Toledo et les Quartiers espagnols

Lieu de balade très prisé, la Via Toledo est la principale artère commerçante de Naples. Juste à l'ouest, les pittoresques Quartiers espagnols (dont la réputation sulfureuse est exagérée) offrent un bouillonnant mélange de ruelles étroites, de trattorias animées et d'hébergements douillets, allant d'hôtels conviviaux à un confortable B&B sur le toit.

Nardones 48 APPARTEMENTS €
(📞338 881 89 98 ; www.nardones48.it ; Via Nardones 48 ; petit app 60-72 €, grand app 80-120 € ; ❋🛜; 🚌R2 jusqu'à Via San Carlo). Voici 7 mini-appartements élégants où le blanc domine, dans un immeuble ancien des Quartiers espagnols. Les 5 plus grands, avec chambre en mezzanine, peuvent loger 4 personnes, les autres, avec canapé-lit, 2 personnes. Tous comprennent une kitchenette moderne, une TV à écran plat et une sdb équipée d'une grande douche. Trois d'entre eux ont aussi une terrasse panoramique.

Réductions et service de blanchisserie gratuit pour les séjours d'une semaine ou plus. Parking non loin (20 €/24h).

La Concordia B&B B&B €
(📞081 41 23 49, 338 504 03 35 ; www. laconcordia.it ; Piazzetta Concordia 5 ; s/d/tr 50/80/90 € ; ❋🛜; 🚌Centrale jusqu'à Corso Vittorio Emanuele). Propriété d'Anna Grappone, professeur de littérature à la retraite, ce joli B&B s'orne de meubles anciens, d'objets ethniques et d'œuvres d'amis artistes. Les 3 chambres sont propres et confortables, la double bénéficie de la climatisation. Livres et rocking-chair dans le salon commun. Règlement en espèce ou par PayPal, 3 nuitées minimum.

Hotel Toledo HÔTEL €
(📞081 40 68 00 ; www.hoteltoledo.com ; Via Montecalvario 15 ; s/d à partir de 45/85 € ; ❋@🛜; Ⓜ Toledo). Confortablement installé dans un immeuble ancien de 3 étages, le Toledo est apprécié pour ses petites chambres douillettes au sol en terracotta et commodités modernes, un peu sombres cependant. Les suites sont équipées d'une plaque de cuisson et, lorsqu'il fait beau, le petit-déjeuner est servi sur le toit-terrasse.

Sui Tetti di Napoli B&B €
(📞081 033 09 77, 338 9264453 ; www.suitettidinapoli.net ; Vico Figuerelle a Montecalvario 6 ;s 35-60 €, d 45-80 €, tr 60-95 €, qua 80-105 € ; ❋🛜; Ⓜ Toledo). À un pâté de maisons de la Via Toledo, ce B&B aux tarifs raisonnables est constitué de 4 appartements nichés en haut d'un escalier assez raide. Deux appartements partagent une petite terrasse, et celui sur le toit dispose de la sienne propre – panorama somptueux. Tous très chaleureux, ils comportent une kitchenette (les 2 moins chers partagent une cuisine) et des meubles simples mais originaux.

♥ La Ciliegina Lifestyle Hotel BOUTIQUE-HÔTEL €€
(📞081 1971 88 00 ; www.cilieginahotel.it ; Via PE Imbriani 30 ; d 150-250 €, ste junior 200-350 € ; ❋@🛜; Ⓜ Municipio). Facilement accessible à pied depuis le terminal des hydroglisseurs, cet hôtel contemporain chic séduit les citadins férus de design. Vastes chambres blanches réhaussées de détails bleu et rouge possédant literie haut de gamme, TV à écran plat et sdb en marbre avec douche à jet (une des suites juniors a

une baignoire balnéo). On peut prendre le petit-déjeuner au lit ou sur le toit-terrasse en profitant de chaises longues et d'un Jacuzzi, d'où l'on aperçoit le Vésuve. Les iPad mis à disposition sont un petit plus appréciable.

Hotel Il Convento HÔTEL €€
(081 40 39 77 ; www.hotelilconvento.com ; Via Speranzella 137a ; s 50-93 €, d 65-140 € ; ❈ @ 🕾 ; M Municipio). Ravissant hôtel des Quartiers espagnols, au charmant décor de vieux mobilier toscan, d'étagères tapissées de livres et d'escaliers éclairés à la bougie. Toutes les chambres sont douillettes et élégantes – tons crème, boiseries sombres et vestiges du bâtiment en brique du XVIe siècle. Celles avec jardin privatif sur le toit coûtent de 80 à 180 €. Accessible aux fauteuils roulants.

Santa Lucia et Chiaia

C'est ici que séjournent les personnalités en vue, dans des hôtels de luxe d'où l'on peut contempler la baie. Cependant, il y a aussi quelques adresses à prix raisonnables, avec parfois un beau panorama sur la côte. Les chambres avec vue sur la mer coûtent un peu plus cher. Le quartier voisin de Chiaia, assez huppé, avec ses boutiques à la mode et ses bars sélects, dispose de lieux d'hébergement en rapport, mais un B&B apporte une touche d'authenticité.

B&B Cappella Vecchia B&B €
(081 240 51 17 ; www.cappellavecchia11.it ; Vico Santa Maria a Cappella Vecchia 11 ; s 50-80 €, d 75-110 €, tr 90-140 € ; ❈ @ 🕾 ; 🚌 C24 jusqu'à Piazza dei Martiri). Dirigé par un jeune couple très prévenant, un B&B de premier ordre dans le quartier très tendance de Chiaia. Chambres sans prétention aux couleurs vives et aux sdb stylées. Il y a une vaste salle de petit-déjeuner. Internet gratuit 24h/24. Des promotions sont proposées sur le site Internet.

Chiaja Hotel de Charme BOUTIQUE HÔTEL €€
(081 41 55 55 ; www.hotelchiaia.it ; Via Chiaia 216 ; s/d à partir de 85/95 € ; ❈ @ 🕾 ; 🚌 R2 jusqu'à Via San Carlo). Cette charmante demeure seigneuriale rénovée s'agrémente de mobilier d'époque, de portraits aux cadres dorés et d'élégants rideaux drapés. Chaque chambre est unique ; celles qui donnent sur la Via Chiaia bordée de boutiques disposent d'une baignoire balnéo. Le buffet du petit-déjeuner met à l'honneur les produits de Campanie. Offres promotionnelles parfois proposées sur le site Internet.

♥ Grand Hotel Vesuvio HÔTEL €€€
(081 764 00 44 ; www.vesuvio.it ; Via Partenope 45 ; s/d 280/310 € ; ❈ @ 🕾 ; 🚌 128 jusqu'à Via Santa Lucia). Palace des légendes hollywoodiennes – Rita Hayworth et Humphrey Bogart y séjournèrent – cet opulent cinq-étoiles n'est que lustres, meubles d'époque et chambres somptueuses. Offrez-vous un coktail sous les étoiles, au restaurant sur le toit.

Hotel Excelsior HÔTEL €€€
(081 764 01 11 ; www.excelsior.it ; Via Partenope 48 ; d 335 € ; ❈ @ 🕾 ; 🚌 128 jusqu'à Via Santa Lucia). Face aux yachts du Borgo Marinaro, l'Excelsior affiche un style grandiose : colonnes en marbre, limousines noires, immenses chambres fin de siècle et époustouflants points de vue sur la mer.

Vomero

Quartier des classes moyennes, Vomero semble à mille lieues de l'animation incessante en contrebas. Il y a peu de sites notables ici, mais des points de vue splendides et des rues verdoyantes. Il suffit de prendre le funiculaire pour retrouver l'effervescence urbaine.

Casa Tolentino B&B €
(081 199 29121, 340 392 10 11 ; www.casatolentino.it ; Gradini S Nicola da Tolentino 12 ; s 35-60 €, d 55-90 €, tr 70-195 € ; 🕾 ; 🚌 Centrale jusqu'à Corso Vittorio Emanuele). Tenue par une équipe de jeunes Napolitains, la Casa Tolentino occupe une partie d'un monastère du XVIe siècle avec jardins en terrasse, vue somptueuse et terrain de foot. Chambres simples et modernes (TV à écran plat), aux sdb d'un bleu étincelant. Huit ont vue sur la baie, les autres sur une colline verdoyante. Jardin bio, restaurant et espace d'exposition sur place.

♥ Hotel San Francesco al Monte HÔTEL €€€
(081 423 91 11 ; www.hotelsanfrancesco.it ; Corso Vittorio Emanuele I 328 ; s/d à partir de 135/170 € ; P ❈ @ 🕾 ≋ ; 🚌 Centrale jusqu'à Corso Vittorio Emanuele I). Un magnifique

hôtel aménagé dans un monastère du XVIe siècle. Les cellules des moines ont été transformées en chambres stylées, l'ancien cloître est un bar à vin en plein air et les couloirs voûtés sont ornés des œuvres d'artistes contemporains tels Robert Rauschenberg et Hermann Nitsch. La piscine au dernier étage a vue sur Capri et le Vésuve.

Grand Hotel Parker's HÔTEL €€€
(081 761 24 74 ; www.grandhotelparkers.com ; Corso Vittorio Emanuele I 35 ; s/d à partir de 215/250 € ; P ❄ @ 📶 ; 128, C16 jusqu'à Corso Vittorio Emanuele I). Jadis favori des voyageurs effectuant le Grand Tour, ce vénérable palace a vu défiler des personnalités comme Virginia Woolf et Robert Louis Stevenson. Aujourd'hui, ses hôtes en Prada prennent l'apéritif dans des fauteuils Louis XVI ou sur la terrasse donnant sur la mer, et dînent aux chandelles au restaurant George. Le spa est l'un des meilleurs de la ville. Tarifs promotionnels corrects sur le site Internet.

> **SITES INTERNET**
>
> **Airbnb** (www.airbnb.com). Chambres privées ou à partager et appartements à Naples, dans les îles de la baie de Naples, sur la côte amalfitaine et au-delà.
>
> **Agriturismo.it** (www.agriturismo.it). Un large choix d'*agriturismi* (hébergement à la ferme).
>
> **Porta Napoli** (www.hotel.portanapoli.com). Des appartements, des B&B et des hôtels à Naples, dans la baie de Naples, sur la côte amalfitaine et dans la région du Cilento.
>
> **Sorrento Tourism** (www.sorrentotourism.com). Listes d'hôtels, d'auberges de jeunesse, de B&B, d'appartements et de villas, mais aussi *agriturismi* et campings sur la péninsule de Sorrente.
>
> **Interhome** (www.interhome.fr). Des maisons et des appartements à Naples et sur la côte amalfitaine.

Capodimonte et La Sanità

Si les hébergements sont rares à Capodimonte, il y a à La Sanità un nombre croissant d'adresses à l'ambiance typique. Coincé entre Capodimonte et le centre historique, ce quartier incarne le vieux Naples avec ses scènes de rue, ses étals de marché – et quelques escaliers baroques remarquables.

Cerasiello B&B B&B €
(081 033 09 77, 338 926 44 53 ; www.cerasiello.it ; Via Supportico Lopez 20 ; s 40-60 €, d 55-80 €, tr 70-95 €, qua 85-105 € ; ❄ 📶 ; M Piazza Cavour, Museo). Ce lieu splendide, dont la décoration marie art napolitain et mobilier d'Afrique du Nord, comporte 4 chambres (sdb privatives) et une terrasse de rêve. La belle cuisine jouit d'un fabuleux point de vue sur la Certosa di San Martino, de même que toutes les chambres (et sdb), à l'exception de la *Fuoco* (feu), qui donne sur une jolie coupole d'église.

Bien que situé dans le quartier de La Sanità, ce B&B se trouve à une courte distance à pied du centre historique. Ascenseur : 0,20 €.

Casa del Monacone B&B €
(081 744 37 14 , 338 914 80 12 ; www.catacombedinapoli.it/casaDelMonacone.asp ; Via Sanità 124 ; s/d/tr 40/60/80 € ; ❄ @ 📶 ; C51 jusqu'à Piazza Sanità, M Piazza Cavour, Museo). Situé dans un monastère jouxtant la Basilica Santa Maria della Sanità, ce B&B est dirigé par la jeune coopérative La Paranza à l'origine de la restauration des catacombes de San Gennaro. Il dispose de 6 chambres lumineuses (la plus grande avec kitchenette), d'une cuisine commune, d'un salon, et d'une terrasse recouverte de carreaux colorés, le tout orné d'œuvres du prolifique Riccardo Dalisi.

Les fenêtres bien hermétiques isolent du bruit de la circulation. N'hésitez pas à demander la "junior suite", qui coûte le même prix qu'une chambre standard.

La Controra AUBERGE DE JEUNESSE €
(081 549 40 14 ; www.lacontrora.com ; Piazzetta Trinità alla Cesarea 231 ; dort 15-25 €, d 50-64 € ; ❄ @ 📶 ; M Salvator Rosa). Récemment rénovée, cette auberge de jeunesse affiche un style décontracté – lampes en acier, bar épuré, bancs en bois clair, sdb aux couleurs vives et cuisine commune. La cour calme sert aux projections de films en plein air (pop-corn gratuits). Pendant la *happy hour*, les cocktails sont servis avec des "grignoteries".

❤ **Casa D'Anna** PENSION €€
(✆ 081 44 66 11 ; www.casadanna.it ; Via dei Cristallini 138 ; s 84-109 €, d 120-155 € ; ❄️ 📶 ; Ⓜ️ Piazza Cavour, Museo). Des artistes aux Parisiens branchés, tout le monde adore cette pension chic, emplie d'antiquités, de livres et d'œuvres d'art originales. Ses 4 chambres mêlent harmonieusement l'ancien et le contemporain de qualité. Terrasse verdoyante parfaite pour un tête-à-tête. Le petit-déjeuner inclut des viennoiseries et confitures maison. Deux nuitées minimum... mais vous ne serez pas pressé de partir.

Mergellina et le Posillipo

Avec ses immeubles de style Liberty, ses yachts à l'ancre dans la marina et son front de mer animé, Mergellina est bien reliée au centre-ville et pratique pour embarquer tôt le matin pour les îles.

Hotel Ausonia HÔTEL €€
(✆ 081 68 22 78 ; www.hotelausonianapoli.com ; Via Francesco Caracciolo 11 ; s/d/tr 80/100/120 € ; ❄️ ; Ⓜ️ Mergellina). En face de la marina Mergellina, un hôtel modeste et accueillant, à l'ambiance nautique vieillotte. Les chambres, propres et confortables, sont décorées dans le style marin : hublots, baromètres et têtes de lit en forme de barre de navire. Celles qui donnent sur la mer ne coûtent pas plus cher.

LES ÎLES

Capri

Résumons Capri en quelques mots : des citronniers, des terrasses de café, de chaudes soirées estivales et des lunettes noires de star. Par conséquent, les hôtels sont saisonniers, ce qui signifie que l'offre est souvent limitée et que les prix sont élevés.

Ville de Capri

❤ **Hotel La Tosca** PENSION €€
(✆ 081 837 09 89 ; www.latoscahotel.com ; Via Dalmazio Birago 5 ; s 50-100 €, d 75-160 € ; ☼ avr-oct ; ❄️ 📶). Loin des paillettes du centre, cette charmante pension une étoile se cache dans une ruelle calme surplombant la Certosa di San Giacomo. Les chambres, claires et spacieuses, au sol carrelé, s'agrémentent de mobilier en pin, de tissus rayés et d'une grande sdb. Plusieurs ont même une terrasse privative ou vue sur les jardins. Le petit-déjeuner est servi sur la terrasse commune qui domine la mer.

❤ **Hotel Gatto Bianco** HÔTEL €€
(✆ 081 837 51 43 ; www.gattobianco-capri.com ; Via Vittoria Emanuele III 32 ; s 100-170 €, d 150-230 € ; ☼ avr-nov ; ❄️ @ 📶). Datant de 1953, ce bel hôtel est agrémenté de cours verdoyantes et de terrasses – où se promène un chat persan blanc. Les chambres lumineuses, décorées dans le style traditionnel avec des carreaux en majolique bleu et jaune et de jolies couleurs, jouissent de belles vues sur les collines.

Emplacement très pratique pour aller prendre un café sur La Piazzetta (Piazza Umberto I), à quelques minutes à pied. Tarifs réduits sur les prestations du salon de beauté et de bien-être Dephina, au rez-de-chaussée.

Hotel Esperia HÔTEL €€
(✆ 081 837 02 62 ; www.esperiacapri.eu ; Via Sopramonte 41 ; 140-190 € ; ☼ avr-oct ; ❄️ 📶). La façade écaillée, les belles colonnes et les urnes géantes contribuent au charme de cette villa du XIXe siècle, assez proche du centre en montant sur la colline. Mobilier moderne et décor floral dans les chambres. Les plus belles (et les plus chères) ont de grands balcons qui dominent la mer. Petit-déjeuner (pâtisseries maison) servi sur la terrasse commune.

Hotel Villa Krupp HÔTEL €€
(✆ 081 837 03 62 ; www.villakrupp.com ; Viale Matteotti 12 ; s 120 €, d 150-200 € ; ☼ avr-oct ; 🅿 ❄️ 📶). Vieil hôtel au charme désuet – carrelage à fleurs, mobilier ancien et lourds bois de lit –, dans l'ancienne résidence de l'écrivain russe Maxime Gorki. Vues fabuleuses sur les Giardini di Augusto (jardins d'Auguste) et les Isole di Faraglioni au loin. Si vous n'avez pas de chambre avec vue (qui coûte plus cher), installez-vous sur la terrasse à l'extérieur de la réception.

Hotel Villa Sarah HÔTEL €€€
(✆ 081 837 78 17 ; www.villasarah.it ; Via Tiberio 3 ; s 160-180 €, d 195-310 €, tr 265-320 €, qua 295-330 € ; ☼ Pâques-oct ; ❄️ 🏊). Sur la route de la Villa Jovis, à 10 minutes du

centre, la Villa Sarah s'enorgueillit d'un charme rustique que beaucoup d'hôtels de l'île ont perdu. Posé dans un grand jardin ponctué de vergers et agrémenté d'une piscine, l'hôtel compte 20 chambres claires et spacieuses décorées dans le style local, avec des carreaux de céramique et des meubles comme autrefois. Au petit-déjeuner vous apprécierez les produits bio – et la vue sur la mer.

Grand Hotel Quisisana   HÔTEL €€€

(📞 081 837 07 88 ; www.quisi.com ; Via Camerelle 2 ; ch/ste à partir de 330/850 € ; ⊘ Pâques-oct ; ❄🛜⛱). Avec ses 5 étoiles, le Quisisana est peut-être l'adresse la plus prestigieuse de Capri, à seulement quelques pas de la Piazzetta (Piazza Umberto I). Créé au XIXe siècle, il est l'opulence à l'état pur, avec 2 piscines, un spa, une salle de sport, des jardins tropicaux, des restaurants et des bars. Chambres hyper élégantes et mobilier classique.

Anacapri

♥ Casa Mariantonia   BOUTIQUE-HÔTEL €€

(📞 081 837 29 23 ; www.casamariantonia.com ; Via Guiseppe Orlandi 80 ; d 120-280 € ; ⊘ avr-oct ; P ❄🛜⛱). Au cœur d'Anacapri, un lieu fabuleux où ont notamment séjourné Jean-Paul Sartre et Alberto Moravia, sans doute inspirés par la beauté paisible du cadre. Les chambres aux tons apaisants affichent une sobre élégance et des terrasses privatives donnent sur le jardin. Le restaurant de l'hôtel est installé au milieu des citronniers.

♥ Hotel Villa Eva   HÔTEL €€

(📞 081 837 15 49 ; www.villaeva.com ; Via La Fabbrica 8 ; d 110-180 €, tr 160-210 €, app 55-70 €/pers ; ⊘ Pâques-oct ; ❄@🛜⛱). Caché au milieu des oliviers et des arbres fruitiers dans la campagne près d'Anacapri, le Villa Eva n'est que paix et tranquilité, avec des jardins verdoyants, une piscine et des chambres et appartements ensoleillés. Les plafonds en coupole, les sols en terre cuite, les vitraux et les cheminées anciennes ont beaucoup de caractère.

Seul souci : l'accès n'est pas évident (depuis Anacapri, prendre le bus pour la grotte Bleue et demander au chauffeur de vous déposer à proximité, ou prenez un taxi).

AGRITURISMI (HÉBERGEMENTS À LA FERME)

Vivez votre rêve bucolique dans un *agriturismo*. Ces hébergements sont de plus en plus nombreux en Italie. Si tous ont l'obligation de produire sur place au moins l'un des produits qu'ils servent, le choix est vaste, de la maison de campagne rustique avec juste quelques oliviers, aux coquets domaines agrémentés d'une piscine ou aux fermes en activité dans lesquelles les hôtes peuvent mettre la main à la pâte.

L'*agrotourisme* est un excellent choix si vous voyagez avec des enfants, car ils sont parfois autorisés à nourrir les bêtes et à s'en occuper.

N'importe quel office du tourisme vous fournira une liste des *agriturismi*, de même que les sites suivants :

www.agritour.net
www.agriturismo.com
www.agriturismo.it
www.agriturismo.net
www.agriturismo-italia.net
www.agriturismovero.com
www.agriturist.com

Hotel Bellavista   HÔTEL €€

(📞 081 837 14 63 ; www.bellavistacapri.com ; Via Giuseppe Orlandi 10 ; s 90-160 €, d 130-240 € ; ⊘ avr-oct ; ❄@🛜). L'un des doyens du parc hôtelier de Capri, vieux de plus d'un siècle. Les grandes chambres sont égayées d'un carrelage à motif floral années 1960 que l'on adore ou que l'on déteste. Les points positifs : l'emplacement pratique à l'entrée d'Anacapri, le court de tennis, le restaurant et sa vue, l'accès à tarif réduit à la piscine voisine.

Séjour de 4 nuitées minimum en juillet et en août.

Hotel Alla Bussola di Hermes   HÔTEL €€

(📞 081 838 20 10 ; www.bussolahermes.com ; Traversa La Vigna 14 ; s 60-140 €, d 60-150 €, tr 90-180 €, qua 120-280 € ; ❄@🛜). Le soleil inonde les chambres aux tons bleu et blanc, rehaussées de carreaux en majolique et de somptueuses tentures, tandis que les colonnes, statues et plafonds voûtés des espaces communs évoquent Pompéi.

Choisissez si possible une chambre avec terrasse face à la mer. Pour vous rendre sur place, prenez le bus jusqu'à la Piazza Vittoria et appelez le service de navette de l'hôtel.

Hotel Carmencita HÔTEL €€
(☏ 081 837 13 60 ; www.carmencitacapri.com ; Via de Tommaso 4 ; 129-168 € ; ◎ mi-mars à mi-nov ; ✻ @ ✽ ☛). Un hôtel proche de la gare routière, tenu par un couple adorable qui viendra vous chercher au ferry à Marina Grande si vous prévenez. Atmosphère conviviale et désuète, spacieuses chambres confortables et lumineuses, dont les petits balcons dominent la piscine et le jardin.

Hotel Senaria HÔTEL €€
(☏ 081 837 32 22 ; www.senaria.it ; Via Follicara 6 ; d 100-180 € ; ◎ avr-nov ; ✻ ✽). La route est longue pour rejoindre ce charmant hôtel familial dans l'ancien centre d'Anacapri, mais vos efforts seront récompensés. Vous séjournerez ici dans une villa blanche, aux chambres charmantes – sols en terracotta et tons crème. L'endroit est calme et, hormis les cloches du dimanche matin, rien ne viendra troubler votre repos si ce n'est la brise marine.

Capri Palace HÔTEL €€€
(☏ 081 978 01 11 ; www.capripalace.com ; Via Capodimonte 2b ; d/ste à partir de 500/1 000 € ; ◎ avr-oct ; ✻ ✽ ☛). Favori de la jet-set, cet hôtel est actuellement le plus en vue à Capri. L'architecture intérieure, méditerranéenne, est rehaussée d'art contemporain et les chambres ont tout de luxueux. Certaines ont une terrasse-jardin et une piscine privée.

On peut se détendre au spa, réputé le meilleur de l'île. En saison haute, un minimum de 3 nuitées est exigé.

Marina Grande

Belvedere e Tre Re HÔTEL €€
(☏ 081 837 03 45 ; www.belvedere-tre-re.com ; Via Marina Grande 264 ; d 150 € ; ◎ avr-nov ; ✻ ✽). À 5 minutes de marche du port – superbe panorama sur les bateaux –, cet hôtel de 1900 s'enorgueillit d'un riche passé : le "Tre Re" de son nom fait référence aux trois rois qui y séjournèrent à l'époque du Grand Tour. Désormais, il s'agit d'un modeste deux-étoiles, avec des chambres plaisamment modernisées doublées de balcons couverts privatifs. Solarium au dernier étage.

Relais Maresca HÔTEL €€€
(☏ 081 837 96 19 ; www.relaismaresca.com ; Via Marina Grande 284 ; d 190-300 € ; ◎ mars-nov ; ✻ ✽). Ce quatre-étoiles est le meilleur choix de la ville. Style typique de Capri, avec des kilomètres de carreaux turquoise, bleu et jaune, et un mobilier stylé. Plusieurs catégories de chambres (et de prix), les meilleures avec terrasse et vue sur la mer évidemment. Terrasse abondamment fleurie au 4e niveau. Minimum de 2 nuitées exigé le week-end, et de 4 nuitées en août.

Ischia

Comme à Capri, son élégante voisine, la plupart des hôtels d'Ischia ferment en hiver et les prix chutent considérablement pour les rares qui restent ouverts. Outre les établissements mentionnés, les hôtels-spas proposent quasi exclusivement des séjours en demi-pension ou en pension complète. L'office du tourisme pourra vous fournir une liste d'adresses. Île plus vaste que Capri et Procida, Ischia mérite qu'on y passe au moins une nuit.

Ischia Porto et Ischia Ponte

Hotel Noris HÔTEL €
(☏ 081 99 13 87 ; www.norishotel.it ; Via A Sogliuzzo 2, Ischia Ponte ; d 50-85 € ; ◎ Pâques-oct ; ✻ ✽). Des prix très avantageux et un emplacement parfait, à courte distance à pied des sites de Ponte. Les chambres confortables de taille correcte, dans des teintes fraîches, disposent d'un balconnet. Petit-déjeuner sous forme de buffet continental standard un peu plus copieux que la moyenne. Tarifs préférentiels pour le parking de l'autre côté de la rue.

♥ Albergo il Monastero HÔTEL €€
(☏ 081 99 24 35 ; www.albergoilmonastero.it ; Castello Aragonese, Rocca del Castello, Ischia Ponte ; s 90 € , d 135-190 € ; ◎ Pâques-oct ; ✻). Les cellules monacales ont conservé leur sobriété : meubles sombres, murs blancs, sols anciens en terracotta et pas de TV (mais quelle vue !). Dans le reste de l'établissement, l'espace est joliment aménagé, et on apprécie les plafonds voûtés, les sofas moelleux, le mobilier ancien et les œuvres de l'ancien propriétaire et artiste Gabriele Mattera. Le restaurant jouit d'une excellente réputation.

❤ Il Moresco HÔTEL €€€
(☎ 081 98 13 55 ; www.ilmoresco.it ; Via E Gianturco 16, Ischia Porto ; d à partir de 340 € ; ☺ Pâques-oct ; P ❄ ☒). Au cœur d'Ischia Porto, Il Moresco conserve un air hors du temps grâce à ses pins et sa verdure. Ce magnifique hôtel-spa aux accents mauresques et méditerranéens dispose de chambres ultra confortables avec sol carrelé et un délicieux air désuet. Traitements de spa, dont une vinothérapie comprenant un bain enrichi d'extraits végétaux.

Lacco Ameno

Hotel La Sirenella HÔTEL €€
(☎ 081 99 47 43 ; www.lasirenella.net ; Corso Angelo Rizzoli 41, Lacco Ameno ; d 140-180 € ; ☺ avr-oct ; ❄ ☎). Installé en bord de plage, cet hôtel familial vous permettra de passer directement de votre lit au sable fin. Chambres lumineuses à la décoration bleu et jaune et terrasses dominant la mer. Sdb carrelées immaculées. Ambiance conviviale. Le restaurant en bas sert d'excellentes pizzas.

❤ Mezzatorre Resort & Spa HÔTEL €€€
(☎ 081 98 61 11 ; www.mezzatorre.it ; Via Mezzatorre 23, Lacco Ameno ; d 350-480 €, ste 490-670 € ; ☺ mi-avr–oct ; P ❄ @ ☎ ☒). Perché sur un promontoire face à la mer, un luxueux *resort* entouré d'une pinède de 2,8 hectares. Spa, courts de tennis et piscine à débordement surplombant la plage figurent au nombre des équipements. Les salons et quelques chambres sont situés dans une tour du XVe siècle. Les chambres, dans une palette raffinée de taupe, pêche et ocre, ont pour certaines un jardin privatif et une baignoire balnéo. En cas de budget limité, contentez-vous de venir prendre un verre au bar attenant.

Forio et la côte Ouest

❤ Hotel Semiramis HÔTEL €€
(☎ 081 90 75 11 ; www.hotelsemiramisischia.it ; Spiaggia di Citara, Forio ; d 140-180 € ; ☺ fin avr-oct ; P ❄ @ ☎ ☒). À quelques minutes à pied du spa Poseidon, cet hôtel a tout d'une oasis tropicale avec sa piscine centrale entourée de palmiers. Les chambres sont spacieuses. Magnifique jardin avec figuiers, vigne grimpante et vue sur la mer au loin.

Umberto a Mare HÔTEL €€
(☎ 081 99 71 71 ; www.umbertoamare.it ; Via Soccorso 2, Forio ; d 100-120 € ; ☺ avr-oct ; ❄ ☎). Un hôtel très calme situé à côté de la Chiesa di Santa Maria del Soccorso, l'emblématique église de Forio. Il y a 12 chambres à l'élégance discrète, aux sdb modernes. Confortablement installé dans un transat sur la terrasse, admirez la vue digne d'une carte postale. Le restaurant du même nom, l'un des meilleurs d'Ischia, est juste au-dessus.

Sant'Angelo et la côte sud

Camping Mirage CAMPING €
(☎ 081 99 05 51 ; www.campingmirage.it ; Via Maronti 37, Spiaggia dei Maronti, Barano d'Ischia ; empl 2 pers, voiture et tente 45 € ; ☺ Pâques-oct ; P). Accessible à pied depuis Sant'Angelo, un camping ombragé donnant sur la Spiagga dei Maronti, l'une des plus belles plages d'Ischia. Il y a 50 emplacements, des douches, une buanderie, un bar et un restaurant servant des *tubettoni, cozze e pecorino* (pâtes aux moules et fromage de brebis), la spécialité locale.

Hotel Casa Celestino HÔTEL €€
(☎ 081 99 92 13 ; www.casacelestino.it ; Via Chiaia di Rose 20, Sant'Angelo ; d 150-230 € ; ☺ jan-oct ; ❄ @ ☎). Mélange rafraîchissant de mobilier couleur crème, de murs blancs et d'art contemporain pour ce petit hôtel chic situé sur la promenade en direction du promontoire. Les chambres, au carrelage en majolique coloré, sont dotées de sdb modernes et d'agréables balcons donnant sur la mer. Il y a un bon restaurant sans prétention de l'autre côté de la rue.

Procida

Le soir, après le départ des visiteurs, les habitants reprennent possession de leur île et l'ambiance redevient délicieusement calme. La plupart des hébergements sont de taille modeste – pensez aux B&B et aux hôtels familiaux. Comme beaucoup d'établissements ferment en hiver et affichent complet en été, n'oubliez pas de vous organiser à l'avance.

Marina Grande

Bed & Breakfast La Terrazza B&B €
(☎ 081 896 00 62 ; Via Faro 26, Marina Grande ; s 50-70 €, d 75-90 € ; ☺ Pâques-oct). Une

adresse petits budgets épatante, aux chambres ornées de lampes métalliques, de carrelage, d'antiquités et de tableaux. Détendez-vous sur la terrasse (joli sol en terre cuite) en profitant du coucher du soleil. C'est ici qu'est servi le petit-déjeuner maison.

Marina Corricella

Hotel La Vigna BOUTIQUE-HÔTEL €€
(081 896 04 69 ; www.albergolavigna.it ; Via Principessa Margherita 46, Terra Murata ; d 150-180 €, ste 180-230 € ; ۞Pâques-oct ; ☸@☎). Jouissant d'un spectaculaire emplacement à flanc de falaise, cette villa du XVIIIe siècle est un ravissement. Cinq de ses chambres spacieuses, sobrement meublées, ouvrent directement sur le jardin. Les "supérieures" (180-200 €) comportent une mezzanine pratique pour les séjours en famille. Dans la suite, une baignoire balnéo à côté du lit séduira les amoureux. Spa sur place.

Casa Sul Mare HÔTEL €€
(081 896 87 99 ; www.lacasasulmare.it ; Salita Castello 13, Marina Corricella ; ch 125-170 € ; ۞Pâques-oct ; ☸☎). Une adresse fabuleuse dont les perspectives ont contribué à faire du *Talentueux Mr Ripley* un film inoubliable. Les chambres élégantes – couleurs méditerranéennes, superbes carrelages et lits en fer forgé – dominent le ravissant village de Marina Corricella, près du Castello d'Avalos en ruine.

L'hôtel chouchoute ses hôtes : l'été un service de bateau permet de rejoindre les plages voisines et le cappucino du matin, offert par Franco, sera probablement le meilleur de votre vie.

Casa Giovanni da Procida B&B €€
(081 896 03 58 ; www.casagiovannidaprocida.it ; Via Giovanni da Procida 3, Marina Corricella ; d 110-170 € ; ۞Pâques-oct ; P☸☎). Dans cette belle ferme ancienne transformée en B&B, les chambres minimalistes, réparties sur plusieurs niveaux, sont garnies de lits bas et de meubles contemporains. Les petites sdb ont tout de raffiné avec des murs recouverts de mosaïque, une douche à large pommeau et, parfois, un plafond voûté. Profitez du jardin luxuriant pour lire et manger des pêches sous le grand magnolia.

Hotel La Corricella HÔTEL €€
(081 896 75 75 ; www.hotelcorricella.it ; Via Marina Corricella 88, Marina Corricella ; d 100-140 € ; ۞avr-oct ; ☎). Impossible de rater cette demeure de couleur pêche et jaune à l'extrémité de Marina Corricella. Les chambres sobres, aux meubles modulables, sont équipées d'un ventilateur et d'une TV. Vue imprenable sur le port depuis la grande terrasse commune. Le restaurant sert de bons fruits de mer. Un service de bateau permet de se rendre sur la plage voisine.

Marina di Chiaiolella

Hotel Crescenzo HÔTEL €€
(081 896 72 55 ; www.hotelcrescenzo.it ; Via Marina di Chiaiolella 33, Marina di Chiaiolella ; d 120 € ; ۞Pâques-oct ; ☸). Le Crescenzo ne compte que 10 petites chambress, et vous devrez choisir entre la baie vitrée et le balcon donnant sur la mer. Décor bleu marine et blanc, comme il se doit, et sdb étincelantes. Le restaurant en face attire une clientèle locale bruyante et amicale. Vous pourrez y prendre le petit-déjeuner, même après une grasse matinée (jusqu'à midi).

Consultez le site Internet : offres intéressantes pour les longs séjours.

LA CÔTE AMALFITAINE

Sorrente

Vous ne devriez pas avoir de difficultés à trouver un hébergement à Sorrente, bien qu'il soit nécessaire de réserver en juillet-août. La plupart des grands hôtels du centre-ville reçoivent les touristes en voyage organisé, si bien que les prix sont élevés. Il y a néanmoins quelques très belles affaires, notamment sur la Via Capo, la route côtière à l'ouest du centre. On y accède à pied depuis le centre, mais si vous êtes chargé, mieux vaut prendre un bus SITA direction Sant'Agata ou Massa Lubrense.

Ulisse AUBERGE DE JEUNESSE €
(081 877 47 53 ; www.ulissedeluxe.com ; Via del Mare 22 ; dort 30 €, d 60-120 € ; P☸☎). L'endroit est loin de l'auberge de jeunesse pour étudiants fauchés. La plupart des chambres sont chics et vastes, avec tissus

plutôt luxueux, sols étincelants et grandes sdb privées. Deux dortoirs unisexe et chambres quadruples. Petit-déjeuner inclus dans certains prix, comptez 10 € pour les autres.

Les hôtes peuvent profiter de la piscine (5 €) du Wellness Centre attenant, participer aux séances de fitness et recevoir des soins à prix raisonnables.

Casa Astarita B&B €
(📞 081 877 49 06 ; www.casastarita.com ; Corso Italia 67 ; d 90-130 €, tr 110-150 € ; ❄🌐). Aménagé dans une demeure du XVIe siècle de l'artère principale de Sorrente, ce ravissant B&B affiche un look éclectique avec ses plafonds voûtés d'origine, ses portes aux couleurs vives et ses sols en majoliques. Les 6 chambres simples, bien équipées, entourent un salon central où le petit-déjeuner est servi sur une grande table rustique en bois sombre.

Hotel Desiré HÔTEL €
(📞 081 878 15 63 ; www.desireehotelsorrento.com ; Via Capo 31b ; s/d 64/87 € ; ◎mars-déc ; P ❄). L'un des nombreux hôtels de la Via Capo, super affaire pour les voyageurs à petits budgets, pas tant pour ses chambres ensoleillées, fort convenables, ni pour les commodités (salon TV et terrasse panoramique sur le toit), que pour son ambiance décontractée, son sympathique propriétaire et ses jolis points de vue.

L'ascenseur jusqu'à la plage rocheuse en contrebas est un "plus", même s'il faut payer pour les parasols et les transats.

Seven Hostel AUBERGE DE JEUNESSE €
(📞 081 878 67 58 ; www.sevenhostel.com ; Iommella Grande 99, Sant'Agnello ; dort/d à partir de 15/50 € ; ◎toute l'année ; ❄@🌐). Les jeunes propriétaires font tout leur possible pour offrir à la fois la meilleure auberge qui soit et le premier *ostello di design*. Vous séjournerez ici dans un ancien couvent du VIIIe siècle entouré d'oliviers et de citronniers, agrémenté de belles terrasses sur le toit (transats) et profiterez de concerts le week-end. Chambres spacieuses de style contemporain. Laverie.

Nube d'Argento CAMPING €
(📞 081 878 13 44 ; www.nubedargento.com ; Via Capo 21 ; empl 2 pers, voiture et tente 38 €, bung 2 pers 60-85 €, bung 4 pers 90-120 € ; ◎mars-déc ; @🌊). Charmant camping à 1 km du centre de Sorrente. Emplacements de tente et bungalows en bois disséminés sous des oliviers à l'ombre bienfaisante. Excellents équipements : les jeunes en particulier apprécieront la piscine découverte, la table de ping-pong, les toboggans et les balançoires.

Hotel Rivage HÔTEL €
(📞 081 878 18 73 ; www.hotelrivage.com ; Via Capo 11 ; d 70 € ; ◎mars-nov ; P @🌐). Juste après les boutiques à la lisière ouest de la ville, un hôtel de plain-pied moderne très agréable, avec une terrasse sur le toit où paresser, doublée d'un restaurant-bar correct. Les chambres, sans réel caractère, disposent de balcons de bonne taille. On sent que l'établissement s'adresse avant tout à des groupes, mais l'emplacement et les prix sont avantageux. Grande piscine flambant neuve.

♥ Hotel Cristina HÔTEL €€
(📞 081 878 35 62 ; www.hotelcristinasorrento.it ; Via Privata Rubinacci 6, Sant'Agnello ; s/d/tr/qua 130/150/180/200 € ; ◎mars-oct ; ❄🌐🌊). Perché au-dessus de Sant'Agnello, le Cristina jouit d'une vue splendide, surtout depuis la piscine. Dans ses grandes chambres prolongées par un balcon face à la mer, les meubles en marqueterie côtoient des chaises signées Philippe Starck et autres éléments design. Restaurant ; navette gratuite depuis/vers la gare Circumvesuviana de Sorrente.

Hotel Astoria HÔTEL €€
(📞 081 807 40 30 ; www.hotelastoriasorrento.com ; Via Santa Maria delle Grazie 24 ; s 50-110 €, d 70-170 € ; ❄🌐). Excellent choix pour cet hôtel classique, rénové, qui a l'avantage d'être situé en plein centre historique. Les intérieurs sont dotés d'étincelants carrelages et de peintures bleu et jaune. À l'arrière, la grande terrasse est un pur délice : les fauteuils sont installés sous des orangers et des citronniers, et le mur du fond est souligné de fresques colorées en céramique.

Il Giglio Bianco B&B €€
(📞 0334 123 3064 ; www.bbgigliobiancosorrento.it ; Via Parsano 25 ; d 45-99 €, tr 65-114 €, qua 75-129 € ; ❄). Apaisants tons blanc et crème, lits en fer forgé et petit balcon pour chacune des 3 chambres. Légèrement en retrait de l'artère principale, l'endroit est tranquille et les frères qui le gèrent vous aideront à monter vos bagages. Délicieux petit-déjeuner.

> **OÙ SE LOGER SUR LA CÔTE AMALFITAINE**
>
> Si vous prévoyez d'explorer l'arrière-pays, Sorrente constitue une base intéressante, avec les meilleures connexions de transports. Positano, Amalfi et Ravello s'enorgueillissent d'hébergements parmi les plus huppés d'Italie, des palais somptueux aux ravissants B&B. Réservez en été et n'oubliez pas que la plupart des hôtels ferment l'hiver.
>
> Si Salerne dispose d'un choix restreint d'hébergements, la côte et le parc du Cilento comptent des adresses variées. Vous y trouverez des auberges de jeunesse de montagne, des palais discrets, des hôtels de bord de mer et des *agriturismi* respectueux de l'environnement à des prix considérablement moins élevés que sur la côte amalfitaine.

Mignon HÔTEL €€
(081 807 38 24 ; www.sorrentohotelmignon.com ; Via Sersale 9 ; s 50-85 €, d 60-139 €, tr 90-159 € ; avr-oct et Noël ;). L'architecte d'intérieur a tout misé sur le bleu : depuis les carrelages au sol jusqu'aux murs et aux couvre-lits. La décoration est complétée par des œuvres d'art contemporain et des photos anciennes de Sorrente en noir et blanc. Les chambres spacieuses et solarium sur le toit.

La Tonnarella HÔTEL €€
(081 878 11 53 ; www.latonnarella.com ; Via Capo 31 ; d 120-140 €, ste 240-350 € ; avr-oct et Noël ;). Amateurs de modernité, s'abstenir. La Tonnarella n'est que faïence, meubles anciens, lustres et statues. Chambres classiques, aux mobilier traditionnel et commodités modernes discrètes, la plupart dotées de balcon ou petite terrasse. L'hôtel a aussi sa plage privée, accessible par ascenseur, et un restaurant en terrasse, très apprécié.

Villa Elisa APPARTEMENTS €€
(081 878 27 92 ; www.villaelisasorrento.com ; Piazza Sant'Antonino 19 ; d 70-120 € + 15 € pour 1 lit supp, ste 70-120 € ; toute l'année ;). Organisées autour d'une cour centrale, toutes les chambres sont équipées d'une cuisine. En haut d'un escalier raide, la suite indépendante dispose d'un minuscule salon, d'une sdb, d'une chambre, d'une cuisine et d'une machine à laver, ce qui est un véritable atout. L'emplacement central est formidable. Le parking coûte 15 € par jour.

♥ Grand Hotel Excelsior Vittoria HÔTEL €€€
(081 807 10 44 ; www.exvitt.it ; Piazza Tasso 34 ; s/d/ste à partir de 350/400/700 € ;). Âgée de plus de 170 ans, la grande dame de Sorrente est l'exemple parfait du charme Belle Époque. De somptueux palmiers en pot ornent les espaces publics. Si les chambres varient en taille et en style, toutes bénéficient d'une vue, soit sur le jardin, soit sur la mer et le Vésuve. Le livre d'or porte les signatures de Pavarotti, Wagner, Goethe, Sophia Loren et de la famille royale britannique.

Plaza Hotel HÔTEL €€€
(081 878 28 31 ; www.plazasorrento.com ; Via Fuorimura 3 ; d à partir de 220 € ;). L'un des hôtels les plus récents en ville, à la décoration résolument contemporaine qui joue sur le contraste des murs blancs immaculés et du parquet brun, le tout ponctué de touches de couleur et de peintures abstraites. Le bar en haut sur la terrasse, au coin de la piscine panoramique, invite à prendre l'apéritif en contemplant la ville et la mer.

Massa Lubrense

Fréquentée majoritairement par les vacanciers italiens, la jolie Massa Lubrense fait une bonne base pour profiter de la région et offre un environnement plus calme que certaines villes plus chics de la côte amalfitaine.

♥ Casale Villarena APPARTEMENTS €
(081 808 17 79 ; www.casalevillarena.it ; Via Cantone 3, Nerano ; appart 2/4 pers à partir de 70/170 € ; Pâques-oct ;). Aménagés dans un bâtiment du XVIIIe siècle, ces appartements confortables et spacieux, d'une belle simplicité, conviennent aux séjours en famille. Aux terrasses plantées de citronniers et aux pergolas ombragées s'ajoutent de bons équipements collectifs, dont une piscine, un terrain de jeu, une laverie et une jolie plage à proximité.

♥ Hotel Ristorante Primavera   HÔTEL €

(☎ 081 878 91 25 ; www.laprimavera.biz ; Via IV Novembre 3g ; d 100 € ; ۞ Pâques-oct ; ✱ ☎). Un deux-étoiles familial et accueillant, aux vastes chambres blanches et lumineuses, décorées de carreaux traditionnels de Vietri et de bois clair. Plusieurs d'entre elles bénéficient d'une terrasse équipée de transats, de tables et de chaises (les chambres n°101 à 103 sont un bon choix), et la plupart ont une baignoire. Le restaurant en terrasse, dont la vue embrasse les vergers jusqu'à la mer, sert des spécialités du cru.

Sant'Agata sui due Golfi

Bénéficiant d'un superbe emplacement dominant les golfes de Salerne et de Naples, Sant'Agata est de plus en plus réputée pour ses *agriturismi* et ses restaurants. Réservez tôt si vous prévoyez un séjour en haute saison.

Agriturismo Le Tore   AGRITURISMO €

(☎ 081 808 06 37 ; www.letore.com ; Via Pontone 43 ; s 60-70 €, d 90-130 €, dîner 25-35 € ; ۞ Pâques-début nov ; P @ ☎). Ferme bio en activité, installée au milieu de 14 hectares d'oliviers, La Tore produit de l'huile d'olive, des tomates séchées (et de la sauce tomate) et des confitures, entre autres. C'est un lieu d'hébergement merveilleux loin des sentiers battus, avec 7 chambres ressemblant à des granges et un ravissant corps de ferme entouré d'arbres fruitiers. Carreaux de terracotta et mobilier en bois accentuent le charme campagnard.

Réduction de 50% pour les enfants de 2 à 6 ans, et de 30% pour ceux de 7 à 10 ans s'ils dorment dans la chambre de leurs parents. En hiver, un appartement indépendant est disponible. Repas possibles.

Agriturismo Fattoria Terranova   AGRITURISMO €

(☎ 081 533 02 34 ; www.fattoriaterranova.it ; Via Pontone 10 ; d 85 € ; ۞ mars-déc ; P ✱). Avec ses sols en pierre, ses fleurs séchées suspendues à de grosses poutres en bois et ses tonneaux de vin disposés avec goût, ce bel *agriturismo* est le prototype du chic rural. Vous séjournerez ici dans de petits appartements disséminés sur un grand domaine cultivé. Assez simples, ils jouissent d'un cadre exquis. La piscine est un luxe appréciable.

Marina del Cantone

Vous devriez vous loger sans problème dans cet adorable village à l'ambiance décontractée, sauf en août lorsque la vague de vacanciers italiens investit les hôtels de ce lieu de séjour prisé, sur la péninsule de Sorrente.

Villaggio Residence Nettuno   CAMPING, APPARTEMENTS €

(☎ 081 808 10 51 ; www.villaggionettuno.it ; Via A Vespucci 39 ; empl 2 pers, tente et voiture 41 €, bungalows 130-185 €, app 190 € ; ۞ mars-début nov ; P ✱ @ ☎ ✱). Situé à l'entrée du village parmi les oliveraies en terrasses, le camping de Marina dispose d'hébergements variés : mobile-homes, emplacements de tente, et (la meilleure option) appartements pour 2 à 5 personnes dans une tour du XVIe siècle. Ambiance conviviale et écologique, excellents équipements et nombreuses activités proposées.

Positano

Positano est une ville superbe, mais les prix y sont généralement élevés. Comme partout sur la côte amalfitaine, les mois d'été sont très prisés, donc réservez assez tôt, surtout le week-end et en juillet et août. Renseignez-vous auprès de l'office du tourisme pour les locations de chambres ou d'appartements privés.

♥ Villa Nettuno   HÔTEL €

(☎ 089 87 54 01 ; www.villanettunopositano.it ; Viale Pasitea 208 ; s/d 70/85 € ; ۞ toute l'année). Dissimulé derrière un écran de feuillage odorant, le Villa Nettuno ne manque pas de charme. Demandez une chambre dans la partie ancienne vieille de 300 ans, aux placards peints de fresques, et avec terrasse commune. Les chambres de la partie récente manquent de caractère.

♥ Pensione Maria Luisa   PENSION €

(☎ 089 87 50 23 ; www.pensionemarialuisa.com ; Via Fornillo 42 ; d 70-80 €, avec vue sur la mer 95 € ; ۞ mars-oct ; @ ☎). Accueillante pension à l'ancienne disposant de chambres simples, carrelées de bleu, au décor dépouillé. Celles avec balcon valent les 15 € supplémentaires pour la vue sur la baie. La petite terrasse commune jouit de la même vue sensationnelle. Petit-déjeuner en sus (5 €).

Casa Celeste
PENSION €

(☎ 089 87 53 63 ; www.casaceleste.net ; Via Fornillo 10 ; s 45 €, d 80-90 € ; ☉ Pâques-oct). Attention : le *limoncello* (liqueur au citron) maison de Celeste, la propriétaire, est plus fort que la moyenne. Son café est excellent lui aussi. À plus de 80 ans, Celeste est une perle : elle prépare également les confitures et les gâteaux du petit-déjeuner. Son fils Marco se charge de la restauration des chambres du XVIIe siècle, toutes joliment décorées avec des céramiques et du mobilier en bois sombre. Si vous avez le choix, optez pour la chambre n°5, au plafond voûté.

Hostel Brikette
AUBERGE DE JEUNESSE €

(☎ 089 87 58 57 ; www.hostel-positano.com ; Via Marconi 358 ; dort 24-50 €, d 65-145 €, app 80-220 € ; ☉ toute l'année ; ✻ 🛜). Une adresse joyeuse se targuant d'une vue splendide et de différents hébergements (dortoirs, doubles et appartements). Autre plus : les personnes faisant une excursion à la journée peuvent accéder aux installations (douches, Wi-Fi et consigne) en journée pour 10 €. Petit-déjeuner non inclus.

Le propriétaire anglais est une mine d'informations si vous prévoyez de randonner dans la région (cartes et bons conseils).

♥ La Fenice
B&B €€

(☎ 089 87 55 13 ; www.lafenicepositano.com ; Via Guglielmo Marconi 4 ; d 140 € ; ☉ Pâques-oct ; ≋). Des chambres simples joliment arrangées : carreaux de Vietri peints à la main, murs blancs et hauts plafonds. La plupart ont un balcon ou une terrasse avec vue saisissante et l'endroit dégage une atmosphère douillette. Comme partout à Positano, il vous faudra composer avec les escaliers. Agréable piscine et Jacuzzi, et même une petite cascade.

♥ Hotel California
HÔTEL €€

(☎ 089 87 53 82 ; www.hotelcaliforniapositano.it ; Via Cristoforo Colombo 141 ; d 160-195 € ; ☉ Pâques-oct ; P ✻ 🛜). Passez outre le nom de cet hôtel installé dans un grandiose palais du XVIIIe siècle, à la jolie façade aux tons roses et jaunes. Les chambres les plus anciennes sont somptueuses, avec leurs frises d'origine au plafond. Les plus récentes sont spacieuses et luxueusement décorées. Le petit-déjeuner est servi sur la verdoyante terrasse, à l'avant.

Florida Residence
B&B €€

(☎ 089 87 58 01 ; www.floridaresidence.net ; Viale Pasitea 171 ; d 90-120 € ; ☉ avr-oct ; P ✻ 🛜). Une adresse sympathique aux chambres de bonne taille, quoique vieillottes, avec réfrigérateur, sèche-cheveux et parfois une baignoire en plus de la douche. Vastes espaces de détente, parmi lesquels un solarium sur le toit et un jardin agrémenté d'un belvédère. Chose rare et précieuse : le parking est gratuit !

♥ Hotel Palazzo Murat
HÔTEL €€€

(☎ 089 87 51 77 ; www.palazzomurat.it ; Via dei Mulini 23 ; d 180-270 € ; ☉ mai–mi-jun ; ✻ @ 🛜). Protégé derrière un mur ancien du flot de touristes empruntant chaque jour cette rue piétonne, ce sublime hôtel occupe un palais du XVIIIe siècle qui servit de résidence d'été au roi de Naples. Il y a 5 chambres dans la partie d'origine du bâtiment (plus chères) et 25 dans la section récente, toutes décorées d'antiquités somptueuses, de peintures à l'huile et de marbre. Le tout au cœur de jardins luxuriants plantés de bananiers, de callistemons, d'érables palmés et de pins.

♥ San Pietro
HÔTEL €€€

(☎ 089 87 54 55 ; www.ilsanpietro.it ; Via Laurito 2 ; d à partir de 420-580 € ; ☉ avr-oct ; P ✻ 🛜 ≋). Comparé à sa réputation, cet hôtel est remarquablement discret. Perché sur un promontoire à 2 km à l'est de Positano, il est presque entièrement sous le niveau de la route. En voiture, repérez la chapelle couverte de lierre et la cabine téléphonique anglaise noire en bordure de route. Toutes les chambres, à l'aménagement différent, bénéficient d'un point de vue, d'une terrasse privée et d'une baignoire balnéo. L'endroit jouit d'autres attraits : une piscine en demi-cercle, un restaurant étoilé, une plage privée (accessible par un ascenseur), près d'une terrasse avec des chaises longues, et un court de tennis. Le vestibule, vaste et chic, est orné de bougainvilliers éclatants. Navette gratuite pour Positano 24h/24.

Hotel Villa Gabrisa
BOUTIQUE-HÔTEL €€€

(☎ 089 81 14 98 ; www.villagabrisa.it ; Via Pasitea 219-227 ; d 250-320 € ; ☉ toute l'année ; ✻ 🛜). Ce ravissant quatre-étoiles occupe un palais du XVIIIe siècle vers le haut de la ville. Les chambres sont du plus pur style italien – meubles peints toscans, lits en fer forgé, lustres en verre de Murano et majoliques. L'élégant bar à vin et restaurant sert une cuisine régionale élaborée.

Villa Franca HÔTEL €€€
(☎ 089 87 56 55 ; www.villafrancahotel.it ; Viale Pasitea 318 ; d 160-220 € ; ⊙ avr à mi-oct ; P ❄). Un magnifique hôtel au charme méditerranéen, à dominante bleue et blanche, où profiter d'une vue exceptionnelle depuis la piscine sur le toit. Les chambres, lumineuses, s'ornent de fresques classiques en céramique. En bas, bar, salle de sport aux appareils high-tech et centre de bien-être (hammam, massages et soins).

Une annexe abrite 9 chambres au décor similaire.

De Positano à Amalfi

La route entre Positano et Amalfi est l'une des plus époustouflantes de la côte. La plupart des hébergements sont regroupés à Praiano.

♥ **Agriturismo Serafina** AGRITURISMO €
(☎ 089 83 03 47 ; www.agriturismoserafina.it ; Via Picola 3, Loc Vigne ; s/d/tr 50/80/100 € ; ⊙ toute l'année ; ❄). On peut difficilement être plus isolé que dans ce superbe *agriturismo*, l'une des meilleures adresses de la côte. Les 7 chambres, impeccables et climatisées, sont aménagées dans le corps de ferme principal, chacune avec petit balcon et vue sur les terrasses verdoyantes en contrebas.

Les repas se composent quasi exclusivement des produits de la ferme (salami, *pancetta*, vin, huile d'olive, fruits et légumes).

♥ **Ercole di Amalfi Bed & Breakfast** B&B €€
(☎ 089 83 18 43 ; www.ercolediamalfi.it ; Via Giovanni d'Amalfi 29, Amalfi ; d 145 € ; ⊙ toute l'année). À 5 minutes en voiture à l'ouest d'Amalfi vers Conca dei Marini, ce B&B à flanc de colline, récemment ouvert, est doté d'une terrasse rustique avec vue panoramique sur la mer, où prendre le petit-déjeuner sous les citronniers. Plafond voûté et carreaux locaux dans les chambres, aux jolies sdb modernes. Un lieu idéal pour les promenades en montagne.

Hotel Onda Verde HÔTEL €€
(☎ 089 87 41 43 ; www.hotelondaverde.com ; Via Terramare 3, Praiano ; d 110-230 € ; ⊙ avr-nov ; ❄ ☎). Emplacement superbe, à flanc de falaise, pour cet hôtel qui surplombe la pittoresque Marina de Praiano. L'intérieur est creusé dans la paroi rocheuse, d'où une fraîcheur très appréciable l'été. Draps blancs, têtes de lit en satin, mobilier florentin et sols en majoliques caractérisent les chambres. Certaines ont une terrasse équipée de transats. Restaurant recommandé.

Hotel Villa Bellavista HÔTEL €€
(☎ 089 87 40 54 ; www.villabellavista.it ; Via Grado 47, Praiano ; ch 80-120 € ; ⊙ avr-oct ; ❄ ☎ ☎). Au milieu de jardins luxuriants (comprenant un potager bio), cet hôtel mise sur son charme à l'ancienne avec ses espaces communs un peu trop meublés et ses grandes chambres plutôt dépouillées. Son attrait réside dans l'ample terrasse fleurie, la piscine entourée de verdure et l'environnement tranquille, dans une ruelle étroite menant à la Spiaggia della Gavitelli.

De la SS163 qui traverse la ville, prenez la Via Rezzolo ; des panneaux indiquent le chemin à suivre.

Villa Maria Bed and Breakfast B&B €€
(☎ 089 87 28 02 ; www.villamariaamalfi.it ; Piazza Gaetano Amodio 1, Pogerola ; d 110-135 € ; ⊙ Pâques-oct). Non loin à l'ouest d'Amalfi en bus, sur la place principale du petit village médiéval de Pogerola, cette villa jaune citron est décorée avec goût, et ses chambres sont charmantes (poutres au plafond et sols carrelés). Vue à couper le souffle sur Amalfi, et sur les montagnes, accessibles par des chemins en escaliers.

Amalfi

Si Amalfi attire beaucoup de visiteurs d'un jour, son parc hôtelier n'en est pas moins étoffé. La plupart des hôtels affichent des prix de catégories moyenne à supérieure. Essayez de réserver tôt, car les établissements se remplissent vite en été et nombreux sont ceux qui ferment en hiver. Si vous êtes en voiture, mieux vaut opter pour un hôtel avec parking, car trouver une place dans la rue tourne souvent au cauchemar.

♥ **Albergo Sant'Andrea** HÔTEL €
(☎ 089 87 11 45 ; www.albergosantandrea.it ; Via Duca Mansone I ; s/d 60/90 € ; ⊙ mars-oct ; ❄ ☎). Profitez de l'animation de la Piazza

del Duomo confortablement installé dans votre chambre. Ce modeste deux-étoiles abrite des chambres basiques avec des carreaux lumineux et du linge de maison coordonné. Les doubles vitrages isolent du bruit de la place, parfois intense en haute saison. Demandez une chambre avec vue (sur la cathédrale).

♥ Residenza del Duca   HÔTEL €€
(☏ 089 873 63 65 ; www.residencedelduca.it ; Via Duca Mastalo II 3 ; s 70 €, d 130 € ; ◯ mars-oct ; ✲). Un hôtel familial de seulement 6 chambres, toutes ensoleillées et agrémentées de mobilier ancien, de majoliques et d'angelots kitsch. Les douches balnéo sont épatantes. Téléphonez si vous êtes chargé, car il est assez éprouvant de monter jusqu'ici (le transport des bagages est compris dans le prix). La chambre n°2 jouit d'une vue imprenable depuis sa baie vitrée.

Hotel Lidomare   HÔTEL €€
(☏ 089 87 13 32 ; www.lidomare.it ; Largo Duchi Piccolomini 9 ; s/d 65/145 € ; ◯ toute l'année ; ✲ 🛜). Avec leur décor joliment désordonné, leurs carreaux anciens et leurs antiquités, les chambres spacieuses et lumineuses de ce vieil hôtel familial plein de caractère ne manquent pas de noblesse. Certaines disposent d'une baignoire balnéo, d'autres d'un balcon avec vue sur la mer, ou des deux. Quant au petit-déjeuner, il est présenté sur un piano à queue !

Hotel Amalfi   HÔTEL €€
(☏ 089 87 24 40 ; www.hamalfi.it ; Vico dei Pastai 3 ; s 70-120 €, d 100-120 € ; ◯ Pâques-oct ; P ✲ 🛜). Confortable trois-étoiles familial, situé dans une petite rue à deux pas de la grande artère piétonne. Murs jaune pâle, sols carrelés et frises au pochoir dans les chambres, dont certaines avec balcon. Les petites sdb, rutilantes, sont équipées de baignoire ou de douche. Le jardin est idéal pour se détendre autour d'un verre.

Hotel Centrale   HÔTEL €€
(☏ 089 87 26 08 ; www.amalfihotelcentrale.it ; Largo Duchi Piccolomini 1 ; d 100-120 € ; ◯ Pâques-oct ; ✲ @ 🛜). Un des meilleurs rapports qualité/prix d'Amalfi. L'entrée se trouve sur une toute petite place du centre historique, mais beaucoup des chambres, décorées avec goût, donnent sur la Piazza del Duomo. Les céramiques turquoise apportent une agréable touche de fraîcheur, et la terrasse du toit jouit d'une vue imprenable.

DieciSedici   B&B €€
(www.diecisedici.it ; Piazza Municipio 10-16 ; d 150 € ; ◯ Pâques-oct ; ✲). Une situation de rêve sur la Piazza Municipio pour ce B&B flambant neuf, qui occupe un palais médiéval tout juste rénové, avec brio. Les chambres claires (sol carrelé et murs blanchis à la chaux) bénéficient, pour la plupart, d'une vue sur la mer. Les accueillants propriétaires vous indiqueront de bons restaurants et les curiosités de la ville. TV satellite, climatisation et chaîne Hi-Fi en font un bon rapport qualité/prix.

♥ Hotel Luna Convento   HÔTEL €€€
(☏ 089 87 10 02 ; www.lunahotel.it ; Via Pantaleone Comite 33 ; s 250-300 €, d 270-320 €, ste 460-620 € ; ◯ Pâques-oct ; P ✲ @ 🛜 ≋). Cet ancien ermitage franciscain fondé en 1222 fait office d'hôtel depuis 200 ans. Les chambres du bâtiment originel ont été aménagées dans les cellules des moines, qui n'ont plus rien de monastique avec leurs céramiques, leurs balcons et leur vue spectaculaire sur la mer. L'annexe récente est aussi charmante, avec des fresques religieuses au-dessus des lits. Le cloître est magnifique.

♥ Hotel Santa Caterina   HÔTEL €€€
(☏ 089 87 10 12 ; www.hotelsantacaterina.it ; Strada Amalfitana 9 ; d 315-770 €, ste à partir de 480 € ; ◯ mars-oct ; P ✲ 🛜 ≋). À l'ouest de la ville, sur la route côtière, cette villa de la fin du XIXe siècle, immense et grandiose, est l'un des hôtels emblématiques d'Amalfi, et l'un des plus fameux d'Italie. Le luxe à son comble : du service discret aux jardins idylliques, de la plage privée aux chambres somptueuses. Construit en 1880 par la famille Gambardella, qui le dirige depuis trois générations, l'établissement se distingue également par sa vue exceptionnelle.

Ravello

Ravello est une petite ville très chic, ce qui se reflète dans ses lieux d'hébergement, des quelques hôtels haut de gamme splendides aux ravissants établissements de catégorie moyenne. Sans oublier un bel *agriturismo* dans les environs. Réservez tôt pour la période estivale, surtout pendant le festival de musique.

Affitacamere Il Roseto
PENSION €

(089 858 64 92 ; www.ilroseto.it ; Via Trinità 37 ; s 60-70 €, d 80-90 € ; ⊙toute l'année). Les amateurs de simplicité, à proximité de tout, seront comblés. Deux chambres seulement, d'une blancheur impeccable : murs blancs, draps blancs, sol blanc. Un manque de charme compensé par le prix, et pour de la couleur, vous pouvez vous installer à l'extérieur sous les citronniers.

Les propriétaires gèrent également la boutique Profumi della Costiera.

Agriturismo Monte Brusara
AGRITURISMO €

(089 85 74 67 ; www.montebrusara.com ; Via Monte Brusara 32 ; s/d 45/90 € ; ⊙toute l'année). Une ferme en activité, authentique, à flanc de montagne, à une rude demi-heure de marche (1,5 km) du centre de Ravello (téléphonez pour qu'on vienne vous chercher). Idéal pour les familles (les enfants donneront à manger au poney pendant que les parents admireront le paysage) ou ceux qui apprécient la solitude.

Les trois chambres sont simples mais confortables, la cuisine est délicieuse, et le volubile propriétaire se montre un hôte charmant. Demi-pension possible.

♥ Punta Civita
B&B €€

(089 872 326 ; www.puntacivita.it ; Via Civita 4 ; d 110 € ; ⊙mars-oct ; 📶). Sur la route de Ravello, accessible en 15 minutes à pied depuis Atrani, ce petit B&B pimpant possède une terrasse couverte de bougainvillées – vue de rêve sur la mer et les citronniers –, et des chambres carrelées claires donnant aussi sur la mer. Les sympathiques propriétaires servent un excellent petit-déjeuner continental, sur la terrasse naturellement.

Albergo Ristorante Garden
HÔTEL €€

(089 85 72 26 ; www.gardenravello.com ; Via Giovanne Boccaccio 4 ; s/d 140/160 € ; ⊙mi-mars à fin oct ; ❄📶). À la réception, admirez les photos des propriétaires, jouant au tennis avec Jackie Kennedy et sa petite famille. S'il n'est plus le pôle d'attraction des célébrités, ce trois-étoiles familial reste une valeur sûre. Les chambres plutôt petites ne font guère impression, mais les points de vue sont superbes (et les réfrigérateurs appréciables).

Le romancier américain Gore Vidal fut un client régulier du restaurant en terrasse (repas à partir de 30 € environ).

Hotel Toro
BOUTIQUE-HÔTEL €€

(089 85 72 11 ; www.hoteltoro.it ; Via Wagner 3 ; s/d 85/125 € ; ⊙Pâques-nov ; ❄📶). Les chambres de cet hôtel fondé à la fin du XIXe siècle sont décorées dans le style traditionnel de la côte amalfitaine, avec carrelage en terre cuite ou marbre clair, mobilier crème apaisant et peintures de paysages. Plusieurs sont dotées de réfrigérateur.

Le Toro est situé juste en retrait de la Piazza del Duomo, à portée d'oreille des cloches de la cathédrale ; le jardin clos est l'endroit rêvé pour prendre un verre au coucher du soleil.

Hotel Villa Amore
PENSION €€

(089 85 71 35 ; www.villaamore.it ; Via dei Fusco 5 ; s/d 65/120 € ; ⊙mai-oct ; @). Cette chaleureuse pension familiale, nichée dans une ruelle tranquille, est sans doute la meilleure adresse de Ravello pour les voyageurs à petits budgets, avec ses chambres modestes très accueillantes. Toutes ont un balcon privatif et une sdb immaculée, et certaines une baignoire. Véritable atout, le restaurant allie cuisine savoureuse, prix honnêtes (repas 25 € environ) et point de vue fabuleux depuis la terrasse.

♥ Hotel Caruso
HÔTEL €€€

(089 85 88 01 ; www.hotelcaruso.com ; Piazza San Giovanni del Toro 2 ; s 575-720 €, d 757-976 € ; ⊙avr-nov ; 🅿❄📶🏊). Il n'y a pas piscine plus sensationnelle que celle du Caruso, immense et à débordement, posée au bord d'un précipice et dont le bleu de l'eau se mêle à celui du ciel et de la mer. Cela dit, l'intérieur de ce *palazzo* du XIe siècle est tout aussi impressionnant, avec ses arcs mauresques formant des cadres de fenêtre, ses plafonds voûtés du XVe siècle et ses céramiques élégantes.

Les chambres, magnifiques, sont équipées d'une TV/lecteur DVD surgissant miraculeusement d'un coffret en bois au bout du lit.

Palazzo Avino
HÔTEL €€€

(Palazzo Sasso ; 089 81 81 81 ; www.palazzo-sasso.com ; Via San Giovanni del Toro 28 ; d à partir de 320 €, avec vue sur la mer 530 € ; ⊙mars-oct ; ❄📶🏊). L'un des 3 hôtels de luxe de Ravello, ouvert en 1880, et ayant vu passer quelques grands noms du XXe siècle, comme le général Eisenhower qui prépara ici l'attaque alliée sur le Monte

Cassino, ou Roberto Rossellini et Ingrid Bergman qui dînèrent en amoureux dans son restaurant. Cet étonnant palais rose pâle du XIIe siècle est meublé d'antiquités magnifiques, et ponctué de couleurs mauresques et de sculptures modernes.

Le restaurant Rossellinis, étoilé, jouit d'une grande renommée. Panorama exceptionnel depuis la piscine, longue de 20 m ; petit spa.

SALERNE ET LE CILENTO

Salerne (Salerno)

Du petit nombre de lieux d'hébergement que compte Salerne, aucun ne sort vraiment du lot, même s'il y a quelques hôtels corrects dans le centre-ville. Les prix sont très inférieurs à ceux pratiqués sur la côte amalfitaine.

♥ Ostello
Ave Gratia Plena AUBERGE DE JEUNESSE €

(☏ 089 23 47 76 ; www.ostellodisalerno.it ; Via dei Canali ; dort/s/d 16/45/65 € ; ⊙toute l'année ; @☎). L'auberge HI (hostelling international) de Salerne occupe un couvent du XVIe siècle au cœur du centre historique. Différents types de chambres sont réparties autour d'une ravissante cour centrale, des dortoirs aux doubles avec sdb (très bonne affaire). Couvre-feu à 2h uniquement pour les dortoirs.

Hotel Montestella HÔTEL €€

(☏ 089 22 51 22 ; www.hotelmontestella.it ; Corso Vittorio Emanuele II 156 ; s/d/tr 75/100/110 € ; ⊙toute l'année ; ✱@☎). Son emplacement dans la principale rue piétonne, à mi-chemin entre le centre historique et la gare ferroviaire, permet de rejoindre à pied tous les sites intéressants. Moquette bleue et papier peint à motifs dans les chambres, spacieuses et confortables ; espaces communs d'allure moderne. De loin l'une des meilleures adresses de catégorie moyenne en ville.

Parking souterrain pratique à deux pâtés de maisons (25 €/24h).

Paestum

Paestum reçoit essentiellement des visiteurs en excursion pour la journée. De ce fait, le nombre important d'hôtels a de quoi surprendre. Outre les sempiternels établissements trois-étoiles destinés aux groupes, on trouve également d'excellentes adresses.

♥ Casale Giancesare B&B €

(☏ 0828 72 80 61, 333 189 77 37 ; www.casalegiancesare.it ; Via Giancesare 8 ; s 65-120 €, d 65-120 €, app 600-1 300 €/sem ; ⊙toute l'année ; P✱@☎≋). Cette ancienne ferme du XIXe siècle a été transformée en un élégant B&B en pierre, tenu par l'adorable famille Voza. Vos hôtes seront enchantée de vous faire goûter leur vin et leur *limoncello* maison. À 2,5 km de Paestum, au milieu des vignes, des oliviers et des mûriers. Points de vue somptueux, en particulier depuis la piscine.

Villaggio dei Pini CAMPING €

(☏ 0828 81 10 30 ; www.campingvillaggiodeipini.com ; empl 2 pers, voiture et tente 45 €, bung 2 pers 450-800 €/sem ; ⊙toute l'année ; ☎). S'il y a à Paestum de nombreux campings, celui-ci surpasse les autres. Inscrit dans un cadre paysager à l'ombre de hauts pins, il comporte restaurant, pizzeria, supérette, terrain de football, plage privée et aire de jeux pour les enfants. Meublés simplement, les bungalows ont néanmoins tout ce qu'il faut.

♥ Hotel Calypso HÔTEL €€

(☏ 0828 81 10 31 ; www.calypsohotel.com ; Via Mantegna 63 ; s 50-75 €, d 100-150 € ; ⊙toute l'année ; P✱@). Un hôtel qui plaira aux artistes et adeptes de mouvements alternatifs. Vastes chambres d'un goût sûr, décorées d'artisanat et pourvues d'un balcon privatif. Une plage de sable est accessible rapidement à pied. Le propriétaire, Roberto, a sillonné le monde et connaît aussi très bien la région. Des concerts, du folk à la musique classique, ont lieu régulièrement durant l'été.

Restaurant macrobiotique (l'hôtel est affilié au mouvement Slow Food) servant des plats végétariens. Chambres sans TV disponibles pour les clients fuyant les champs électromagnétiques.

Agropoli et la côte du Cilento

Très prisées des touristes italiens en été, Agropoli et les principales cités balnéaires de la côte du Cilento offrent un bon choix d'hébergements.

Marulivo Hotel
BOUTIQUE-HÔTEL €

(📞 0974 97 37 92 ; www.marulivohotel.it ; Via Castello, Pisciotta ; d 85-100 € ; ☺ Pâques-oct ; ❋ 📶). Pour une escapade romantique, ou simplement décompresser dans un cadre idyllique, rien de mieux que cet hôtel caché dans le lacis de ruelles médiévales de Pisciotta, derrière la place principale. Murs en pierres apparentes et teintes naturelles dans les chambres, garnies de mobilier ancien et de linge blanc impeccable. La terrasse sur le toit regarde la mer et le petit bar attenant est parfait pour siroter un verre.

Anna
B&B, APPARTEMENTS €

(📞 0974 82 37 63 ; www.bbanna.it ; Via S Marco 28-30, Agropoli ; d 75-90 € ; ☺ toute l'année ; P ❋). Emplacement de rêve, face à la superbe plage de sable d'Agropoli pour ce bel hôtel bon marché. Les habitants apprécient son restaurant, où se régaler d'un *cornetto* maison au petit-déjeuner. Les vastes chambres, sans fioritures, se doublent d'un balconnet ; demandez une vue sur la mer pour contempler le coucher du soleil au-dessus de Sorrente. Location de transats et de vélos à prix modique.

La Lanterna
AGRITURISMO €

(📞 089 79 02 51 ; www.cilento.it/lanterna ; Via della Lanterna 8, Agropoli ; dort 16 €, d 34-45 €, tr 51-55 €, qua 68-72 € ; ☺ Pâques-oct ; P @). Ivo et Tiziana sont les hôtes charmants de cet endroit accueillant, à 1 km du centre d'Agropoli. Les bungalows, aux grandes terrasses, sont d'un excellent rapport qualité/prix. Dortoirs impeccables équipés de casiers. Petit-déjeuner délicieux (petits pains au fromage ou à la confiture, gâteaux maison). La connexion Internet coûte 3 €/heure.

Raggio di Sole
AGRITURISMO €

(📞 0974 96 73 56 ; www.agriturismoraggiodisole.it ; Via Terrate, Castellabate ; d 80 € ; ☺ avr-nov ; P ❋). Situé en périphérie de la ville en arrivant de Santa Maria di Castellabate, cet accueillant *agriturismo* se trouve au pied de la montagne la plus proche de la ville. Les points de vue sont superbes, avec la mer et l'île de Capri au loin. Le corps de ferme, vieux de 200 ans et entièrement restauré, comprend des chambres simples et modernes avec balcon. La maison principale est entourée d'arbres, dont des eucalyptus touffus, des citronniers et des oliviers, tandis qu'en contrebas se trouve une petite ferme.

La Corallina
HÔTEL €

(📞 0974 96 68 61 ; www.hotellacorallina.it ; Via Porto, San Marco di Castellabate ; d 75-120 € ; ☺ Pâques-oct ; P ❋ 📶). Ce petit hôtel à la jolie façade ocre, aux volets verts et aux jardinières fleuries, donne sur le port où sont amarrés des bateaux de pêche. Dans les chambres, le sol et les murs blancs contrastent avec les frises colorées en carreaux de Vietri et les rideaux bleus.

Albergo il Castello
HÔTEL €

(📞 0974 96 71 69 ; www.hotelcastello.co.uk ; Via Amendola, Agropoli ; d 90-100 € ; ☺ Pâques-oct ; P ❋). Cet hôtel à l'ancienne, à la façade couverte de lierre, occupe un bâtiment du début du XIXe siècle abritant de grandes chambres au sol carrelé d'origine, avec des murs en pierre apparente et de vastes terrasses privées. La cour plantée de citronniers et d'une profusion de plantes est idéale pour boire un verre au coucher du soleil ou savourer le copieux petit-déjeuner.

Antico Maniero Palinuro
B&B €€

(📞 0974 93 30 38 ; www.anticomanieropalinuro.it ; Colle San Sergio, Centola ; d 110 € ; ☺ Pâques-oct). Une demeure en pierre agrémentée d'une superbe terrasse avec vue panoramique sur la mer. Il y a ici des chambres romantiques agréablement kitsch : mousselines, jetés de lit en dentelle et meubles en bois sombre. Entre Centola et Palinuro – un bon emplacement si vous visitez le Cilento ou que vous longez la côte.

Albergo Santa Caterina
HÔTEL €€

(📞 0974 93 10 19 ; www.albergosantacaterina.com ; Via Indipendenza 53, Palinuro ; d 100-155 € ; ☺ Pâques-oct ; P ❋ @ 📶). Dans ce superbe hôtel de la rue principale de Palinura, les chambres sont réhaussées de couleurs allant du jaune canari au bleu océan. Toutes disposent d'une sdb de taille respectable, avec baignoire et douche, ainsi que d'une terrasse privative. Comptez 20 € de plus pour une vue sur la mer. La TV satellite est un luxe rare dans la région.

Villa Sirio
HÔTEL €€

(📞 0974 96 01 62 ; www.villasirio.it ; Via Lungomare di Simone 15, Santa Maria di Castellabate ; d 130-220 € ; ☺ avr-nov ; P ❋). Un hôtel familial datant de 1912, à l'élégante façade classique dans les tons ocre ponctuée de volets verts traditionnels. Les chambres lumineuses, aux couleurs jaune, bleu ou turquoise, se doublent de sdb en marbre étincelant avec baignoire balnéo Des petits balcons, qui comportent de jolies tables en marbre, on jouit d'une vue imprenable, avec Capri au loin.

Parco Nazionale del Cilento

Sans surprise, les paysages spectaculaires et verdoyants du parc en font le lieu idéal pour un séjour à la ferme.

♥ Agriturismo i Moresani AGRITURISMO €
(✆0974 90 20 86 ; www.imoresani.com ; Località Moresani ; d 90-110 € ; ☼mars-oct ; ❋🏠☺). Un havre de tranquillité que cet *agriturismo* situé à 1,5 km à l'ouest de Casal Velino. Le cadre est bucolique, avec des collines ondulantes émaillées de vignes, de prairies et d'oliviers. Cette ferme familiale de 18 hectares produit son fromage de chèvre *caprino*, son vin, son huile d'olive et ses conserves. Installées autour d'un joli petit jardin privé, les chambres sont dans les tons terre et crème

Le restaurant sert les produits bio de la propriété, et sa terrasse donne sur les vignes. Équitation, cours de cuisine ou de peinture sont organisés ; consultez le site Internet ou contactez les sympathiques propriétaires pour des détails.

Villa Vea AGRITURISMO €
(✆0828 196 22 37 ; www.agriturismovillavea.it ;C da Soubaddei 10, Bellosguardo ; d 74 € ; ☼toute l'année ; 🏠☺). Une famille italo-américaine a ouvert en 1978 ce splendide gîte rural, le premier du coin, parmi les vignes et les oliviers, sur fond de montagnes couvertes de pins. Vous pourrez contempler Capri au loin, en dégustant les délicieuses spécialités du terroir préparées par Angela, qui dispense aussi des cours de cuisine. Chambres de style rustique, peintes de couleurs vives, et garnies de meubles en bois.

Il y a de l'huile d'olive, du vin et des confitures maison, et le petit-déjeuner inclut des plats chauds à la demande, une rareté dans la région.

Agriturismo La Loggia degli Alburni AGRITURISMO €
(✆334 320 43 98 ; www.laloggiadeglialburni.it ; Sicignano degli Alburni ; d 45 € ; ☼toute l'année ; P❋). Plus hôtel de campagne que véritable *agriturismo*, La Loggia bénéficie d'un cadre sublime, haut perchée dans une châtaigneraie au-dessus d'un superbe château. Suivez les indications depuis le village, le long d'une mauvaise piste flanquée de pentes boisées. Les chambres sont spacieuses, modernes et confortables. Dans la salle à manger (repas 25 €), ornée d'une fresque sur le thème de la chasse, on vous servira de bons plats traditionnels comme les *tagliolini al ragù*. L'endroit est apprécié des randonneurs.

Antichi Feudi BOUTIQUE-HÔTEL €
(✆0975 58 73 29 ; www.antichifeudi.com ; Via San Francesco 2, Teggiano ; s 35-65 €, d 70-90 € ; ☼toute l'année ; ❋🏠). Situé juste en retrait de la belle Piazza San Cono, à Teggiano, cet ancien palais se distingue par sa magnifique façade couleur terre de Sienne brûlée. Dans ce pittoresque hôtel de charme, bon marché pour les prestations, toutes les chambres sont différentes, mais le souci du détail est omniprésent : armoires peintes, lits à baldaquins et parfois même des lustres. Entre autres espaces publics, il y a une petite cour avec un puits d'origine et un excellent restaurant.

Casale San Martino B&B €
(✆0974 83 22 13 ; www.casalesanmartino.eu ; Contrada Vignali 5 ; d 85 € ; ☼mars-oct ; P❋). Cet adorable B&B jouit d'un incroyable panorama sur Agropoli et la côte à l'ouest et sur la campagne vallonnée à l'est. Poutres et murs en pierre caractérisent les chambres, décorées avec goût, qui se doublent de sdb haut de gamme avec des mosaïques en marbre. Prenez la SP172 vers l'est depuis la principale route côtière au sud d'Agropoli.

La ménagerie familiale compte des chèvres et des canards. En saison, vous pourrez manger au petit-déjeuner des figues fraîches provenant du ravissant jardin agrémenté d'une tonnelle couverte de glycine.

La Congiura dei Baroni HÔTEL €
(✆097 57 90 44 ; www.lacongiuradeibaroni.it ; Via Castello 16, Teggiano ; s/d 35/75 € ; ☼Pâques-oct). Un petit hôtel engageant, qui donne sur le château de Teggiano et ses douves. On se sent comme chez des amis dans les chambres aussi mignonnes que douillettes, avec terrasse. Anna Maria réserve un accueil chaleureux.

♥ Zio Cristoforo AGRITURISMO €€

(☎0974 90 75 52 ; www.agriturismoziocristoforo.com ; Via Chiuse 24, Casal Velino ; d 130-160 € ; ⊕toute l'année ; P❄☒☒). Si les *agriturismi* recevaient des étoiles, celui-ci en aurait cinq. En réalité, il s'agit plus d'un boutique-hôtel que d'une exploitation agricole. Personne ne se promène en bottes, pourtant il y a réellement une ferme et des animaux élevés sur place. Le restaurant est très apprécié, notamment pour ses viandes et ses produits locaux. Les chambres sont rustiques mais élégantes, avec des lits en fer forgé, des sols en terre cuite et des tons vert et blanc rafraîchissants. Cours de cuisine en hiver (150 € pour 3 jours) ; dégustations de vin régulières.

Park Hotel Cilento HÔTEL €€

(☎ 0974 93 26 62 ; www.parkhotelcilento.it ; Via Sirene 26, Marina di Camerota ; d 140 € ; ⊕toute l'année ; P☒). Situé au sud, de l'autre côté de la baie par rapport à Palinuro, cet hôtel confortable est idéal pour les familles et ceux qui désirent explorer le parc et la côte. Les chambres sont simples, impeccables et fonctionnelles. Piscine, restaurant et buffet gigantesque au petit-déjeuner. Le personnel à la réception pourra vous organiser des sorties en bateau.

Comprendre Naples et la côte amalfitaine

NAPLES ET LA CÔTE AMALFITAINE AUJOURD'HUI 222
Vélos en libre-service, circuits à la découverte de l'art de la rue, entreprises nouvelle génération : le changement est palpable dans les rues napolitaines.

HISTOIRE................................... 224
Sibylles chuchotantes et rois impitoyables : drames et vengeances marquent l'histoire napolitaine.

ARTS.. 233
Riche en peintures, mélodies populaires et classiques du cinéma, Naples compte parmi les cités les plus cultivées du pays.

LA SOCIÉTÉ NAPOLITAINE 238
La vie napolitaine est une aventure douce amère, composée de fierté profonde et de luttes quotidiennes.

SAINTS ET SUPERSTITIONS 242
Saints omnipotents et mauvais œil : dans le sud de l'Italie, le sacré et le profane se mêlent étroitement.

CUISINE DE CAMPANIE 246
Berceau de nombreuses et succulentes spécialités italiennes, la région est un enchantement pour les gourmets.

ARCHITECTURE 255
Des temples antiques aux escaliers majestueux, la Campanie offre un éblouissant festival architectural.

LA VILLE SOUTERRAINE...................... 260
Le goût de Naples pour le secret s'illustre parfaitement dans son labyrinthe souterrain.

LA CAMORRA 264
Drogue, rackets et règlements de compte sanglants : bienvenue dans le côté obscur de la Campanie.

Naples et la côte amalfitaine aujourd'hui

Plus connue pour l'antique et le classique que pour la modernité ou l'avant-gardisme, la troisième ville d'Italie s'est petit à petit découvert un côté branché. Une énergie nouvelle balaye les vieilles rues, apportée par les jeunes napolitains habitués à voyager. Aujourd'hui, Naples mêle tout à la fois les tendances et l'innovation des métropoles mondialisées et les couleurs et saveurs locales.

Le top des films

L'Or de Naples (*L'Oro di Napoli*, 1954), de Vittorio De Sica. Une anthologie d'histoires napolitaines, avec Sophia Loren.
Passione (2010), de John Turturro. Hommage de Turturro à la musique et aux traditions napolitaines.
Gomorra (2008), de Matteo Garrone. Un film au rythme rapide sur la violence sous-jacente de la ville.
E poi c'è Napoli (2014), de Gianluca Migliarotti. Un documentaire rafraîchissant sur la mode, le style et la couture napolitains.

Le top des livres

La Peau (*La Pelle*, 1949), de Curzio Malaparte. Naples au lendemain de la guerre.
Capri, petite île (1951), de Félicien Marceau. Des personnages vivent et se croisent à Capri.
L'Île d'Arturo (*L'Isola di Arturo*, 1957), d'Elsa Morante. L'histoire d'un enfant sur l'île de Procida.
Naples 44 (1978), de Norman Lewis. Le portrait désabusé de Naples au sortir de la Seconde Guerre mondiale.
Le Jour d'avant le bonheur (*Il Giorno prima della felicità* ; Gallimard, 2010), d'Erri De Luca. À Naples, dans l'immédiat après-guerre.

Un souffle nouveau

Dans le centre historique, une nouvelle génération de cafés et de bars privilégie un cadre plus sobre, troquant le kitsch surchargé pour des murs en tuf et des éléments de designer dignes des magazines de décoration. Même la chaîne Mexico de cafés à l'ancienne suit la mode, et sa dernière succursale mêle l'ancien et le moderne, avec des serveurs coiffés de casquette rétro, des lambris en bois recyclé, de l'acier postindustriel et des tables où les clients pianotent sur leurs ordinateurs.

Des mots clés comme "durable", "bio" et "produit locaux" figurent sur un nombre croissant de cartes, dont celles des restaurants et bars à vin nouvelle génération tels Eccellenze Campane, Salumeria et Jamón. Dans ces établissements, il est probable que le *prosciutto crudo* (jambon cru) provienne de *maialino nero casertano* (une race de cochon de Caserta), que la mortadelle à la cannelle soit faite avec du porc bio et que la *birra* (bière) soit artisanale.

L'intérêt croissant pour la production artisanale, locale et créative s'étend au-delà de la table. Les nombreuses œuvres d'art de rue de Naples – dont la seule création de Banksy en Italie – commencent à obtenir la reconnaissance qu'elles méritent grâce à des amateurs locaux comme Federica Belmonte et ses amis. Âgée d'une trentaine d'années, Federica Belmonte a eu l'idée de fonder Napoli Paint Stories, dont les promenades guidées font découvrir l'art urbain et les graffitis expressifs aux habitants et aux visiteurs.

Par ailleurs, à San Caterina a Formiello, à la lisière est du centre historique, le projet Made in Cloister transforme un cloître ancien et une fabrique de laine en un centre culturel animé pour artisans, artistes et musiciens. Il compte déjà plusieurs espaces, dont le Lanificio 25, une salle de concerts qui attire une foule de Napolitains bigarrées.

Après une période de stagnation, il semble que la plus grande ville du sud de l'Italie soit impatiente d'écrire un nouveau chapitre de son histoire.

Ville verte

Lorsque Luigi de Magistris a pris les rênes de l'hôtel de ville en 2011, son ambition était de faire de Naples une métropole plus propre et plus verte. Le défi était pour le moins audacieux : seulement quelques années plus tôt, une crise majeure du ramassage des ordures avait laissé la ville jonchée d'immenses tas de détritus. Des images d'habitants exaspérés mettant le feu aux déchets avaient fait le tour du monde, un cauchemar pour une cité consciente de sa réputation de ville sale et dangereuse.

Le nouveau maire était un homme déterminé. En septembre 2011, le centre historique a été classé ZTL (zone de circulation limitée) afin de réduire les émissions de carbone, de fluidifier la circulation et d'empêcher les automobilistes d'utiliser les voies réservées aux transports publics. Ensuite, une partie du fameux Lungomare (front de mer) est devenu piétonier juste avant les World Series de la Coupe de l'America au printemps 2012. Là où voitures et scooters crachaient jadis des gaz d'échappement, les habitants et les visiteurs se promènent, courent, font du vélo et profitent de la vue sur la baie et l'île de Capri. C'est ce que Luigi de Magistris appelle fièrement *il Lungomare liberato* (le front de mer libéré).

La présence croissante de Napolitains à vélo est quasiment révolutionnaire dans une cité où, jusque récemment, se déplacer à vélo était considéré comme une lubie d'écolo. En juin 2015, Naples a accueilli son 4e Napoli Bike Festival (Festival du vélo) annuel. L'année précédente avait été lancé un projet de vélo en libre-service, Bike Share Napoli. Initié par CleaNap, une association primée, connue pour le nettoyage des rues et des places jonchées de détritus, ce projet avait séduit plus de 4 000 utilisateurs début 2015, un chiffre qui a prouvé la popularité du système.

Toutefois, le vélo n'est pas le seul moyen de transport durable à Naples. En 2015, la ville a inauguré deux nouvelles stations de métro de la ligne 1, Duomo et Municipio, conçues par des architectes. La dernière est le centre d'un réaménagement majeur – et nécessaire – de la Piazza Municipio, le premier endroit que découvrent les passagers des ferries et des navires de croisière. Quand les travaux seront achevés, le secteur deviendra l'une des plus grandes zones urbaines piétonnes d'Europe, et une source de fierté dans une ville trop souvent dénigrée.

Campanie

POPULATION :
5,87 MILLIONS

SUPERFICIE : **13 590 KM²**

TAUX DE CHÔMAGE : **21,7% (2015)**

RÉSIDENTS ÉTRANGERS :
3% DE LA POPULATION

NOMBRE DE SITES INSCRITS AU PATRIMOINE MONDIAL : **5**

Sur 100 personnes à Naples

96 sont italiennes
4 sont d'une autre origine

Religions
(en % de la population)

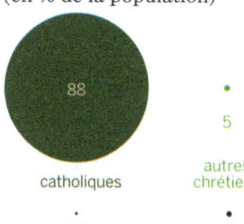

88 catholiques
5 autres chrétiens
2,5 musulmans
4,5 autres confessions

Population au km²

NAPLES ITALIE NEW YORK

≈ 190 personnes

Histoire

Empereurs romains épicuriens, conquêtes espagnoles, épidémies de peste, éruptions volcaniques, révolutions, occupation par les forces allemandes : avec près de 3 000 bougies sur son gâteau d'anniversaire, Naples a été le théâtre de nombreux événements.

Les premiers habitants

Sites archéologiques majeurs

Paestum

Pompéi

Herculanum

Museo Archeologico Nazionale, Naples

Anfiteatro Flavio, Pouzzoles

Les premiers habitants de la région furent des Grecs, qui fondèrent un comptoir marchand sur Ischia ainsi qu'une colonie à Cumae (Cumes), au VIIIe siècle av. J.-C. Principale position grecque en Italie, Cumes demeura pendant 200 ans la plus importante cité du sud-ouest de la péninsule, un centre commercial prospère doté d'une sibylle qui était la porte-parole d'Apollon.

Selon la légende, les marchands établirent également Naples sur l'île de Megaris, où est bâti le Castel dell'Ovo, autour de 680 av. J.-C. Elle fut alors baptisée Parthenopê en l'honneur d'une sirène suicidaire : incapable d'envoûter Ulysse avec ses chansons, elle se noya dans la mer et les flots rapportèrent son corps sur l'îlot.

À deux reprises, mais en vain, les Étrusques basés en Toscane tentèrent d'envahir Cumes. Après le second échec, en 474 av. J.-C., les Cuméens fondèrent Neapolis ("nouvelle ville"), à l'emplacement de l'actuel centre historique de Naples.

Malgré la résistance cuméenne, les attaques étrusques inspirèrent d'autres offensives, et en 421 av. J.-C., les Grecs s'inclinèrent face aux Samnites. Ces derniers n'eurent d'autre choix que d'abandonner Neapolis aux mains des Romains en 326 av. J.-C. Peu après, en 273 av. J.-C., les Romains ajoutèrent Paestum, cité grecque datant du Ve siècle av. J.-C., à leur liste de conquêtes.

Toges, triomphe et terreur

Sous la domination romaine, la baie de Naples, domaine des somptueuses villas et des centres thermaux, accueillait les patriciens de

CHRONOLOGIE	VIIIe siècle av. J.-C	680 av. J.-C	474 av. J.-C
	Les Grecs fondent une colonie à Cumes. La région devient la position grecque de la péninsule et un point stratégique de la Grande Grèce.	Les Cuméens grecs établissent Parthenopê sur l'île de Megaris. La cité est baptisée en l'honneur d'une sirène qui se donna la mort pour n'avoir pas réussi à envoûter Ulysse.	Les Cuméens fondent Neapolis ("nouvelle ville") à l'emplacement de l'actuel centre historique de Naples. Le plan des rues de l'époque grecque est encore visible aujourd'hui.

passage. Fermes et forêts s'étendaient au pied du Vésuve tandis que les riches familles s'établissaient sur la côte. Les notables prenaient leurs vacances à Stabiae (Castellammare di Stabia), Poppée, la seconde épouse de Néron, allait se distraire dans la chic Oplontis et le beau-père de Jules César avait une résidence à Herculanum. À l'ouest de Naples, Puteoli (Pouzzoles) devint un grand port international, où transitaient les bateaux chargés de blé d'Alexandrie et où l'apôtre Paul aurait débarqué en 61. Plus à l'ouest, Misenum (Miseno) se targuait de posséder la plus importante flotte du monde antique.

En dépit de la forte présence romaine dans la région, les citoyens de Neapolis ne furent jamais complètement romanisés, et refusèrent par exemple d'abandonner leur langue. Les Romains tolérèrent cette liberté linguistique, mais l'hostilité des Napolitains envers Rome pendant les guerres civiles romaines (88-82 av. J.-C.) fut telle que Sylla prit rapidement la ville et en massacra des milliers d'habitants. Événement tout aussi catastrophique, le réveil soudain du Vésuve en 79 ensevelit les villes proches de Pompéi et Herculanum sous un mélange de lave en fusion, de boues et de cendres. Se produisant seulement 17 ans après un séisme important, l'éruption de Vésuve porta un coup énorme à la population rurale de la région, déjà fragilisée.

Dans son enceinte, Neapolis était en pleine expansion : le général Lucullus construisit une gigantesque villa à l'emplacement de l'actuel Castel dell'Ovo et Virgile s'installa dans la cité. Au large, Capri devint le théâtre des célèbres débauches de l'empereur Tibère.

Toutefois, le destin de Neapolis était désormais lié à celui de l'Empire romain : lorsque le dernier empereur, Romulus Augustule, mourut en 476, la cité passa aux mains des Barbares.

> Le site www.arcaini.com (en anglais) présente, entre autres, un résumé de l'histoire italienne de l'époque préhistorique à l'après-guerre et inclut une brève chronologie.

L'ÂGE D'OR D'AMALFI

Au sujet de la célèbre ville d'Amalfi, l'écrivain du XIXe siècle Renato Fucini affirmait que lorsque ses habitants arrivaient au paradis le jour du Jugement dernier, c'était pour eux un jour comme les autres. Ce point de vue était sans doute partagé par les patriciens romains qui firent naufrage sur ses côtes en 337. Séduits par la beauté de la région, ils abandonnèrent leur long voyage à destination de Constantinople et s'installèrent sur place.

Mais c'est au IXe siècle qu'Amalfi connut son véritable âge d'or, lorsque le statut de République maritime fut adopté après des siècles de domination byzantine. Entre cette période et les désastreux raids pisans de 1135 et 1137, son incroyable expansion se fit sentir dans tout le Bassin méditerranéen, où de nombreuses églises portèrent le nom de Sant'Andrea (patron d'Amalfi) ou le quartier de "Petite Amalfi" dans la Constantinople du Xe siècle, qui regroupait des commerces et des écoles pour expatriés.

326 av. J.-C	79	305	536
Les Romains conquièrent Neapolis et la ville est intégrée à l'Empire. Malgré tout, les habitants s'accrochent à leur héritage et à leur langue.	Le 24 août à 10h, le Vésuve entre en éruption. Les Napolitains sont pris de court et Pompéi, Herculanum et d'autres villes des versants du volcan sont ensevelies.	Victime des persécutions anti-chrétiennes de l'empereur Dioclétien, San Gennaro, futur saint patron de Naples, est décapité sur le site volcanique de la Solfatara, à Pouzzoles.	Le général byzantin Bélisaire et ses combattants assiègent la ville après s'y être introduits par l'ancien aqueduc. Naples est conquise et devient un duché byzantin.

Les Normands et les Angevins

Au début du XIe siècle, Naples était un duché florissant. Hors de la ville cependant, la situation était plus instable et les Normands commencèrent à lorgner les principautés lombardes de Salerne, Bénévent, Capoue et Amalfi.

Les Normands arrivèrent en Italie du Sud à partir du Xe siècle. Il s'agissait au départ de pèlerins en route pour Jérusalem, puis de mercenaires, attirés par l'argent à gagner en combattant pour une des principautés rivales ou contre les musulmans de Sicile. Et c'est justement à l'un de ces mercenaires, Rainulfo Drengot, que le duc de Naples, Serge IV, confia la mission de chasser les Lombards de Capoue. La ville tomba en 1062, suivie par Amalfi en 1073 et Salerne 4 ans plus tard. Dès 1130, la majorité du sud de l'Italie, y compris la Sicile, était sous contrôle normand, et Naples finit par se rendre en 1139. Le royaume des Deux-Siciles était ainsi achevé.

Les Normands maintinrent leur capitale en Sicile, et si Palerme commençait à éclipser Naples, les Napolitains semblaient satisfaits de leur sort. Mais l'ambiance changea radicalement en 1194 : à la mort de Tancrède, dernier roi normand, le pouvoir passa à Henri Hohenstaufen, de la dynastie souabe. Les Napolitains rejetèrent les nouveaux rois souabes et firent bon accueil à Charles Ier d'Anjou, vainqueur à la bataille de Bénévent en février 1266 qui l'opposait aux Siciliens du roi Manfred de Hohenstaufen.

Les Angevins étaient déterminés à faire de Naples un centre majeur de la vie artistique et intellectuelle. Charles Ier d'Anjou fit construire le Castel Nuovo en 1279, le port fut agrandi et au début du XIVe siècle, Robert d'Anjou construisit le Castel Sant'Elmo. Malheureusement, le dernier siècle des Angevins fut marqué par des désaccords politiques entre les différentes factions de la famille. On soupçonna la reine Jeanne Ire d'avoir assassiné son mari et elle quitta la ville de 1348 à 1352, provoquant l'occupation de Naples par sa belle-famille hongroise, assoiffée de vengeance. Quelque 70 ans plus tard, seul un important soutien populaire permit à la reine Jeanne II de conserver sa couronne face à son mari qui tentait de se l'octroyer.

Avec la famille royale empêtrée dans de telles histoires, les Aragonais sentirent que l'heure était venue de passer à l'attaque.

Les Aragonais

Alphonse Ier d'Aragon – surnommé *Il Magnanimo* (le Magnanime) – prit le contrôle de Naples en 1442 et fit beaucoup pour la cité, soutenant les arts et les sciences et mettant en place des réformes institutionnelles. Mais ces initiatives n'effacèrent pas le souvenir des populaires Angevins qu'il avait destitués.

Pour mieux connaître l'histoire et la culture de la Grèce antique, connectez-vous sur www.ancientgreece.com (en anglais), qui répertorie les personnages et les lieux clés. Le site comporte aussi une librairie en ligne.

1139
Après la conquête normande de Capoue, Amalfi et Salerne, Naples rejoint le royaume des Deux-Siciles, contrôlé par les Normands. La ville joue les seconds rôles face à Palerme.

1265
Charles Ier d'Anjou défait les rois souabes détestés de Naples qui devient capitale de la dynastie française d'Anjou. Le port est agrandi et le Castel Nuovo est construit en 1279.

1343
Le 25 novembre, un terrible séisme dans la mer Tyrrhénienne provoque un tsunami. Dans les ports de la côte amalfitaine, en particulier à Amalfi, les dégâts et les pertes humaines sont importants.

1414
Jeanne II de Naples devient reine de Naples. En 1432, face aux ambitions politiques grandissantes de son favori, Giovanni Caracciolo, Jeanne ordonne son assassinat. Le 19 août, Caracciolo est poignardé à mort.

En 1485, les barons de la ville prirent les armes contre Ferdinand Ier, successeur d'Alphonse. En moins d'un an, le roi réussit à exécuter les meneurs (dans la salle des Barons du Castel Nuovo) et à restaurer la paix. En 1495, Charles VIII, roi de Français, envahit la ville. En butte à l'opposition virulente des Napolitains, il ne devait toutefois occuper le trône que quatre mois, avant d'être remplacé par l'Aragonais Ferdinand II.

À la mort de Ferdinand II en 1496, les barons insurgés couronnèrent l'oncle de Ferdinand, Frédéric, provoquant ainsi la colère de tous : Napolitains, Français et Espagnols souhaitaient que le trône revienne à sa veuve Jeanne. En conséquence, la ville fut envahie par une union franco-espagnole en 1501. Frédéric essaya de s'accrocher au pouvoir, mais, face à une opposition quasi unanime, il s'enfuit et laissa Naples aux Espagnols. Le roi Ferdinand II d'Aragon devint alors Ferdinand III de Naples.

> Entre janvier et août 1656, la peste bubonique tua plus de la moitié des quelque 300 000 habitants de Naples. La ville mit près de deux siècles à retrouver sa population d'avant l'épidémie.

JEANNE II, REINE DE NAPLES ET DU STUPRE

Si les tabloïds avaient existé de son temps, Jeanne II (1373-1435) aurait souvent fait la une. Six siècles après son règne, les Napolitains désignent encore les lieux où la mante religieuse batifola avec ses amants ou s'en débarrassa. Elle aurait ainsi jeté l'un d'entre eux en pâture à un crocodile affamé au Castel Nuovo et précipité un autre malheureux du haut d'une falaise près du Palazzo Donn'Anna. Sans doute avaient-ils démérité lors des fameuses orgies auxquelles la souveraine s'adonnait.

La frontière entre légende et réalité est certes mince, mais on admet communément que la fille de Charles III et de Marguerite d'Anjou-Durazzo aimait la compagnie des hommes, en particulier celle des personnages influents. Au moment de son couronnement en 1414, elle était déjà veuve du duc d'Autriche Guillaume de Habsbourg, d'abord promis à sa cousine Hedwige de Pologne. Une fois reine et après d'éphémères fiançailles avec Jean d'Aragon en 1415, Jeanne ne tarda pas à nommer grand chambellan son amant Pandolfello Alopo.

La même année, elle épousa Jacques II de Bourbon, mais l'idylle ne dura pas. Se voyant refuser le titre de prince de Tarente, le mari jaloux fit supprimer Alopo et obligea Jeanne à lui accorder le titre de roi de Naples. Déterminé à exercer les pleins pouvoirs, il enferma la reine dans ses appartements, mais fut contraint de rendre sa couronne à la suite des émeutes qui se déclenchèrent à Naples en 1416.

Jeanne se consola rapidement dans les bras de l'aristocrate Giovanni Caracciolo, devenu Premier ministre, dont les ambitions sans borne ne trouvèrent leur terme qu'avec son assassinat en 1432. Il repose dans la Chiesa di San Giovanni a Carbonara, non loin du tombeau de la reine, dans la Basilica della Santissima Annunziata.

1442	1503	1532-53	1600
Alphonse d'Aragon éclipse René d'Anjou et devient le nouveau roi de Naples. S'ensuit une longue période de domination espagnole.	Deux ans après l'invasion franco-espagnole de Naples, le général espagnol Gonzalve de Cordoue entre dans la ville et le roi Ferdinand d'Espagne devient Ferdinand III de Naples.	Don Pedro de Toledo est vice-roi d'Espagne. Il repousse les murailles de Naples vers l'ouest et construit les Quartiers espagnols.	Avec 300 000 habitants, Naples est la plus grande ville d'Europe et ne cesse de croître. Le Caravage, l'artiste renégat, s'installe dans la cité en 1606.

Don Pedro et les vice-rois d'Espagne

Désormais intégrée à l'empire d'Espagne, la Naples du XVIe siècle prospéra. En 1600, avec ses 300 000 habitants, elle était devenue la plus grande ville d'Europe. Pour faire face à cette expansion urbaine, le vice-roi Don Pedro de Toledo décida de repousser les murs de la ville vers l'ouest et de créer les Quartiers espagnols. Des centaines d'églises et de monastères furent également élevés, ce qui permit à de grands artistes comme le Caravage, José de Ribera et Luca Giordano de montrer l'étendue de leur talent. L'architecte le plus productif de Naples fut Cosimo Fanzago (1591-1678), dont la Certosa di San Martino est un joyau du baroque napolitain.

L'augmentation constante des impôts, après la crise économique qui avait débuté au début du XVIIe siècle, suscita en revanche la réprobation. En janvier 1647, les Espagnols introduisirent une taxe sur les fruits frais. C'en était trop ! Le 7 juillet, la violence explosa sur la Piazza del Mercato. Neuf jours plus tard, le leader de la rébellion – un pêcheur d'Amalfi nommé Tommaso Aniello (dit Masaniello) – fut assassiné dans l'église Santa Maria del Carmine. Les responsables étaient des extrémistes de son propre camp : ils voulaient chasser les Espagnols, alors que le meneur se contentait d'exiger une baisse du prix des fruits. Selon la légende, Masaniello serait enterré dans une tombe anonyme dans l'église.

Les Français tentèrent ensuite de s'introduire dans le jeu et envoyèrent le duc de Guise prendre le contrôle de la ville par la force. Il échoua et fut capturé le 6 avril 1648 par le nouveau vice-roi d'Espagne, le comte d'Oñate. L'ordre fut bientôt rétabli, les chefs rebelles exécutés et la vie dans la cité reprit un semblant de normalité.

Malheureusement, la peste de 1656 coûta la vie à plus de la moitié de la population, mettant fin à tout espoir de reprise économique. Les tableaux accrochés dans la Salle 37 de la Certosa di San Martino illustrent de manière très réaliste l'horreur qui envahit les rues sordides de la ville. (p. 71).

L'intelligence des Bourbons et la ruse des Habsbourg

En 1700, Charles V de Sicile (Charles II d'Espagne) mourut sans héritier et les possessions européennes de l'Espagne étaient à saisir. Philippe, le petit-fils du beau-frère de Charles V, s'empara du trône espagnol (et donc du trône napolitain) et prit le nom de Philippe V, mais les troupes autrichiennes prirent Naples en 1707. C'était sans compter sur Charles de Bourbon (Charles VII, roi de Naples et de Sicile de 1734 à 1759), fils du roi Philippe V, qui suivit les conseils de son ambitieuse mère, Élisabeth Farnèse, et envahit la ville. De son accession au trône napolitain en 1734

GOETHE

À propos de Naples, Goethe écrivit : "Quoi qu'on dise, quoi qu'on raconte ou qu'on dépeigne, Naples dépasse tout : la rive, la baie, le golfe, le Vésuve, la ville, les campagnes voisines, les châteaux, les promenades... J'excuse tous ceux à qui la vue de Naples a fait perdre les sens".

1656 — Une peste dévastatrice touche Naples. En 6 mois, plus de la moitié de la population meurt et est enterrée dans d'immenses fosses communes.

1707 — Les vice-rois d'Autriche gouvernent Naples pendant 27 ans. Impôts et université sont réformés. Des routes côtières entre la ville et les versants du Vésuve sont construites.

1734 — Encouragé par son ambitieuse mère et appuyé par son armée, Charles VII, fils du roi d'Espagne Philippe V, reprend la ville aux Autrichiens et devient le premier roi Bourbon de Naples.

1737 — Le théâtre San Carlo est édifié en 8 mois. Conçu par Giovanni Medrano, il est reconstruit en 1816 après un terrible incendie.

à la réalisation de l'unité italienne en 1860, Naples fut transformée en un modèle de métropole européenne. Le Palais royal de Capodimonte fut élevé ; en centre-ville, le Palais royal fut agrandi et le théâtre San Carlo devint le plus grand Opéra d'Europe.

En 1759, Charles retourna en Espagne pour succéder à son père sous le nom de Charles III d'Espagne. La loi interdisant de détenir simultanément trois couronnes (Naples, la Sicile et l'Espagne), Naples fut léguée à Ferdinand, le fils de Charles âgé de huit ans, mais en réalité le pouvoir revint à son Premier Ministre Bernardo Tanucci.

Lorsqu'en 1768 l'Autrichienne Marie-Caroline arriva à Naples pour épouser Ferdinand IV (Ferdinand Ier des Deux-Siciles, 1751-1825), les jours de Tanucci étaient comptés. Marie-Caroline était l'un des 16 enfants de l'impératrice Marie-Thérèse d'Autriche (celle-là même à qui s'était opposé à Tanucci lors de la crise pour la succession autrichienne en 1740). Elle était belle, intelligente et impitoyable : une adversaire terrible pour Tanucci et une partenaire improbable pour l'inculte Ferdinand.

En accord avec les termes du mariage, Marie-Caroline rejoignit le Conseil d'État à la naissance de son premier fils, en 1777. Elle put dès lors chasser Tanucci, qu'elle remplaça rapidement par John Acton, un aristocrate anglais né en France. Acton s'était attiré les grâces de Marie-Caroline avec sa politique hostile aux Bourbons et sa volonté de renforcer les liens avec l'Autriche et la Grande-Bretagne. Mais alors que les choses commençaient à s'améliorer avec les Anglais, la Révolution française changea la donne.

La République parthénopéenne

Si la cour napolitaine avait rejeté la révolution de 1789, il fallut attendre l'exécution de la sœur de Marie-Caroline, Marie-Antoinette, pour que Naples rejoigne la coalition antifrançaise.

Les troupes révolutionnaires françaises et celles de Naples se heurtèrent en 1798 à Rome, occupée par les Français, quand les Napolitains revendiquèrent avec succès la ville. Onze jours plus tard, ils fuyaient vers le sud, poursuivis de près par les troupes françaises. Paniqués, Ferdinand et Marie-Caroline se rendirent à Palerme, abandonnant Naples à son sort.

En butte à l'hostilité de la majorité des Napolitains, les Français furent pourtant bien accueillis par la noblesse et la bourgeoisie, dont beaucoup avaient adopté les idéaux républicains. C'est donc avec l'appui entier des Français que fut déclarée la République parthénopéenne le 23 janvier 1799.

Ce fut loin d'être un succès. Les nouveaux dirigeants eurent vite des problèmes financiers. Leurs efforts pour démocratiser la cité échouèrent et l'armée était très affaiblie.

> Entre 1876 et 1913, 11,1 millions d'Italiens quittèrent leur pays en quête d'une vie meilleure en Amérique. Au moins 4 millions d'entre eux venaient de Naples et de sa région. En 1927, 20% de la population italienne avait émigré.

1768	1799	1806	1848
Marie-Caroline, la sœur de Marie-Antoinette, épouse Ferdinand IV. Neuf ans plus tard, elle entre au Conseil d'État et en chasse le Premier ministre Bernardo Tanucci.	La République parthénopéenne, proclamée le 23 janvier, échoue vite. Le pouvoir royal reprend sa place et fait exécuter les sympathisants républicains.	Joseph Bonaparte occupe la ville et s'autoproclame roi de Naples. Deux ans plus tard, Bonaparte est couronné roi d'Espagne.	Contraint par les révoltes qui secouent l'Europe, Ferdinand II de Bourbon réintroduit une Constitution en janvier. Toutefois, un conflit avec le Parlement l'incite à dissoudre ce dernier en mars 1849.

De l'autre côté de la mer, les exilés de Palerme ne restaient pas inactifs. Ferdinand et Marie-Caroline envoyèrent le cardinal Fabrizio Ruffo organiser un soulèvement en Calabre. Le 13 juin, il entrait dans Naples et ses hommes procédèrent à un véritable carnage. Le 8 juillet 1799, le couple royal revint de Sicile et entama une campagne d'extermination systématique des sympathisants républicains qui se solda par plus de 200 exécutions sommaires.

Le déclin des Bourbons et la ferveur nationaliste

Malgré l'échec de la République parthénopéenne, les troupes françaises marchèrent à nouveau sur Naples en 1806. De nouveau, Ferdinand et sa famille s'enfuirent en Sicile et en 1808, Joachim Murat, le beau-frère de Napoléon, devint roi de Naples. Murat eut beau abolir le féodalisme et aider à la création d'une industrie locale, il ne trouva jamais grâce aux yeux des royalistes.

En 1815, Murat dut quitter Naples et Ferdinand revint pour réclamer son trône. Mais la Révolution française avait éveillé trop de nouvelles idées pour envisager un retour à l'absolutisme, et l'intraitable société politique et secrète des Carbonari qui avait pour but l'établissement d'un gouvernement démocratique obligea Ferdinand à accorder une constitution à la ville en 1820. Un an plus tard, elle fut abandonnée et Ferdinand fit appel aux troupes autrichiennes.

Face à la montée des révoltes partout en Europe, Ferdinand II de Bourbon réintroduisit une Constitution en 1848, mais ne tarda pas à dissoudre le Parlement. Il resta complètement aveugle aux évolutions de l'époque, tout comme son fils François II, qui lui succéda en 1859.

Giuseppe Garibaldi, dont le but était l'unité de l'Italie, fut beaucoup plus populaire. Galvanisé par la victoire des rebelles piémontais sur l'armée autrichienne, il embarqua pour la Sicile en mai 1860, accompagné d'une armée de 1 000 volontaires, les Chemises rouges. Là-bas les attendait l'armée napolitaine de Ferdinand, forte de 25 000 hommes. Pourtant, la répression antilibérale des Bourbons allait commencer à leur faire du tort. À la tête d'une armée qui avait atteint 5 000 hommes, Garibaldi vint à bout des combattants bourbons, qui luttèrent sans enthousiasme. Il s'autoproclama alors dictateur au nom du roi Victor-Emmanuel II.

François II tenta à la hâte d'apaiser son peuple en adoptant une Constitution en juin 1860, mais Garibaldi avait déjà traversé la mer et se dirigeait sur Naples. À l'instar de ses ancêtres, le roi quitta la ville pour se réfugier avec 4 000 loyalistes derrière la rivière Volturno, au nord de Naples. Le 7 septembre, Garibaldi pénétra facilement dans Naples et fut accueilli en héros.

Naples et l'Italie du Sud (PUF, 2011) de Delphine Hassan, agrégée de lettres classiques, retrace l'histoire de l'Italie du Sud des origines à nos jours. Un livre qui permet de découvrir les richesses culturelles de cette région.

1860
Garibaldi entre dans la ville en héros et les Napolitains votent en masse pour faire partie de l'Italie unifiée sous le règne des Savoie.

1884
Une épidémie de choléra frappe la ville, entraînant la fermeture de l'ancien système d'aqueducs et le lancement d'un grand projet d'aménagement urbain.

1889
Raffaele Esposito invente la pizza *margherita* en l'honneur de la reine Margherita, qui goûta pour la première fois à ce plat napolitain lors d'une visite royale dans la cité.

1906
Le Vésuve entre en éruption le 7 avril, faisant plus de 100 morts. Le gouvernement italien transfère les fonds destinés aux JO d'été de 1908 devant se dérouler à Rome, pour organiser les secours.

Sans grande conviction, les partisans des Bourbons lancèrent encore quelques attaques avant d'être vaincus à la bataille de Volturno. Le 21 octobre, Naples vota massivement pour faire partie de l'unité italienne sous le règne des Savoie.

Depuis longtemps cité royale, Naples était une prétendante sérieuse au statut de capitale de l'Italie. Mais lorsque Rome fut arrachée aux Français en 1870, le nouveau Parlement italien fut transféré de son siège provisoire de Florence jusqu'à la Ville éternelle. D'ancienne capitale prestigieuse du royaume Bourbon, Naples devint subitement une petite capitale régionale, et sombra dans la nostalgie.

Guerre et paix

Après l'unité, Naples n'était plus que l'ombre d'elle-même et dut affronter deux coups terribles : une émigration massive et une épidémie de choléra en 1884. Se rendant compte de la nécessité d'un profond nettoyage de la ville, les autorités rasèrent les taudis autour du port, percèrent le Corso Umberto I à travers la ville et édifièrent un nouveau quartier résidentiel sur la colline de Vomero.

Les fascistes poursuivirent dans cette voie : un aéroport fut édifié en 1936, des lignes de train et de métro furent établies et le funiculaire de Vomero entra en activité. Beaucoup de ces projets avaient tout juste abouti lorsque cette ville portuaire à l'emplacement stratégique fut touchée de plein fouet par la Seconde Guerre mondiale. Les bombardements des Alliés firent plus de 20 000 morts et détruisirent une bonne partie de la cité.

Les nazis s'emparèrent de Naples en 1943, mais ils en furent rapidement chassés par une série de soulèvements populaires entre le 26 et le 30 septembre, appelés les *Quattro Giornate di Napoli* ("les quatre journées de Naples"). Menés par des habitants, en particulier de jeunes *scugnizzi* ("voyous des rues", en napolitain) et d'anciens soldats, ces affrontements de rue préparèrent l'arrivée des Alliés le 1er octobre.

Ces derniers installèrent à Naples leur gouvernement provisoire, mais ils furent confrontés à une soldatesque anarchique composée de troupes alliées, de prisonniers de guerre allemands et de fascistes italiens, en compétition avec la population affamée de la ville pour trouver de la nourriture. Pour tout arranger, le Vésuve entra en éruption en 1944.

Débordées, les autorités alliées demandèrent de l'aide au "milieu", tout prêt à offrir son assistance, à condition que les Alliés détournent les yeux de ses activités de marché noir. C'est ainsi que la Camorra (mafia napolitaine) commença à se développer.

Scandales et Camorra

Le 23 novembre 1980, une secousse de 6,83 sur l'échelle de Richter fit 2 700 morts et des milliers de sans-abri. La redoutable Camorra profita de cette catastrophe, détournant des milliards de lires versés à la zone sinistrée.

L'*Histoire de l'Italie, des origines à nos jours* (Fayard, 2005), de Pierre Milza, est un récit documenté et vivant sur l'histoire longue et complexe de l'Italie, de l'âge du bronze à Berlusconi.

1943
Les bombardements des Alliés ravagent la ville et détruisent la basilique Santa Chiara (XIVe siècle). Un an plus tard, éruption du Vésuve.

1980
Le 23 novembre, à 19h34, un puissant séisme secoue la Campanie, causant de graves dégâts et tuant près de 3 000 personnes.

1987
Sous la houlette de Maradona, Naples remporte le championnat de ligue A (*lo Scudetto*) et la Coppa Italia. Une foule en liesse envahit les rues de la ville.

1992
Lancement de l'opération anti-corruption *Mani pulite* ("Mains propres"). L'année suivante, Antonio Bassolino est élu maire et un grand nettoyage de la ville débute.

Dans les années 1980, l'*abusivismo* (construction illégale) se développa, profitant à des gangsters liés à la star du football napolitain, Diego Armando Maradona, et les services publics arrêtèrent quasiment de fonctionner. Cette situation n'était pas limitée à Naples : la corruption sévissait partout en Italie.

Les choses ne pouvaient pas durer ainsi. En 1992, la campagne *Mani pulite* (Mains propres) fut lancée. Ce qui avait débuté comme une enquête sur les pots-de-vin dans une maison de retraite milanaise se transforma en une croisade nationale contre la corruption. Les enquêteurs s'attaquèrent aux patrons de l'industrie et aux hommes politiques. Certains furent emprisonnés et l'ancien Premier ministre Bettino Craxi s'enfuit d'Italie.

Les Napolitains manifestèrent aussi leur volonté de changement en élisant l'ancien communiste Antonio Bassolino, qui leur promettait ce qu'ils voulaient entendre : lutter contre la corruption, nettoyer et embellir la ville. Au cours des sept années qui suivirent, le renouveau urbain fit souffler sur Naples un vent d'espoir et de fierté ; il était en effet prévu d'engager des artistes réputés dans le monde entier pour décorer les nouvelles stations du métro et de recevoir le sommet du G7 en 1994.

Après sa réélection en 1997, Bassolino ne réussit pas à tenir un rythme aussi rapide. En 2000, il se fit élire président de la région de Campanie, ce qui lui permit de se détourner de la gestion quotidienne de la ville. L'ancienne ministre de l'Intérieur Rosa Russo Iervolino, première femme maire de Naples, lui a succédé. Élue sous une étiquette centre gauche en 2001, puis réélue en mai 2006, elle a dû faire face à bien des difficultés. En avril 2002, huit policiers furent arrêtés pour actes de torture sur des militants altermondialistes interpelés lors de manifestations contre la conférence du G8 en 2001. Plus graves encore furent les crises liées au ramassage des ordures en 2003, 2006 et 2008, qui réduisirent quantité de rues et de places à des tas de déchets. La crise de 2008 incita l'Union européenne à intenter une action en justice contre l'Italie pour sa gestion inefficace du problème.

Écœurés par des années de gros titres humiliants pour la ville jonchée de détritus et par l'impunité des *camorristi* (membres de la Camorra) armés, les électeurs ont choisi d'élire l'actuel maire, Luigi de Magistris, en 2011. Pour la plupart des Napolitains désabusés, l'ex-magistrat qui a bâti sa carrière sur la moralisation de la vie politique offrait une lueur d'espoir dans cette ville dont la réputation a été profondément ternie. Malheureusement, Luigi de Magistris se trouve depuis octobre 2014 au cœur d'une affaire judiciaire pour "abus de fonction".

2003	2004-2005	2013	2015
Le gouvernement de Campanie lance le projet Vesuvia destiné à rendre moins peuplées les pentes inférieures du Vésuve, mais la plupart des habitants de la zone refusent les 30 000 € de prime de départ.	Les tensions entre les clans rivaux de la Camorra explosent dans les banlieues de Scampia et Secondigliano. En seulement 4 mois, près de 50 personnes sont tuées par balle lors d'attaques punitives.	Naples accueille le quatrième Forum universel des cultures. Cet événement de 101 jours donne lieu à la réhabilitation de la zone industrielle de Coroglio, entre Naples et Pouzzoles.	Après de longs ajournements, la station de métro Municipio ouvre au public. On peut y voir des ruines antiques et une vidéo de l'artiste israélienne Michal Rovner.

Arts

Dramatiques, intenses et délicieusement contradictoires, Naples et la côte amalfitaine constituent depuis longtemps un terreau fertile pour la création artistique. Le Caravage, Ribera, Scarlatti, Totò et Vittorio De Sica, pour n'en citer que quelques-uns, la liste des personnes de talent nées dans la région ou adoptées par elle englobe autant de peintres que de compositeurs, de dramaturges et de cinéastes. Certaines des figures emblématiques de la culture italienne viennent de Campanie, en particulier le personnage de la *commedia dell'arte* Pulcinella, la mélodie étonnamment entraînante *Funiculì, Funiculà* et la reine du cinéma italien, Sophia Loren. Bienvenue dans le foyer de la culture italienne.

Les grands peintres

Avec le style baroque des XVIIe et XVIIIe siècles, Naples trouva l'expression artistique qui reflétait le mieux sa personnalité exubérante. Ce courant fit son apparition durant une période faste où, sous la férule espagnole, la ville devint une grande métropole européenne, et que se multiplièrent palais gigantesques et églises richement ornées.

Le Caravage (Michelangelo Merisi da Caravaggio, 1573-1610) fut le peintre qui marqua le plus l'art napolitain. Originaire de Lombardie, il se réfugia à Naples en 1606 après avoir tué un homme à Rome. Il n'y resta qu'un an, mais son influence fut considérable. Son naturalisme et son usage spectaculaire du clair-obscur (*chiaroscuro*) influencèrent durablement les jeunes artistes locaux. Il suffit pour le comprendre de regarder *Les Sept Œuvres de miséricorde* (au Pio Monte della Misericordia) et *La Flagellation du Christ* (conservée au Palais royal de Capodimonte).

L'un des plus grands admirateurs du Caravage, José de Ribera (1591-1652), un Espagnol belliqueux, s'installa à Naples en 1616 après sept ans passés à Rome. Mêlant l'ombre, la couleur et le réalisme lugubre, son style rencontra un immense succès. La *Pietà* exposée dans la Certosa di San Martino constitue son chef-d'œuvre.

Jeune élève de Ribera, le Napolitain Luca Giordano (1632-1705) puisa son inspiration dans les effets de lumière de Mattia Preti (1613-1699), le faste du peintre vénitien Véronèse et la vivacité de Pierre de Cortone, artiste et architecte vivant à Rome. Dans la seconde moitié du XVIIe siècle, Giordano allait devenir l'artiste le plus prolifique de Naples. On lui doit des fresques dans la nef de la cathédrale et au plafond de la Basilica di Santa Restituta voisine. La Chiesa del Gesù Nuovo recèle aussi plusieurs travaux du maître, notamment sur les murs et la voûte de la Cappella della Visitazione et des toiles dans la Cappella di San Francesco Saverio. Le *Triomphe de Judith*, qui orne le plafond de la chapelle du Trésor dans la Certosa di San Martino, éclipse cependant tout le reste.

Contemporain de Giordano, Francesco Solimena (1657-1747) fut également influencé par Ribera, mais son emploi des ombres le relie surtout au Caravage. Il devint une icône du baroque napolitain, et ses compositions somptueuses furent le fruit de plus d'un demi-siècle

> La diaspora contribua largement à faire de la chanson napolitaine la forme musicale italienne la plus célèbre. Ainsi, lorsque la partition de l'hymne italien fut égarée aux Jeux olympiques d'Anvers en 1920, l'orchestre se mit à jouer *O Sole Mio*, la seule mélodie transalpine connue de tous.

La partition napolitaine

Dans les années 1700, Naples était la capitale mondiale de l'opéra, et les plus grands noms du genre venaient se produire dans le Teatro San Carlo. Des artistes locaux comme Francesco Durante (1684-1755), le compositeur Léonardo Vinci (1690-1730) et Tommaso Traetta (1727-1779) enthousiasmaient les foules partout en Europe. Le plus grand compositeur de Naples, Alessandro Scarlatti (1660-1725), fut formé au prestigieux conservatoire de la Chiesa della Pietà dei Turchini dans la Via Medina, où fut également fondé le célèbre groupe de musique Pietà de' Turchini.

Auteur de près de 100 œuvres d'opéra, Scarlatti joua également un rôle majeur dans le développement de l'*opera seria* (opéra "sérieux"),en introduisant l'ouverture en trois parties et l'*aria da capo*.

Parallèlement à l'*opera seria* se développait l'*opera buffa* (opéra-comique). Inspiré de la commedia dell'arte napolitaine, ce genre apparut sous la forme d'interludes légers et comiques – des *intermezzi* – joués entre les scènes plus graves des opéras classiques. D'abord imaginés par Scarlatti dans *Il Trionfo dell'Onore* (Le Triomphe de l'honneur) en 1718, les interludes devinrent bientôt un genre majeur très prisé, avec des grands succès napolitains comme *La Serva Padrona* (La Servante maîtresse) de Giovanni Battista Pergolesi et *Il Matrimonio Segreto* (Le Mariage secret) de Domenico Cimarosa.

Au siècle suivant, on assista à la naissance de *la canzone napoletana* (chanson napolitaine), dont le berceau fut incontestablement le festival annuel de chansons Festa di Piedigrotta. Certaines chansons étaient des hommages à la ville, notamment la mondialement connue "Funiculì Funiculà", une ode au funiculaire qui gravissait jadis les versants du Vésuve. D'autres témoignaient du chagrin de l'exil. Dans les deux cas, les chansons touchaient particulièrement les habitants, en particulier les millions d'entre eux qui embarquaient sur des navires en quête d'une vie meilleure.

En 1943, les troupes américaines introduisirent du nouveau dans le paysage musical napolitain : le jazz et le *rythm and blues*. Toujours très présent dans les salles de concerts, le jazz fut une influence supplémentaire pour les sonorités locales. Comme le souligne le journaliste musical Francesco Calazzo : "Ville portuaire, Naples a toujours absorbé des influences étrangères. Concernant la musique, le résultat est une fusion de styles, des complaintes arabes à la musique populaire espagnole en passant par les percussions africaines et le blues américain."

Lieux et événements culturels phares

Teatro San Carlo, Naples

Festival de Ravello

Festival Napoli Teatro, Naples

Centro di Musica Antica Pietà de' Turchini, Naples

La Mortella, Ischia

RIBERA, LE PEINTRE SANS SCRUPULES

Fer de lance de la peinture napolitaine du milieu du XVIIe siècle, l'Espagnol José de Ribera n'en fut pas moins un sinistre individu. En compagnie de l'artiste grec Belisario Corenzio et du peintre napolitain Giambattista Caracciolo, celui que l'on surnommait Lo Spagnoletto ("le petit Espagnol") forma une cabale pour contrer tout concurrent potentiel. D'un arrivisme extrême, les trois hommes ne reculèrent devant rien pour arriver à leurs fins. Ribera aurait ainsi remporté une commande pour la Cappella di San Gennaro dans le Duomo en empoisonnant son rival, Domenico Zampieri, dit le Dominiquin (1581-1641), et en blessant l'assistant du second concurrent, Guido Reni (1575-1642). Cette conspiration cessa à la mort de Caracciolo en 1642, au grand soulagement des autres artistes de la ville, à bout de nerfs.

Cette fusion se révéla à la fin des années 1970. Cette époque cruciale pour la musique napolitaine vit émerger une nouvelle vague. Eugenio Bennato, Enzo Avitabile et Pino Daniele revisitèrent la chanson populaire napolitaine en la mêlant au rock et aux lancinantes percussions africaines. Avec des textes principalement en napolitain et des paroles douces-amères, Daniele chantait sa ville bien-aimée. Une chanson comme *Napule è* (Naples est), résonne de manière particulière pour le public. En janvier 2015, une crise cardiaque lui a été fatale. Sa musique, toutefois, continue de vivre par-delà sa mort, et s'inscrit au patrimoine musical, déjà riche, de Naples. Le film-documentaire *Passione* (2010) de John Turturro, explore les riches et éclectiques traditions napolitaines.

Héritage théâtral

À Naples, le théâtre, l'une des plus anciennes traditions artistiques du pays, est le principal concurrent de la musique. Sa manifestation la plus célèbre est la *commedia dell'arte*, qui date du XVIe siècle et tire son origine du théâtre comique de la Rome antique, appelé *fabula atellana* (farce atellane). Comme lui, elle comprend des personnages masqués jouant des rôles et des situations stéréotypés avec une part d'improvisation. Basés sur l'adultère, la jalousie, la vieillesse et l'amour, les spectacles reprenaient souvent l'actualité locale sur le mode satirique.

La *commedia dell'arte* donna naissance à des figures légendaires comme Arlequin et Pulcinella. Elle constitua un terreau fertile pour l'essor du théâtre populaire à Naples et inspira d'éminents dramaturges comme Raffaele Viviani (1888-1950). L'usage que ce dernier fit du dialecte et son sujet de prédilection, la classe ouvrière napolitaine, lui valurent le succès du public et l'hostilité de Mussolini.

Eduardo De Filippo (1900-1984) est sans conteste la personnalité majeure du théâtre moderne napolitain. Fils du célèbre acteur Eduardo Scarpetta (1853-1925), il débuta sur scène à l'âge de quatre ans et s'illustra comme acteur, poète, scénariste et dramaturge jusqu'à l'âge de 80 ans. L'œuvre de ce "Molière italien", souvent tragi-comique, comprend *Il sindaco del Rione Sanità* (Le maire du quartier de La Sanità) et *Sabato, domenica e lunedì* (Samedi, dimanche et lundi), qui cristallisent des combats bien connus des Napolitains, de l'impuissance de la justice à la lutte pour la dignité. Il participa au Festival de Paris en 1956 pour présenter *Questi fantasmi* (Sacré Fantôme) qu'il montra par la suite en français au théâtre du Vieux-Colombier.

Si le théâtre napolitain contemporain recouvre des artistes et des œuvres très divers, Enzo Moscato (né en 1948) représente la figure la plus en vue, avec des pièces vivantes mêlant habilement le dialecte et la musique. Son œuvre la plus connue, *Rasoi* (Rasoirs, 1991), a remporté plusieurs prix.

LES SECRETS DE PULCINELLA

À Naples, sa ville natale, Pulcinella est le plus célèbre personnage de la *commedia dell'arte*. Derrière son costume blanc et son masque noir au nez busqué, ce clown à la voix aiguë se montre tout à la fois exubérant et paresseux, optimiste et cynique, mélancolique et vif. Philosophe à la petite semaine, il rejette l'autorité et bastonne souvent la maréchaussée. Chez lui, en revanche, c'est sa femme qui tient le bâton.

Pour certains, ce personnage aurait été créé à Capoue, au XVIe siècle, par un acteur, mais d'autres affirment qu'il danse et s'égosille depuis l'Antiquité, ou peut-être même depuis plus longtemps encore. En fait, son masque au long nez si caractéristique apparaît dans des fresques ornant des tombes étrusques à Tarquinia, au nord de Rome. Le masque appartient à Phersu, un démon étrusque vicieux connu sous le nom de "serviteur de la reine de l'Enfer".

La *furbizia* (malice) souvent attribuée aux Napolitains est à l'honneur dans *Filumena Marturano* de De Filippo, dans laquelle une ancienne prostituée très intelligente oblige son concubin à l'épouser en lui faisant reconnaître l'un de ses trois enfants. Cette pièce a été adaptée au cinéma par Vittorio De Sica sous le titre de *Matrimonio all'italiana* (Mariage à l'italienne, 1964), avec la magnifique Sophia Loren et le légendaire Marcello Mastroianni.

Compositeur et musicologue reconnu, Roberto de Simone (né en 1933) est un autre grand dramaturge napolitain. Moins diffusé à l'étranger que De Filippo, son chef-d'œuvre *La gatta cenerentola* (La Chatte Cendrillon) a néanmoins été applaudi à Londres en 1999. Il fut le directeur artistique du Teatro San Carlo dans les années 1980 puis le directeur du Conservatoire de Naples. Ses recherches dans le domaine des contes et des mélodies traditionnels l'ont amené à ressusciter des opéras comiques méconnus et à créer *Masaniello*, une cantate pour la révolution campanienne du XVIIe siècle, ainsi qu'*Eleonora*, un oratorio en l'honneur de l'héroïne de la révolution napolitaine de 1799.

Cinéma

Naples et sa région ont accueilli de nombreuses stars du grand écran. La sublime Sophia Loren a arpenté le quartier napolitain de La Sanità dans *Ieri, oggi, domani* (Hier, aujourd'hui et demain, 1963) de Vittorio De Sica ; Jean-Luc Godard a réuni Fritz Lang, Michel Piccoli et Brigitte Bardot dans la villa Malaparte à Capri (*Le Mépris*, 1963) ; Jude Law et Gwyneth Paltrow ont trinqué et bronzé sur les îles d'Ischia et de Procida dans *Le Talentueux M. Ripley* (1999).

Les films napolitains sont souvent intenses, drôles et cyniques, comme autant de miroirs des dures réalités de la ville. Reconnu pour *Ladri di biciclette* (Le Voleur de bicyclette, 1948), chef-d'œuvre du néoréalisme, Vittorio De Sica (1901-1974) était passé maître dans l'art de dépeindre la société avec une poésie humaniste teintée d'humour. Ses deux classiques, *L'Oro di Napoli* (L'Or de Naples, 1954) et *Ieri, oggi, domani*, furent de grands succès.

Autre star napolitaine, Antonio de Curtis (1898-1967), alias Totò, était aux côtés de Sophia Loren dans *L'Oro di Napoli* et dans la farce *Miseria e Nobilità* (Misère et Noblesse, 1954). Né dans le quartier populaire de La Sanità, Totò interprétait la *furbizia* (malice) napolitaine mieux que personne. Il apparaît dans plus de 100 films, jouant souvent le rôle d'un petit voyou à l'esprit vif. Ce personnage lui assura le statut d'acteur culte dans une ville ou l'*arrangiarsi* (la débrouille) est un art de vivre.

Héritier de Totò, Massimo Troisi (1953-1994) est surtout connu à l'étranger pour son rôle dans *Il Postino* (Le Facteur, 1994) de Michael Radford, mais les Italiens apprécient particulièrement son inimitable humour. *Ricomincio da tre* (Je reviens à trois, 1980), son premier film en tant que réalisateur, traite avec drôlerie du problème des Napolitains contraints d'aller chercher du travail dans le Nord. Dans le thriller de série Z *No grazie, il caffè mi rende nervoso* (Non merci, le café me rend nerveux, 1982), Troisi fait une brève apparition – peut-être son rôle le plus drôle.

Ces derniers temps, une nouvelle vague de cinéastes napolitains, dont Antonio Capuano (né en 1940), Mario Martone (né en 1959), Pappi Corsicato (né en 1960) et Antonietta De Lillo (née en 1960), a braqué ses caméras sur les difficultés de Naples. Citons à cet égard *Luna rossa* (2001) de Capuano, qui a reçu d'excellentes critiques, tandis que *Libera* (Les Napolitaines, 1993) et *I bucchi neri* (Les Trous noirs, 1995), deux classiques de Corsicato consacrés à la

---

Musiques napolitaines

James Senese
Saxophoniste et icône du jazz

Enzo Avitabile
(www.enzoavitabile.it). Artiste de world music et de funk

Marcello Colasurdo *(www.marcellocolasurdo.it). Légende de folk*

99 Posse *(www.novenove.it). Groupe de musique rap*

communauté homosexuelle, évoquent les liens ténus entre tradition et modernité à Naples. Meilleur film de De Lillo à ce jour, *Il resto di niente* (Le Reste de rien, 2003) s'intéresse à la complexité psychologique d'Eleonora de Fonseca Pimentel, qui avait inspiré l'oratorio précité de De Simone. Plus récent, *E poi c'è Napoli* (Et puis il y a Naples ; 2014) est un documentaire réalisé par Gianluca Migliarotti (né en 1974). Ode au style napolitain classique, sa représentation d'une métropole élégante et cultivée, où évoluent des dandies modernes vêtus de costumes de marque, offre une image qui contraste avec le portrait d'une Naples sanglante et impitoyable brossé dans le film *Gomorra* (2008). Dirigée par Matteo Garrone (né en 1968), cette adaptation du livre du Napolitain Roberto Saviano mêle cinq destinées de personnages affectés par la Camorra, impitoyable syndicat du crime organisé.

La société napolitaine

Rien de plus théâtral que Naples, une cité où le moindre fait se transforme en un petit spectacle et où les embouteillages s'accompagnent d'un concert de klaxons. Les Napolitains expriment souvent leurs sentiments en public, faisant des rues et des places les scènes de drames quotidiens. Nulle part ailleurs en Italie, les habitants sont aussi conscients de leur rôle dans le théâtre de la vie quotidienne et aussi attachés à son intensité.

Langue et identité

Les Napolitains sont fortement conscients de leur identité, qui comprend leur dialecte particulier. S'il n'est pas officiellement reconnu comme langue minoritaire, le dialecte napolitain (ou *napulitano*) est considéré par l'Unesco comme une langue menacée. Influencé par des siècles de domination étrangère (avec quelque 400 mots provenant de l'espagnol, il possède ses propres vocabulaire, grammaire, orthographe et prononciation. Langue officielle du royaume de Naples de 1442 à 1458, le napolitain reste commun dans les rues et dans nombre d'écrits littéraires et musicaux, de l'*Epistola napoletana* (Lettre napolitaine) du XIVe siècle de Boccace aux tubes folk-rock contemporains du chanteur-compositeur Pino Daniele. Vous entendrez aussi les réparties en napolitain de Sophia Loren dans des films italiens classiques tels que *L'Oro di Napoli* (L'Or de Naples ; 1954) et *Matrimonio all'italiana* (Mariage à l'italienne ; 1964). Comme le déclara un jour la célèbre actrice : "Je ne suis pas italienne, je suis napolitaine ! C'est différent."

Les Napolitains savent que nombre de stéréotypes étrangers concernant les Italiens – bruyants, bavards, passionnés et fiers – leur correspondent et beaucoup s'en flattent. Tout le monde a une opinion à exprimer, un conseil à donner ou un soupir à pousser. Écouter est un passe-temps populaire et connaître la vie des autres, un véritable sport. Les Napolitains plaisantent en disant que si quelqu'un tombe dans la rue, le passant voudra d'abord connaître les détails avant d'appeler une ambulance. Dans une ville où la densité démographique atteint 8 566 personnes au km^2 (45 fois plus que la moyenne nationale), cette curiosité peut se comprendre.

Les Napolitains sont toutefois bien plus complexes qu'il n'y paraît. Ils vivent dans une ville remplie de palais aristocratiques et de collections d'art, avec un Opéra de renommée mondiale et l'une des plus anciennes universités d'Europe. Naples a légué au monde la pizza et Pulcinella, mais aussi le compositeur Alessandro Scarlatti, le dramaturge Roberto de Simone et l'artiste contemporain Francesco Clemente. Pour l'élite internationale de la mode, la tradition napolitaine signifie tailleurs exceptionnels et élégance masculine inimitable. C'est la ville des costumes Kiton cousus main, des superbes cravates E. Marinella et des parapluies artisanaux Talarico. Cet aspect souvent négligé de la cité est magnifiquement dépeint par Gianluca Migliarotti dans *E poi c'è Napoli*

L'individualité farouche des Napolitains remonte à l'Antiquité. Malgré la conquête de Rome, Neapolis resta fidèle à sa langue et à ses coutumes helléniques.

(Et puis il y a Naples ; 2014), qui présente une métropole érudite et raffinée. Comme les habitants vous le rappelleront, Naples ne se résume pas à *pizza e mandolini* (pizzas et mandolines).

Recherche emploi

Alors que les Napolitains adorent leur ville, nombre d'entre eux sont obligés de la quitter en raison de la rareté des emplois. Selon les chiffres de l'Istat (le bureau italien des statistiques) au début 2015, le taux de chômage s'élevait à 21,70% en Campanie contre une moyenne nationale d'environ 13%. À Naples, il atteint même 24,6%. Encore plus inquiétant, 42,70% des jeunes de 15 à 24 ans sont sans emploi.

Ces chiffres alimentent la *fuga dei cerveli* (fuite des cerveaux), avec un nombre croissant de jeunes Italiens diplômés qui partent à l'étranger en quête d'un avenir plus souriant. En 2012, selon une étude effectuée par l'Instituto Toniolo de Milan sur les moins de 30 ans, 48,90% des sondés ont déclaré vouloir quitter le pays pour améliorer leurs perspectives professionnelles. Parmi les diplômés possédant un emploi, seuls 33% exerçaient un métier correspondant à leur formation.

Pour de nombreux jeunes de Campanie éduqués et ambitieux, rien ne les incite à rester dans le pays. Les investissements relativement faibles du gouvernement dans la recherche et le développement (environ 1,3% du PIB contre 3% en France et en Allemagne) ont freiné l'innovation économique et les opportunités. La culture fortement enracinée du népotisme empêche les plus talentueux d'accéder aux postes qu'ils méritent. Ce problème est parfaitement exposé dans *La Fuga dei talenti* (La Fuite des talents ; www.fugadeitalenti. wordpress.com), un livre devenu blog du journaliste italien Sergio Nava, qui dénonce la perte en capital humain du pays. D'après Nava, l'Italie est un pays où "la valeur du mérite est largement méprisée", où "il ne sert à rien d'avoir un bon CV ou un profil international : les intérêts corporatistes et les relations familiales priment sur tout autre qualité". Plus de 60% des compagnies italiennes recrutent sur présentation et recommandation personnelles. Dans ce contexte, cultiver ses relations reste essentiel.

En bas de l'échelle des emplois se trouvent les communautés d'immigrés. Si un nombre croissant de Chinois, Sri-Lankais et Européens de l'Est montent leurs propres affaires – restaurants, épiceries et magasins de vêtements bon marché pour l'essentiel –, la majorité des immigrants de la région travaillent dans le bâtiment ou pour des particuliers. À Naples, quelque 70% d'entre eux sont employés de maison, baby-sitters ou aides à domicile pour des personnes âgées. Dans les années 1970 et 1980, l'emploi de domestique constituait une véritable aubaine pour

> Plus de 60% des Napolitains âgés de 18 à 34 ans vivent chez leurs parents. Si Naples est une ville de *mammoni* (fils à maman) et de *figlie di papa* (filles à papa), le prix élevé des loyers empêche nombre de jeunes de prendre leur envol.

LES VIEUX PROVERBES

Si les proverbes sont souvent des clichés, ils sont révélateurs de la culture. En voici cinq typiquement napolitains :

➡ *A léngua nun tène òsso ma ròmpe ll'òssa* (La langue n'a pas d'os mais elle rompt les os).

➡ *A mughièra 'e ll'àte é sèmpe cchiù bbòna* (Les femmes des autres sont toujours plus belles).

➡ *Ògne scarrafóne è bèllo 'a màmma sóia* (Même un scarabée est beau pour sa mère).

➡ *E pariénte so còmme 'e scàrpe : cchiù so strìtte e cchiù te fànno màle* (Les liens familiaux sont comme les chaussures : plus ils sont serrés plus ils font mal).

➡ *L'amico è come l'ombrello, quando piove non lo trovi mai* (L'ami est comme le parapluie, quand il pleut on ne le trouve jamais).

les nouveaux arrivés. Dans la mesure où disposer d'une bonne était un symbole de richesse, nombre d'immigrés profitèrent ainsi d'emplois sûrs à long terme et de relations haut placées. Toutefois, depuis les années 1990, la demande vient plus souvent des classes moyennes pressées, qui ne peuvent offrir à leurs employés les mêmes avantages économiques et légaux que la haute société.

Encore plus précaire est la vie des vendeurs ambulants, dont nombre de clandestins sénégalais. Surnommés *vù cumprà* (de "*vuoi comprare ?*", veux-tu acheter ?), ils proposent des articles de contrefaçon sur des étals de fortune et s'enfuient dès qu'ils aperçoivent des policiers de peur d'être expulsés.

En dehors de la ville, la situation est pire pour les clandestins, ne trouvant généralement que des emplois saisonniers pénibles et sous-payés dans le secteur agricole. Nombre d'immigrés africains entrent illégalement en Italie par le biais de réseaux mafieux, puis sont loués comme ouvriers agricoles et doivent verser à leurs passeurs un pourcentage de leur salaire pourtant très bas. En janvier 2010, le ressentiment face à cette exploitation a déclenché des émeutes raciales dans la petite ville calabraise de Rosarno, provoquant une onde de choc dans tout le pays.

> Restez positif ! Bien que les Napolitains se plaignent facilement des travers de leur ville, les critiques des étrangers ne sont pas appréciées.

Famille et questions de genre

Si les Napolitains s'enorgueillissent de leur spontanéité et de leur adaptabilité, le déjeuner du dimanche en famille reste un pilier de la vie sociale. Qu'il pleuve, qu'il neige ou qu'il vente, ce moment sacré est l'occasion d'échanger des nouvelles, de parler politique ou football et de se régaler. Son statut quasi rituel rappelle que la famille demeure le fondement de la société napolitaine. La loyauté envers la famille et les amis est profondément enracinée dans la psyché napolitaine. Comme l'écrit Luigi Barzini (1908-1984), auteur de *Gli Italiani*, "Une vie privée heureuse aide à supporter une vie publique difficile". Ce gouffre entre sphères privée et publique constitue un élément notoire de la mentalité méridionale, qui s'est développé au cours des années de domination étrangère. Ainsi, jeter des détritus dans la rue ne choque pas grand monde, tandis qu'une propreté impeccable règne dans les foyers.

LE CLIVAGE NORD/SUD

Si d'innombrables *Meridionali* (Italiens du sud) sont partis à l'étranger en quête d'herbe plus verte, autant se sont installés dans le nord plus riche du pays – une situation décrite dans *Ricomincio da tre* (Je recommence à trois ; 1980), un film comique avec feu l'acteur napolitain Massimo Troisi, qui révèle l'authentique clivage Nord/Sud.

Depuis la révolution industrielle jusqu'aux années 1960, des millions de Méridionnaux sont partis dans les villes du Nord pour travailler dans les usines. Comme dit le proverbe, *Ogni vero Milanese ha un nonno Pugliese* (Tout vrai Milanais a un grand-père des Pouilles). Pour la plupart de ces migrants, l'accueil ne fut guère chaleureux au nord de Rome. Surnommés *terroni* (culs-terreux), ils durent souvent faire face au mépris de la population locale.

Si la discrimination a quasiment disparu aujourd'hui, les préjugés historiques demeurent. Nombre d'habitants du Nord n'apprécient pas que leurs impôts servent à "subventionner" le Sud "fainéant" et "corrompu", un sentiment exploité par la Lega Nord (Ligue du Nord), un parti populiste de droite né de la fusion de la Ligue lombarde et de la Ligue vénitienne.

Les opinions négatives existent aussi dans l'autre sens. Une vieille blague du Sud dit que Dieu créa le nord de l'Italie, réalisa son erreur et le couvrit de brouillard.

LE DIEU FOOTBALL

Si le catholicisme est la religion officielle de l'Italie, le *calcio* (football) est sa passion. Chaque week-end de fin août à mai, des millions de *tifosi* (supporters) se pressent dans les stades, devant la télévision ou consultent les résultats des matchs sur leur téléphone mobile. Naples ne fait pas exception ; la ville abrite la meilleure équipe du sud du pays, la SSC Napoli, et le troisième stade d'Italie, le Stadio San Paolo, sans oublier un petit sanctuaire dédié à Diego Maradona, l'idole du ballon rond.

Acheté à Barcelone pour la somme record de 12 millions d'euros en 1984, Maradona conduisit la SSC Napoli au sommet de la gloire durant la saison 1986-1987, remportant la Série A et la Coupe d'Italie. Grande première pour un club du Sud, ce doublé fit du joueur argentin un demi-dieu.

Capitaine de l'équipe d'Argentine lors de la Coupe du monde 1990, Maradona incita la ville à soutenir son pays lors de la demi-finale contre l'Italie à Naples. Exploitant l'antagonisme Nord-Sud, il déclara : "Je n'aime pas le fait que tout le monde demande aux Napolitains d'être italiens et d'encourager l'équipe nationale. Naples a toujours été marginalisée par le reste du pays. C'est une ville qui a souffert du racisme le plus injuste".

Le ressentiment Nord-Sud a été relégué au second plan en 2006, quand le footballeur napolitain Fabio Cannavaro a mené l'Italie à la victoire lors de la Coupe du monde. Neuf mois après cette victoire, les hôpitaux du Nord ont enregistré un boom de naissances.

Faire *bella figura* (bonne figure) est très important pour le Napolitain moyen ; c'est une question d'honneur, de respectabilité et de fierté. Cela implique souvent de posséder davantage que son voisin, vestige d'une époque où seules les classes aisées pouvaient accéder à certaines fonctions au sein de la société, mais aussi d'être bien habillé, de se comporter de façon pondérée et d'accomplir ses devoirs religieux et ses obligations familiales. Dans un contexte de famille étendue, où les commérages vont bon train, une bonne image protège l'intimité.

Les familles de Campanie restent parmi les plus nombreuses du pays, avec 2,73 enfants en moyenne, contre 2,23 dans le Latium, 2,27 en Lombardie, et 2,20 au Piémont. Il est encore de norme de vivre chez ses parents jusqu'au mariage, et un tiers des hommes mariés rendent visite à leur mère quotidiennement. Selon un rapport de l'association Uomini Casalinghi (qui représente les hommes au foyer) en 2009, 95% des hommes n'ont jamais fait tourner une machine à laver et 70% n'ont jamais utilisé une cuisinière. Des chiffres de l'OCDE (Organisation pour la Coopération et le Développement Économiques) en 2013 indiquent que les femmes italiennes consacrent 36 heures par semaine aux tâches ménagères, contre 14 heures pour les hommes. Le rapport pointe en outre que seulement 47% des femmes travaillent, une proportion bien inférieure à la moyenne de l'OCDE (60%).

Les salaires des femmes restent inférieurs d'environ 10% à ceux des hommes et des employeurs hésitent toujours à recruter des femmes de crainte qu'elles quittent leur emploi pour fonder une famille. Si l'on ajoute à cela un système de garde d'enfant très déficient, concilier travail et maternité relève de l'exploit pour la majorité des Campaniennes.

> N'offrez pas de chrysanthèmes. En Italie, ces fleurs servent uniquement à décorer les tombes.

Saints et superstitions

Naples est la métropole européenne ésotérique par excellence. Ici, les cathédrales témoignent de maints miracles, les numéros gagnants de la loterie apparaissent en songe et les amulettes en forme de corne protègent du redouté mal'occhio (mauvais œil). Malgré la modernité ambiante, les rues gardent les traces des mythes et légendes du passé, de la chaise miraculeuse de Santa Maria Francesca dans les Quartiers espagnols aux étranges modèles anatomiques d'un prince alchimiste au cœur du centre historique.

Des amis haut placés

Dominant la scène ésotérique de Naples, les saints sont de véritables célébrités. Des feux d'artifice illuminent le ciel en leur honneur, des fidèles affluent pour embrasser leurs pieds en marbre et des bébés leur doivent leur prénom. Gennaro est le prénom masculin le plus courant à Naples, et pour cause, San Gennaro (saint Janvier) est le patron de la ville. Comme presque partout dans le sud de l'Italie, les Napolitains célèbrent leur fête (*giorno omastico*) avec autant d'enthousiasme que leur anniversaire. Oublier la fête d'un ami est une faute plus grave que manquer son anniversaire, car tout le monde connaît (ou devrait connaître) les fêtes des principaux saints.

Pour les croyants, les saints ont un rôle plus important dans leur vie spirituelle que Dieu lui-même. Ce dernier est perçu comme autoritaire et distant, tels les pères italiens à l'ancienne, tandis que les saints sont considérés comme de proches intercesseurs et confidents.

En haut de cette liste d'intermédiaires se tient la Vierge Marie, figure protectrice et maternelle particulièrement vénérée dans une société où les mères ont toujours fièrement défendu les droits de leurs fils chéris. Les fêtes en l'honneur de la Madone sont connues pour provoquer une hystérie collective, comme vous pourrez le constater lors de la fête de la Madonna dell'Arco. Organisée le lundi de Pâques, elle attire des milliers de pèlerins appelés *fujenti* ("ceux qui fuient" en dialecte napolitain) qui marchent pieds nus jusqu'au Santuario della Madonna dell'Arco, près du village de Sant'Anastasia en bas du Vésuve. L'objet de leur dévotion est une effigie inhabituelle de la Vierge, avec une joue blessée. Selon la légende, l'origine de la blessure remonte au lundi de Pâques 1500, quand un joueur de maillet maladroit blessa la statue avec une boule en bois. Miraculeusement, la statue se mit à saigner, suspendant la partie de maillet ; il fut décidé de construire un sanctuaire à cet endroit. À l'approche du sanctuaire, les *fujenti* commencent à courir ; certains tombent en transe, d'autres crient, pleurent et se traînent à genoux dans une sorte de rite d'expiation et de douleur collectives. À Naples, les préparatifs de cette fête constituent un événement à part entière. À partir de la semaine qui suit l'Épiphanie (6 janvier) jusqu'au lundi de Pâques, des centaines de *congreghe* (congrégations musicales) de quartier défilent dans les rues en

---

Le culte des *anime pezzentelle* (âmes du purgatoire) était jadis si populaire qu'un tramway spécial, rempli de Napolitains chargés de fleurs, desservait le lundi, jour de visite des âmes dans les limbes, le Cimitero delle Fontanelle. Impliquant la vénération des crânes (qui symbolisaient les âmes), ce culte a été interdit par l'Église en 1969.

Il arrive que l'on voit encore à Naples des corbillards ressemblant à des carrosses, tirés par huit chevaux. Même mort, il importe de faire *bella figura* (bonne figure).

portant une statue de la Madone, récoltent des offrandes pour le grand jour et jouent un incongru mélange de chansons (un *Ave Maria* peut être suivi d'un tube pop de Raffaella Carrà).

Chaque saint a sa spécialité. Pour agrandir votre famille, rendez-vous dans l'ancienne demeure de Santa Maria Francesca delle Cinque Piaghe et asseyez-vous sur sa chaise miraculeuse, le traitement le moins cher de la stérilité ! De l'autre côté de la Via Toledo, dans la Chiesa del Gesù Nuovo, des salles entières sont dédiées au Dr Giuseppe Moscati (1880-1927), un médecin très aimé, canonisé en 1987. Des ex-voto couvrent les murs en remerciement de l'intervention céleste du médecin.

Malgré la popularité de la Madone, la figure tutélaire de la ville est San Gennaro. Chaque année en mai, septembre et décembre, des milliers de Napolitains envahissent le Duomo et prient pour un miracle : la liquéfaction du sang du saint patron de Naples, conservé dans deux fioles, qui, si elle se produit, préserve la ville de tout désastre.

Selon les scientifiques, le soi-disant miracle a une explication logique : la "thixotropie", ou la propriété de certains composants à se liquéfier si on les secoue et à reprendre leur forme initiale au repos. Pour la vérifier, il faudrait analyser le sang, mais l'Église interdit l'ouverture des fioles.

Si nombre d'habitants admettent l'explication scientifique, la ville pousse un soupir de soulagement lorsque le sang se liquéfie. Après tout, le miracle ne se produisit pas en 1944 et il y eut une éruption du Vésuve, puis de nouveau en 1980, avant qu'un séisme dévastateur frappe la ville.

Des siècles durant, les Napolitains ont cru qu'un crocodile se cachait sous le Castel Nuovo. Certains affirmaient qu'il dévorait les amants de la reine Jeanne II, d'autres juraient que des prisonniers politiques figuraient à son menu. D'après l'écrivain et intellectuel Benedetto Croce, le saurien aurait été capturé à l'aide d'une cuisse de cheval utilisée comme appât.

Gare au mauvais œil

La notion de chance joue un rôle important dans la mentalité napolitaine. Les amulettes contre le mauvais sort sont aussi répandues que les crucifix et un Napolitain peut se signer devant une église et faire les cornes (en étendant l'index et l'auriculaire vers le sol) pour se garder du *mal'occhio* (mauvais œil).

Croyance commune dans tout le pays et particulièrement dans le Sud, le *mal'occhio* fait référence à un mauvais sort jeté par une personne malveillante ou jalouse. Les Napolitains appellent souvent cette malchance *jettatura*, un mot dérivé du verbe italien *gettare* (lancer ou jeter un sort).

Pour se protéger des mauvaises énergies, rien ne vaut l'amulette la plus caractéristique de la ville : un *corno*. Généralement rouge et en forme de corne courbée, son pouvoir réside dans sa représentation d'un taureau et de sa vigueur sexuelle.

Autre protection traditionnelle mais plus rare contre la malchance, l'o Scartellat (en napolitain, "bossu") est généralement un homme âgé qui brûle de l'encens dans les vieux quartiers de la ville pour débarrasser les rues des mauvaises vibrations et attirer la chance. Selon la coutume, toucher la bosse d'un bossu porte bonheur, de même que marcher dans un excrément de chien ou être accidentellement taché de vin.

Un chevalier, étendu sur la tombe de Santa Patrizia, fut miraculeusement guéri de tous ses maux. Dans un accès de ferveur religieuse, il ouvrit la sépulture et arracha une dent de la sainte, dont le sang se mit à couler. Le chevalier le recueillit dans deux fioles, aujourd'hui conservées dans la Chiesa di San Gregorio Armeno.

LA MORT ET LA VILLE

Le fatalisme des Napolitains s'explique par la menace constante de tremblements de terre et d'éruptions volcaniques. La soif de vivre de la population n'a d'égale que son étrange fascination pour la mort. Ainsi, la tendance actuelle consistant à éluder le trépas est-elle régulièrement bousculée, que ce soit par des avis de décès placardés sur les murs, des sanctuaires dédiés aux disparus ou des douceurs comme le *torrone dei morti* (nougat des morts), dont on se régale le jour de la Toussaint. Des crânes sculptés décorent les églises et les cloîtres, tels ceux qui ornent le Chiostro Grande (Grand Cloître) dans la Certosa di San Martino, rappels constants de notre statut de mortels.

LA LOTERIE ET LES RÊVES

A priori, la loterie napolitaine ressemble à n'importe quelle loterie : achat de billets, inscription des numéros et tirage de la combinaison gagnante dans un chapeau bien gardé. Ce qui diffère est la manière dont certains Napolitains choisissent leurs numéros. Ils les rêvent, ou plutôt interprètent leurs rêves à l'aide de *La Smorfia Napoletana*, une sorte de dictionnaire des rêves.

Selon ce livre, si vous rêvez de Dieu ou de l'Italie, vous devez choisir le 1. Parmi les autres symboles, la danse correspond au 37, les pleurs au 21, la peur au 90 et les cheveux d'une femme au 55.

Certains laissent l'expert d'une boutique de Loto choisir leurs numéros, après lui avoir murmuré à l'oreille la teneur de leur rêve (personne ne veut partager avec un autre une combinaison gagnante). Selon les Napolitains, la *ricevitoria* (boutique de Loto) la plus chanceuse est celle de la Porta Capuana, gérée par la même famille depuis plus de 200 ans. La grand-mère de l'actuel propriétaire était considérée comme une experte en interprétation des rêves. Aujourd'hui, des joueurs viennent d'Espagne, de Suisse ou même des Etats-Unis pour raconter leurs songes.

Si les origines de *La Smorfia* sont obscures, des liens ont souvent été établis avec le système ésotérique de la kabbale, qui mêle chiffres et mots. Le terme lui-même semble dériver de Morphée, dieu grec des Rêves, ce qui laisse penser que la tradition remonte aux origines grecques de Naples et à la coutume hellénique d'oniromancie (interprétation des rêves).

Âmes scandaleuses

Rendez-vous mystiques

Festa di San Gennaro

Casa e Chiesa di Santa Maria Francesca delle Cinque Piaghe

Cimitero delle Fontanelle

Fête de la Madonna del Carmine

Complesso Museale di Santa Maria delle Anime del Purguatorio ad Arco

L'infortunée Maria d'Avalos connut une fin tragique en octobre 1590 dans le Palazzo Di Sangro, sur la Piazza San Domenico Maggiore. Elle fut assassinée avec son amant, Don Fabrizio Carafa, par son mari, le célèbre compositeur Carlo Gesualdo. Suspicieux, ce dernier lui avait fait croire qu'il partait à la chasse afin de la prendre en flagrant délit d'adultère. D'après des témoins, Gesualdo entra dans l'appartement accompagné de trois hommes en criant "Tuez la fripouille et cette catin !" Les enquêteurs accourus sur le lieu du crime trouvèrent Carafa mortellement blessé sur le sol, couvert de sang et vêtu d'une chemise de nuit de femme à volants de soie noire. Sur le lit gisait Maria, la gorge tranchée.

La jalousie de Gesualdo aurait été attisée par la beauté de Carafa, un jeune noble si séduisant qu'on le surnommait l'*angelo* (l'ange). Noble lui-même, le meurtrier ne fut jamais poursuivi, mais, par crainte d'une vengeance de ses crimes, il se réfugia dans sa ville natale de Venosa.

Dans les décennies qui suivirent la mort de Gesualda, le prince de Venosa devint une figure quasi mythique, dont le nom fut associé à d'autres épisodes sanglants. Il aurait ainsi fait tuer son propre fils, craignant qu'il soit celui de Carafa, ainsi que son beau-père qui cherchait à se venger.

Quant à la belle Maria d'Avalos, certains prétendent que son fantôme légèrement vêtu hante la Piazza San Domenico Maggiore les nuits de pleine lune, recherchant désespérément son amant disparu.

Le Palazzo Di Sangro fut construit par la noble famille éponyme, dont un membre, Raimondo Di Sangro (1710-1771), reste un personnage entouré de rumeurs. Inventeur, scientifique, soldat et alchimiste, le prince de Sansevero mit au point quelque 90 inventions, dont une cape imperméable pour Charles III de Bourbon et une calèche amphibie "tirée" par des chevaux en liège grandeur nature. Il introduisit la franc-maçonnerie dans le royaume de Naples, ce qui lui valut une excommunication temporaire de l'Église catholique.

LA VICTOIRE DES SANCTUAIRES

Une courte promenade dans le centre historique, les Quartiers espagnols ou La Sanità suffit pour découvrir l'omniprésence des petits sanctuaires dans la ville. Combinaisons kitsch de lumignons électriques, d'images pieuses et de fleurs fraîches ou en plastique, ils ornent aussi bien les façades des *palazzi* (demeures) que les cours ou les escaliers. La plupart portent une inscription, confirmant qu'il s'agit d'un tribut *per grazie ricevute* (pour des grâces obtenues) ou d'un *ex-voto* (accomplissement d'un vœu).

La popularité des sanctuaires remonte à l'époque du moine dominicain Gregorio Maria Rocco (1700-1782). Déterminé à rendre plus sûres les ruelles sombres et mal famées de la ville, il convainquit le souverain Bourbon de les éclairer avec des lampes à huile. Celles-ci furent prestement saccagées par les voleurs qui profitaient de l'obscurité pour faire trébucher les passants au moyen d'une corde. Par chance, le moine ingénieux eut une meilleure idée. Comptant sur le respect de la population pour les saints, il invita les habitants à édifier des sanctuaires illuminés. C'est ainsi que les rues devinrent plus sûres, car même les pires gredins n'auraient pas osé mécontenter une idole céleste vénérée.

Même une décision papale ne parvint à étouffer les histoires sulfureuses associées à Raimondo, telles que la castration de jeunes sopranos prometteurs ou le meurtre de 7 cardinaux pour fabriquer des meubles avec leur peau et leurs os. Le comte Alessandro Cagliostro, lui-même franc-maçon, confessa lors de son procès devant l'Inquisition à Rome en 1790 qu'il avait acquis tout son savoir sur l'alchimie et l'ésotérisme auprès de Di Sangro. Selon le philosophe italien Benedetto Croce (1866-1952), qui évoque Di Sangro dans son livre *Storie e leggende napoletane* (Histoires et légendes napolitaines), l'alchimiste exerçait une fascination faustienne sur le peuple napolitain. Pour les habitants, sa maîtrise de l'occultisme lui permettait de répéter le miracle du sang de San Gennaro ou de réduire le marbre en poudre d'un simple effleurement.

Le mystère plane encore autour des deux écorchés parfaitement préservés dans la crypte de la Cappella Sansevero, la chapelle funéraire des Di Sangro. Selon une légende populaire, il s'agirait de deux domestiques du prince et certains croient qu'ils n'étaient pas morts quand celui-ci commença à les embaumer. Les rumeurs perdurent aujourd'hui et le réalisme des modèles laissent de nombreuses questions sans réponse.

> En face du cratère de la Solfatara, site supposé de la décapitation de San Gennaro en 305, le Santuario di San Gennaro alla Solfatara renferme la dalle de marbre qui aurait été utilisée pour son martyre. Selon la légende, des tâches sombres apparaissent sur la dalle quand le sang du saint se liquéfie.

Cuisine de Campanie

Le garde-manger de la région met l'eau à la bouche. Tout semble un peu meilleur qu'ailleurs – les tomates sont plus sucrées, la mozzarella est plus tendre et le café plus corsé. Certains imputent ce phénomène à la richesse du sol volcanique, d'autres au soleil ou à l'eau de la Campanie. Outre ces atouts naturels, la région s'enorgueillit de précieuses traditions scrupuleusement conservées et transmises de génération en génération. Ici, cuisine, identité et fierté sont indissociables.

Un métissage historique

La gastronomie campanienne apparaît comme un mélange d'influences étrangères et de ressources locales. Au cours de son histoire de 3 000 ans, Naples a joué d'innombrables rôles : lieu de villégiature de la haute société romaine, grand centre culturel au Moyen Âge ou splendide capitale européenne. Les dynasties étrangères s'y sont succédé et ont laissé des traces de leur passage, aussi bien dans les domaines de l'art et de l'architecture, que dans le dialecte et la cuisine. Ce sont les Grecs qui, les premiers, ont introduit les oliviers, la vigne et le blé dur. Des siècles plus tard, les Byzantins et les commerçants arabes venus de la Sicile ont apporté les pignons, les amandes, les raisins secs et le miel qu'ils utilisaient pour farcir leurs légumes. On leur doit également la fameuse *pasta* (les pâtes).

Apparues au XIIe siècle, les pâtes ne furent pas consommées de manière courante avant le XVIIe siècle, où elles devinrent la base de l'alimentation du pauvre. Ne nécessitant que peu d'ingrédients (de la farine et de l'eau pour leur forme la plus simple), elles sauvèrent de la disette une population alors en pleine expansion. Cependant, la noblesse continua de mépriser ce mets jusqu'à ce que Gennaro Spadaccini invente la fourchette à quatre dents au début du XVIIIe siècle.

Sous le règne des Bourbons (1734-1860), deux cultures gastronomiques se développèrent en parallèle : celle de la monarchie espagnole, riche et sophistiquée, et celle de la rue, la *cucina povera* (cuisine du pauvre), simple et saine.

La cuisine du petit peuple, surnommé *mangiafoglie* ("mangeurs de feuilles"), était préparée à partir de pâtes et des légumes qui poussaient dans les plaines volcaniques fertiles des environs de Naples. Aubergines, artichauts, courgettes, tomates et poivrons figuraient parmi les ingrédients de base. Lait de brebis, de vache et de chèvre servaient à fabriquer le fromage. Ancêtres probables de la pizza, les pains plats importés des pays grecs et arabes complétaient le menu. La viande et le poisson coûtaient cher et étaient réservés aux grandes occasions.

Dans les cuisines de la cour en revanche, les grands chefs français se démenaient pour combler les appétits des monarques Bourbons. On raconte également que Marie-Caroline, épouse du roi Ferdinand Ier, fut tellement impressionnée par Versailles et ses fastes qu'elle

---

Le site www.italienpasta.com est une mine de recettes napolitaines. Également intéressant, le site www.gamberorosso.it fournit quantité d'informations sur les produits du terroir, les vins, les manifestations gastronomiques et les stages de cuisine.

> **FAIRE SON LIMONCELLO**
>
> Le fameux *limoncello* (liqueur au citron) de Campanie est très facile à réaliser. Le site www.undejeunerdesoleil.com comporte une bonne recette. Assurez-vous toutefois d'utiliser des citrons non traités, même s'ils ne sont pas de Capri. Si vous lisez l'italien, vous trouverez une autre bonne recette sur le site www.limoncellodiprocida.it (qui vend aussi du *limoncello*).

emprunta à sa sœur Marie-Antoinette quelques maîtres queux. De toute évidence, les cuisiniers français s'adaptèrent aux coutumes napolitaines, et créèrent, entre autres, les *timballe di pasta* (timbales de pâtes), le *gattò di patate* (gâteau de pommes de terre) et le célèbre *babà* (baba au rhum).

Les origines sont plus controversées pour la plus célèbre pâtisserie napolitaine, la *sfogliatella*, une douceur en forme de coquille, fourrée de ricotta à la cannelle et de fruits confits. Au dire de certains, elle aurait été créée au XVIIIe siècle, par des chefs français, pour le roi de Pologne ; d'autres affirment qu'elle fut inventée au XVIIIe siècle par des religieuses de Conca dei Marini, un petit village de la côte amalfitaine. Aujourd'hui, elle existe sous deux formes : *frolla* (à la pâte brisée) et *riccia* (avec un feuilletage évoquant la pâte filo).

Les fondamentaux de la cuisine de Campanie

Pizza

En dépit du riche héritage des Bourbons, la cuisine campanienne est restée simple et profondément ancrée dans les traditions de cuisine populaire. Ainsi, la pizza, à la base de la *cucina povera*, constitue le fondement de la réputation culinaire de Naples.

La pizza faisait déjà partie des préparations vendues dans la rue au XVIe siècle, époque à laquelle l'occupant espagnol introduisit la tomate en Italie. Toujours en activité aujourd'hui, la première pizzeria ouvrit ses portes à Port'Alba en 1738. Très vite, les *pizzaioli* napolitains devinrent des figures locales.

À ce jour, le pizzaiolo le plus célèbre de la ville demeure Raffaelle Esposito, qui inventa la pizza margherita. Meilleur artisan de la ville, il fut chargé de concocter une pizza pour la reine d'Italie, Marguerite de Savoie, en visite à Naples en 1889. Afin d'impressionner le couple royal, Esposito créa une garniture à base de tomate, mozzarella et basilic évoquant les couleurs du drapeau de l'Italie récemment unifiée. La pizza reçut l'approbation de la reine et fut baptisée de son nom.

Plus d'un siècle après, les tenants de la tradition affirment haut et fort que rien ne surpasse la recette d'Esposito, réalisée par un authentique pizzaiolo napolitain. Tout le monde n'est pas d'accord et le débat fait rage entre les partisans de la pâte romaine croustillante et ceux qui préfèrent la version napolitaine, plus épaisse.

Selon l'Associazione Verace Pizza Napoletana (association de la vraie pizza napolitaine) officielle, la recette authentique exige de la farine 00 (on tolère néanmoins une petite quantité de farine 0, moins fine), de la levure naturelle ou comprimée, du sel et une eau dont le pH se situe entre 6 et 7. Si un batteur à vitesse lente peut être utilisé pour le pétrissage, les disques de pâte doivent en revanche être confectionnés à la main et ne pas dépasser 3 mm d'épaisseur. La pizza est ensuite cuite à 485°C dans un four à bois à double coupole dans lequel on brûle du chêne, du frêne, du hêtre ou de l'érable.

> La pizza *marinara* napolitaine ne comporte pas de fruits de mer, juste de la tomate, de l'ail et de l'origan, le tout arrosé d'huile d'olive extra-vierge. Elle doit son nom à sa popularité auprès des pêcheurs, qui l'emportaient à bord de leur bateau pour le déjeuner.

Pâtes

Les pâtes arrivèrent à Naples via la Sicile, où elles avaient été introduites par des marchands arabes. Le climat sec et venteux de la Campanie se révéla plus tard idéal pour leur séchage et elles connurent un succès fulgurant, notamment après l'ouverture, en 1840, de la première usine de pâtes d'Italie, à Torre Annunziata.

Les pâtes existent sous deux formes : la *pasta fresca* (pâtes fraîches), qu'il faut consommer rapidement, et la *pasta secca* (pâtes sèches), qui se conserve très longtemps. Parmi les meilleures variétés fraîches de la région figurent les *scialatielli* d'Amalfi en forme de ruban, plus épaisses et plus courtes que les tagliatelles et souvent resserrées au milieu. Leur nom vient du napolitain *sciglià* (ébouriffer) et elles se marient à merveille avec les sauces (*sughi*) à base de tomate et de fruits de mer.

Cela dit, Naples est réputée pour ses pâtes sèches, notamment les spaghettis, les *maccheroni* (macaronis), les *penne* (tubes coupés en biseau) et les *rigatoni* (tubes cannelés). Préparées à base de *grano duro* (farine de blé dur) et d'eau, elles sont servies *al dente* et généralement avec des *sughi* (sauces) à base de légumes, moins riches que celles accompagnant les pâtes fraîches.

Les meilleures pâtes artisanales de la région sont produites dans la petite ville de Gragnano, à 30 km au sud-est de Naples. Grand centre de production depuis le XVIIe siècle, sa rue principale fut construite en fonction de l'axe du soleil pour que les pâtes fabriquées dans les *pastifici* (usines de pâtes) de la ville puissent sécher en profitant d'une journée complète d'ensoleillement.

Enfin, l'alléchante *pasta al forno* (pâtes au four), délicieux mélange de macaronis, sauce tomate, mozzarella et, suivant la recette, œufs durs, boulettes de viande et saucisse, est souvent servie lors du déjeuner dominical ou des grandes occasions.

> Jugées trop coûteuses et contraignantes par certains producteurs italiens, les appellations officielles DOCG (Denominazione di Origine Controllata e Garantita) et DOC (Denominazione di Origine Controllata) adoubent des produits alimentaires et des vins répondant à des critères d'origine et de qualité.

Légumes et fruits

La pauvreté et le soleil encouragèrent également la production de légumes en Campanie. Les plats comme les *zucchine fritte* (courgettes frites), la *parmigiana di melanzane* (plat à base d'aubergines frites, œufs durs, mozzarella, oignons, sauce tomate et basilic) et les *peperoni sotto aceto* (poivrons marinés) garnissent souvent les buffets d'*antipasti* et les tables familiales.

L'EAU À LA BOUCHE

Titillez votre appétit avec les livres de cuisine suivants :

- *Naples gourmande* (Racine Lannoo, 2010), de Philippe Bidaine et Alexandre Bibaut. Un livre de recettes, mais aussi un portrait sonore et parfumé d'une tradition culinaire bien vivante.

- *Saveurs de Naples et de Sicile, Souvenirs culinaires d'un Italien new-yorkais* (Könemann, 2000), de David Ruggerio et Maura Mc Evoy. Un livre de cuisine comme un album de photos souvenirs, avec 150 recettes siciliennes et napolitaines.

- *Naples : Balades secrètes et gourmandes en Campanie* (Minerva, 2004), d'Anna Bini. Une balade insolite et gourmande dans une Campanie intime. L'auteur nous ouvre les portes de lieux somptueux et nous invite à goûter à de savoureuses spécialités napolitaines.

- *Petite anthologie culinaire de la pizza* (Equinoxe, 2000), d'Anna-Maria Tribaudino. Le plat napolitain le plus simple et le plus célèbre : son histoire et ses recettes.

Certains des meilleurs fruits et légumes du pays sont produits sur les terres volcaniques riches en minéraux du Vésuve et des plaines environnantes, notamment de tendres *carciofi* (artichauts), des *cachi* (kakis) et des *friarielli*, sorte de brocolis amers poussant uniquement en Campanie. S*altati in padella* (sautés à la poêle) et garnis de *peperoncino* (piment rouge), ces derniers accompagnent souvent des rondelles de *salsiccia di maiale* (saucisse de porc).

En juin, les adeptes du mouvement Slow Food pourront déguster des *albicocche vesuviana* (abricots du Vésuve), appelés *crisommole* dans la région et certifiés IGP (Indicazione Geografica Protetta ; origine géographique protégée).

Le label DOC (Denominazione di Origine ; appellation d'origine contrôlée) est attribué à une autre production très prisée, le *pomodoro San Marzano* (olivette San Marzano). Produite à côté de la petite ville du même nom, c'est la tomate la plus célèbre et la plus cultivée d'Italie ; elle est connue pour sa faible acidité et sa saveur douce et intense. La sauce *conserva di pomodoro* est fabriquée à partir de tomates très mûres, découpées et laissées au soleil au moins deux jours pour concentrer les arômes. Cette sauce est présente dans beaucoup de plats napolitains, notamment les délicieux *spaghetti alla puttanesca*, dont la sauce tomate est agrémentée d'olives noires, de câpres, d'anchois et parfois d'une pointe de piment rouge.

La sauce napolitaine *ragù* a des origines aristocratiques et doit son nom au "ragoût" français. Plus riche que la sauce tomate classique, elle est agrémentée de viande et mijote pendant environ 6 heures avant d'accompagner les macaronis.

Mozzarella di bufala

Si vous trouviez déjà délicieuse la mozzarella *fior di latte* (au lait de vache) de l'*insalata caprese* (salade de Capri à base de tomates, mozzarella, basilic et huile d'olive), la *mozzarella di bufala* (mozzarella au lait de bufflonne) de Campanie vous transportera au septième ciel. Fabriquée dans les plaines autour de Caserte et de Paestum, elle se déguste idéalement fraîche du jour ; les *latterie*

LA DOLCE VITA

Les crémeux *sfogliatelle* (chaussons à la ricotta) et les babas au rhum ne sont pas les seules spécialités de *pasticcerie* que vous découvrirez sur les tables de Campanie. Réveillez le gourmand qui sommeille en vous avec ces délices :

- **Cassatina** Version napolitaine de la cassata sicilienne, il s'agit d'un petit gâteau à base de *pan di Spagna* (génoise), de ricotta et de fruits confits, recouvert de sucre glace.
- **Pastiera** Une tarte faite de pâte brisée recouverte de croisillons et garnie de ricotta, crème, fruits confits et céréales, aromatisée à la fleur d'oranger. C'est le dessert traditionnel de Pâques (mais on le trouve toute l'année).
- **Torta caprese** Une tarte aux amandes et au chocolat sans farine originaire de Capri. À Naples, la *pasticceria* Scaturchio (p. 78) propose une variante au citron.
- **Torta di ricotta e pera** Une tarte légère et acidulée à la ricotta et aux poires.
- **Delizia al limone** Un gâteau au citron léger et savoureux, à base de *limoncello*.
- **Paste reali** Miniatures de fruits et de légumes habilement façonnées, ces douceurs sont concoctées avec de la pâte d'amande et du sucre. On les déguste à Noël.
- **Raffioli** Un biscuit de Noël à base de génoise et de pâte d'amande, saupoudré de sucre glace.

US ET COUTUMES À TABLE

- Regardez vos amis dans les yeux quand vous trinquez, et ne trinquez jamais avec des verres en plastique, cela porte malheur !
- Les pâtes ne se mangent qu'à la fourchette.
- On ne mange pas de pain avec les pâtes, sauf pour saucer son assiette.
- Vous pouvez manger votre pizza avec les mains.
- En cas de doute, habillez-vous élégamment.
- Si vous êtes invité chez quelqu'un, apportez un plateau de *dolci* (desserts) acheté dans une *pasticceria* (pâtisserie).

(crèmeries) la vendent tiède, dans un sachet plastique contenant du petit-lait, un liquide légèrement trouble. Les tratorrias et les restaurants de la région en servent également. On trouve même des restaurants consacrés à ce fromage à Naples et à Sorrente : le **Muu Muzzarella Lounge** (p. 79) et l'**Inn Bufalito** (p. 153), respectivement.

Son goût irrésistible, si souvent absent des versions vendues hors d'Italie, vient de la haute teneur en matière grasse et en protéines du lait de bufflonne. Apparentée à la mozzarella, la *burrata* originaire des Pouilles se distingue par son cœur crémeux et sa consistance plus molle et filandreuse.

La *mozzarella in carrozza* (littéralement "mozzarella en carrosse") est peut-être le plat le plus décadent de Campanie : la mozzarella fraîche tranchée est prise entre deux tranches de pain blanc recouvertes de farine et de jaune d'œuf, puis le tout est doré à la poêle. Si de nombreuses pizzerias italiennes utilisent aujourd'hui de la *fior di latte*, moins onéreuse, la recette classique nécessite de la *mozzarella di bufala* ; contenant plus de matière grasse et moins d'eau, elle ne s'échappe pas dans la poêle. La recette authentique préconise en outre l'usage de pain rassis, acheté au *panificio* (boulangerie).

> Au printemps, en été et au début de l'automne, des villes d'Italie du Sud organisent des *sagre* (fêtes) consacrées aux produits de saison, que le site en italien www.prodottitipici.com/sagre répertorie.

Spécialités régionales

Les spécialités de la Campanie témoignent de l'obsession régionale pour les ingrédients certifiés. Outre la *pizza* napoletana STG (Specialità Tradizionale Garantita ; spécialité traditionnelle garantie), les légères *fritture* (en-cas frits) et les pâtisseries savoureuses, les plats typiques de Naples incluent la *pizza di scarole* (pizza à la scarole), le salami, les saucisses au fenouil sauvage et le *sanguinaccio* (une crème aux fruits confits et au chocolat préparée pendant le carnaval).

À l'ouest de Naples, dans les champs Phlégréens, le marché au poisson de Pouzzoles, toujours animé, témoigne de la réputation de la ville en matière de fruits de mer. Autre production des champs Phlégréens, les pommes IGP Annurca mûrissent sur un lit de paille, ce qui leur donne leurs rayures rouges caractéristiques.

Les fruits de mer sont également à l'honneur sur l'île de Procida, avec notamment les tripes de *volamarina* (poisson-lune) à la tomate et au piment ou les calamars farcis aux anchois. L'île voisine d'Ischia est tout aussi réputée pour ses produits de la mer, mais également pour sa tradition agricole et ses élevages de lapins, d'où l'emblématique *coniglio all'ischitana* (lapin au vin et aux herbes).

> ### LE CULTE DU CAFÉ
>
> À Naples, le café n'est pas une affaire de mode, mais une tradition locale bien enracinée où le goût prime sur le décorum. Si on l'avale souvent d'un trait au comptoir, cela ne diminue en rien l'exigence de qualité des consommateurs.
>
> Les Napolitains prétendent que c'est l'eau de la ville qui le rend meilleur et plus corsé que partout ailleurs en Italie. Pour faire comme les habitants, réservez le café au lait et le cappuccino au petit-déjeuner, l'expresso et le *caffè macchiato* (café noisette) constituent la norme après 11h. Si vous n'aimez pas le café serré, commandez un *caffè lungo* (allongé) ou un *caffè americano* (très allongé).
>
> Un autre rituel concerne le verre d'eau (*bicchiere d'acqua*) servi avec le café. L'eau peut être *liscia* (plate) ou *frizzante* (gazeuse), et se boit avant la café pour se rincer le palais. On ne l'apporte pas toujours automatiquement aux étrangers (*stranieri*), mais n'hésitez pas à demander : *Un bicchiere d'acqua, per favore*.

Au sud-est de Naples, la péninsule de Sorrente ne manque pas non plus de spécialités, des *gnocchi alla sorrentina* (gnocchis à la tomate, au basilic et au pecorino) au rafraîchissant sorbet de *limoncello* (liqueur de citron). Régalez-vous de *burrino incamiciato* (mozzarella *fior di latte* garnie de beurre) et de pizza au mètre à Vico Equinese, de cannellonis farcis à la ricotta ou de liqueur de noix (*nocino*) à Sorrente. Les amandes et le chocolat sont les ingrédients phares de la *torta caprese* ("gâteau de Capri", au chocolat et aux amandes, saupoudré de sucre). C'est un classique de l'île de Capri, de même que les pâtes *linguine* à la rascasse ou l'*insalata caprese*.

Comme on peut s'y attendre, les poissons comme le cabillaud, la lotte, le *coccio* (rascasse) et le muge occupent une part de choix sur les menus de la côte amalfitaine. Citons encore deux spécialités régionales essentielles : la *colatura di alici* (coulis d'anchois) à Cetara et l'huile d'olive DOP Colline Salernitane à Salerne.

Non loin, dans la région du Cilento, le rapport à la terre s'exprime pleinement dans les solides plats ruraux comme la *cuccia* (soupe de pois chiches, lentilles, haricots, maïs et blé) et les *pastorelle* (choux frits fourrés de crème à la noisette).

Déchiffrer la carte

→ **Antipasto** Entrée chaude ou froide. Pour un assortiment, demandez un *antipasto misto*.

→ **Contorno** Garniture, habituellement des légumes (*verdura*).

→ **Dolce** Dessert, y compris les gâteaux (*torta*).

→ **Frutta** Fruits, souvent servi en fin de repas.

→ **Menù a la carte** Menu à la carte.

→ **Menù di degustazione** Menu dégustation, d'ordinaire composé de 6 à 8 mini-plats de dégustation.

→ **Menù turistico** "Menu touristique", généralement synonyme de cuisine médiocre.

→ **Nostra produzione** Désigne un produit fait maison (pain, pâtes, liqueur...).

→ **Piatto del giorno** Plat du jour

→ **Primo** Premier plat, soit des pâtes, du risotto ou une soupe (*zuppa*).

→ **Secondo** Deuxième plat, souvent du poisson (*pesce*) ou de la viande (*carne*).

→ **Surgelato** Surgelé ; cette mention concerne poissons et fruits de mer.

Le mot *melanzana* (aubergine) vient du terme *mela insana* signifiant "pomme malsaine", lui-même inspiré du latin *solanum insanum*, car on prêtait autrefois à ce légume des propriétés nocives.

> **GRANDS CRUS**
>
> Pour vous aider à vous repérer dans la liste croissante des vins de Campanie, voici quelques-uns des meilleurs crus :
>
> - **Taurasi** Un rouge sec et intense, DOCG depuis 1991, qui se marie bien avec les viandes mijotées ou grillées.
> - **Fiano di Avellino** Idéal sur les fruits de mer, ce blanc frais et sec classé DOCG fait partie des vins historiques de Campanie.
> - **Greco di Tufo** Un autre blanc DOCG très ancien, sec ou pétillant.
> - **Aglianico del Taburno** Un rouge riche et dense DOCG, qui accompagne à merveille les pièces de viande.
> - **Falerno del Massico** Rouge ou blanc, il est issu des pentes volcaniques du mont Massico, dans le nord de la région.

Le renouveau des vins de Campanie

Prisés dans l'Antiquité et longtemps boudés par la critique, les vins de Campanie font leur grand retour, avec une nouvelle génération de viticulteurs à l'origine de superbes crus. D'illustres producteurs tels que Feudi di San Gregorio, Mastroberardino, Villa Matilde, Pietracupa et Terredora sont retournés à leurs racines en cultivant d'anciennes variétés de raisins comme l'Aglianico pour les rouges (sans doute le plus ancien cépage d'Italie) et le Falanghina, le Fiano et le Greco pour les blancs (tous cultivés bien avant l'éruption du Vésuve en 79). Parallèlement, la liste des vignobles bio et biodynamiques de renom s'allonge : Terre Stregate, I Cacciagalli, Colli di Lapio et Cautiero pour ne citer qu'eux. Fini le temps où, dans les années 1990, l'expert en vins italiens Burton Anderson écrivait que les vignerons de Campanie dignes d'intérêt se comptaient sur les doigts d'une main.

Les trois principales zones viticoles de Campanie se concentrent autour d'Avellino, Benevento (Bénévent) et Caserta (Caserte). Des hautes collines à l'est d'Avellino provient le meilleur rouge de la région. Le Taurasi, un vin charpenté à base d'Aglianico, compte parmi les plus prestigieux vins du sud de l'Italie. Parfois qualifié de Barolo méridional, ses arômes vont des fruits noirs et du cuir au café torréfié et aux herbes de Méditerranée. C'est aussi l'un des quatre vins de la région classés DOCG (Denominazione di Origine Controllata e Garantita ; appellation d'origine contrôlée et garantie). Les trois autres à bénéficier de cette distinction suprême sont l'Aglianico del Taburno, un rouge charpenté de la région de Benevento, le Fiano di Avellino et le Greco di Tufo, des blancs du secteur d'Avellino. La province de Caserta est connue pour le Falerno del Massico, un vin DOC produit dans la même région que le Falernum, le vin le plus prisé dans l'Antiquité romaine.

Parmi les autres régions viticoles, citons les champs Phlégréens (terres des vins DOC Piedirosso et Falanghina), Ischia (dont les vins furent les premiers à recevoir le label DOC) et la région du Cilento, où sont produits le Cilento bianco DOC (blanc) et l'Aglianico Paestum. Le breuvage le plus célèbre du Vésuve est le Lacrima Christi (larmes du Christ), un mélange de cépages Falanghina, Piedirosso et Coda di Volpe produits sur place.

La côte amalfitaine a également ses vins, mais elle est surtout réputée pour ses liqueurs de fruits ou d'herbes, à base de mandarine, de myrte ou de fenouil sauvage. Cependant, la plus répandue est le *limoncello*, une décoction de zestes de citron, eau, sucre et alcool traditionnellement servie en digestif dans un verre givré. Sachez que les meilleurs *limoncelli* ont une teinte verdâtre.

Contrairement à l'idée reçue, une petite tasse de café serré à l'italienne contient moins de caféine qu'une grande tasse de café plus léger à la française. Vous devriez donc être moins nerveux à Naples.

Glossaire de la cuisine

Établissements où se restaurer et prendre un verre

enoteca	bar à vin
friggitoria	kiosque servant des en-cas frits
osteria	restaurant informel
pasticceria	pâtisserie
ristorante	restaurant
trattoria	restaurant informel

À table

cameriere/a	serveur/serveuse
carta dei vini	carte des vins
conto	addition/note
spuntini	en-cas
tovagliolo	serviette
vegetaliano/a	végétalien/végétalienne
vegetariano/a	végétarien/végétarienne

Aliments de base

aglio	ail
fior di latte	mozzarella au lait de vache
insalata	salade
limone	citron
mozzarella di bufala	mozzarella au lait de bufflonne
oliva	olive
pànna	crème
peperoncino	piment
pizza margherita	pizza garnie de tomates, de mozzarella et de basilic
pizza marinara	pizza garnie de tomates, ail, origan et huile d'olive
rucola	roquette

Poisson et fruits de mer

acciughe	anchois
carpaccio	fines tranches de poisson (ou de viande) cru(e)
granchio	crabe
merluzzo	cabillaud
pesce spada	espadon
polpi	poulpe
sarde	sardines
seppia	seiche
sgombro	maquereau
vongole	palourdes

Viande

bistecca	steak
capretto	cabri

coniglio	lapin
fegato	foie
prosciutto cotto	jambon cuit
prosciutto crudo	jambon cru
salsiccia	saucisse
vitello	veau

Méthodes de cuisson

arrosto/a	rôti
alla griglia	grillé
bollito/a	bouilli
cotto/a	cuit
crudo/a	cru
fritto/a	frit

Fruits

ciliegia	cerises
fragole	fraises
melone	melon cantaloup, melon brodé
pera	poire

Légumes

asparagi	asperge
carciofi	artichaut
fagiolini	haricots verts
finocchio	fenouil
friarielli	brocoli-rave
melanzane	aubergine
peperoni	poivron
tartufo	truffe

Glaces

Amarena	cerise sauvage
bacio	chocolat et noisette
cioccolata	chocolat
cono	cône
coppa	coupe
crema	crème
frutta di bosco	fruits des bois
nocciola	noisette
vaniglia	vanille
zuppa inglese	"soupe anglaise", "triffle"

Boissons

amaretto	liqueur aux amandes
amaro	liqueur sombre à base d'herbes
espresso	petit café noir

Architecture

L'architecture de la Campanie possède un cachet hérité du riche passé de la région. Des millénaires de conquêtes et de rivalités politiques, d'ingéniosité, de créativité et d'ambitions humaines ont forgé un patrimoine architectural dont peu de régions d'Europe peuvent se targuer. Temples grecs imposants, somptueuses villas romaines, châteaux angevins, cloîtres mauresques médiévaux et immenses palais bourbons s'y côtoient. Aussi, pourquoi ne pas commencer par les incontournables ?

Héritage gréco-romain

En Campanie, l'architecture antique rivalise de superlatifs. La kyrielle de temples, de cités et de prouesses d'ingénierie réunit un concentré de l'esthétisme classique et du génie propres à l'Antiquité.

Les Grecs, inventeurs de l'ordre dorique, le mirent superbement en pratique pour les temples (VIe siècle av. J.-C.) de Paestum, confirmant la puissance de la Grèce antique et son goût pour les proportions harmonieuses. On peut encore voir des vestiges de l'enceinte (IVe siècle av. J.-C) de la ville sur la Piazza Bellini à Naples et des traces de fortifications grecques à l'acropole de Cumes.

Ayant tiré de précieuses leçons des Grecs, les Romains ont porté l'architecture à un tel degré de raffinement que leurs techniques, leurs plans et leur maîtrise des proportions inspirent encore aujourd'hui la plupart des projets d'architecture et d'urbanisme dans le monde. Si les Grecs ont conçu le premier aqueduc de Naples, ce sont les Romains qui ont agrandi et amélioré le réseau. L'aqueduc menait à la magnifique Piscina Mirabilis, une citerne aux proportions de cathédrale jadis dotée d'un système hydraulique sophistiqué.

Le soubassement de l'Anfiteatro Flavio à Pouzzoles illustre l'ingéniosité des Romains. Un couloir elliptique y est flanqué d'une série de cellules (*cellae*) réparties sur deux niveaux et dotées d'une trappe ouvrant sur l'arène au-dessus. On enfermait dans les cellules du niveau supérieur les animaux sauvages lâchés lors des combats. Hissées à travers les trappes, les bêtes prêtes à bondir passaient immédiatement de l'ombre à la lumière de l'arène.

De l'autre côté de la baie, le mode de vie des Romains a sa vitrine à Pompéi où subsistent un grand nombre de maisons antiques parmi les mieux préservées du pays. La Villa dei Misteri, la Casa del Fauno et la Casa del Menandro sont typiques des habitations romaines classiques : espaces tournés vers l'intérieur (pour plus de tranquillité), atrium baigné de lumière (centre du foyer) et péristyle décoratif (colonnade entourant une cour-jardin). Les plus belles villas s'agrémentaient de fresques mythologiques à l'instar de celles, remarquables, de la Villa dei Misteri et de celles de la Villa Oplontis, située non loin, à Torre Annunziata.

Le magnifique livre *Naples* (Citadelles & Mazenod, 2010), richement illustré, de Brigitte Marin, Amedeo Feniello, Paolo Frascani, Renaud Robert et Piero Ventura, retrace l'évolution de la ville depuis la fondation grecque jusqu'aux récentes constructions et aux dernières découvertes archéologiques.

Icônes médiévales

Succédant à l'architecture byzantine et à ses églises incrustées de mosaïques, l'architecture romane se décline en quatre styles régionaux en Italie (lombard, pisan, florentin et sicilo-normand). Tous privilégient les lignes horizontales et la largeur des bâtiments au détriment de la hauteur et distinguent les campaniles et les baptistères des églises proprement dites. Apparu au XIe siècle, le style sicilo-normand mêle les influences normandes, sarrasines et byzantines, entre colonnes en marbre, arcades pointues d'inspiration maure et détails en tesselle de verre. Ce style est clairement identifiable au niveau de la maçonnerie bicolore et du campanile (XIIIe siècle) de la Cattedrale di Sant'Andrea, à Amalfi. On le retrouve aussi au Duomo de Salerne avec son campanile du XIIe siècle, ses portes byzantines en bronze et les arabesques de son portique.

Naples connaît un autre grand tournant architectural sous la domination angevine au XIIIe siècle. Le royaume d'Anjou, fort de visées ambitieuses pour sa nouvelle capitale, bonifie des terres et érige des églises et des monastères. Cette période marque l'avènement du style gothique, de ses arcs-boutants et de ses gargouilles. Celui-ci ne rencontre toutefois pas en Italie le même enthousiasme qu'en France, en Allemagne ou en Espagne. Les Italiens l'interprètent avec plus de retenue et d'austérité : murs épais, nef unique, plafond à poutres et bandes horizontales. À Naples, la Basilica di San Lorenzo Maggiore est l'un des plus beaux exemples, avec son élégance épurée que l'on retrouve aussi dans la Chiesa di San Pietro a Maiella et la Basilica di Santa Chiara.

Les ajouts baroques ultérieurs sur la façade de la Basilica di San Lorenzo Maggiore et le plafond à caissons de la Chiesa di San Pietro a Maiella soulignent qu'une grande partie des éléments architecturaux gothiques d'origine ont subi des modifications au cours des siècles. Ainsi la décoration traditionnelle dorée de la Chiesa di San Domenico Maggiore trahit-elle un remaniement néogothique. L'entrée principale, qui donne sur une cour près du Vico San Domenico, arbore aussi les traces de remaniements. Un portail raffiné du XIVe siècle est encadré par un pronaos (vestibule d'un temple) du XVIIIe siècle surmonté d'un vitrail du XIXe siècle et flanqué de deux chapelles Renaissance et d'un campanile baroque. Même le Castel Nuovo angevin n'a conservé que

GLOSSAIRE D'ARCHITECTURE

Sauriez-vous distinguer un transept d'un *triclinium* ? Voici une petite liste de termes communs en architecture, pour vous aider à y voir plus clair.

Abside Extrémité de forme semi-circulaire ou polygonale du chœur d'une église ou d'un temple. Comprend parfois l'autel.

Baldaquin (*baldacchino*) Ouvrage en bois ou en pierre souvent minutieusement sculpté surmontant un autel, un trône, un pupitre ou une statue.

Balustrade Rangée de balustres en pierre portant une tablette d'appui et courant le long des escaliers, des balcons et des terrasses baroques.

Impluvium Petit bassin ornemental, généralement placé au centre de l'atrium dans les anciennes maisons romaines.

Latrines Toilettes publiques de l'Antiquité romaine composées d'une rangée de sièges et souvent décorées de fresques et de marbre.

Narthex Vestibule à l'entrée des premières églises chrétiennes.

Nécropole Site funéraire à l'extérieur des murailles de la ville durant l'Antiquité et le début de la chrétienté.

Oratoire Dans une église ou une demeure particulière, petite pièce ou chapelle réservée à la prière.

Transept Partie transversale qui coupe à angle droit la nef principale d'une église.

Triclinium Salle à manger dans une maison romaine.

quelques parties de sa structure d'origine, parmi lesquelles la chapelle palatine. Le remarquable arc de triomphe blanc, ajouté au XVᵉ siècle, est considéré comme l'une des plus belles créations napolitaines du début de la Renaissance.

La période baroque

Alors que l'architecture de la Renaissance avait redessiné l'Italie du Nord, elle eut un impact beaucoup moins important au sud. À Naples, le Palazzo Cuomo, l'actuel Museo di Filangieri, est l'un des rares édifices construits dans le style florentin. Doté de murs rustiques typiquement toscans, il fut bâti à la fin du XVᵉ siècle pour le riche marchand florentin Angelo Como (Cuomo en napolitain) avant d'être transformé en monastère en 1587.

La période faste du baroque napolitain, aux XVIIᵉ et XVIIIᵉ siècles, compense cependant largement la disette de la Renaissance. Au XVIIᵉ siècle, sous la férule espagnole, Naples devint l'une des plus grandes villes d'Europe. L'accroissement de la population et la ferveur de la Contre-Réforme favorisèrent un boom de la construction. *Palazzi* (palais, demeures) gigantesques et églises aux intérieurs couverts de dorures se multiplièrent. Disposés à créer de véritables merveilles pour la ville, des artistes et des architectes fougueux s'employèrent alors à s'écarter des traditions et à réécrire les règles du jeu.

La touche napolitaine

Comme les Napolitains eux-mêmes, l'architecture baroque de la ville est singulière et d'esprit libre. À l'époque, les architectes de Naples faisaient souvent fi des styles en vogue à Rome et dans le nord de l'Italie. Les pilastres avaient beau être omniprésents dans les églises romaines de la fin du XVIIᵉ siècle, à Naples, des architectes comme Dionisio Lazzari (1617-1689) et Giovanni Battista Nauclerio (1666-1739) allèrent contre cette tendance et réaffirmèrent la valeur des colonnes, ouvrant la voie à l'architecture de Luigi Vanvitelli et au néoclassicisme qui allait se répandre en Europe au milieu du XVIIIᵉ siècle.

Dans les *palazzi* napolitains, le *piano nobile* (l'étage noble, c'est-à-dire principal) occupait souvent le 2ᵉ étage (et non le premier comme ailleurs en Italie), d'où la création de portes cochères caractéristiques.

Tout aussi grandioses, les escaliers ouverts étaient notamment une spécialité de l'architecte napolitain Ferdinando Sanfelice (1675-1748). Ses créations à double rampe dans le Palazzo dello Spagnuolo et le Palazzo Sanfelice montrent son agilité à transformer de simples escaliers en œuvres monumentales.

Autre figure de proue de l'architecture, Domenico Antonio Vaccaro (1678-1745) avait d'abord reçu une formation de peintre sous la houlette de Francesco Solimena. On lui doit l'aménagement des cloîtres de la Basilica di Santa Chiara, la décoration des trois chapelles de l'église dans la Certosa di San Martino, ainsi que la conception de la vertigineuse *guglia* (obélisque) sur la Piazza San Domenico Maggiore. Avec l'aide de son père Lorenzo (lui-même un sculpteur renommé), Vaccaro participa également à un monument en bronze dédié à Philippe V d'Espagne, posé en haut de la Guglia dell'Immacolata sur la Piazza del Gesù Nuovo. Cette œuvre fut ensuite supprimée par Charles III et remplacée par une statue de la Vierge, moins controversée.

La folie du marbre

La Piazza del Gesù Nuovo est l'une des très rares places de grande ampleur que compte la ville, ce qui a incité de nombreux architectes baroques à passer moins de temps à créer des extérieurs impressionnants pour se concentrer sur l'intérieur. La Chiesa di San Gregorio Armeno, dont la façade ne trahit en rien l'opulence de l'intérieur, en est un parfait exemple.

Tandis que les massives colonnes doriques, pourvues d'un chapiteau simple, reposent directement sur une plate-bande continue, celles de style ionique sont plus frêles et pourvues d'une base, et leur chapiteau part en deux volutes. Le style corinthien est le plus chargé, avec un chapiteau orné, en sus de volutes de feuilles d'acanthe.

L'intérieur de l'église de la Certosa di San Martino est tout aussi splendide, avec ses glorieuses marqueteries de marbre si courantes dans le baroque napolitain. Cette profusion de marbre est l'œuvre de Cosimo Fanzago (1591-1678). Maître incontesté en la matière, sculpteur, décorateur et architecte très respecté, il découpait des formes étranges dans la pierre et produisait des pièces aux couleurs spectaculaires, véritables joyaux de l'Italie baroque. L'église ne fut pas la seule contribution de Fanzago à la Certosa : l'artiste avait aussi achevé et décoré le Chiostro Grande (Grand Cloître) du monastère en complétant la construction d'origine de Giovanni Antonio Dosio avec des statues au-dessus du portique, des portails ouvragés aux angles et une balustrade blanche autour du cimetière des moines.

Plus belles découvertes baroques

Église, Certosa e Museo di San Martino, Naples

Farmacia Storica, Ospedale degli Incurabili, Naples

Sacristie, Basilica di San Paolo Maggiore, Naples

Palazzo dello Spagnuolo, Naples

Fanzago hissa l'art de la marqueterie en marbre à un haut niveau de complexité et de sophistication, comme on peut le voir dans la Cappella di Sant'Antonio di Padova et la Cappella Cacace, toutes deux dans la Basilica di San Lorenzo Maggiore. La Cappella Cacace est considérée comme le plus merveilleux exemple du genre. En outre, les autels imaginés par Fanzago influencèrent énormément les créations de l'époque. Sa pièce maîtresse, un superbe autel surélevé dans la Chiesa di San Domenico Maggiore, inspira d'autres pièces, notamment l'autel de la Chiesa San Pietro a Maiella des sculpteurs Bartolomeo et Pietro Ghetti, celui de la Chiesa del Gesù Nuovo, de Bartolomeo Ghetti, et des frères Giuseppe et Bartolomeo Gallo, et le magnifique chœur de Giuseppe Mozzetti dans la Chiesa Santa Maria del Carmine.

Giuseppe Sanmartino (1720-1793) fut un autre génie du marbre. Peut-être le meilleur sculpteur de son époque, sa capacité à changer la pierre en créations bouleversantes de sensualité peut être admirée dans la Chiesa dei Girolamini, qui abrite ses fameux anges en marbre de Carrare dont les boucles et les robes sont empreintes d'une douceur et d'une fluidité extraordinaires. Son talent pour insuffler de la vie dans ses œuvres lui valut une foule d'admirateurs, dont les rois Bourbons et le prince de l'alchimie, Raimondo De Sangro. C'est dans la chapelle familiale des De Sangro, la Cappella Sansevero, que vous découvrirez le *Cristo velato* (Christ voilé) de 1753, chef-d'œuvre incontesté du maître. Mobilisant tout le talent de son auteur, cette œuvre pourrait être la plus belle sculpture européenne du XVIIIe siècle et fut même convoitée par l'excellent sculpteur néoclassique Antonio Canova.

LES HAUTS ET LES BAS DE COSIMO FANZAGO

Comme beaucoup de virtuoses du baroque napolitain, Cosimo Fanzago (1591-1678) n'était pas originaire de Naples. Né dans la petite ville de Clusone dans le nord de l'Italie, ce sculpteur-décorateur-architecte en herbe se rendit à Naples à l'âge de 17 ans et se fit rapidement remarquer pour son emploi imaginatif du marbre. Malheureusement, ce n'est pas l'unique réputation qu'il se forgea : selon les documents officiels, Fanzago était enclin à des accès de violence. En 1628, il attaqua son maçon Nicola Botti et deux ans plus tard il le tua. En 1647, suite à son implication présumée dans la révolte de Masaniello, il s'enfuit à Rome et y demeura dix ans pour échapper à sa condamnation à mort.

Cependant, la chute de Fanzago allait être provoquée par ses mauvaises pratiques professionnelles : il ne respectait ni les délais ni les souhaits de ses commanditaires et réutilisait certaines œuvres pour des concurrents de ses clients. Après l'avoir sollicité pour la Certosa di San Martino, les moines finirent par le détester et le poursuivre en justice. Ce procès long et laborieux affecta la santé de Fanzago et bon nombre de ses travaux. À sa mort en 1678, le plus grand maître du baroque napolitain n'était plus qu'un homme pauvre et délaissé.

Reggia di Caserta (Palazzo Reale), au nord de Naples (p. 74)

La fin d'une ère

Canova aurait peut-être souhaité un tel succès pour le palais de Caserte, l'une des résidences de la famille royale des Bourbons. Conçue par l'architecte de la fin du baroque Luigi Vanvitelli (1700-1773), fils du peintre paysagiste hollandais Gaspar van Wittel (1653-1736), ce palais était plus grand que Versailles et s'inscrivit dans l'histoire comme l'un des plus beaux exemples du baroque italien.

Paradoxalement, alors qu'il incarne à divers égards le caractère théâtral du genre, avec des hectares de marbre polychrome et des statues allégoriques encastrées dans des niches, son style baroque tardif est empreint d'un classicisme qui doit plus aux modèles français et espagnol de l'époque qu'à l'exubérance napolitaine. Selon les Bourbons, l'extravagance du baroque napolitain était "plutôt vulgaire". C'est ainsi que le rideau commença à tomber sur le baroque napolitain, cédant la place à un néoclassicisme plus sobre.

Pour l'historien, géographe et philosophe grec Strabon (63 av J.C.-24), la portion de littoral entre le cap Misène (champs Phlégréens) et Sorrente semblait n'être qu'une seule ville tant on y voyait d'élégantes villas et de faubourgs s'étendant autour de Naples.

La ville souterraine

Sanctuaires, passages secrets, cryptes oubliées : ce tableau digne d'un film d'aventure est celui qui se dissimule sous les bruyantes rues napolitaines. La Naples souterraine constitue l'un des univers urbains les plus captivants au monde, une immensité en grande partie méconnue, avec d'énormes citernes, de minuscules canalisations, des catacombes et des ruines antiques. Les spéléologues estiment que 60% des Napolitains vivent et travaillent au-dessus de ce réseau, appelé *sottosuolo* (sous-sol) en italien.

Une histoire sous le signe de l'action

Depuis la fin de la Seconde Guerre mondiale, quelque 700 cavités ont été découvertes, notamment des grottes de l'époque grecque, des chambres funéraires paléochrétiennes ou des tunnels qu'empruntèrent les rois Bourbons pour s'enfuir. Si l'on en croit les experts, ce n'est qu'un début : il resterait de très nombreuses grottes à explorer.

Cependant, les quelques passionnés de spéléologie napolitains vous diront que leur terrain de jeu est l'un des plus étendus et des plus anciens de la planète. Bien sûr, Paris possède quelques catacombes, mais rien de comparable avec ce réseau vieux de 2 500 ans.

Et quelle folle histoire, avec son lot de martyrs, d'envahisseurs étrangers et de trafiquants de drogue ! Le saint le plus célèbre de Naples, San Gennaro, fut enterré dans les catacombes au Ve siècle. En 536, les troupes de Bélisaire envahirent Naples par surprise en passant par les anciens tunnels de la ville. Selon la légende, Alphonse d'Aragon utilisa le même stratagème en 1442, contournant les murs de la cité en empruntant un passage souterrain qui débouchait sur l'atelier d'un couturier, en pleine ville.

Au XVIIIe siècle, les Bourbons s'enfuirent grâce à un passage percé sous le Palais royal de Capodimonte. Un siècle plus tard, ils firent creuser un tunnel pour relier le Palazzo Reale (Palais royal), dans le centre-ville, à leur résidence de Chiaia : un itinéraire parfait permettant aux troupes ou à une famille royale en fuite d'éviter la foule.

Enfin, la Mafia utilisa aussi le sous-sol : en 1992, des membres du clan Stolder furent arrêtés pour l'exploitation d'un laboratoire de drogues souterrain, avec un tunnel d'évacuation débouchant au domicile du chef de clan.

Le top des sites souterrains

Catacomba di San Gennaro

Napoli Sotterranea

Catacomba de San Gaudioso

Complesso Monumentale di San Lorenzo Maggiore

Tunnel Borbonico

De l'ancien aqueduc à la décharge souterraine

Si les tunnels stratégiques et les catacombes sacrées sont des éléments importants de ce monde obscur, son ancien système d'aqueducs en constitue la véritable colonne vertébrale. Ce chef-d'œuvre d'ingénierie fut réalisé par les premiers habitants grecs de Naples et acheminait l'eau depuis le Vésuve jusqu'aux citernes de la ville. Ces citernes étaient elles-mêmes creusées dans le grès malléable sur lequel était construite la cité. Au niveau de la rue, des puits permettaient aux citoyens de faire descendre leur seau et d'étancher leur soif.

Pour rester dans la course, les Romains épatèrent les plébéiens avec un nouvel aqueduc amélioré de 70 km, qui transportait l'eau depuis la rivière Serino à côté d'Avellino jusqu'à Naples, Pouzzoles et Baia, où elle alimentait l'immense Piscina Mirabilis.

L'évolution suivante fut l'inauguration en 1629 de l'aqueduc "Carmignano", commandé par les Espagnols. Étendu en 1770, il fut abandonné dans les années 1880, alors qu'une épidémie de choléra rendait nécessaire la construction d'un ouvrage plus moderne et pressurisé.

Asséchées et abandonnées, les anciennes citernes passèrent du statut d'invention prestigieuse à celui de décharge, et les ordures commencèrent à boucher les puits, ce qui rendit l'accès au sous-sol de plus en plus difficile. En quelques générations, le système souterrain qui avait nourri la ville sombra dans l'oubli.

La Seconde Guerre mondiale

Ce furent les sirènes annonçant les bombardements qui réunirent la ville extérieure et la ville souterraine. Sous la menace des bombardements alliés, le programme de défense civile de Mussolini ordonna aux habitants de s'abriter dans les anciennes citernes et carrières. Les montagnes d'immondices furent compactées et couvertes, les vieux passages furent élargis et on construisit des toilettes et des escaliers. Quand les bombes commencèrent à pleuvoir sur la ville, des dizaines de milliers de personnes se réfugièrent dans ces abris sombres et humides.

Aujourd'hui encore, on lit la peur, la frustration et la colère des réfugiés à travers les graffitis qui couvrent ces murs, des caricatures de Hitler et du Duce aux émouvants messages comme *"Mamma, non piangere"* (Maman, ne pleure pas). De nombreuses familles passèrent des semaines entières sous terre, retrouvant leur maison et leur quartier en ruine en sortant. Pour beaucoup d'habitants dont les maisons avaient été détruites, ces refuges souterrains devinrent des habitations semi-permanentes. Des familles entières cohabitaient dans les citernes, séparant leurs appartements de fortune avec des draps et les aménageant de meubles branlants. Des traces d'une vie domestique rudimentaire existent encore : "cuisine" et douches carrelées ou vestiges d'une alimentation électrique.

LE MYTHE DU PETIT MOINE

Rien d'étonnant à ce que le monde millénaire, sombre et mystérieux du sous-sol napolitain ait engendré quelques légendes fantastiques. La plus célèbre est celle du *municello* (petit moine), une sorte de lutin napolitain à la fois coquin et gentil. On raconte que ce farfadet, dont la présence fut régulièrement rapportée aux XVIIIe et XIXe siècles, vivait dans une cave à vin. Certains parlaient de lui comme d'une âme bienveillante, apportant chance et cadeaux. Pour d'autres, le *municello* semait le trouble, s'introduisant dans les maisons pour déplacer des objets, voler des bijoux et séduire les femmes esseulées.

Si quelques Napolitains continuent de maudire le petit moine lorsque les clés de voiture ont disparu, la plupart pensent désormais que le *municello* incarne en fait les anciens *pozzari* (nettoyeurs d'aqueducs). Leur petite taille permettait à ces derniers de descendre chaque jour dans les puits. Ils se protégeaient du froid et de l'humidité grâce à un lourd manteau à capuche. Lorsqu'il leur fallait remonter à la surface pour prendre l'air, ils se retrouvaient parfois à l'intérieur d'une maison. Pour certains, la tentation d'ouvrir un tiroir en quête d'un objet de valeur était trop forte. Pour d'autres, c'était un moyen de tenir compagnie aux femmes délaissées. Dans tous les cas, on comprend comment naquit le mythe du petit moine.

> **ENTRETIEN AVEC FULVIO SALVI ET LUCA CUTTITTA**
>
> "Ville parallèle" ou "ville négative", le monde souterrain de Naples a eu de nombreux surnoms, mais les spéléologues napolitains Fulvio et Luca préfèrent l'appeler "*la macchina del tempo*" (la machine à remonter le temps). Comme l'explique Fulvio, "en 30 ou 40 m, on passe du XXIe siècle à 2 000 av. J.-C. Certaines marques de hache dans la pierre sont antérieures au Christ.
>
> Ces passionnés de grottes sont enthousiastes à l'idée de faire une nouvelle découverte : "Nous pouvons descendre 30 fois dans la même citerne et trouver encore des objets, comme des lampes à huile utilisées par les ouvriers grecs et romains".
>
> Ils ont mis au jour l'une de leurs plus belles trouvailles après avoir trébuché sur un escalier bizarre derrière l'ancien poulailler d'un vieux palais, dans le quartier d'Arinella.
>
> Fulvio se souvient : "Je descendais l'escalier à travers une ouverture dans le mur. En arrivant en bas, j'ai allumé ma lampe et j'ai eu la surprise de découvrir des colonnes sculptées et des fresques des dieux égyptiens Isis, Osiris et Seth. Nous pensons avoir découvert une partie de la Secretorum Naturae Accademia, le laboratoire utilisé par l'alchimiste et dramaturge Giambattista della Porta (vers 1535-1615) avant que l'Inquisition n'interdise ses expérimentations."
>
> Les associations de spéléologie comme le Napoli Underground group (NUg) jouent aussi un rôle capital dans la protection du patrimoine de Naples : "Le NUg compte 10 à 15 membres, et chacun a une fonction spécifique au cours de nos expéditions, des photographes ou réalisateurs aux médecins. Notre machine est bien huilée et nous retraçons l'histoire de notre ville. Cela s'apparente à un grand puzzle, et chaque nouveau passage ou citerne est une pièce qu'il faut ajouter à l'ensemble. Nous n'aurons pas assez d'une vie pour venir à bout de cette entreprise colossale, mais nous aurons contribué à de grandes découvertes scientifiques, historiques et archéologiques."

Cependant, lorsque les reconstructions commencèrent, les aqueducs furent de nouveau relégués au rôle de bennes à ordures souterraines, remplies de gravats datant de la guerre, de scooters ou de voitures poussés dans les puits. Là encore, le labyrinthe historique et ses secrets millénaires disparurent de la mémoire collective.

Providentiels spéléologues et secrets exhumés

Heureusement, tout n'est pas perdu : des équipes de spéléologues professionnels et bénévoles continuent d'explorer ces sites abandonnés et à en faciliter l'accès. L'association de spéléologie la plus active de la ville a pour nom *La Macchina del Tempo* (La Machine à remonter le temps), un nom bien pensé. Avec à sa tête le spéléologue Luca Cuttitta, elle gère le fascinant **Museo del Sottosuolo** (carte p. 66 ; musée du sous-sol napolitain ; 347 645 53 32 ; www.comeonaples.it/macchinadeltempo ; Piazza Cavour 140 ; tarif plein/réduit 10/4 € ; 10h, 12h, 15h30 et 17h30 sam-dim ; M Piazza Cavour, Museo), une exposition évolutive consacrée aux spéléologues et aux trésors qu'ils mettent au jour. Dissimulées sur la Piazza Cavour, entre le centre historique et le quartier Sanità, ses citernes restaurées permettent de recréer grandeur nature des sites inaccessibles au public, depuis un sanctuaire dédié à Priape, dieu gréco-romain de la Fertilité, jusqu'à un hypogée (tombe souterraine) aux couleurs vives de l'époque hellénique. Une partie des débris est également exposée avec, notamment, des carreaux de céramique rares et des objets de la vie quotidienne datant de la Seconde Guerre mondiale. Le musée fut fondé par un vétéran de l'exploration des grottes, Clemente Esposito, surnommé affectueusement par ses collègues *il Papa del sottosuolo* (le pape du sous-sol).

Encore plus passionnants sont les **circuits spéléologiques** (www.comeonaples.it/macchinadeltempo ; circuit guidé tarif plein/réduit 35/25 €), organisés par la Macchina del Tempo, lesquels permettent de découvrir des lieux que beaucoup d'habitants ne connaîtront jamais. Ces visites sont ponctuées de marqueurs historiques : ici un abri de la Seconde Guerre mondiale, là une pierre gravée du début de l'ère chrétienne ou encore une urne grecque de l'Antiquité. Il faut être au minimum six pour ces aventures, organisées sur 3 heures le week-end.

Mieux connus des touristes, les circuits mis en place par les associations **Napoli Sotterranea** (p. 48) et Borbonica Sotterranea n'exigent pas un minimum de participants. La **Borbonica Sotterranea** (p. 59) propose de découvrir le tunnel Borbonico sous le mont Echia (site d'une ville antique), tandis que Napoli Sotterranea conduit de nombreux visiteurs sous le centre historique pour admirer les vestiges d'un théâtre romain fréquenté par l'empereur Néron, ainsi qu'une citerne magnifiquement restaurée et mise en eau.

Pour en savoir plus sur les sites souterrains de la région, consultez le site très bien documenté www.napoliunderground.org.

Des résultats mitigés

Pourtant, l'enthousiasme communicatif des spéléologues napolitains ne suffit pas à assurer la protection du sous-sol. Après l'âge d'or des années 1990 où le conseil municipal finançait généreusement les recherches, l'heure est à la lenteur bureaucratique et aux chamailleries politiques. Ainsi, de nombreux sites magnifiques découverts par les spéléologues demeurent abandonnés, faute de fonds suffisants pour les restaurer. Comme le regrette Fulvio Salvi, du NUg (Napoli Underground Group) : "Le problème de Naples, c'est qu'elle recèle presque trop de trésors historiques. Une telle abondance en viendrait presque à blaser quiconque découvre ces merveilles !"

Certains éléments sont plus positifs, notamment la découverte par le NUg d'un long couloir en forme d'anneau sous les Quartiers espagnols (Quartieri Spagnoli). Faisant partie de l'ancien secteur de Largo Baracche, cette construction méritait d'être transformée en un centre communautaire plus qu'utile, mais la municipalité fit la sourde oreille. Le site serait rapidement devenu un squat sans l'intervention d'une association de jeunes militants appelée SABU. Après avoir effectué un grand ménage, le groupe créa en 2005 un laboratoire et une galerie d'art à but non lucratif, dirigés par deux étudiants en archéologie, Giuseppe Ruffo et Pietro Tatafiore. Comme l'explique Giuseppe, "La galerie est un espace ouvert où des artistes émergents peuvent présenter leur travail ; il y a parmi eux de jeunes diplômés de l'Académie des beaux-arts de Naples. Malheureusement, Naples manque d'espaces de ce type." L'endroit est aussi réputé pour sa fresque murale permanente, signée par les artistes de rue les plus connus de Naples, cyop&kaf (www.cyopekaf.org). Pour la voir, demandez à ce qu'on éteigne les lumières, afin de visualiser la création phosphorescente.

> La ville gréco-romaine originelle de Naples fut ensevelie par un immense glissement de terrain au VIe siècle. Le chantier pour dégager le marché romain enfoui sous le Complesso Monumentale di San Lorenzo Maggiore dura 25 ans.

La Camorra

Avec la 'Ndrangheta calabraise, la Cosa Nostra sicilienne et la Sacra Corona Unita des Pouilles, la Camorra de Campanie est l'une des quatre principales organisations mafieuses d'Italie. D'après le magazine *Fortune*, il s'agit de la plus florissante d'entre elles. Trafic de drogue et d'armes, prostitution, gestion des déchets, racket et contrefaçon lui rapporteraient quelque 4,9 milliards de dollars US par an. Les coûts humains sont encore plus ahurissants : au cours des 30 dernières années, la Camorra a assassiné plus de 3 000 personnes, soit davantage que n'importe quelle autre mafia du pays.

Origines

La Camorra serait issue des gangs criminels qui officiaient dans les bas-fonds de Naples à la fin du XVIIIe siècle. L'organisation prend de l'ampleur après la révolution manquée de 1848. Ne sachant plus comment renverser Ferdinand II, les libéraux, partisans d'un régime constitutionnel, en appellent aux *camorristi* (membres de la mafia napolitaine) pour s'assurer le soutien du peuple. La Camorra acquiert ainsi une influence politique. Fortement affaiblie sous Mussolini, l'organisation revient sur le devant de la scène avec l'arrivée des Alliés en 1943. Ceux-ci font appel à ce monde parallèle florissant qui leur semble un bon moyen d'arriver à leurs fins pour contrer les forces de l'Axe.

> Arrêté en 2009, à l'âge de 27 ans, Ugo Gabriele était un criminel pas comme les autres. Costaud et roublard, il est entré dans l'histoire comme le premier mafioso-travesti d'Italie. Chargé du contrôle de la prostitution et du trafic de drogue pour le clan napolitain des Scissionisti, "Kitty" s'épilait les sourcils, mettait du rouge à lèvres et se teignait les cheveux en blond platine.

Le prix du vice

Avec des profits annuels se comptant aujourd'hui en milliards, le temps où des individus patibulaires contraignaient les commerçants à payer le *pizzo* (l'impôt mafieux) est bien loin. Comme l'écrit le journaliste Roberto Saviano dans son livre *Gomorra*, "Aujourd'hui, l'extorsion classique dépeinte dans *Mi manda Picone*, le film de Nanni Loy […] est bonne pour les groupes les plus misérables, ceux qui doivent survivre et sont incapables de devenir entrepreneurs. Si la mafia pratique toujours le racket, les gros bonnets ont choisi des secteurs plus lucratifs : fabrication et vente de contrefaçons, BTP, enlèvement des déchets.

Le trafic de drogue représente l'une des activités les plus juteuses de la Camorra. Gangrenées par la mafia, les banlieues de Secondigliano et de Scampia au nord de Naples ont la triste réputation d'être le plus grand marché de drogue d'Europe. Des toxicomanes de tout le pays viennent se fournir en héroïne et en cocaïne bon marché de piètre qualité. L'argent attisant les convoitises, les luttes de clans autour de ce trafic font couler beaucoup de sang.

L'une des plus importantes guerres des clans, la "Faida di Scampia", a été déclenchée, fin 2004, par le *camorrista* Cosimo Di Lauro. Ce trentenaire tout juste nommé à la tête du puissant clan Di Lauro décida de centraliser le trafic de stupéfiants du secteur en s'attribuant plus de pouvoirs au détriment des associés respectés de longue date. Beaucoup d'entre eux prirent très mal cette nouvelle donne, dont Raffaele Amato et Cesare Pagano qui formèrent un clan

> *Le Monde des mafias : Géopolitique du crime organisé* (Odile Jacob, 2005), de Jean-François Gayraud, est un ouvrage intéressant pour se faire une idée sur ce monde du silence.

> **HÉRITAGE TOXIQUE**
>
> D'après l'association écologiste italienne Legambiente, la Camorra a déversé, enterré ou brûlé illégalement près de 10 millions de tonnes de déchets en Campanie depuis 1991, dont des déchets hautement toxiques collectés auprès d'entreprises industrielles d'Italie du Nord et étrangères attirées par les prix cassés des entreprises de la Camorra. Bien que cette pratique soit de notoriété publique, de nombreux politiciens ferment les yeux, preuve de l'influence de la mafia sur le gouvernement local. Cette négligence systématique a eu des répercussions catastrophiques dans la région. En 2004, la revue médicale *Lancet Oncology* avait surnommé un secteur de l'arrière-pays au nord-est de Naples "le triangle de la mort" en raison d'un nombre anormalement élevé de cancers et de malformations congénitales des systèmes nerveux et urinaires. En 2008, une étude de santé publique menée par l'US Navy révélait les risques inacceptables posés par la contamination des eaux dans certaines zones de la région. Par ailleurs, la Campanie enregistre aujourd'hui le taux d'infertilité le plus élevé d'Italie.

rival baptisé les Scissionisti (sécessionnistes). S'ensuivit une longue série de meurtres sanglants et de vengeances entre les deux groupes, laquelle fit plus de 50 victimes rien qu'en 2004-2005.

La lutte contre la mafia

Au fil des années, les autorités ont arrêté de nombreux piliers de la Camorra, dont Cosimo Di Lauro, son père Paolo, Giuseppe dell'Aquila et Pasquale Scotti. Ce dernier, un chef Scissionisti condamné par contumace pour plus de 20 meurtres, a été arrêté au Brésil en 2015 après 30 ans de cavale. En février 2015, les autorités ont saisi à Naples 320 millions d'euros de biens immobiliers et commerciaux liés au clan Contini de la ville.

Malgré ces victoires, la guerre contre la Camorra demeure un combat ardu. Sa présence au sein de la société en Campanie remonte à plusieurs siècle et, pour beaucoup, la Camorra, appelée localement *Il sistema* (le Système) a apporté emplois, prêts commerciaux et même un sens de l'ordre dans les communautés locales, là où les autorités italiennes ont failli.

Dans le domaine de la drogue, la rémunération hebdomadaire de la Camorra commence à 100 € pour les guetteurs et va jusqu'à 1 000 € pour ceux qui acceptent d'en cacher chez eux. Convoyer un chargement de drogue de Naples à Milan peut rapporter jusqu'à 2 500 €.

La crise financière qui perdure en Italie est aussi une aubaine. Manquant de liquidités, de plus en plus d'entreprises en difficulté s'adressent à des usuriers mafieux prêtant en moyenne à un taux d'intérêt de 10%. À Naples, 50 à 70% des commerces fonctionneraient grâce à de l'argent sale. La mafia réinvestit aussi ses profits dans des activités licites comme l'immobilier, les marchés financiers et des commerces partout dans le monde.

Si beaucoup de Napolitains se montrent résignés, d'autres souhaitent desserrer l'étau de la Camorra. Dans le quartier de La Sanità, le père Don Antonio Loffredo et le célèbre artiste Riccardo Dalisi donnent aux jeunes la possibilité de se former aux métiers artistiques et artisanaux pour contribuer à la restauration de sites du patrimoine historique local, telles les catacombes de San Gennaro.

À Ercolano, Raffaella Ottaviano, une commerçante septuagénaire, a fait les gros titres de la presse internationale en refusant de payer le *pizzo*. Son courage a fait des émules en ville et a conduit la municipalité à offrir des allègements de taxes aux commerçants signalant des tentatives d'extorsion au lieu de s'y plier.

La Camorra au cinéma

Mi manda Picone (Nanni Loy, 1983)

Il Camorrista (Le Maître de la Camorra, Giuseppe Tornatore, 1986)

Gomorra (Matteo Garrone, 2009)

Naples et sa région compteraient plus d'une centaine de clans avec quelque 10 000 membres et un nombre encore plus important de clients, de personnes dépendantes et de soutiens.

Naples et la côte amalfitaine pratique

CARNET PRATIQUE. 268
Alimentation 268
Ambassades et consulats . 268
Argent 268
Assurance 269
Cartes de réduction. 269
Désagréments
et dangers 269
Douane. 270
Électricité 271
Formalités et visas. 271
Handicapés 272
Heures d'ouverture 272
Heure locale 272
Homosexualité 272
Jours fériés 273
Librairies spécialisées. . . 273
Offices du tourisme. 273
Poste. 273
Problèmes juridiques . . . 274
Santé 274
Téléphone 274
Toilettes. 275
Travailler en Italie. 275

TRANSPORTS. 276
**Depuis/vers
la Campanie** 276
Entrer en Italie 276
Voie aérienne 276
Voie terrestre 277
Voyages organisés 277
Voyages et séjours
culturels. 278
Randonnées
et autres activités
sportives 278
**Comment
circuler. 278**
Bateau 278
Bus 279
Funiculaire. 280
Vélo. 280
Voiture et moto. 280
Transports urbains. 282

LANGUE. 283
Glossaire 288

INDEX. 292

Carnet pratique

Alimentation

Dans cet ouvrage, les restaurants sont classés par catégories de prix en prenant pour base le coût moyen d'un repas de deux plats et d'un verre de vin, pour une personne. Les catégories sont les suivantes :

€ moins de 20 €

€€ 25-45 €

€€€ plus de 45 €

Pour une présentation de la savoureuse cuisine napolitaine et campanienne, reportez-vous p. 246.

Ambassades et consulats

Ambassades et consulats italiens à l'étranger

France Ambassade (01 49 54 03 00 ; www.ambparigi.esteri.it ; 51 rue de Varennes, 75007 Paris). Consulat à Paris (01 44 30 47 00 ; www.consparigi.esteri.it ; 5 Bd Émile-Augier, 75116 Paris). Autres consulats à Lyon, Marseille, Toulouse, Metz et Nice ; coordonnées sur le site Internet.

Belgique Ambassade (02 643 38 50 ; www.ambbruxelles.esteri.it ; 28 rue Émile-Claus, 1050 Bruxelles). Consulat à Bruxelles (02 543 15 50 ; www.consbruxelles.esteri.it ; 38 rue de Livourne, 1000 Bruxelles). Autres consulats à Charleroi et à Mons ; coordonnées sur le site Internet.

Suisse Ambassade (031 350 07 77 ; www.ambberna.esteri.it ; Elfenstrasse 14, 30006 Berne). Consulat à Berne (031 390 10 10/11 ; Belpstrasse 11, 3007 Berne). Autres consulats à Bâle, Genève, Lugano, Neuchâtel, Saint-Gall, Sion, Wettingen et Zurich ; coordonnées sur le site Internet.

Canada Ambassade (613 232 2401 ; www.ambottawa.esteri.it ; 275 Slater Street, 21e ét, Ottawa, Ontario K1P 5H9). Consulat (Montréal 514 849 8351/2/3/4 ; www.consmontreal.esteri.it ; 3489 Dummond Street, Montréal, Québec H3G 1X6). Autres consulats à Toronto, Vancouver et Edmonton ; coordonnées sur le site Internet.

Consulats étrangers à Naples

Vous trouverez les coordonnées des ambassades et consulats non mentionnés ci-après à la rubrique *Ambasciate* ou *Consolati* de l'annuaire téléphonique. Par ailleurs, les offices du tourisme en possèdent généralement la liste. Les consulats suivants sont représentés à Naples :

Belgique (081 551 21 10 ; www.diplomatie.be ; Via A. Depretis 78, 80133 Naples).

Canada (081 40 13 38 ; Via Carducci Giosue' 29, 80121 Naples).

France (081 598 07 11 ; www.ambafrance-it.org ; Via Crispi 86, 80122 Naples).

Suisse (081 551 28 52 ; Via Toledo 156, 80134 Naples).

Argent

Comme les autres pays membres de l'Union européenne, l'Italie a adopté l'euro.

Pour les cours en temps réel, consultez www.xe.com.

Cartes bancaires

Les Bancomat (distributeurs automatiques de billets ou DAB) sont très largement répandus en Campanie et constituent le meilleur moyen de se procurer des espèces. Les cartes bancaires internationales sont utilisables dans n'importe quel Bancomat portant le logo correspondant. Les cartes sont également pratiques pour payer dans la plupart des hôtels, restaurants, commerces, supermarchés et péages.

Renseignez-vous sur les frais auprès de votre banque. La plupart des établissements bancaires prélèvent désormais une commission d'environ 2,75% sur toutes les transactions effectuées à l'étranger. En outre, le retrait d'espèces à un DAB peut également être payant (généralement 1,5% du montant).

En cas de perte, de vol, ou si votre carte a été avalée par un DAB, il est possible de composer un numéro gratuit pour bloquer immédiatement son utilisation :

Amex 🕿 800 268 9824
MasterCard 🕿 800 870 866
Visa 🕿 800 819 014

Change

Vous pouvez changer de l'argent dans les banques, à la poste ou dans un *cambio* (bureau de change). Les bureaux de poste et les banques ont tendance à pratiquer des taux plus intéressants. Les bureaux de change sont ouverts plus longtemps, mais gare aux commissions abusives et aux taux peu avantageux.

Taxes et remboursements

Une TVA d'environ 20%, appelée Imposta di Valore Aggiunto (IVA), est appliquée sur presque toutes les ventes en Italie. Les visiteurs résidant en dehors de l'UE peuvent prétendre, en quittant le pays, à son remboursement sur des transactions de plus de 155 € (154,94 € pour être précis !). Pour plus de détails, consultez le site **Tax Refund for Tourists** (www.taxrefund.it) ou retirez une brochure dans l'un des magasins participants, généralement pourvus d'une pancarte indiquant "Tax Free for Tourists" (ou équivalent).

Pourboire

Bien que le service soit généralement compris, il est d'usage, notamment au restaurant, de laisser un petit supplément si vous êtes satisfait. Si le service n'est pas inclus, comptez une somme (non obligatoire) de 10% de la note. Dans les bars, les Italiens laissent souvent une pièce de 0,10 € ou 0,20 €. Si le pourboire n'est pas prévu pour les chauffeurs de taxi, n'oubliez pas les bagagistes des grands hôtels.

Assurance

Il est conseillé de souscrire à une police d'assurance qui vous couvrira en cas d'annulation de votre voyage, de vol, de perte de vos affaires, de maladie ou encore d'accident. Les assurances internationales pour étudiants sont en général d'un bon rapport qualité/prix. Lisez avec la plus grande attention les clauses en petits caractères : c'est là que se cachent les restrictions.

Vérifiez notamment que les "sports à risques", comme la plongée, la moto ou même la randonnée ne sont pas exclus de votre contrat, ou encore que le rapatriement médical d'urgence, en ambulance ou en avion, est couvert. De même, le fait d'acquérir un véhicule dans un autre pays ne signifie pas nécessairement que vous serez protégé par votre propre assurance.

Vous pouvez contracter une assurance qui réglera directement les hôpitaux et les médecins, vous évitant ainsi d'avancer des sommes qui ne vous seront remboursées qu'à votre retour. Dans ce cas, conservez avec vous tous les documents nécessaires.

Attention ! Avant de souscrire une police d'assurance, vérifiez bien que vous ne bénéficiez pas déjà d'une assistance par votre carte bancaire, votre mutuelle ou votre assurance automobile. C'est bien souvent le cas.

Cartes de réduction

Les moins de 18 ans et les plus de 65 ans ont accès gratuitement à de nombreux sites culturels et galeries. En outre, les 18-25 ans ont souvent droit à 50% de réduction. Dans certains cas, l'entrée gratuite et les réductions ne s'appliquent qu'aux ressortissants des pays de l'UE.

Si vous visitez Naples et la Campanie, pensez à acheter la **Campania Artecard** (www.campaniaartecard.it ; 3/7 jours 32/34 €), qui permet de voyager gratuitement dans les transports en commun, et offre l'entrée gratuite ou à prix réduit dans de nombreux musées et sites archéologiques. Pour plus de précisions, voir p. 270.

Désagréments et dangers

Naples a la réputation d'être une ville dangereuse. Voici quelques précautions élémentaires :

CONSEILS AUX VOYAGEURS

La plupart des gouvernements possèdent des sites Internet qui recensent les dangers possibles et les régions à éviter. Consultez notamment les sites suivants :

➡ Ministère des Affaires étrangères de Belgique (www.diplomatie.be/)

➡ Ministère des Affaires étrangères du Canada (www.voyage.gc.ca)

➡ Ministère français des Affaires étrangères (www.france.diplomatie.fr)

➡ Département fédéral des affaires étrangères suisse (www.eda.admin.ch/eda/f/home.html)

CARTES JEUNES, D'ÉTUDIANT ET DE PROFESSEUR

L'European Youth Card (Carte Jeunes européenne ou *Carta Giovani*) donne droit à des réductions dans les hôtels, musées, restaurants et discothèques italiens. Une carte d'étudiant, de professeur ou une carte jeune voyageur peut vous faire faire des économies sur les vols à destination de l'Italie. La European Youth Card est disponible auprès du **Centro Turistico Studentesco e Giovanile** (CTS ; www.cts.it, en italien), une agence pour jeunes voyageurs qui a des antennes dans tout le sud de l'Italie. Les trois dernières cartes dans le tableau ci-dessous sont disponibles partout dans le monde auprès des associations d'étudiants, des auberges de jeunesse et des agences de voyages pour étudiants telles que STA Travel (www.statravel.fr/isic.htm).

CARTE	SITE INTERNET	PRIX	PUBLIC
European Youth Card (Carta Giovani)	www.europeanyouthcard.org	10	moins de 30 ans
Carte d'étudiant internationale (ISIC)	www.isic.org	10	étudiants à plein temps
Carte de professeur internationale (ITIC)	www.isic.org	10	enseignants
Carte jeune internationale (IYTC)	www.isic.org	10	moins de 30 ans

➜ Les pickpockets sévissent surtout dans les transports en commun bondés et au milieu d'une foule compacte. Évitez de mettre votre argent, vos cartes bancaires et autres objets de valeur dans des poches faciles d'accès, notamment les poches de manteau et les poches arrière de pantalon.

➜ Dans les cafés et les bars, passez la lanière de votre sac autour de la jambe quand vous êtes assis.

➜ Méfiez-vous des gens réclamant votre attention, en particulier dans les gares et les ports.

➜ Portez sacs et appareils photo en bandoulière, côté trottoir afin d'éviter les vols à l'arraché en scooter.

➜ Sur les sites archéologiques, méfiez-vous des rabatteurs se prétendant guides officiels.

Escroqueries

Évitez d'acheter des téléphones portables et autres appareils électroniques à prix réduits sur la Piazza Garibaldi à Naples et dans les marchés de rue. Il n'est pas rare de rentrer chez soi et de découvrir que l'on a acheté une boîte contenant… une brique. À la Stazione Centrale de Naples, ignorez les rabatteurs proposant des taxis. Utilisez uniquement les taxis blancs officiels avec taximètre.

Dans la rue

Le vol de voiture est un problème à Naples. Vous avez donc intérêt à toujours laisser votre véhicule sur un parking surveillé. Si vous stationnez dans la rue, vous risquez de voir venir un (faux) agent de stationnement vous réclamant de l'argent. Vous n'avez bien sûr rien à lui donner, mais il est clair que vous courez alors le risque de retrouver votre voiture endommagée. En cas de vol ou de perte, adressez-vous à la police dans un délai de 24 heures et demandez une déclaration écrite, indispensable pour obtenir un remboursement de votre assurance.

Circulation

Pour affronter la circulation de Naples, il faut être bien préparé. Les chauffeurs préfèrent faire une embardée plutôt que de s'arrêter pour laisser passer les piétons, même aux passages protégés. Les Napolitains s'engagent simplement sur la chaussée et traversent avec détermination au milieu des voitures. Le système semble efficace, aussi, si vous hésitez à traverser une rue animée, attendez un Italien et suivez-le.

Dans nombre de villes, des rues apparemment à sens unique pour les voitures possèdent parfois une voie à contresens pour les bus – regardez toujours à droite et à gauche avant de traverser !

Douane

La vente de produits hors taxes n'existe plus au sein de l'UE (mais les produits sont vendus hors taxes dans les aéroports européens). Les visiteurs en provenance de pays hors UE ont le droit d'importer hors taxes les articles suivants :

Alcool 1 l d'alcool fort, 4 l de vin et 16 l de bière

Tabac 200 cigarettes

Autres marchandises jusqu'à 430 € maximum
Au-delà de ce montant, une déclaration en douane doit être effectuée et les droits correspondants doivent être payés. Lorsqu'ils quittent l'UE, les citoyens des pays hors UE peuvent obtenir le remboursement de la TVA sur les achats onéreux.

Électricité

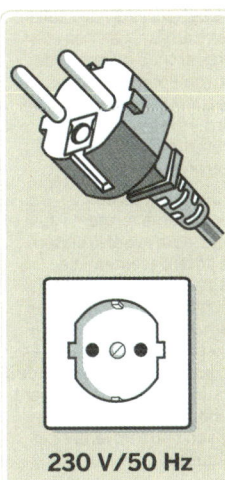

230 V/50 Hz

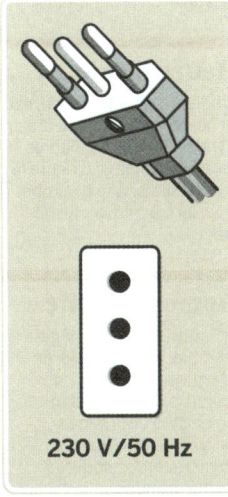

230 V/50 Hz

EN PRATIQUE

- **Poids et mesures** L'Italie utilise le système métrique.

- **Tabac** Il est interdit de fumer dans tous les espaces publics fermés (bars, ascenseurs, bureaux, trains, etc.).

- **Journaux** Si vous maîtrisez suffisamment l'italien, essayez de lire *Il Mattino* ou le *Corriere del Mezzogiorno*, les principaux quotidiens napolitains. Le second est le rejeton méridional du grand quotidien italien, le *Corriere della Sera*. Le journal national *La Repubblica* comporte une section spéciale Naples.

- **Radio** Les radios publiques RAI Radio 1, RAI Radio 2 et RAI Radio 3 (www.rai.it), une radio culturelle, diffusent leurs programmes dans tout le pays et à l'étranger. Parmi la pléthore de radios régionales de musique contemporaine, citons Radio Kiss Kiss (www.kisskiss.it).

- **Télévision** Vous pourrez regarder les chaînes publiques RAI-1, RAI-2 et RAI-3 (www.rai.it) et les principales chaînes commerciales (appartenant pratiquement toutes au groupe Mediaset de Silvio Berlusconi) : Canale 5 (www.mediaset.it/canale5), Italia 1 (www.mediaset.it/italia1), Rete 4 (www.mediaset.it/rete4) et La 7 (www.la7.it).

Formalités et visas

L'Italie fait partie de l'espace Schengen. Les Français, les Belges et les Suisses doivent être en possession d'une carte d'identité ou d'un passeport en cours de validité mais n'ont pas besoin de visa. Le permis de conduire n'est pas une pièce d'identité valable. Les Canadiens devront présenter un passeport en cours de validité (une carte d'identité ne suffit pas) ; ils n'ont pas besoin de visa pour un séjour touristique n'excédant pas 90 jours.

Les ressortissants d'États non membres de l'UE et hors espace Schengen qui souhaitent séjourner plus de 90 jours en Italie, ou viennent pour une raison autre que touristique (par exemple étudier ou travailler) doivent être titulaire d'un visa spécifique. Pour plus de précisions, rendez-vous sur le site www.esteri.it/visti/home_eng.asp (en anglais) ou prenez contact avec un consulat italien. Lors de votre entrée sur le territoire italien, veillez à ce que votre passeport soit tamponné pour pouvoir obtenir ensuite un permis de séjour (*permesso di soggiorno*). Si vous entrez dans l'UE par un autre État membre, faites tamponner votre passeport dans ce pays-là.

Avant le départ, il est impératif de contacter les ambassades et les consulats pour s'assurer que les modalités d'entrée sur le territoire n'ont pas changé. Nous vous conseillons de photocopier tous vos documents importants (pages d'introduction de votre passeport, cartes de crédit, numéros de chèques de voyage, police d'assurance, billets de train/d'avion/de bus, permis de conduire, etc.). Emportez un jeu de ces copies, que vous conserverez à part des originaux. Vous remplacerez ainsi plus aisément ces documents en cas de perte ou de vol.

Visas étudiant

Si vous êtes citoyens d'États non membres de l'UE et souhaitez étudier dans une université ou une école de langue italienne, vous devez posséder un visa étudiant. Vous l'obtiendrez auprès de l'ambassade ou du consulat italien le plus proche. En principe, on exigera une confirmation de votre inscription, la preuve que vous avez payé les frais afférents, et que vous disposez du budget nécessaire pour vivre sur place. Le visa n'est valable que pour la période couvrant l'inscription. Ce type de visa est renouvelable en Italie mais là encore, seulement à condition d'apporter la confirmation de son inscription et la preuve que l'on dispose du budget nécessaire (de préférence sous forme de relevés bancaires).

Handicapés

La Campanie n'est pas une destination facile pour les personnes handicapées. Rues pavées, circulation automobile anarchique, trottoirs encombrés et ascenseurs exigus rendent la vie difficile aux personnes en fauteuil roulant, de même qu'aux malvoyants et malentendants. Les sols à surface inégale des sites archéologiques comme Pompéi sont quasi impraticables en fauteuil roulant et les pentes abruptes de nombreuses villes de la côte amalfitaine constituent d'importants obstacles. Toutefois, quelques bus de ville, comme les R2 et R3 à Naples notamment, sont équipés de rampes d'accès et d'espace suffisant.

Le site www.turismoaccessibile.it recense les musées, hôtels et transports de Naples aménagés pour les handicapés.

Le bureau de l'**ENIT** de votre pays d'origine peut vous conseiller sur les associations italiennes de personnes handicapées, et vous renseigner sur l'aide disponible.

La compagnie ferroviaire italienne, **Trenitalia** (www.trenitalia.com), dispose d'une hotline nationale destinée aux usagers handicapés : 199 303060 (de 7h à 21h tous les jours). Pour obtenir une assistance à la Stazione Centrale de Naples, appelez ce numéro 24 heures avant votre départ.

Pour plus de renseignements, adressez-vous aux organismes suivants :

Accessible Italy (www.accessibleitaly.com). Une société de Saint-Marin spécialisée dans les services de vacances aux handicapés.

Cooperative Integrate Onlus (www.coinsociale.it). Basée à Rome, CO.IN fournit des informations sur la capitale (notamment sur les transports et l'accès) et partage ses contacts dans tout le pays.

En France, l'**Association des paralysés de France** (APF, 17 bd Auguste-Blanqui, 75013 Paris, 01 40 78 69 00, fax 01 45 89 40 57, www.apf.asso.fr) peut vous fournir d'utiles informations sur les voyages accessibles aux handicapés. Le site Internet de **Yanous** (www.yanous.com), dédié aux personnes handicapées, comporte une rubrique consacrée au voyage et constitue une bonne source d'information.

Heures d'ouverture

➜ Horaires standards des bureaux et des commerces :

Bureaux de poste 8h-18h lun-ven, 8h30-13h sam ; les petits bureaux de poste ferment à 13h30 en semaine

Cafés et bars 7h30-20h ou plus tard

Commerces 9h-13h et 15h30-19h30 (ou 16h-20h) lun-sam ; certains ferment le lun matin alors que d'autres sont ouverts le dim

Discothèques 23h-5h

Restaurants midi-15h et 19h30-23h ou minuit

➜ Les heures d'ouverture des musées, galeries et sites archéologiques sont extrêmement variables. Beaucoup de musées sont fermés le lundi, certains même le mardi ou le mercredi.

➜ Les cuisines des restaurants ferment souvent une heure avant la clôture de l'établissement. La plupart des restaurants tirent le rideau un jour par semaine. Nombre d'entre eux prennent leurs congés en août, tandis que ceux des stations balnéaires ferment habituellement en basse saison entre novembre et Pâques.

➜ Dans les grandes villes, les supermarchés peuvent rester ouverts à l'heure du déjeuner ou le dimanche.

Heure locale

L'Italie, comme la France, est à l'heure GMT plus 1 heure en hiver et GMT plus 2 heures en été (on change d'heure le dernier dimanche d'octobre et le dernier dimanche de mars).

Homosexualité

Si l'homosexualité, légale en Italie, est bien tolérée à Naples, il n'en est pas toujours de même dans les petites bourgades de la côte amalfitaine. Voici quelques sources d'informations utiles :

➜ **Arcigay Napoli** (www.arcigaynapoli.org, en italien). Principal organisme LGBTI de Naples ; répertorie les manifestations spéciales ainsi que les établissements gays et *gay friendly* de la ville.

➜ **Criminal Candy** (www.criminalcandy.com, en italien). Organise des *dance parties* gays exceptionnelles à Naples.

➜ **Gay-Friendly Italy** (www.gayfriendlyitaly.com, en anglais). Infos de toutes sortes, allant des hôtels à l'homophobie et aux lois sur l'homosexualité.

➜ **Gay.it** (www.gay.it, en anglais). Répertorie les établissements et hôtels gays du pays.

➜ **Pride** (www.prideonline.it, en italien). Magazine mensuel national sur l'art, la musique, la politique et la culture gays.

Jours fériés

La majorité des Italiens prennent leurs vacances en août, surtout aux alentours du 15 août, que l'on appelle ici Ferragosto. En conséquence, nombre de commerces et d'entreprises ferment au moins une partie du mois.

Voici les jours fériés nationaux :

Jour de l'An (Capodanno). 1er jan

Épiphanie (Epifania). 6 jan

Lundi de Pâques (Pasquetta). Mars/avril

Fête de la Libération (Giorno della Liberazione). 25 avril

Fête du Travail (Festa del Lavoro). 1er mai

Fête nationale (Festa della Repubblica.) 2 juin

Assomption (Assunzione ou Ferragosto). 15 août

Toussaint (Ognisanti). 1er nov

Immaculée Conception (Immacolata Concezione). 8 déc

Noël (Natale). 25 déc

Saint-Étienne (Festa di Santo Stefano). 26 déc

Librairies spécialisées

Voici deux librairies spécialisées sur l'Italie en France :

La Tour de Babel - Librairie italienne (☏01 42 77 32 40 ; www.librairieitalienne.com ; 10 rue du Roi-de-Sicile, 75004 Paris)

La Libreria - Librairie italienne et française (☏01 40 22 06 94 ; www.libreria.fr ; 89 rue du Faubourg-Poissonnière, 75009 Paris).

Offices du tourisme

La qualité du service varie considérablement d'un office du tourisme à l'autre. Dans l'un, le personnel est attentif, dans l'autre, il fait montre d'une royale indifférence. La plupart disposent d'une kyrielle de brochures, cartes et dépliants, ce qui, le cas échéant, compense le manque d'aide de la part du personnel.

L'**office du tourisme principal de Campanie** (☏081 410 72 11 ; www.incampania.com, en anglais ; Piazza dei Martiri 58 ; ⊙9h-14h lun-ven) se trouve dans le quartier de Chiaia, à Naples. Il est davantage orienté sur l'organisation du séjour, les prévisions budgétaires et la promotion de la région que sur l'accueil du public et son information, toutefois, son site Internet est utile aux touristes.

Offices du tourisme locaux

Les principaux offices ouvrent en principe du lundi au vendredi. Certains ouvrent aussi le week-end, en particulier en zone urbaine ou pendant la haute saison estivale. Les kiosques d'information affiliés aux offices du tourisme (par exemple ceux des gares ferroviaires et des aéroports) ont parfois des horaires légèrement différents.

273

Offices du tourisme à l'étranger

Les bureaux de l'**ENIT** (Office du tourisme national italien ; www.enit.it), à l'étranger, pourront vous fournir des renseignements avant votre départ.

Belgique (☏02 647 11 54, fax 02 640 56 03 ; brussels@enit.it ; 12 place de la Liberté, 1000 Bruxelles).

Canada (☏416 925 4882, fax 416 925 4799 ; toronto@enit.it ; 110 Yonge Street, Suite 503, Toronto (Ontario) M5C 1T4).

France (☏01 42 66 03 96, fax 01 47 42 19 74 ; paris@enit.it ; 23 rue de la Paix, 75002 Paris).

Suisse (☏43 466 40 40, fax 43 466 40 41 ; zurich@enit.it ; Uraniastrasse 32, CH-8001 Zurich).

Poste

Le service postal italien, **Poste Italiane** (www.poste.it), est assez fiable.

Les timbres (*francobolli*) s'achètent dans les bureaux de poste (*uffici postali*) et les bureaux de tabac (*tabacchi*) agréés (reconnaissables à la lettre T blanche sur fond noir). Dans la mesure où il faut en général peser le courrier, les timbres achetés dans les *tabacchi* ne correspondent pas toujours au tarif requis pour les envois internationaux. Les bureaux de tabac suivent les horaires habituels.

Services et tarifs

Le prix d'une lettre par avion (*via aerea*) dépend de son poids, de sa taille et de sa destination. La plupart des usagers ont recours à la *posta prioritaria* (courrier prioritaire), service postal le plus fiable, qui achemine le courrier en 3 jours en Europe, et en 4 à 9 jours dans le reste du monde. Pour une lettre pesant jusqu'à 20 g, vous paierez 0,65 € pour un envoi en Europe et dans le bassin méditerranéen, et 0,85 € pour le reste du monde. Pour l'envoi d'un colis jusqu'à 350 g, vous paierez 2 € pour l'Europe et le bassin méditerranéen et entre 4,50 € et 4,80 € pour le reste du monde.

Recevoir du courrier

En Italie, la poste restante s'appelle *fermoposta*. Les lettres portant cette mention seront conservées au comptoir éponyme du bureau de poste principal d'une ville donnée.

Il faut aller chercher son courrier en personne et présenter une pièce d'identité.

Problèmes juridiques

S'il est de notoriété publique que la Campanie est le territoire de la mafia, la région est relativement sûre, et le touriste lambda n'aura affaire à la police que s'il est victime d'un voleur à la tire ou d'un pickpocket.

Police

Les coordonnées des commissariats de police (*questure*) sont indiquées tout au long de cet ouvrage. Si vous rencontrez des problèmes en Italie, vous aurez probablement affaire à la *polizia statale* (police d'État) ou aux *carabinieri* (police militaire). Les premiers portent des pantalons bleu clair à bande fuchsia et une veste bleu marine. Les seconds portent un uniforme noir à bande rouge et conduisent des véhicules bleu sombre à bande rouge également. La liste ci-après détaille les différents corps de police italiens et leurs domaines d'intervention.

Carabinieri (police militaire). Crimes et délits, maintien de l'ordre et lutte anti-drogue (mission souvent semblable à celles de la *polizia statale*).

Guardia di finanza. Fraude fiscale, trafic de drogue.

Guardia forestale (aussi appelé Corpo forestale). Protection de l'environnement.

Polizia statale (police d'État). Vols, prorogations de visas et permis.

Vigili urbani (agents de la circulation). Contraventions, mises en fourrière.

Alcool et drogues

La loi italienne est très stricte : la possession de toute substance illicite, y compris le cannabis ou la marijuana, peut vous envoyer en prison. Si vous êtes pris avec une quantité de 5 g de cannabis, vous pouvez être considéré comme trafiquant et jugé en tant que tel. Il en va de même pour les autres drogues. Ceux qui sont pris avec une quantité moindre encourent une sanction moins lourde.

Au volant, le taux d'alcoolémie autorisé est de 0,05%. Des contrôles sont effectués régulièrement.

Vos droits

En cas d'arrestation, les officiers de police doivent vous indiquer dans les 24 heures, oralement et par écrit, les charges qui pèsent contre vous. Sachez que vous n'avez pas le droit de passer d'appel téléphonique lors de votre arrestation. Le procureur doit s'adresser à un magistrat pour vous mettre en détention provisoire dans l'attente du procès (selon la gravité des faits reprochés) dans les 48 heures suivant l'arrestation. Vous avez le droit de ne répondre à aucune question en l'absence d'un avocat. Si le juge vous contraint à la détention provisoire, vous pouvez contester sa décision dans les 10 jours.

Santé

Disponibilité des soins médicaux

Des soins de qualité sont dispensés dans toute la Campanie.

Les pharmaciens délivrent des médicaments sans ordonnance pour les troubles mineurs et suivent en principe les mêmes horaires que les autres commerçants – ils ferment la nuit et le dimanche. Les pharmacies de garde (*farmacie di turno*) restent ouvertes pour les urgences ; les officines fermées sont tenues d'afficher les coordonnées des plus proches.

Pour appeler une ambulance, composez le ♪118, partout dans le pays. Pour une urgence (y compris dentaire), rendez-vous au *pronto soccorso* d'un hôpital public.

Assurance médicale

La **carte européenne d'assurance maladie** (CEAM ; http://ehic.europa.eu), nominative et individuelle, donne droit à une prise en charge médicale (mais pas au rapatriement sanitaire) pour les citoyens de l'Union européenne, ainsi que pour les Suisses. Vous devez en faire la demande auprès de votre caisse d'assurance maladie. Comptez un délai de 2 semaines pour la réception.

Les ressortissants d'autres pays doivent se renseigner pour savoir s'il existe un accord bilatéral entre leur pays et l'Italie pour assurer la gratuité des soins. Si vous avez besoin de contracter une assurance santé, soyez certain qu'elle vous couvre même dans les cas les plus graves, par exemple un accident nécessitant un rapatriement. Renseignez-vous à l'avance pour savoir si votre police d'assurance paiera directement les frais médicaux à l'étranger ou vous remboursera ultérieurement.

Voir également p. 269.

Téléphone

Appels nationaux

Les indicatifs régionaux commencent par 0 et comportent jusqu'à 4 chiffres. Celui de la région de Naples est le

081. L'indicatif régional est suivi par un numéro de 4 à 8 chiffres. Il fait partie intégrante du numéro et doit être composé dans tous les cas, même pour un appel local. Les numéros de portables débutent par un indicatif à 3 chiffres tel que 330. Les numéros gratuits ou *numeri verdi* (numéros verts) commencent généralement par 800. Les numéros sans indicatif géographique commencent par 840, 841, 848, 892, 899, 163, 166 ou 199. Des numéros à 6 chiffres sont utilisés à l'échelle nationale (pour Alitalia, la société des chemins de fer ou la poste par exemple).

Comme ailleurs en Europe, les Italiens ont recours à une multitude d'opérateurs proposant des services à tous les prix.

Appels internationaux

Pour appeler à l'étranger, le moins cher consiste à utiliser des systèmes informatiques du type de Skype (gratuits ou peu coûteux), à téléphoner depuis un centre d'appels à bas prix ou à employer une carte téléphonique internationale (*scheda telefonica internazionale*), en vente dans les kiosques à journaux et chez les buralistes. Dans toutes les grandes villes, on trouve des centres d'appel à bas prix qui s'avèrent beaucoup plus intéressants que les cabines Telecom – installez-vous à un téléphone du centre ; vous paierez à la fin de votre communication. On peut aussi facilement utiliser une carte téléphonique internationale dans une cabine publique.

Pour appeler à l'étranger, composez le ⏏00 (code d'accès international), l'indicatif du pays (⏏33 pour la France, ⏏32 pour la Belgique, ⏏41 pour la Suisse et ⏏1 pour le Canada), puis le numéro de votre correspondant.

Pour appeler l'Italie depuis l'étranger, composez le code d'accès international, l'indicatif de l'Italie (⏏39), puis le numéro entier de votre correspondant (avec le 0).

Renseignements téléphoniques

Pour appeler les renseignements nationaux et internationaux, composez le ⏏1254 (ou connectez-vous à l'adresse 1254.virgilio.it).

Téléphones portables

Les téléphones portables italiens fonctionnent sur le réseau GSM 900/1800, compatible avec le reste de l'Europe. Si vous possédez un mobile GSM, renseignez-vous auprès de votre opérateur sur son utilisation en Italie et soyez vigilant concernant les appels acheminés par réseau international (aux tarifs très onéreux pour un appel "local").

L'Italie possède l'un des plus forts taux d'utilisation de téléphones portables en Europe et plusieurs compagnies permettent de contracter un abonnement temporaire ou d'acheter une carte prépayée si vous disposez déjà d'un appareil adapté. Pour procéder à l'ouverture, il faut en principe présenter une pièce d'identité. Avant de partir, vérifiez auprès de votre opérateur que votre appareil tolère l'emploi d'une autre carte SIM. Si c'est le cas, il peut suffire de 10 € pour activer une carte SIM locale prépayée. Pour recharger votre crédit, rendez-vous dans un point de vente ou achetez une recharge (*ricarica*) dans un bureau de tabac. Sinon, on peut aussi acheter ou louer un téléphone italien à bas prix le temps du séjour.

Parmi les principaux opérateurs de téléphonie mobile, TIM (Telecom Italia Mobile), Wind et Vodafone possèdent le plus grand nombre de boutiques.

Cartes téléphoniques

Des cabines téléphoniques couleur argent de Telecom Italia sont installées dans les rues, gares, certains magasins et agences Telecom. La plupart fonctionnent à carte (*carte/schede telefoniche*), mais certaines acceptent les cartes bancaires et les pièces.

Les cartes (de 3 et 5 €) se vendent dans les postes, les bureaux de tabac et les kiosques à journaux.

Toilettes

➜ Les toilettes publiques sont rares à Naples. La plupart des bars et des cafés ont des toilettes, mais il faut parfois consommer d'abord. Il y a des toilettes publiques dans les musées et les grandes gares routières et ferroviaires.

➜ Certaines toilettes publiques sont entretenues par des employés qui vous demanderont d'acquitter une petite somme (0,50 € suffisent en principe).

➜ Vous trouverez des toilettes gratuites à Pompéi et Herculanum.

Travailler en Italie

Les ressortissants d'États membres de l'UE n'ont pas besoin de permis pour vivre ou travailler en Italie. Toutefois, au bout de 3 mois, ils sont censés se faire enregistrer au bureau de l'état civil de leur lieu de résidence et apporter la preuve qu'ils travaillent ou disposent de fonds suffisants pour vivre sur place. Les ressortissants d'États non membres de l'UE ayant résidé légalement 5 années consécutives en Italie peuvent ensuite faire une demande de titre de séjour permanent.

Transports

DEPUIS/VERS LA CAMPANIE

Nombre de vols directs desservent l'aéroport international de Naples, plus connu sous le nom de Capodichino.
Plaque tournante des transports en Italie du Sud, Naples possède un excellent réseau de trains et de bus qui la relie aux autres parties de la Campanie, et à des destinations plus lointaines. Naples est également un grand port, qui accueille les paquebots de croisière internationaux et d'où partent les ferries de passagers et les car-ferries desservant les ports de la Méditerranée.

Entrer en Italie

Les ressortissants des pays membres de l'Espace Schengen, dont la France, la Belgique et la Suisse, peuvent entrer en Italie sur simple présentation de leur carte d'identité nationale ou d'un passeport en cours de validité. Les Canadiens devront seulement présenter un passeport en cours de validité pour un séjour touristique n'excédant pas 90 jours.

La loi exige que vous ayez toujours sur vous votre passeport ou votre carte d'identité. Lors de l'enregistrement à l'hôtel, un de ces deux documents vous sera demandé.

Voie aérienne

Aéroports

L'**aéroport Capodichino** (081 789 61 11 ; www.aeroportodinapoli.it), à 7 km au nord-est du centre-ville, est l'aéroport principal du sud de l'Italie. Il dessert la plupart des villes italiennes, plusieurs grandes villes européennes ainsi que New York.

L'**Alibus** (800 639525 ; www.anm.it) navette de l'aéroport (3 €, ou 4 € si acheté à bord, 45 minutes, toutes les 20 à 30 minutes) relie l'aéroport à la Piazza Garibaldi (Stazione Centrale) et au Molo Beverello (terminal principal des ferries).

Les tarifs des taxis officiels pour l'aéroport sont : 19 € depuis un hôtel du front de mer ou le terminal des hydroglisseurs de Mergellina ; 9,50 € depuis la Piazza Municipio et 12,50 € depuis la Stazione Centrale.

Curreri (081 801 54 20 ; www.curreriviaggi.it) assure 7 services par jour entre l'aéroport et Sorrente. Le trajet de 75 minutes coûte 11 € et les billets sont vendus à bord.

Depuis/vers la France

Il faut environ 2 heures 15 pour se rendre à Naples depuis Paris. Sur une ligne régulière, comptez, à l'heure où nous mettons sous presse, environ 200 € pour un aller-retour. Cela dit, toutes les compagnies aériennes offrent des tarifs promotionnels. La compagnie à prix réduits easyJet propose des vols directs depuis Paris-Orly (à partir de 50 € l'aller-retour), Bâle (à partir de 65 FS l'aller-retour) et Nice (à partir de 45 € l'aller-retour).

Voici quelques adresses de compagnies aériennes et d'agences de voyages desservant Naples :

Air France (36 54, 0,12 €/min ; www.airfrance.fr). Vols quotidiens directs depuis Paris.

Alitalia (0 892 655 655, 0,34 €/min ; www.alitalia.com).

easyJet (0820 420 315, 0,12 €/min ; www.easyjet.com. Vols directs depuis Paris, Bâle ou Nice.

Nouvelles Frontières (0 825 000 747, 0,15 €/min ; www.nouvelles-frontieres.fr).

Thomas Cook (0 826 826 777, 0,15 €/min ; www.thomascook.fr)

Depuis/vers la Belgique

Naples est à 2 heures 30 de Bruxelles. Comptez autour de 200 €.

Voici quelques adresses pour commencer vos recherches :

Alitalia (02 551 11 22 ; www.alitalia.com).

Brussels airlines (📞0 892 64 00 30, 0,33 €/min ; www.brusselsairlines.com.)

Connections (📞070 23 33 13 ; www.connections.be) ; Bruxelles (📞02 550 01 30 ; Rue du Midi 19-21, 1000 Bruxelles) ; Gand (📞092 23 90 20 ; Zonnestraat 5, 9000 Gand) ; Liège (📞042 23 03 75 ; Rue Sœurs-de-Hasque 7, 4000 Liège).

Éole - Gigatour (📞02 672 35 03 ; www.voyageseole.be ; place Keym 3, 1170 Bruxelles). Autres agences en Belgique.

Depuis/vers la Suisse

Il est possible de se rendre à Naples par vol direct depuis Bâle (à partir de 65 FS l'aller-retour) ou Genève (à partir de 60 FS l'aller-retour) sur easyJet. Alitalia propose des vols depuis Genève pour Naples avec une escale à Rome (environ 3 heures 30, à partir de 110 FS).

easyJet (📞0848 282 828 ; www.easyjet.com).

Alitalia (www.alitalia.com).

Vous pouvez aussi vous renseigner auprès de l'agence de voyages **STA Travel** (www.statravel.ch ; 📞058 450 49 49), qui réserve des réductions pour les étudiants et les moins de 26 ans sur présentation d'une carte d'étudiant internationale (ISIC), valide.

Depuis/vers le Canada

Il n'y a pas de vols directs entre le Canada et Naples. Renseignez-vous pour prendre une correspondance à Paris, New York, Munich ou Londres.

Voici quelques adresses d'agences et de transporteurs :

Air Canada (www.aircanada.ca ; 📞888 247 2262).

Alitalia (www.alitalia.com).

Travel Cuts – Voyages Campus (www.travelcuts.com ; 📞1 800 667 2887). Agence de vente de billets à prix réduits.

Voie terrestre

Rejoindre la Campanie en voiture signifie traverser les trois-quarts de la péninsule italienne, ce qui peut avoir l'inconvénient de raccourcir considérablement vos vacances sur place ou, si vous avez le temps, être une merveilleuse façon de découvrir le pays.

Bus

Les bus sont l'option la moins chère pour voyager en Italie, mais ils sont moins fréquents, moins confortables et beaucoup plus lents que le train.

Eurolines (www.eurolines.com). Cette société de transporteurs a des bureaux dans toute l'Europe. Le trajet en bus entre Paris et Naples prend 25 heures, et coûte à partir de 110 € l'aller-retour. Depuis Bruxelles, le trajet prend environ 28 heures et coûte 140 €. Il n'y a pas de trajet direct depuis la Suisse.

Pour plus de détails, contactez :

Eurolines France (📞0 892 89 90 91, 0,35€/min ; www.eurolines.fr)

Eurolines Belgique (📞02 274 13 50 ; www.eurolines.be)

Miccolis (📞081 563 03 20 ; www.miccolis-spa.it). Propose plusieurs bus par jour au départ de Naples pour Potenza, Taranto, Brindisi et Lecce.

Marino (📞080 311 23 35 ; www.marinobus.it). Relie Naples à Bari et à Matera.

SAIS (www.saistrasporti.it). Assure depuis Naples les liaisons longue distance avec la Sicile et Rome.

Train

Il n'y a pas de liaisons ferroviaires directes entre Naples et la France – sauf depuis Nice –, la Belgique et la Suisse. Il faut effectuer un changement, généralement à Milan, à Turin ou à Rome.

La compagnie ferroviaire nationale, **Trenitalia** (📞892021 ; www.trenitalia.com), dispose d'un réseau étendu à travers tout le pays, ainsi que des lignes longue-distance à travers l'Europe. Depuis l'Italie, les trains directs pour Naples partent de Milan, Florence et Rome. De Naples, des trains poursuivent vers le sud pour Reggio di Calabria et Messine, en Sicile. La ville est desservie par les trains *regionali* (régionaux), *diretti* (directs), Intercity et le très rapide Frecciarossa. Ils arrivent et partent de la **Stazione Centrale** (📞081 554 31 88 ; Piazza Garibaldi) ou de la **Stazione Garibaldi** (à l'étage inférieur). Il y a jusqu'à 30 trains quotidiens depuis/vers Rome.

Voiture et moto

Sachez qu'en Italie, les autoroutes payantes et le carburant comptent parmi les plus chers d'Europe. À Naples, il est peu probable que vous soyez tenté de conduire, d'autant qu'il vous faudra payer un parking surveillé. Certes, la voiture est appréciable dans des secteurs plus isolés de Campanie, comme l'ouest de Sorrente et le parc national du Cilento, mais étant donné le coût du trajet jusqu'au sud de l'Italie, mieux vaut louer un véhicule une fois sur place.

VOYAGES ORGANISÉS

L'Italie est une destination privilégiée pour les voyages organisés à vocation culturelle, mais aussi pour ceux tournés vers le sport et la nature. Et même s'il est aisé (et souvent moins cher, hors offres exceptionnelles) d'organiser seul son séjour en Campanie, le recours à un voyagiste vous facilitera la vie, notamment si vous décidez d'axer vos vacances autour d'un thème particulier, comme la randonnée ou la découverte d'un aspect de la culture italienne. Certains prestataires offrent l'occasion de séjourner dans des hébergements d'exception, d'autres privilégient et incluent les visites. Alors un seul mot d'ordre : comparez, pour trouver la formule adaptée à votre budget, et à vos envies !

Voyages et séjours culturels

Clio (☏01 53 68 82 82 ; www.clio.fr ; 34 rue du Hameau, 75015 Paris).

Comptoir des voyages (☏0892 239 339, 0,34 €/min ; www.comptoir.fr ; 2 au 18 rue Saint-Victor, 75005 Paris). Agences à Lyon, Toulouse et Marseille.

Intermèdes (☏01 45 61 90 90, fax 01 45 61 90 09 ; www.intermedes.com ; 60 rue La Boétie, 75008 Paris).

Voyageurs du Monde (www.voyageursdumonde.fr ; ☏01 42 86 16 00 ; 55 rue Sainte-Anne, 75002 Paris ; Belgique ☏02 543 95 50 ; 23 chaussée de Charleroi, 1060 Bruxelles ; Suisse ☏022 518 04 94 ; 19 rue de la Rôtisserie, 1204 Genève). Douze autres agences en France.

Randonnées et autres activités sportives

Akaoka (☏01 83 62 19 68 ; www.akaoka.com).

Allibert Trekking (www.allibert-trekking.com ; en France ☏04 76 45 50 50 ; 37 bd Beaumarchais, 75003 Paris ; Belgique ☏02 318 32 02 ; Suisse ☏022 519 03 23). Autres agences à Chapareillan, Toulouse, Chamonix et Nice.

Atalante (www.atalante.fr ; Paris ☏01 55 42 81 00, 18 rue Séguier, 75006 Paris ; Lyon ☏04 72 53 24 80, 36 quai Arloing, 69009 Lyon ; Belgique ☏02 627 07 97, rue César-Franck 44A, B-1050 Bruxelles).

Chamina Voyages (☏04 66 69 00 44 ; www.chamina-voyages.com).

Huwans (www.huwans-clubaventure.fr ; Paris ☏04 96 15 10 20 ; 18 rue Séguier, 75006 Paris ; Lyon ☏04 96 15 10 52 ; 38 quai Arloing, 69009 Lyon ; Marseille ☏04 96 15 10 20 ; 4 rue Henri-et-Antoine-Maurras, 13016 Marseille).

Grand Angle (☏04 76 95 23 00 ; www.grandangle.fr ; Le Village, 38112 Méaudre).

➜ **Terre d'aventure** (www.terdav.com ; en France, France ☏0 825 700 825 ; 30 rue Saint-Augustin, 75002 Paris ; Belgique ☏02 543 95 60 ; Suisse ☏022 518 05 13).

COMMENT CIRCULER

Bateau

Naples, les îles de la baie et la côte amalfitaine sont desservies par un important réseau de ferries. Les ferries rapides et les hydroglisseurs pour Capri, Sorrente, Ischia (Ischia Porto et Forio) et Procida partent du Molo Beverello, en face de Castel Nuovo. Des hydroglisseurs pour Capri, Ischia et Procida sont aussi au départ de Mergellina.

Les ferries pour la Sicile, les îles Éoliennes et la Sardaigne partent du Molo Angioino (juste à côté du Molo Beverello) et du port voisin de Calata Porta di Massa. Les ferries lents pour Ischia et Procida sont aussi ancrés à Calata Porta di Massa.

HYDROGLISSEURS ET FERRIES RAPIDES

DESTINATION (DE NAPLES – MOLO BEVERELLO)	COMPAGNIE	PRIX (€)	DURÉE	FRÉQUENCE (HAUTE SAISON)
Capri	Caremar	13,50	50	4
Capri	Navigazione Libera del Golfo	20	45	9
Capri	SNAV	20	45	13
Ischia (Casamicciola Terme)	Caremar	19	45	7
Ischia (Forio)	Alilauro	19	60	4
Ischia (Casamicciola Terme)	SNAV	19	60	4
Procida	Caremar	15	25	4
Procida	SNAV	19	25	4
Sorrente	Gescab	17	20	18
Sorrente	Caremar	13	25	4

FERRIES

DESTINATION (DE NAPLES – CALATA PORTA DI MASSA ET MOLO ANGIOINO)	COMPAGNIE	PRIX (€)	DURÉE	FRÉQUENCE (HAUTE SAISON)
Îles Éoliennes	SNAV (juil-sept seulement)	à partir de 65	4-6 heures	1/jour
Îles Éoliennes	Siremar	à partir de 50	30 min	2/sem
Cagliari (Sardaigne)	Tirrenia	à partir de 45	16 heures 15	2/sem
Capri	Caremar	11	75 min	7/jour
Ischia	Caremar	12	90 min	7/jour
Ischia	Medmar	12	75 min	6/jour
Milazzo (Sicile)	Milazzo (Siremar)	à partir de 50	16 heures	2/sem
Palerme (Sicile)	SNAV	à partir de 35	10 heures 15	1-2/jour
Palerme (Sicile)	Tirrenia	à partir de 45	11 heures 45	1/jour
Procida	Caremar	11	60 min	7/jour

Sauf mention contraire, les tarifs s'entendent par personne pour un trajet simple, en haute saison et sans cabine (nuit sur le pont). Les services sont considérablement réduits en hiver, les horaires peuvent varier en cas de mer agitée.

Les billets pour les petits trajets s'achètent aux guichets du Molo Beverello et de Mergellina. Pour les trajets longue distance, adressez-vous aux bureaux des compagnies ou aux agences de voyages.

Alilauro (081 497 22 01 ; www.alilauro.it)

Caremar (081 551 38 82 ; www.caremar.it)

Gescab (081 807 18 12 ; www.gescab.it)

Medmar (081 333 44 11 ; www.medmargroup.it)

Navigazione Libera del Golfo (NLG ; 081 552 07 63 ; www.navlib.it)

Siremar (081 497 29 99 ; www.siremar.it)

SNAV (081 428 55 55 ; www.snav.it)

Tirrenia (892123 ; www.tirrenia.it)

Bus

➜ **ANM** (800 639525 ; www.anm.it) gère les bus urbains de Naples. Il n'y a pas de gare routière centrale, mais la plupart des bus passent par la Piazza Garibaldi. Quelques bus qui vous seront utiles :

140 De Santa Lucia au Pausilippe via Mergellina.

154 De Via Volta à Via Vespucci, par Via Marina, Via Depretis, Via Acton, Via Morelli, Piazza Vittoria et Via Santa Lucia.

C24 De Via Mergellina au Corso Vittorio Emanuele, par Via Crispi, Via Colonna, Via Carducci, Riviera di Chiaia, Piazza Vittoria, Via Santa Lucia, Via Morelli, Piazza dei Martiri, Via Filangieri, Via dei Mille, Via Colonna, Via Crispi, Corso Vittorio Emanuele, Via Piedigrotta et retour jusqu'à Via Mergellina.

C55 Fait le tour du centre historique (*centro storico*), de Piazza Cavour à Via Enrico Pessina, Piazza Dante, Via Toledo, Piazza Bovio, Corso Umberto I et Via Duomo.

R1 De Piazza Medaglie d'Oro à la Piazza Carità, Piazza Dante et Piazza Bovio.

R2 Part de la gare centrale (Stazione Centrale), suit le Corso Umberto I et rejoint Piazza Bovio, Piazza del Municipio et Piazza Trento e Trieste.

R4 De Capodimonte à Piazza Municipio par la Via Dante et retour.

➜ Le bus touristique **City Sightseeing Napoli** (081 551 72 79 ; www.napoli.citysightseeing.it ; tarif plein/réduit 22/11 €), où on peut monter et descendre à sa guise, emprunte 4 itinéraires : les routes A et R couvrent le centre historique (la route A rejoint aussi Capodimonte) ; la route B suit le front de mer du Lungomare et la route panoramique de Pausilippe ; et la route C rallie Vomero. Les billets (adulte/enfant 22/11 €) sont valables 24 heures.

➜ Les bus régionaux sont gérés par différentes compagnies. La plus utile d'entre elles, la **SITA** (199 730749 ; www.sitasudtrasporti.it), propose des bus quotidiens fréquents au départ de Sorrente et Salerne pour la côte amalfitaine.

➡ Quelques autres compagnies utiles :

Marino (☎ 080 311 23 35 ; www.marinobus.it). Dessert notamment Bari (22 €, 3 heures).

Miccolis (☎ 081 563 03 20 ; www.miccolis-spa.it). Rallie Taranto (19 €, 3-4 heures), Brindisi (32 €, 5 heures) et Lecce (32 €, 6 heures).

CLP (☎ 081 531 17 07 ; www.clpbus.it). Dessert Foggia (12 €, 2 heures), Pérouse (32 €, 3 heures 30) et Assise (35 €, 4 heures 30).

Funiculaire

Trois des quatre funiculaires de Naples relient le centre à Vomero. Le quatrième, le **Funiculare di Mergellina** (7h-22h), relie le front de mer, à la hauteur de la Via Mergellina, à la Via Manzoni. Les tickets Unico Napoli sont valables à bord.

Funiculare Centrale (6h30-22h lun-mar, 6h30-0h30 mer-dim et jours fériés). De la Piazzetta Augusteo à la Piazza Fuga.

Funiculare di Chiaia (7h-22h mar-mer, 7h-0h30 jeu, dim et lun, 7h-2h ven-sam). Relie la Via del Parco Margherita à la Via Domenico Cimarosa.

Funiculare di Montesanto (7h-22h). De la Piazza Montesanto à la Via Raffaele Morghen.

Vélo

Il est dangereux de faire du vélo à Naples où le code de la route semble inexistant. Les automobilistes conduisent vite, téléphonent au volant et grillent les feux rouges. Par ailleurs, les vols de vélos ou de motos sont courants.

Louer un vélo revient assez cher à Naples (à partir de 20 €/jour), donc si vous prévoyez de rester quelque temps, il est sans doute plus économique d'acheter une bicyclette. Emporter son vélo sur la côte amalfitaine n'est pas non plus évident : attention aux virages sans visibilité.

> **VOS BILLETS, S'IL VOUS PLAÎT**
>
> La billetterie des transports publics de Naples et de la Campanie est gérée par le **consortium Unico Campania** (www.unicocampania.it). Les billets sont vendus dans les gares, les guichets ANM et les bureaux de tabac. Il y a différentes formules, en fonction de votre destination.
>
> Voici une sélection des billets proposés :
>
> **Unico Napoli** (90 min 1,50 €, 24 heures en sem/week-end 4,50/3,50 €). Trajets illimités sur le réseau de bus, tramway, funiculaire, métro, Ferrovia Cumana et Circumflegrea.
>
> **Unico Costiera** (45 min 2,50 €, 90 min 3,80 €, 24 heures 7,60 €, 72 heures 18 €). Avantageux si vous envisagez de beaucoup voyager à bord des bus SITA ou EAV et/ou du train Circumvesuviana dans la région de la baie de Naples et de la côte amalfitaine. Les billets 24 et 72 heures permettent également d'emprunter le bus touristique City Sightseeing Sorrento, qui fait la liaison entre Amalfi et Ravello, et entre Amalfi et Maiori, d'avril à octobre.
>
> **Unico 3T** (72 heures 20 €). Voyages illimités en Campanie, ainsi que l'Alibus (navette de l'aéroport) et les transports sur les îles d'Ischia et de Procida.
>
> **Unico Ischia** (100 min 1,50 €, 24 heures 3,60 €). Voyages en bus illimités sur Ischia.
>
> **Unico Capri** (60 min 2,60 €, 24 heures 8,60 €). Offre similaire à la précédente sur Capri. Le billet de 1 heure autorise aussi un aller sur le funiculaire reliant Marina Grande à la ville de Capri, tandis que le billet de la journée en autorise deux.

Voiture et moto

Conduire à Naples n'est pas recommandé. Outre la circulation chaotique qui provoque des situations très stressantes, le centre historique (*centro storico*) est interdit à la circulation pour les non-résidents. Le stationnement est un cauchemar. Un scooter est plus rapide et plus facile à garer, mais sa conduite est plus dangereuse. Le vol de voiture/moto est aussi un problème important.

Si néanmoins vous prenez le volant, habituez-vous aux voitures qui collent au pare-chocs et faites attention à ce qui est devant vous et non derrière. Surveillez également les scooters, laissez passer les piétons, et abordez les carrefours et les feux avec prudence. Surtout, restez calme.

Pour plus de détails, consultez le site www.comune.napoli.it (en italien).

En dehors de Naples, la voiture retrouve son utilité, mais sachez que la route qui longe la côte amalfitaine vous réserve quelques émotions fortes : les bus négocient des virages en épingle à cheveux à toute allure et les Italiens doublent tout ce qui se trouve sur leur passage.

Sur les îles – Capri, Ischia et Procida – louer un scooter est la solution idéale.

Naples est située sur le grand axe nord-sud du pays, l'Autostrada del Sole : A1 vers Rome et Milan au nord et A3 vers Salerne et Reggio di Calabria au sud. L'A30 contourne Naples par le nord-est et l'A16 se dirige vers Bari.

À l'approche de la ville, l'autoroute rencontre la Tangenziale di Napoli, qui enserre la ville par le nord. Sur ce périphérique viennent se greffer l'A1 pour Rome et l'A2 pour l'aéroport Capodichino direction est, puis il continue vers les champs Phlégréens et Pouzzoles, à l'ouest.

Club automobile

L'**Automobile Club d'Italia** (ACI ; www.aci.it ; Piazzale Tecchio 49/D) est la meilleure source d'informations automobiles. Il assure un **service de dépannage** (803 116 depuis un fixe, 800 116800 depuis un mobile) opérationnel 24h/24.

Carburant et pièces de rechange

On trouve des stations-service ouvertes 24h/24 le long des autoroutes. Dans les villes de taille plus modeste, elles fonctionnent généralement de 7h à 19h du lundi au samedi, avec une pause à midi. La *benzina senza piombo* (sans plomb) et le *gasoil* (diesel) coûtent respectivement 1,825 et 1,725 €/litre.

De plus en plus de stations fonctionnent en libre-service. Pour les utiliser, tapez le numéro de la pompe, le montant désiré, puis introduisez le billet correspondant (5, 10, 20 ou 50 €).

En cas de problèmes mécaniques, la station-service la plus proche devrait pouvoir vous conseiller un garagiste fiable. Si vous rencontrez un problème sérieux avec une voiture de location, votre agence assurera certainement un service de dépannage d'urgence, avec un numéro de téléphone gratuit.

Location de voitures

➜ Comptez environ 60 € par jour pour une voiture d'entrée de gamme ou un scooter. Réserver via Internet est souvent plus avantageux que de le faire en Italie.

➜ Pour louer une voiture, vous devez avoir 25 ans ou plus, et posséder une carte bancaire et un permis de conduire national ou international.

➜ Louer une petite voiture est une bonne idée. Vous dépenserez moins en essence, vous vous faufilerez dans les ruelles et vous trouverez plus facilement à vous garer.

➜ Vérifiez auprès de votre banque si votre carte bancaire comprend une assurance-collision sans franchise, qui vous couvre en cas de dommages additionnels dès que vous réglez la location avec cette carte.
Voici quelques grandes sociétés de location :

Avis (081 28 40 41 ; www.avisautonoleggio.it ; Corso Novara 5, Naples)

Europcar (081 780 56 43 ; www.europcar.it ; Capodichino airport)

Hertz (081 20 28 60 ; www.hertz.it ; Corso Arnaldo Lucci 171, Naples). Également dans la Via Marina Varco Pisacane Calata Piliero, près du terminal des ferries.

Maggiore (081 28 78 58 ; www.maggiore.it ; Stazione Centrale, Naples)

Rent Sprint (081 764 34 52 ; www.rentsprint.it ; Via Santa Lucia 32, Naples). Scooters uniquement.

Stationnement

Stationner à Naples n'est pas une partie de plaisir. Les lignes bleues qui longent la chaussée signalent que le parking est payant. Les tickets s'achètent aux parcmètres ou chez les buralistes ; les tarifs tournent autour de 2 € l'heure. Ailleurs, le stationnement est souvent régi par des gardiens illégaux qui s'attendent à recevoir 2 ou 3 € en échange de leur surveillance. Vous courez moins de risque à verser cette obole qu'à vous en tenir à vos principes.

À l'est du centre-ville, vous trouverez un parking accessible 24h/24 sur la Via Brin (1,30 € les premières 4 heures et 7,20 € pour 24 heures). C'est également l'option la plus sûre contre le vol visant le plus souvent les voitures de location et les véhicules immatriculés à l'étranger.

Dans la région, le stationnement est également problématique, notamment dans les principaux complexes balnéaires de la côte amalfitaine, et surtout en août.

Règles de conduite

Contrairement aux apparences, il existe quelques règles à respecter en Italie. Voici les plus importantes :

➜ La ceinture de sécurité (à l'avant et à l'arrière) est obligatoire.

➜ En cas de panne, il est obligatoire d'utiliser un triangle de signalisation et de mettre un gilet de sécurité (jaune ou orange) homologué, si vous descendez du véhicule. Un gilet par personne est donc requis.

➜ La limite du taux d'alcool au volant est fixée à 0,05%. Lors d'un contrôle d'alcoolémie, le contrevenant aura une amende sévère.

➜ La vitesse est limitée de 130 km/h à 150 km/h sur l'*autostrade* (autoroute), à 110 km/h sur les routes nationales, à 90 km/h sur les routes secondaires et hors agglomération, et à 50 km/h en ville.

→ Pour les mobylettes, la vitesse est limitée à 40 km/h.

→ Le casque est obligatoire pour tous les deux-roues.

→ Tous les véhicules doivent allumer leurs phares de jour comme de nuit sur l'*autostrade*, et il est recommandé aux motocyclistes de le faire aussi sur les routes plus petites.

Autoroutes à péage

La plupart des autoroutes sont payantes. On règle en espèces ou par carte bancaire à la sortie. Pour des informations sur l'état du trafic routier, les péages et les distances, consultez le site www.autostrade.it.

Transports urbains

Métro

Le **métro** (p. 89) de Naples circule la plupart du temps en surface. Les tickets Unico Napoli sont valables dans le métro.

Taxi

Les taxis officiels, équipés d'un compteur, sont blancs et portent l'emblème de Naples sur les portières avant (Pulcinella, reconnaissable à son chapeau blanc en forme de cône et son long nez pointu). N'oubliez pas de vérifier que le compteur tourne.

La prise en charge est de 3 €, à laquelle s'ajoute une liste de suppléments impressionnantes détaillée sur le site www.consorziotaxinapoli.it/chi-siamo/tariffe/. Parmi ceux-ci :

→ 1 € pour l'appel d'un radio-taxi

→ 2,50 € les dimanches et jours fériés, et entre 22h et 7h

→ 3 € pour une course vers l'aéroport, 4 € dans le sens contraire, et 0,50 € par bagage dans le coffre. Les chiens d'aveugle et les fauteuils roulants sont transportés gratuitement. Des stations de taxi se trouvent sur la plupart des grandes *piazzas* (places) de la ville.

Train

La **Circumvesuviana** (800 211388 ; www.eavsrl.it) relie Naples à Sorrente (4,50 €, 65 min, environ 40 trains/jour). Le train s'arrête entre autres à Ercolano (2,50 €, 15 min) et Pompéi (3,20 €, 35 min). De Naples, des trains partent de la Stazione Circumvesuviana, rattachée à la Stazione Centrale.

Les trains circulant entre Naples et Campi Flegrei partent de la Stazione Cumana di Montesanto (Naples) située sur la Piazza Montesanto, à 500 m au sud-ouest de la Piazza Dante. Parmi les arrêts, Pouzzoles (1,40 €, 20 min, trains toutes les 25 min).

Tramway

À Naples, les deux lignes de tramway suivantes peuvent être pratiques :

Tram n°1 Il part de l'est de la Stazione Centrale (gare centrale), traverse la Piazza Garibaldi, le centre-ville et longe le front de mer jusqu'à la Piazza Vittoria.

Tram n°29 Il va de la Piazza Garibaldi au centre-ville en suivant le Corso Giuseppe Garibaldi.

Langue

Si l'italien standard est enseigné et parlé dans toute l'Italie, les dialectes participent de façon très forte à l'identité régionale. Cependant, où que vous alliez, vous n'aurez pas de mal à vous faire comprendre en italien standard, la langue utilisée dans ce chapitre.

L'italien oral ne pose pas de grosses difficultés car, à l'exception du "r" roulé, tous les sons existent en français et toutes les lettres écrites se prononcent, y compris les doubles consonnes. Gardez à l'esprit que ces dernières doivent être allongées et accentuées : elles peuvent changer le sens d'un mot comme dans *sonno* ("je dors") et *sono* ("je suis"). Le seul problème que peuvent rencontrer les francophones concerne l'accent tonique, dont la position varie. Dans ce chapitre, nous indiquons en italique la syllabe accentuée.

VOCABULAIRE DE BASE

L'italien utilise le tutoiement, plus fréquent qu'en français, et le vouvoiement (indiqués fam/pol). On dit généralement *tu* tou à une personne plus jeune ou que l'on connaît et *lei* leï quand l'on s'adresse aux personnes âgées et dans un contexte plus formel.

En italien, tous les noms et les adjectifs ont une forme masculine et féminine, ainsi que les articles *il/la* il/la (le/la) et *un/una* oun/ouna (un/une).

> **POUR ALLER PLUS LOIN**
>
> Indispensable pour mieux communiquer sur place : le *guide de conversation français/italien* de Lonely Planet. Pour réserver une chambre, lire un menu ou simplement faire connaissance, ce manuel permet d'acquérir des rudiments d'italien. Inclus : un minidictionnaire bilingue.

Dans ce chapitre nous mentionnons, lorsque c'est nécessaire, s'il s'agit de la forme de politesse ou familière (pol/fam) ou du masculin ou du féminin (m/f).

Bonjour.	*Buongiorno.*	bwon·*djor*·no
Au revoir.	*Arrivederci.*	a·ri·vé·*der*·chi
Oui.	*Sì.*	si
Non.	*No.*	no
Excusez-moi.	*Mi scusi.* (pol)	mi *skou*·zi
	Scusami. (fam)	*skou*·za·mi
Désolé.	*Mi dispiace.*	mi dis·*pya*·tché
S'il vous plaît.	*Per favore.*	per fa·vo·ré
Merci.	*Grazie.*	gra·tsyé
Je vous en prie.	*Prego.*	*pré*·go

Comment allez-vous ?
Come sta/stai ? (pol/fam)   ko·mé sta/staï

Bien. Et vous ?
Bene. E Lei/tu? (pol/fam)   bé·né é lèï/tou

Comment vous appelez-vous/t'appelles-tu ?
Come si chiama ? (pol)   ko·mé si *kia*·ma
Come ti chiami ? (fam)   ko·mé ti *kia*·mi

Je m'appelle...
Mi chiamo...   mi *kia*·mo...

Parlez-vous français ?
Parla/Parli francese (pol/fam)
par·la/*par*·li fran·tché·zé ? (pol/fam)

Je ne comprends pas.
Non capisco.   non ka·*pi*·sko

HÉBERGEMENT

Avez-vous une	*Avete*	a·vé·té *ou*·na
chambre... ?	*una camera...?*	ka·*mé*·ra...
double	*doppia*	*do*·pia
	con letto	con *lè*·to
	matrimoniale	ma·tri·mo·*nia*·lé
simple	*singola*	*sin*·go·la

Combien coûte-t-elle...?	Quanto costa	kouan-to ko-sta...
pour une nuit	per una notte	pèr ouna no-té
par personne	per persona	per·per-so-na

Le petit-déjeuner est-il compris ?		
	La colazione e compresa ?	la co-la-tsio-né è kom-pré-sa

air conditionné	aria condizionata	a-ria kon-di-tsio-nat-a
salle de bains	bagno	ba-gno
camping	campeggio	kam-pé-djo
pension	pensione	pen-sio-né
hôtel	albergo	al-ber-go
auberge de jeunesse	ostello della gioventù	os-té-lo dé-la jo-vén-tou
fenêtre	finestra	fi-nes-tra

DIRECTIONS

Où est ?		
Dov'è ?		do-vè ...

Quelle est l'adresse ?		
Qual'è l'indirizzo ?		koua-lé lin-di-ri-tso

Pourriez-vous me l'écrire, s'il vous plaît ?		
Può scriverlo per favore ?		pouo scri-ver lo pèr fa-vo-ré

Pouvez-vous me montrer (sur la carte) ?		
Può mostrarmi (sulla pianta) ?		pouo mos-trar-mi (sou-la pian-ta)

au coin	all'angolo	a-lan-go-lo
aux feux	al semaforo	al sé-ma-fo-ro
derrière	dietro	dié-tro
loin	lontano	lon-ta-no
devant	davanti a	da-van-ti a
à gauche	a sinistra	a si-ni-stra
près	vicino	vi-tchi-no
à côté de	accanto a	a-kan-to a
en face de	di fronte a	di fron-té a
à droite	a destra	a dè-stra
tout droit	sempre diritto	sèm-pré di-ri-to

AU RESTAURANT

Que me recommandez-vous ?		
Cosa mi consiglia ?		ko-za mi kon-si-lia

Que contient ce plat ?		
Quali ingredienti ci sono in questo piatto ?		koua-li in-gré-dien-ti tchi sono in kouè-sto pia-to

PHRASES CLÉS

À quelle heure est (le prochain vol) ?	
A che ora è (il prossimo volo) ?	a ké o-ra è (il pro-si-mo vo-lo)

Où est (la gare) ?	
Dov'è (la stazione) ?	do-vè (la sta-tsio-né)

Je cherche (un hôtel).	
Sto cercando (un albergo).	sto tchèr-kan-do (oun al-bèr-go)

Avez-vous (une carte) ?	
Ha (una pianta) ?	a (oun-na pian-ta)

Y a-t-il (des toilettes) ?	
C'è (un gabinetto) ?	tché (oun ga-bi-né-to)

Je voudrais (un café).	
Vorrei (un caffè).	vo-réi (oun ka-fé)

Je voudrais (louer une voiture).	
Vorrei (noleggiare una macchina)	vo-réi (no-lé-dja-ré ou-na ma-ki-na)

Puis-je (entrer) ?	
Posso (entrare) ?	po-so (èn-tra-ré)

Pourriez-vous (m'aider),	
Può (aiutarmi), per favore ?	pouo (a-you-tar-mi) pèr fa-vo-ré

Dois-je (réserver ma place) ?	
Devo (prenotare un posto) ?	dé-vo (pré-no-ta-ré oun po-sto)

Quelle est la spécialité locale ?	
Qual'è la specialità di questa regione ?	koua-lè la spé-tcha-li-ta di kouè-sta ré-gio-né

C'était délicieux !	
Era squisito !	é-ra skoui-zi-to

À votre santé !	
Salute !	sa-lou-té

Apportez-moi l'addition, s'il vous plaît.	
Mi porta il conto, per favore.	mi por-ta il kon-to pèr fa-vo-ré

Je voudrais réserver une table pour...	Vorrei prenotare un tavolo per...	vo-réi pré-no-ta-ré oun ta-vol-o pèr..
(deux) personnes	(due) persone	(dou-é) per-so- né
8 heures	le (otto)	lé (o-to)

Je ne mange pas...		
	Non mangio...	non man-djo ...
d'œufs	uova	ouo-va
de poisson	pesce	pé-ché
de noix	noci	no-tchi
de viande (rouge)	carne (rossa)	kar-né (ro-sa)

PANNEAUX SIGNALÉTIQUES	
Entrata/Ingresso	Entrée
Uscita	Sortie
Aperto	Ouvert
Chiuso	Fermé
Informazioni	Informations
Proibito/Vietato	Interdit
Gabinetti/Servizi	Toilettes
Uomini	Hommes
Donne	Femmes

Mots clés

bar	*locale*	lo-*ka*-lé
bouteille	*bottiglia*	bo-*ti*-lia
petit-déjeuner	*prima colazione*	*pri*-ma ko-la-*tsio*-né
café	*bar*	bar
froid	*freddo*	*fré*-do
dîner	*cena*	*tché*-na
carte des boissons	*lista delle bevande*	*li*-sta dè-*lé* bé-*van*-dé
fourchette	*forchetta*	for-*ké*-ta
verre	*bicchiere*	bi-*kié*-ré
épicerie	*alimentari*	a-li-mèn-*ta*-ri
chaud	*caldo*	*kal*-do
couteau	*coltello*	kol-*té*-lo
déjeuner	*pranzo*	*pran*-dzo
marché	*mercato*	mer-*ka*-to
menu	*menù*	mé-*nou*
plat	*piatto*	*pia*-to
restaurant	*ristorante*	ri-sto-*ran*-té
épicé	*piccante*	pi-*kan*-té
cuiller	*cucchiaio*	kou-*kya*-yo
végétarien	*vegetariano*	vé-djé-ta-*ria*-no
avec	*con*	kon
sans	*senza*	*sen*-tza

Viandes et poissons

bœuf	*manzo*	*man*-dzo
poulet	*pollo*	*po*-lo
canard	*anatra*	*a*-na-tra
poisson	*pesce*	pé-*ché*
hareng	*aringa*	*a*-rin-ga
agneau	*agnello*	a-*gné*-lo
langouste	*aragosta*	a-ra-*go*-sta
viande	*carne*	*kar*-né
moules	*cozze*	*ko*-tsé
huîtres	*ostriche*	*o*-stri-tché
porc	*maiale*	ma-*ya*-lé
crevettes	*gambero*	*gam*-bé-ro
saumon	*salmone*	sal-*mo*-né
saint-jacques	*capasante*	ka-pa-*san*-té
fruits de mer	*frutti di mare*	*frou*-ti di *ma*-ré
calamar	*calamari*	ka-la-*ma*-ri
truite	*trota*	*tro*-ta
thon	*tonno*	*to*-no
dinde	*tacchino*	ta-*ki*-no
veau	*vitello*	vi-*tél*-lo

Fruits et légumes

pomme	*mela*	*mé*-la
haricots	*fagioli*	fa-*djo*-li
chou	*cavolo*	*ka*-vo-lo
poivron	*peperone*	pé-pé-*ro*-né
carrotte	*carota*	ka-*ro*-ta
chou-fleur	*cavolfiore*	ka-vol-*fio*-ré
concombre	*cetriolo*	tché-tri-o-lo
fruit	*frutta*	*frou*-ta
raisin	*uva*	*ou*-va
citron	*limone*	li-*mo*-né
lentilles	*lenticchie*	len-*ti*-tché
champignon	*funghi*	*foun*-gui
noix	*noci*	*no*-tchi
oignons	*cipolle*	tchi-*pol*-lé
orange	*arancia*	a-*ran*-tcha
pêche	*pesca*	*pé*-ska
pois	*piselli*	pi-*zél*-li
ananas	*ananas*	*a*-na-nas
prune	*prugna*	*prou*-gna
pommes de terre	*patate*	pa-*ta*-té
épinards	*spinaci*	spi-*na*-tchi
tomates	*pomodori*	po-mo-*do*-ri
légumes	*verdura*	ver-*dou*-ra

MOTS INTERROGATIFS		
Comment ?	*Come ?*	ko-*mé*
Quoi ?	*Che cosa ?*	ké *ko*-za
Quand ?	*Quando ?*	*kwan*-do
Où ?	*Dove ?*	*do*-vè
Qui ?	*Chi ?*	ki
Pourquoi ?	*Perché ?*	per-*ké*

Divers

pain	pane	pa-né
beurre	burro	bou-ro
fromage	formaggio	for-ma-djo
œuf	uova	wo-va
miel	miele	mié-lé
glace	gelato	djé-la-to
confiture	marmellata	mar-mé-la-ta
pâtes	pasta	pas-ta
huile	olio	o-lio
poivre	pepe	pé-pé
riz	riso	ri-zo
sel	sale	sa-lé
soupe	minestra	mi-nes-tra
sauce de soja	salsa di soia	sal-sa di so-ia
sucre	zucchero	tzou-ké-ro
vinaigre	aceto	a-tché-to

Boissons

bière	birra	bir-ra
café	caffè	kaf-fè
jus (d'orange)	succo (d'arancia)	sou-ko (da-ran-tcha)
lait	latte	la-té
vin rouge	vino rosso	vi-no ros-so
boisson	bibita	bi-bi-ta
thé	tè	tè
eau (minérale)	acqua (minerale)	a-koua (mi-né-ra-lé)
vin blanc	vino bianco	vi-no bian-ko

URGENCES

Au secours !
Aiuto !   a-iou-to

Laissez-moi tranquille !
Lasciami in pace !   la-chia-mi in pa-tché

Je me suis perdu.
Mi sono perso/a. (m/f)   mi so-no pèr-so/a

Il y a eu un accident.
C'è stato   tché sta-to
un incidente.   oun in-tchi-dèn-té

Appelez la police !
Chiami la polizia !   ki-ia-mi la po-li-tsi-ya

Appelez un docteur !
Chiami un medico !   kia-mi oun-mé-di-ko

Où sont les toilettes ?
Dove sono i gabinetti ?   do-vè so-no i ga-bi-né-ti

Je suis malade.
Mi sento male.   mi sen-to ma-lé

J'ai mal ici.
Mi fa male qui.   mi fa ma-lé kwi

Je suis allergique à...
Sono allergico/a a ... (m/f)   so-no a-lèr-dji-ko/a a ...

COMMERCES ET SERVICES

Je voudrais acheter...
Vorrei comprare...   vo-réï kom-pra-ré...

Je regarde seulement.
Sto solo guardando.   sto so-lo gouar-dan-do

Puis-je regarder ?
Posso dare un'occhiata ?   po-so da-ré oun-no-kia-ta

Combien ça coûte ?
Quanto costa questo ?   kouan-to ko-sta koué-sto

C'est trop cher.
È troppo caro/a. (m/f)   è tro-po ka-ro/a

Pouvez-vous me faire une réduction ?
Può farmi lo sconto ?   pwo far-mi lo skon-to

Il y a une erreur dans l'addition.
C'è un errore nel conto.   tchè oun é-ro-ré nel kon-to

DAB	Bancomat	ban-ko-mat
poste	ufficio postale	ou-fi-tcho pos-ta-lé
office du tourisme	ufficio del turismo	ou-fi-tcho del tou-riz-mo

NOMBRES

1	uno	ou-no
2	due	dou-é
3	tre	tré
4	quattro	kwa-tro
5	cinque	tchin-kwé
6	sei	séï
7	sette	sét-té
8	otto	ot-to
9	nove	no-vé
10	dieci	dyé-tchi
20	venti	vèn-ti
30	trenta	trén-ta
40	quaranta	kwa-ran-ta
50	cinquanta	chin-kwan-ta
60	sessanta	sés-san-ta
70	settanta	sé-tan-ta
80	ottanta	o-tan-ta
90	novanta	no-van-ta
100	cento	chèn-to
1 000	mille	mil-le

HEURES ET DATES

Quelle heure est-il ?	Che ora è ?	ké o-ra è
Il est 1h.	È l'una.	è lou-na
Il est (2)h.	Sono le (due).	so-no lé (dou-é)
(1h) et demie.	(L'una) e mezza.	(lou-na) é mé-dza
du matin	di mattina	di ma-ti-na
de l'après-midi	di pomeriggio	di po-mé-ri-djo
du soir	di sera	di sé-ra
hier	ieri	yé-ri
aujourd'hui	oggi	o-dji
demain	domani	do-ma-ni
lundi	lunedì	lou-né-di
mardi	martedì	mar-té-di
mercredi	mercoledì	mer-ko-lé-di
jeudi	giovedì	djo-vé-di
vendredi	venerdì	vé-ner-di
samedi	sabato	sa-ba-to
dimanche	domenica	do-mé-ni-ka
janvier	gennaio	djé-na-yo
février	febbraio	fé-bra-yo
mars	marzo	mar-tso
avril	aprile	a-pri-lé
mai	maggio	ma-djo
juin	giugno	djou-nyo
juillet	luglio	lou-lyo
août	agosto	a-gos-to
septembre	settembre	sét-tèm-bré
octobre	ottobre	ot-to-bré
novembre	novembre	no-vèm-bré
décembre	dicembre	di-tchèm-bré

TRANSPORTS

Transports publics

À quelle heure part/arrive... ?	A che ora parte/arriva... ?	a ké o-ra par-té/ar-ri-va...
le bateau	la nave	la na-vé
le bus	l'autobus	laou-to-bous
le ferry	il traghetto	il tra-guét-to
le métro	la metropolitana	la mé-tro-po-li-ta-na
l'avion	l'aereo	la-é-ré-o
le train	il treno	il trè-no
un billet...	un biglietto...	oun bi-lié-to
aller simple	di sola andata	di so-la an-da-ta
aller retour	di andata e ritorno	di an-da-ta é ri-tor-no
arrêt de bus	fermata dell'autobus	fer-ma-ta del aou-to-bous
quai	binario	bi-na-rio
billetterie	biglietteria	bi-lyét-té-ri-ya
horaire	orario	o-ra-rio
gare ferroviaire	stazione ferroviaria	sta-tsio-né fé-ro-viar-ya

S'arrête-t-il à...?
Si ferma a...? si-fèr-ma a...

Dites-moi s'il vous plaît quand on arrive à...
Mi dica per favore quando arriviamo a... mi di-ka pèr fa-vo-ré kouan-do a-ri-via-mo a...

Je veux descendre ici.
Voglio scendere qui. vo-lyo chèn-dé-ré kwi

Voiture et vélo

Je voudrais louer...	Vorrei... noleggiare	vo-réï no-lé-dja-ré...
une bicyclette	una bicicletta	ou-na bi-tchi-klé-ta
une voiture	una macchina	ou-na ma-ki-na
une moto	una moto	ou-na mo-to
pompe à vélo	pompa della bicicletta	pom-pa dél-la bi-tchi-klé-ta
siège enfant	seggiolino	sé-djo-li-no
casque	casco	kas-ko
mécanicien	meccanico	mé-ka-ni-ko
essence	benzina	bèn-dzi-na
station-service	stazione di servizio	sta-tsio-né di sèr-vi-tsio

Est-ce la route pour...?
Questa strada porta a...? kouè-sta stra-da por-ta a...

(Combien de temps) puis-je me garer ici ?
(Per quanto tempo) Posso parcheggiare qui ? (per kwan-to tèm-po) pos-so par-ké-dja-ré kwi

La voiture/moto est tombée en panne (à...).
La macchina/moto si è guastata (a...). la ma-ki-na/mo-to si è gwas-ta-ta (a...)

J'ai un pneu à plat
Ho una gomma bucata. o ou-na gom-ma bou-ka-ta

Je suis en panne d'essence
Ho esaurito la benzina. o é-zo-ri-to la bèn-dzi-na

GLOSSAIRE

Albergo (alberghi) – hôtel(s)
alimentari – épicerie
allergia – allergie
archeologica – archéologie
autostrada (autostrade) – autoroute(s)

bagno – salle de bains, toilettes
bancomat – DAB (distributeur automatique de billets)
bassi – logements au rez-de-chaussée que l'on trouve principalement dans les quartiers les plus pauvres de Naples
benzina – essence
biblioteca (biblioteche) – bibliothèque(s)
biglietto – billet
biglietto giornaliero – billet journalier

caffettiera – cafetière italienne
calcio – football
camera – chambre
cambio – bureau de change
canzone (canzoni) – chanson(s)
cappella – chapelle
carabinieri – gendarmes
carta d'identità – carte d'identité
carta telefonica – carte téléphonique
casa – maison
casareccio – fait maison
castello – château
centro – centre-ville
centro storico – centre historique, vieille ville
chiesa (chiese) – église(s)
chiostro – cloître
cimitero – cimetière
colle/collina – colline
commissariato – commissariat
comune – équivalent d'une ville ou d'un canton ; conseil municipal ; historiquement, cité ou ville indépendante
concerto – concert
corso – cours, avenue
cripta – crypte
cupola – coupole

Dio (dei) – dieu (dieux)

faraglione (faraglioni) – éperon(s) rocheux
farmacia – pharmacie
ferrovie dello stato – gare ferroviaire
festa – jour férié, vacances
fiume – fleuve, rivière
fontana – fontaine
forno – boulangerie
forte/fortezza – fort
forum (fora) – (latin) place(s) publique(s)
francobollo (francobolli) – timbre(s)

gabinetto – toilettes, WC
gasolio – diesel
gelateria – glacier
giardino (giardini) – jardin(s)
golfo – golfe

isola – île

lago – lac
largo – petite place
lavanderia – laverie
libreria – librairie
lido – plage
locale – bar, café, restaurant
lungomare – front de mer

mare – mer
medicina (medicine) – médicament(s)
mercato – marché
monte – montagne
mura – mur d'enceinte
museo – musée

nazionale – national
nuovo/a – nouveau/nouvelle

orto botanico – jardin botanique
ospedale – hôpital
ostello – auberge de jeunesse

palazzo (palazzi) – manoir, palais, grand édifice en général (y compris immeuble d'habitation)
panetteria – boulangerie
panino (panini) – sandwich(s)
parcheggio – parking
parco – parc

passeggiata – promenade
pasticceria – pâtisserie
pastificio – fabrique de pâtes
pensione – petit hôtel ou pension, souvent avec pension complète
pescheria – poissonnerie
piazza (piazze) – place(s)
pinacoteca – galerie d'art
piscina – piscine
polizia – police
ponte – pont
porta – porte de la ville
porto – port
presepe (presepi) – crèche(s)

questura – préfecture de police

reale – royal
ruota – roue

sala – salle d'un musée ou d'une galerie
salumeria – charcuterie
santuario – sanctuaire
scavi – fouilles archéologiques
scheda telefonica – carte téléphonique
sedia a rotelle – fauteuil roulant
sentiero – sentier
servizio – service (au restaurant)
sole – soleil
sottosuolo – souterrain
spiaggia – plage
statua – statue
stazione – gare
strada – rue, route

tabaccheria – bureau de tabac
teatro – théâtre
tempio – temple
terme – bains
torre – tour
treno – train

via – rue, route
vecchio – vieux
vicolo – ruelle, chemin

DÉCHIFFRER UN MENU
Restaurants et bars
enoteca – bar à vin
friggitoria – stand à friture
osteria – restaurant bon marché
pasticceria – pâtisserie
ristorante – restaurant
trattoria – petit restaurant

À table
cameriere/a – serveur/euse
carta dei vini – carte des vins
conto – addition
spuntini – en-cas
tovagliolo – serviette
vegetaliano/a – végétalien/ne
vegetariano/a – végétarien/ne

Ingrédients
aglio – ail
fior di latte – mozzarella de vache
insalata – salade
limone – citron
mozzarella di bufala – mozzarella au lait de bufflonne
oliva – olive
panna – crème
peperoncino – piment
pizza margherita – pizza garnie de tomates, mozzarella et basilic
pizza marinara – pizza garnie de tomates, ail, origan et huile d'olive
rucola – roquette

Poissons et fruits de mer
acciughe – anchois
carpaccio – fines tranches de poisson cru (ou viande)
granchio – crabe
merluzzo – morue
pesce spada – espadon
polpi – poulpe
sarde – sardines
seppia – seiche
sgombro – maquereau
vongole – palourdes

Viande
bistecca – steak
capretto – chevreau
coniglio – lapin
fegato – foie
prosciutto cotto – jambon cuit
prosciutto crudo – jambon fumé
salsiccia – saucisse
vitello – veau

Cuissons
arrosto/a – rôti(e)
bollito/a – bouilli(e)
cotto/a – cuit(e)
crudo/a – cru(e)
fritto/a – frit(e)
alla griglia – grillé(e)

Fruits
ciliegia – cerise
fragole – fraises
melone – melon, pastèque
pera – poire

Légumes
asparagi – asperges
carciofi – artichauts
fagiolini – haricots verts
finocchio – fenouil
friarielli – brocolis-raves napolitains
melanzane – aubergine
peperoni – poivrons
tartufo – truffe

Glaces et parfums
Amarena – cerise sauvage
bacio – chocolat et noisettes
cioccolata – chocolat
cono – cornet
coppa – coupe
crema – crème
frutta di bosco – baies de la forêt
nocciola – noisettes
vaniglia – vanille
zuppa inglese – littéralement "soupe anglaise", crème anglaise

Boissons et café
amaretto – liqueur parfumée à l'amande amère
amaro – liqueur à base de plantes
espresso – expresso

En coulisses

VOS RÉACTIONS ?

Vos commentaires nous sont très précieux et nous permettent d'améliorer constamment nos guides. Notre équipe lit toutes vos lettres avec la plus grande attention. Nous ne pouvons pas répondre individuellement à tous ceux qui nous écrivent, mais vos commentaires sont transmis aux auteurs concernés. Tous les lecteurs qui prennent la peine de nous communiquer des informations sont remerciés dans l'édition suivante,
et ceux qui nous fournissent les renseignements les plus utiles se voient offrir un guide.

Pour nous faire part de vos réactions, prendre connaissance de notre catalogue et vous abonner à notre newsletter, consultez notre site Internet : **www.lonelyplanet.fr**

Nous reprenons parfois des extraits de notre courrier pour les publier dans nos produits, guides ou sites web. Si vous ne souhaitez pas que vos commentaires soient repris ou que votre nom apparaisse, merci de nous le préciser. Notre politique en matière de confidentialité est disponible sur notre site Internet.

À NOS LECTEURS

Merci à tous les voyageurs qui ont utilisé la dernière édition de ce guide et qui nous ont écrit pour nous faire part de leurs conseils, de leurs suggestions et de leurs anecdotes :
B Marine et Sébastien Binet **F** Jacques Fauvelle-Coulon **L** Maud Lefebvre **M** Katia Martin **R** Aude Rietz **T** Thomas Sidhall

UN MOT DES AUTEURS

Cristian Bonetto

Comme toujours, du fond du cœur, *grazie* à "Re e Regina di Napoli", Alfonso Sperandeo, Andrea Maglio, Susy Galeone et La Paranza, Bonnie Alberts, Luca Coda et Harriet Driver, Alfredo Cefalo et Malgorzata Gajo, Giancarlo Di Maio, Gigi Crispino et Valentina Vellusi. Chez Lonely Planet, je remercie sincèrement Anna Tyler pour m'avoir confié ce travail, et Helena Smith, ma co-auteure, si efficace.

Helena Smith

Mille mercis à tous ceux qui m'ont aidée au cours de ce voyage et m'ont fourni de précieux conseils, en particulier Daniele, Angela et Francesco.

REMERCIEMENTS

Données des graphiques et climats adaptés de Peel MC, Finlayson BL & McMahon TA (2007) "Updated World Map of the Köppen-Geiger Climate Classification", *Hydrology and Earth System Sciences*, 11, 163344.

Illustrations pp. 101 et 102 de Javier Zarracina.

Photographie de couverture : Marina Corricella, Procida, Italie, Rissell Kord/Alamy ©

À PROPOS DE CET OUVRAGE

La 5ᵉ édition du guide *Naples et la côte amalfitaine* est une traduction-adaptation de du guide *Naples, Pompeii & the Amalfi Coast, 5th edition*, écrit par Cristian Bonetto et Helena Smith. L'édition précédente était l'œuvre de Cristian Bonetto et Josephine Quintero.

Traduction Babelscope, Florence Delahoche

Direction éditoriale
Didier Férat

Adaptation française
Sophie Senart

Responsable prépresse
Jean-Noël Doan

Maquette
Pierre Brégiroux

Cartographie
Cartes originales de Hunor Csutoros, Chris Tsismetzis, Sam Tyson, Shahara Ahmed, Anita Banh et Amanda Sierp, adaptées en français par Caroline Sahanouk

Couverture
Adaptée par Sébastienne Ocampo pour la version française.

Remerciements à
Rose-Hélène Lempereur, Chantal Duquesnoy et Christiane Mouttet pour leur précieuse contribution au texte. Merci également à Claire Chevanche pour sa préparation du manuscrit anglais. Un grand merci à Dominique Spaety pour son soutien attentif et à toute l'équipe du bureau de Paris. Enfin, merci à Clare Mercer, Tracey Kislingbury et Mark Walsh du bureau de Londres, ainsi qu'à Darren O'Connell, Chris Love, Craig Kilburn et Carol Jackson du bureau australien.

EN COULISSES

Index

A

Abbazia di San Michele Arcangelo (Procida) 139
Acciaroli 196
Aéroport Capodichino de Naples 15, 276
Agropoli 192
　hébergement 217
　où se restaurer 193
　transports 194
Amalfi 166, **167**
　achats 173
　hébergement 214
　où se restaurer et prendre un verre 169
　transports 173
ambassades 268
Anacapri 113, **118**
Anfiteatro Flavio 92
Anfiteatro (Pompéi) 105
architecture 255
Arco Naturale (Capri) 111
Area Archeologica di Santa Restituta (Ischia) 134
argent 14
art 233
Ascea 196
assurance 269
assurance médicale 274
Auditorium Oscar Niemeyer 175

B

Bacoli 93

Bagni Regina Giovanna 150
Baia 93
Baia de Ieranto 28, 153, 157
Baia di Sorgeto 28, 138
Baie de Naples 95
baroque, style 233, 257
Basilica di San Paolo Maggiore 48
Basilica di Santa Chiara 39
Basilica di Sant'Antonino 149
Basilica di Santa Restituta 46
Basilica (Pompéi) 104
Basilica Santa Maria della Sanità 72
basilique San Lorenzo Maggiore 48
bateaux 30, 116, 117, 137, 140, 142, 143, 149, 155, 161, 169, 278
Battistero di San Giovanni in Fonte 46
Biblioteca dei Girolamini 46
Biblioteca Lucchesi Palli (Palazzo Reale) 59
Biblioteca Nazionale (Palazzo Reale) 59
Borbonica Sotterranea 59, 263
Borgo Marinaro 62
budget 15
bus 279

C

Camorra 231

Campi Flegrei, *Voir* champs Phlégréens
Capodimonte 65
　achats 88
　hébergement 204
　où se restaurer 81
Cappella al Rosario 48
Cappella Carafa 46
Cappella del Monte di Pietà 44
Cappella di San Gennaro 46, **70**
Cappella Sansevero 38, **70**, 245
Cappellone di Sant'Antonio 48
Capri 110, **112**
　achats 121
　hébergement 205
　où prendre un verre et faire la fête 120
　où se restaurer 117
　transports 124
Capri (ville) 110, **114**
Caravage, Le 233
Carnevale 20
cartes de crédit 268
cartes de réduction 269
cartes jeunes 270
carte téléphonique 275
Casa d'Argo (Herculanum) 97
Casa dei Cervi (Herculanum) 98
Casa dei Vettii (Pompéi) 105
Casa del Bel Cortile (Herculanum) 98
Casa del Fauno (Pompéi) 105
Casa del Gran Portale (Herculanum) 98

Casa dell'Atrio a Mosaico (Herculanum) 98
Casa della Venere in Conchiglia (Pompéi) 105
Casa dello Scheletro (Herculanum) 97
Casa del Menandro (Pompéi) 104
Casa del Poeta Tragico (Pompéi) 105
Casa del Tramezzo di Legno (Herculanum) 98
Casa di Nettuno e Anfitrite (Herculanum) **69**, 98
Casa e Chiesa di Santa Maria Francesca delle Cinque Piaghe 55
Casa Rossa (Capri) 114
Castel dell'Ovo 62
Castellabate 194
Castello di Arechi 182
Castel Nuovo 58
Castel Sant'Elmo 64
Catacomba di San Gaudioso 72
Catacomba di San Gennaro 67
Cattedrale di Sant'Andrea 167
centre historique (Naples) 38
　achats 85
　hébergement 200
　itinéraire 56
　où se restaurer 76
Centro storico (Naples), *Voir* centre historique
Certosa di San Giacomo (Capri) 111
Certosa di San Lorenzo 190

Certosa e Museo
di San Martino
63, **70**
Cetara 178
champs Phlégréens **69**,
89, **90**
chanson napolitaine
234
Chiaia 58, **60**
achats 87
où se restaurer 79
Chiesa dei Girolamini
46
Chiesa del Gesù Nuovo
43
Chiesa dell'Annunziata
158
Chiesa di Donnaregina
Vecchia 47
Chiesa di San Costanzo
(Capri) 116
Chiesa di San Domenico
Maggiore 43
Chiesa di San
Francesco di Paola
59
Chiesa di San
Francesco
(Sorrente) 149
Chiesa di San Luca 165
Chiesa di San Michele
(Capri) 115
Chiesa di San Pietro a
Maiella 49
Chiesa di Sant'Agata
157
Chiesa di Santa Maria
Assunta 159
Chiesa di Santa Maria
del Carmine 51
Chiesa di Santa Maria
della Grazia (Massa
Lubrense) 156
Chiesa di Santa Maria
delle Grazie (Ischia)
128
Chiesa di Santa Maria
del Soccorso (Ischia)
135
Chiesa di Sant'Angelo
a Nilo 43
Chiesa di Sant'Anna
dei Lombardi 54
Chiesa di Santo Stefano
(Capri) 111

Chiesa e Chiostro
di San Gregorio
Armeno 44
Chiesa San Giovanni
a Carbonara 74
Chiostro dei Procuratori
(Certosa di San
Martino) 63
Chiostro del Paradiso
168
Chiostro Grande
(Certosa di San
Martino) 63
Chiostro Santa Maria
delle Grazie 51
Cilento 24, 194
hébergement 217
Cimitero delle
Fontanelle 72
cinéma 236
Città della Scienza 93
collection Farnèse
(Musée
archéologique
national) 52
commedia dell'arte 235
Complesso
Monumentale
dei Girolamini 46
Complesso
Monumentale
di San Lorenzo
Maggiore 48
Complesso
Monumentale
di Santa Chiara 39
Complesso Museale
di Santa Maria
delle Anime del
Purgatorio ad Arco
49
Convento del Deserto
157
Convitto Nazionale 54
Cooperativa Sociale
Onlus "La Paranza"
72
côte amalfitaine 10,
23, 144
côte du Cilento 194
hébergement 217
où prendre un verre
et faire la fête 197
où se restaurer 196
côte ouest (Ischia) 135
côte sud (Ischia) 137

cours 150, 175
cratère de la Solfatara
92
crèches 63
Cristo velato 46
cuisine,
Voir gastronomie
Cuma, *Voir* Cumes
Cumes 95

D
Daniele, Pino 235
Decumano Massimo
(Herculanum) 98
Duomo (Naples) 46
zone archéologique
46
Duomo (Ravello) 174
Duomo (Salerne) 182
Duomo (Sorrento) 145

E
enfants
culture 32
sites antiques 32
voyager avec des
enfants 31
Ercolano,
Voir Herculanum

F
Fanzago, Cosimo 258
Farmacia Storica
dell'Ospedale degli
Incurabili 50, **71**
Faro (Capri) 115
Festa di San Gennaro
20
Festa di Sant'Antonino
20
Festival de Ravello 176
Fête de San Gennaro 75
Filippo, Eduardo De 235
films 222
Forio (Ischia) 135
Foro (Pompéi) 101
Foro Triangolare
(Pompéi) 104
Franco Senesi 161
funiculaire 280
Furore 166

G
Gabinetto Segreto
(Musée
archéologique
national) 53
Galleria di Palazzo
Zevallos Stigliano 53
Galleria Umberto I 58
Garibaldi, Giuseppe 230
gastronomie 25, 246
Giardini di Augusto
(Capri) 113
Giardini Poseidon 135
Giardini Ravino (Ischia)
135
Giffoni Film Festival 21
Giordano, Luca 233
Granai del Foro
(Pompéi) 104
Grande Palestra
(Pompéi) 105
Grotta Azzurra (Capri),
Voir grotte Bleue
Grotta Azzurra
(Palinuro) 198
Grotta dello Smeraldo
168
grotte Bleue **10**, 115
Grotte di Castelcivita 189
Grotte di Pertosa 190
Guglia dell'Immacolata
43
Guglia di San Domenico
43
Guglia di San Gennaro 46
Gustaminori 177

H
handicapées,
personnes 272
hébergement 199
Herculanum **69**, 95, **96**
achats 99
où se restaurer 98
heure locale 14
heures d'ouverture 15
histoire 38, 224
homosexualité 272

I
Il Vallone dei Mulini 149
internet, sites 15

Ischia 125, **126**
  achats 133, 135, 139
  hébergement 207
  où prendre un verre et faire la fête 133
  où se restaurer 130, 135, 137, 138
  transports 125
Ischia (côte sud) 137
Ischia Ponte 128
Ischia Porto 128, **130**
Isole Faraglioni **29**, 113

J
jours fériés 273

K
Kayak Napoli 75

L
Laboratorio Oste 73
Lacco Ameno 133
La Colombaia (Ischia) 135
Lago d'Averno 94
La Mortella (Ischia) **123**, 135
langue 238, 283
La Pignasecca 54
La Sanità 65, **66**
  achats 88
  hébergement 204
  où se restaurer 81
Lucrino 93
Lungomare 62
Lupanare (Pompéi) 104

M
Macellum (Pompéi) 104
Madonna del Carmine 76
MADRE 47
Madre di Buon Consiglio 72
mafia, *Voir* Camorra
Maggio dei Monumenti 20, 75
Magistris, Luigi de 223, 232
marché de Posillipo 75
marchés 9
Marina Corricella (Procida) 141, 123
Marina del Cantone (côte amalfitaine) 157
  hébergement 212
Marina della Lobra (côte amalfitaine) 156
Marina di Casal Velino (côte du Cilento) 196
Marina di Chiaiolella (Procida) 142
Marina di Pisciotta (côte du Cilento) 196
Marina di Praia (Praiano) 165
Marina Grande (Capri) **5**, 116
Marina Grande (Procida) 139
Marina Grande (Sorrente) 145
Marina Piccola (Capri) 117
Massa Lubrense 156
  hébergement 211
  où se restaurer 156
  transports 156
Museo Archeologico Virtuale (MAV, Herculanum) 98
MeMus 59
Mercato 38
  achats 85
  hébergement 200
  où se restaurer 76
Mercato di Porta Nolana **8**, 51
Mergellina **60**, 75
  hébergement 205
  où se restaurer 81
Minori 177
Monte Nuovo 93
Monte Solaro (Capri) 113, 123
moto 280
mozzarella di bufala 249
Murat, Joachim 230
Musée archéologique national **13**, 51
Museo Angelo Rizzoli (Ischia) 134
Museo Archeologico dei Campi Flegrei 94
Museo Archeologico di Pithecusae (Ischia) 134
Museo Archeologico Nazionale, *Voir* Musée archéologique national
Museo Archeologico Provinciale 183
Museo Archeologico Provinciale della Lucania Occidentale 190
Museo Bottega della Tarsia Lignea 145
Museo Correale 145
Museo della Carta 168
Museo della Ceramica 179
Museo delle Arti Sanitarie 50
Museo delle Carrozze 63
Museo dell'Opera di San Lorenzo Maggiore 48
Museo del Mare (Ischia) 129
Museo del Novecento (Castel Sant'Elmo) 64
Museo del Palazzo Reale 59
Museo del Sottosuolo 262
Museo del Tesoro di San Gennaro 46
Museo del Tessile e dell'Abbigliamento Elena Aldobrandini 65
Museo di Filangieri 44
Museo di San Martino 63
Museo Diocesano di Napoli 47
Museo Nazionale della Ceramica Duca di Martina 65
Museo Nazionale di Capodimonte 66
Museo Nitsch 54
Museo Pignatelli 63
Museo Pinacoteca Provinciale 182
Museo Virtuale della Scuola Medica Salernitana 183

N
Naples 36
  achats 85
  Capodimonte 65
  centre historique 38
  Chiaia 58
  fêtes et festivals 75
  hébergement 200
  itinéraire 56
  La Sanità 65
  Mercato 38
  Mergellina 75
  où prendre un verre et faire la fête 82
  où se restaurer 76
  où sortir 83
  Posillipo 75
  Quartieri Spagnoli 51
  Santa Lucia 58
  transports 89
  Via Toledo 51
  Vomero 63
Napoli Film Festival 76
Napoli Sotterranea 48, 263
Napoli Teatro Festival 21, 76
Negombo 134

O
offices du tourisme 273
Opéra 234
Orto Medico (Ospedale degli incurabili) 51
Ospedale degli Incurabili 50

P
Paestum **68**, 187
  hébergement 217
  où se restaurer 187
  transports 188

Palais royal de Caserta **70**, 74
Palazzo Calabritto 61
Palazzo Cellamare 61
Palazzo Di Sangro 43, 244
Palazzo dello Spagnuolo 73
Palazzo Gravina 54
Palazzo Murat 161
Palazzo Reale 59
Palazzo Reale di Capodimonte **12**, 65
Palazzo Sanfelice 74
Palinuro 197
  où prendre un verre et faire la fête 198
  où se restaurer 198
Parco Archeologico di Baia **69**, 93
Parco di Capodimonte 67
Parco Nazionale del Cilento e Vallo di Diano 28, 188
  hébergement 219
  où se restaurer 191
  transports 192
Parco Nazionale del Vesuvio 27, 99
Parco Vergiliano 75
Parco Virgiliano 75
pâtes 248
Piazza Bellini 49
Piazza Dante 54
Piazza dei Martiri 61
Piazza del Gesù Nuovo 43
Piazza del Mercato 51
Piazza del Plebiscito 59
Piazza San Domenico Maggiore 43
Piazza Trieste e Trento 59
Piazza Umberto I (ville de Capri) 111
Piazzetta Nilo 43
Pio Monte della Misericordia 45
Pioppi 196
Piscina Mirabilis 94
Pisciotta 196
pizza 247

plages 138, 145, 150, 165, 182
Baia di Ieranto 28, 157
Baia di Sorgeto 28, 138
Spiaggia della Gavitelli 165
Spiaggia di Fornillo 161
Spiaggia Marmelli 28, 197
Spiaggia Palinuro 198
plongée 30, 116, 117, 129, 142, 158, 165, 196
police 274
Pompéi **9**, **69**, 100, **101**, **102-103**
  où se restaurer 105
  transports 106
Port'Alba 49
Porta Marina (Pompéi) 101
Porta Nolana 51
Porticciolo 75
Posillipo 75
  hébergement 205
  où se restaurer 81
Positano **12**, 159, **160**, **171**
  achats 164
  hébergement 212
  où prendre un verre et faire la fête 163
  où se restaurer 162
poste 273
Pouzzoles 90
  achats 93
  à voir 92
  où se restaurer 93
Pozzuoli, *Voir* Pouzzoles
Praiano 164
  hébergement 214
  où prendre un verre et faire la fête 166
  où se restaurer 165
Procida **10**, 139, **140**
  achats 141
  hébergement 208
  où se restaurer 140, 142
  transports 139
Pulcinella 235

Q
Quadriportico dei Teatri (Pompéi) 104
Quartieri spagnoli, 51, **52**
  achats 87
  où se restaurer 78
  hébergement 202

R
randonnées 27, 191
  côte amalfitaine 10
  Geo-Ausfluge 137
  Parco Nazionale del Cilento e Vallo di Diano 28, 188
  Parco Nazionale del Vesuvio 27
  Sentiero degli Dei 168
Ravello **11**, 173, **174**
  achats 176
  hébergement 215
  où se restaurer 176
  transports 177
Ravello Concert 176
Ravello Festival 21
Reggia di Caserta **71**, 74
République parthénopéenne 229
restaurant 76
  choisir un restaurant 26
  réservation 26
Ribera, José de 233
Rione Terra 92
Roscigno Vecchia 190
Ruines de Pompéi 100

S
Sagra della Salsiccia e Ceppone (Sorrente) 150
Sagra del Tonno (Cetara) 21, 178
Sala dei Baroni (Castel Nuovo) 58
Sala Meridiana (Musée archéologique national) 53
Salerne 182, **184**
  achats 186

hébergement 217
où se restaurer 185
transports 186
Salto di Tiberio (Capri) 111
sanctuaire de Maradona 44
San Gennaro 243
San Marco di Castellabate 195
Sanmartino, Giuseppe 258
Sant'Agata sui due Golfi 157
  hébergement 212
  où se restaurer 157
  transports 157
Santa Lucia 58, **60**
  achats 87
  hébergement 203
  où se restaurer 79
Santa Maria Assunta (Ischia) 129
Santa Maria di Castellabate 28, 195
Sant'Angelo (Ischia) 137
Sant'Antonino (Sorrente) 150
santé 274
santons 44
  Giuseppe Ferrigno 44
Saviano, Roberto 264
Scarlatti, Alessandro 234
Scavi Archeologici di Cuma 95
Sedil Dominava 145
Seggiovia del Monte Solaro (Capri) 113
séjours culturels 278
Sentiero degli Dei **10**, 168
Settimana Santa 20
Settimana Santa (Sorrente) 150
Sica, Vittorio De 236
Solimena, Francesco 233
Sorrente 145, **148**, 157, **170**
  achats 154
  hébergement 209
  où prendre un verre et faire la fête 153

où se restaurer 150
où sortir 154
transports 155
Sorrento Festival 150
Sotterranei Gotici (Certosa di San Martino) 64
sottosuolo 260
sources thermales 30
sous-sol, *Voir* sottosuolo
spas 30, 134, 136, 138
Spiaggia di Chiaia 142
Spiaggia della Gavitelli 165
Spiaggia di Fornillo 161
Spiaggia Marmelli 28, 197
Spiaggia Palinuro 198
station de métro Dante 54
stationnement 281
Statua del Nilo 43
Stazione Zoologica 63
superstitions 242

T
T293 48
Teatro Grande (Pompéi) 104
Teatro Piccolo (Pompéi) 104
Teatro San Carlo 83
téléphone portable 14, 275
Tempio di Apollo (Lago d'Averno) 94
Tempio di Apollo (Cumes) 95
Tempio di Apollo (Pompéi) 104
Tempio di Cere 188
Tempio di Giove (Pompéi) 104
Tempio di Iside (Pompéi) 104
Tempio di Nettuno **68**, 188
Tempio di Serapide 92
Tempio di Venere (Pompéi) 101
Tenuta Vannulo 195
Terme Cavascura 138
Terme del Foro (Herculanum) 97
Terme Maschili (Herculanum) 97
Terme Stabiane (Pompéi) 104
Terme Stufe di Nerone 95
Terme Suburbane (Herculanum) 98
Terme Suburbane (Pompéi) 101
théâtre 235
Toledo (via) 51, **52**
 achats 87
 hébergement 202
 où se restaurer 78
Torre della Guardia (Castel Nuovo) 58
Totò 236
transports 276
 bateau 278
 bus 15, 279
 métro 15, 282
 taxi 282
 train 15, 282
 tramway 282
 vélo 280
 voiture 15, 280
transports urbains 282
Trenitalia 277
Tunnel Borbonico 59

V
Velia 196
vélo 280
Vésuve **13**, 99
 transports 100
Via Chiaia 60
Via dell'Abbondanza (Pompéi) 104
Via San Gregorio Armeno 44
Via Toledo 51
Vico Equense 158
 où se restaurer 159
Vietri sul Mare 178
Villa Cimbrone 175
Villa Comunale 63
Villa Comunale Park (Sorrente) 150
Villa dei Misteri (Pompéi) 105
Villa Floridiana 65
Villa Jovis (Capri) 111
Villa Malaparte 116
Villa Roma Antiquarium 177
Villa Rufolo **171**, 174
Villa San Michele di Axel Munthe (Capri) 113
vin 252
voiture 15, 280
 circulation 270
 location 281
 stationnement 281
Vomero 63, **64**
 achats 88
 hébergement 203
 où se restaurer 80
voyages organisés 277

W
Wine & the City 21, 76

INDEX DES ENCADRÉS

Art et patrimoine
Banksy, art urbain et Naples 47
L'art dans le métro 50
Les crèches napolitaines 55
Riccardo dalisi, artiste bienveillant 73
Reggia di Caserta, le Versailles italien 74
Une adresse scandaleuse 77
Ateliers d'artisan secrets 79
Villas patriciennes 97
Le château aragonais 129
Casa Museo 131
La Mortella de William et Susana Walton 136
Hameaux historiques 159
Nocelle 165
Art dans la tour 166
Promenades à Ravello 175
Le musée du camée 176
Les temples de Paestum 188
Ribera, le peintre sans scrupules 234
Glossaire d'architecture 256
Les hauts et les bas de Cosimo Fanzago 258

Culture et société
Les tailleurs napolitains 84
Les marchés de Naples 86
L'île des célébrités 121
Le top des festivals 142
Au rythme de l'escargot 163
Les vieux proverbes 239
Le clivage Nord/Sud 240
la mort et la ville 243
La loterie et les rêves 244
La victoire des sanctuaires . . 245
Le mythe du petit moine 261
Héritage toxique 265

Gastronomie
Da giona, un repas en bord de plage 76
Ischia au bout de la fourchette 132
Les glaces italiennes 150
La table des stars 156
Le top des festivals gastronomiques de la côte 173
Cetara à l'heure du pastis . . . 178
Petite douceur 185
Mozzarella di Bufala 195
L'assiette méditerranéenne . . 197
Faire son limoncello 247
L'eau à la bouche 248
La dolce vita 249
Us et coutumes à table 250
Le culte du café 251
Grands crus 252

Histoire
La malédiction du capitaine . . . 67
La mutinerie de Salerne 186
l'âge d'or d'Amalfi 225
Jeanne II, reine de Naples et du stupre 227
Les secrets de Pulcinella 235
Entretien avec Fulvio Salvi et Luca Cuttitta 262

Nature et environnement
Le top des plages 28
La grotte Bleue 115
Les plus belles plages d'Ischia 138
Le top des plages de la côte amalfitaine . . . 145
Les plus belles plages de Salerne et du Cilento . . 182
Les orchidées sauvages, stars du parc 190

Sports et loisirs
Quatre balades à pied à Capri 116
Monte Epomeo 134
Randonnées dans la péninsule 153
Une promenade jusqu'à Fornillo 161
Zia Lucy, guide de randonnée 162
Il Sentiero degli Dei (le sentier des dieux) . . . 168
Plongeon de haut vol 172
Circuits et randonnées guidés 191
Le dieu football 241

Vie pratique
Réservation : mode d'emploi . . 26
Carte de réduction 48
Pompéi pratique 100
Se repérer à Capri 111
Histoires de Ferries 125
La carte Unico Costiera 154
Circuler le long du littoral . . . 155
Le ruban bleu 158
Se garer à Ravello 177
Circuler dans la région 187
Conseils aux voyageurs 269
Cartes jeunes, d'étudiant et de professeur 270
En pratique 271
Hydroglisseurs et ferries rapides 278
Ferries 279
Vos billets, s'il vous plaît 280
Pour aller plus loin 283
Sites Internet 204
Agriturismi (hébergements à la ferme) 206
Où se loger sur la côte amalfitaine . . . 211

NOTES

NOTES

NOTES

NOTES

NOTES

Légende des cartes

À voir
- Plage
- Réserve ornithologique
- Temple bouddhiste
- Château/palais
- Église/cathédrale
- Temple confucéen
- Temple hindou
- Mosquée
- Temple jaïn
- Synagogue
- Monument
- Musée/galerie/édifice historique
- Ruines
- Sentō (bain public)
- Temple shintoïste
- Temple sikh
- Temple taoïste
- Cave/vignoble
- Zoo
- Autre site

Activités, cours et circuits organisés
- Bodysurfing
- Plongée/snorkeling
- Canoë/kayak
- Cours/circuits organisés
- Ski
- Snorkeling
- Surf
- Piscine/baignade
- Randonnée
- Planche à voile
- Autres activités

Où se loger
- Hébergement
- Camping

Où se restaurer
- Restauration

Où prendre un verre
- Bar
- Café

Où sortir
- Salle de spectacle

Achats
- Magasin

Renseignements
- Banque
- Ambassade/consulat
- Hôpital/centre médical
- Accès Internet
- Police
- Bureau de poste
- Centre téléphonique
- Toilettes
- Office du tourisme
- Autre adresse pratique

Géographie
- Plage
- Refuge/gîte
- Phare
- Point de vue
- Montagne/volcan
- Oasis
- Parc
- Col
- Aire de pique-nique
- Cascade

Agglomérations
- Capitale (pays)
- Capitale (région/État/province)
- Grande ville
- Petite ville/village

Transports
- Aéroport
- Poste frontière
- Bus
- Téléphérique/funiculaire
- Piste cyclable
- Ferry
- Métro
- Monorail
- Parking
- Station-service
- Station de métro
- Taxi
- T-Bane/Station T-Bane (norvégien)
- Gare/chemin de fer
- Tramway
- Tube Station (anglais)
- U-Bahn (allemand)
- Autre moyen de transport

Les symboles recensés ci-dessus ne sont pas tous utilisés dans ce guide

Routes
- Autoroute à péage
- Voie rapide
- Nationale
- Route secondaire
- Petite route
- Chemin
- Route non goudronnée
- Route en construction
- Place/rue piétonne
- Escalier
- Tunnel
- Passerelle
- Promenade à pied
- Promenade à pied (variante)
- Sentier

Limites et frontières
- Pays
- État/province
- Frontière contestée
- Région/banlieue
- Parc maritime
- Falaise
- Rempart

Hydrographie
- Fleuve/rivière
- Rivière intermittente
- Canal
- Étendue d'eau
- Lac asséché/salé/intermittent
- Récif

Topographie
- Aéroport/aérodrome
- Plage/désert
- Cimetière (chrétien)
- Cimetière (autre)
- Glacier
- Marais
- Parc/forêt
- Site (édifice)
- Terrain de sport
- Mangrove

LES GUIDES LONELY PLANET

Une vieille voiture déglinguée, quelques dollars en poche et le goût de l'aventure, c'est tout ce dont Tony et Maureen Wheeler eurent besoin pour réaliser, en 1972, le voyage d'une vie : rallier l'Australie par voie terrestre via l'Europe et l'Asie. De retour après un périple harassant de plusieurs mois, et forts de cette expérience formatrice, ils rédigèrent sur un coin de table leur premier guide, *Across Asia on the Cheap*, qui se vendit à 1 500 exemplaires en l'espace d'une semaine. Ainsi naquit Lonely Planet, dont les guides sont aujourd'hui traduits en 12 langues.

NOS AUTEURS

Cristian Bonetto
Naples, Pompéi, et les environs, Préparer son séjour, Comprendre Naples et la côte amalfitaine, Où se loger. Bien que ses parents soient d'Italie du Nord, Christian a un faible pour Naples et la Campanie. Depuis plus de dix ans, cet auteur né en Australie écrit sur la gastronomie, la culture et l'art de vivre de la région. D'après Christian, aucune ville italienne ne rivalise avec la complexité et les mystères de Naples. Sa capacité à fasciner et à se contredire en permanence en fait un fabuleux sujet d'écriture. Ses réflexions sur l'architecture de cette ville ont été publiées dans de nombreux magazines, et sa pièce *Il Cortile* (La Cour), dont l'action se déroule à Naples, a fait le tour de la péninsule. Il a contribué à plus d'une trentaine de guides chez Lonely Planet dont *Venise et la Vénétie*, *New York*, *Danemark* et *Singapour*. Retrouvez Christian sur : Twitter (@CristianBonetto) et Instagram (rexcat75)

Helena Smith
Les îles, La côte amalfitaine, Salerne et le Cilento, Activités de plein air, Carnet pratique, Où se loger. Helena Smith explore l'Italie depuis ses cinq ans. À cette époque, c'est surtout le chocolat tartiné sur du pain qui l'attirait. Aujourd'hui, elle y retourne pour la gastronomie, le climat et l'art. Ses recherches pour cette édition lui auront permis d'arpenter avec plaisir les sentiers surplombant la mer et de découvrir les temples grecs impressionnants de Paestum.

Naples et la côte amalfitaine
5ᵉ édition
Traduit et adapté de l'ouvrage *Naples, Pompeii & the Amalfi Coast*, 5th edition, November 2015
© Lonely Planet Publications Pty Ltd 2016
© Lonely Planet et Place des éditeurs 2016

Photographes © comme indiqué 2015

Dépôt légal Mars 2016
ISBN 978-2-81615-413-9

Imprimé par IME by ESTIMPRIM, Baume-les-Dames, France
Réimpression 02, août 2016

Bien que les auteurs et Lonely Planet aient préparé ce guide avec tout le soin nécessaire, nous ne pouvons garantir l'exhaustivité ni l'exactitude du contenu. Lonely Planet ne pourra être tenu responsable des dommages que pourraient subir les personnes utilisant cet ouvrage.

En Voyage Éditions un département

Tous droits de traduction ou d'adaptation, même partiels, réservés pour tous pays. Aucune partie de ce livre ne peut être copiée, enregistrée dans un système de recherches documentaires ou de base de données, transmise sous quelque forme que ce soit, par des moyens audiovisuels, électroniques ou mécaniques, achetée, louée ou prêtée sans l'autorisation écrite de l'éditeur, à l'exception de brefs extraits utilisés dans le cadre d'une étude.
Lonely Planet et le logo de Lonely Planet sont des marques déposées de Lonely Planet Publications Pty Ltd.
Lonely Planet n'a cédé aucun droit d'utilisation commerciale de son nom ou de son logo à quiconque, ni hôtel ni restaurant ni boutique ni agence de voyages. En cas d'utilisation frauduleuse, merci de nous en informer : www.lonelyplanet.fr